ISBN 978-0-259-12796-3
PIBN 10693524

1 MONTH OF
FREE
READING

at

www.ForgottenBooks.com

By purchasing this book you are eligible for one month membership to ForgottenBooks.com, giving you unlimited access to our entire collection of over 1,000,000 titles via our web site and mobile apps.

To claim your free month visit:

www.forgottenbooks.com/free693524

English
Français
Deutsche
Italiano
Español
Português

www.forgottenbooks.com

Mythology Photography **Fiction**
Fishing Christianity **Art** Cooking
Essays Buddhism Freemasonry
Medicine **Biology** Music **Ancient
Egypt** Evolution Carpentry Physics
Dance Geology **Mathematics** Fitness
Shakespeare **Folklore** Yoga Marketing
Confidence Immortality Biographies
Poetry **Psychology** Witchcraft
Electronics Chemistry History **Law**
Accounting **Philosophy** Anthropology
Alchemy Drama Quantum Mechanics
Atheism Sexual Health **Ancient History**
Entrepreneurship Languages Sport
Paleontology Needlework Islam
Metaphysics Investment Archaeology
Parenting Statistics Criminology
Motivational

LA DIPLOMATIE SECRÈTE AU XVIIIe SIÈCLE

SES DÉBUTS

II

LE

SECRET DES FARNÈSE

PHILIPPE V

ET

LA POLITIQUE D'ALBERONI

PAR

ÉMILE BOURGEOIS

PROFESSEUR A L'UNIVERSITÉ DE PARIS

Ouvrage couronné par l'Académie des Sciences morales et politiques.

(PRIX DU BUDGET)

LA DIPLOMATIE SECRÈTE AU XVIIIe SIÈCLE

SES DÉBUTS

II

LE

SECRET DES FARNÈSE

PHILIPPE V

ET

LA POLITIQUE D'ALBERONI

LIBRAIRIE ARMAND COLIN

LA DIPLOMATIE SECRÈTE AU XVIIIᵉ SIÈCLE

SES DÉBUTS

LA DIPLOMATIE SECRÈTE AU XVIIIᵉ SIÈCLE

SES DÉBUTS

II

LE
SECRET DES FARNÈSE

PHILIPPE V

ET

LA POLITIQUE D'ALBERONI

PAR

ÉMILE BOURGEOIS

PROFESSEUR A L'UNIVERSITÉ DE PARIS

Ouvrage couronné par l'Académie des Sciences morales et politiques

(PRIX DU BUDGET)

PARIS

AVANT-PROPOS

Le cardinal Alberoni a réuni pendant deux années, contre sa personne et sa politique les principales puissances de l'Europe. Il a semblé alors si redoutable que ce ne fut point trop des armées de la France et de l'Empire unies aux flottes anglaises pour exécuter l'arrêt rendu contre lui à Londres en 1718 par les signataires de la Quadruple Alliance. On ne voit guère dans les temps modernes d'homme d'État dont les desseins aient provoqué une opposition aussi générale, dont la fortune ou les ambitions aient ameuté tant de colères et des jalousies aussi unanimes. Les motifs donnés par les contemporains, désir et nécessité de maintenir la paix, ou de l'imposer à Philippe V, d'arrêter les entreprises désordonnées et chimériques de son ministre, ont pu faire illusion à l'abbé de Saint-Pierre et le persuader que la chute d'Alberoni allait être le prélude de la paix perpétuelle. Les espérances du bon abbé, autant que les prétendues craintes des politiques européens, présentent une telle disproportion entre la cause et l'effet qu'on doit s'étonner de l'importance donnée à ce cardinal qui ne fut ni un Ximenès, ni un Richelieu et pas même après tout, quoique Italien, un Mazarin.

En fait la grandeur du rôle que tint alors Alberoni dans la politique européenne eût été depuis longtemps expliquée si l'on avait connu les mobiles secrets de sa carrière, la participation des ducs de Parme, dont il était le sujet et resta toujours le ministre, à sa fortune, l'influence décisive et occulte des princes Farnèse sur ses desseins et sa conduite.

L'action de la politique Farnèse a été très grande sur les événements européens du temps de la Régence. Mais elle s'est exercée par tant de détours cachés, et si fréquemment sous les apparences d'une politique espagnole conduite par Alberoni et Elisabeth au gré de la cour de Parme, que par la suite le détail et presque la trace s'en perdirent. Outre les lettres d'Alberoni au comte Rocca que j'ai publiées en 1892 d'après le manuscrit de Plaisance, la correspondance des ducs de Parme avec leurs envoyés à Madrid, à Paris, à Londres qui depuis l'avènement des Farnèse au trône des deux Siciles, fut portée et conservée dans le Palais San Severino à Naples permettent de retrouver les traces, de reconstituer les trames de cette politique secrète.

Certains de ces documents auraient dû attirer déjà l'attention de l'historien, s'il avait su les reconnaître dans le recueil où ils ont depuis longtemps passé, une collection de *Nouvelles ou Mémoires diplomatiques* constituée par Torcy avec les dépêches interceptées à la surintendance des Postes, reproduite presque intégralement par Saint-Simon dans ses *Mémoires*, et aussi accessible que toutes les éditions de ces Mémoires.

L'ignorance des entreprises cachées et des archives secrètes de la maison Farnèse a longtemps nui à l'intelligence des hommes et des choses du xviiie siècle. Ainsi tout sens et toute portée ont été retirés à la politique de ce temps qui n'a plus paru qu'un misérable imbroglio d'intrigues autour d'une demi-douzaine de dots et de successions. On a trop oublié surtout l'importance de la question italienne dans le règlement des affaires européennes, qui ne doit pas être et ne fut pas alors tout entier réduit au partage de l'Espagne.

Par le fait qu'héritiers de leurs cousins de Madrid, les Habsbourg de Vienne, des Allemands songent et réussissent à s'installer dans la péninsule, commence pour les Italiens toute une période de servitude autrichienne comprise entre les plans attribués sur leur pays au duc Charles de Lorraine et l'oppression de Metternich. Les Espagnols avaient cessé depuis longtemps de leur paraître des étrangers. Comment, autrement, la duchesse de Savoie, mère et tutrice de Victor-Amédée aurait-elle dit à l'envoyé de France en 1683 : « Toute l'Italie me reproche d'être dévouée aux volontés du roi, et je ne suis haïe que parce qu'on me regarde pour Française et *qu'on est persuadé que sans moi toute cette cour serait espagnole?* » Malgré l'étroite parenté des souverains, la domination autrichienne ne s'établit donc pas dans la péninsule comme une suite naturelle du gouvernement des Espagnols. Elle parut tout au contraire, et dès le début, comme une conquête nouvelle, une entreprise des barbares.

Le premier, Victor-Amédéc II donna en Savoie le signal d'une résistance qui prit l'allure d'une mise en défense contre l'étranger. Cela ne s'était point vu en Italie depuis bien longtemps, qu'un prince italien fût par sa diplomatie seule assez fort pour imposer, comme fit le futur roi de Sardaigne, la neutralité de la péninsule aux armées de l'Allemagne et de la France. Si, en 1703, l'espoir d'une conquête en Lombardie entraînait encore la Savoie à une alliance avec l'Autriche, l'obstination de la cour de Vienne à lui refuser des avantages que seule l'Angleterre à Utrecht lui procura, la Sicile et la royauté, avait assez vite converti Victor-Amédée à la haine des Allemands. Cette haine était commune vers 1716 aux peuples d'Italie, auxquels manquait d'ailleurs pour la manifester utilement « l'union entre les souverains depuis longtemps ruinée par la défiance, l'intérêt et la vanité particulière ».

Nul pays alors n'a plus éprouvé ce sentiment que le pays de Parme ouvert sans défense et livré sans moyen de combat aux troupes allemandes, isolé au centre de cette vallée du Pô qui toujours semblait appeler et nourrir l'envahisseur. Bien que grandis au rang de princes par la faveur impériale et dans la clientèle des Habsbourg, les Farnèse, las d'une vassalité qui dans le passé avait pu être fructueuse, mais devenait trop lourde pour leur peuple, se refusèrent, d'abord au XVIIᵉ siècle, à servir davantage les ambitions italiennes de l'Autriche. Puis, très secrètement parce que très faibles, ils cherchaient auprès de Louis XIV un point d'appui. Ce fut l'œuvre surtout de Ranuee II. S'il maria son fils Odoard, mort prématurément en 1693 d'obésité, puis son second fils François à une princesse de Neubourg, ce fut afin de se donner le droit de négocier avec la France pour sa sécurité et au besoin pour son profit dans les domaines de Mantoue, de Castro et de Ronciglione.

La crainte et l'ambition avaient ainsi orienté la politique parmesane, comme la diplomatie savoyarde, peu à peu mais résolument contre les progrès et les projets de la cour de Vienne. Toutefois, plus menacée encore et plus fragile que la maison de Savoie, la dynastie des Farnèse dut et sut dissimuler sa résistance et ses brigues, tellement que le public contemporain n'en eut ni l'avis, ni même le soupçon. Elle se dissimula adroitement derrière Alberoni ou Élisabeth Farnèse, confondit ses entreprises avec celles des Bourbons d'Espagne. Vers 1748 elle n'en avait pas moins fait triompher en définitive, en face des Autrichiens et pour une durée égale à celle de leur domination dans la péninsule, une maison plus italienne certes que celle de Savoie, laquelle paraissait à demi-étrangère encore aux Italiens de ce temps. En dehors de cette diplomatie subtile et secrète, le seul effort violent que firent les Parmesans en 1717 et 1718 pour arracher de force à l'Autriche et à l'Europe la péninsule et se tailler à Naples une royauté, fut malheureux. Mais il se trouva mis au compte des ambitions et des rancunes maladives dc Philippe V exploitées et entretenues par sa femme et son ministre.

Dans un volume précédent, nous avons conduit jusqu'à cette crise l'examen des intrigues secrètement formées par les maisons d'Orléans et de Hanovre. Nous avons vu comment elles la précipitèrent au profit des ambitions impériales associées aux leurs.

L'objet de ce second volume sera le récit parallèle des entreprises également secrètes formées par la maison de Parme et confiées par elle au soin d'Alberoni, dont la fortune toujours demeura au service et même à la merci des Farnèse, ses maîtres et souverains véritables.

Ainsi s'éclairera cette politique des premières années du XVIII° siècle où l'action des grandes puissances fut en secret déterminée par les intérêts et les origines de familles secondaires en quête de secours ou de progrès, où le gouvernement des peuples se trouva remis avec les affaires et les confidences de ces familles aux mains d'hommes nouveaux, hommes d'intrigue ou de parti, pourvus d'intelligence et de savoir-faire à défaut de naissance, et dépourvus de préjugés ou de scrupules, sinon d'habileté et de talents.

LE SECRET DES FARNÈSE

PHILIPPE V ET LA POLITIQUE D'ALBERONI

LIVRE PREMIER

INTRODUCTION

I

Louis XIV, l'Italie et Parme. — Les débuts d'Alberoni.

Se rappelle-t-on toujours qu'une des premières manifestations de sa jeune puissance que Louis XIV, au lendemain de l'avènement, ait destinée au succès de sa réputation en Europe fut la menace d'une expédition militaire en Italie, contre le pape Alexandre VII? De la part du roi très chrétien une guerre au Saint-Siège, c'était plutôt un acte audacieux et bon plutôt à laisser dans l'oubli. Cependant, lorsqu'en janvier 1664 l'avant-garde de l'armée française parut sur les confins des États romains, dans les duchés de Parme et de Modène, sous la conduite de Bellefonds et La Feuillade, Louis XIV n'avait semblé soucieux que de l'employer énergiquement. Il avait en ·outre offert au duc de Parme, Ranuee II une part de la vengeance qu'il s'apprêtait à exercer à Rome, l'occasion de disputer au pape les domaines de Castro et Ronciglione, enclaves des Farnèse en territoire romain que le Saint-Siège avait séquestrées pour dettes non acquittées aux banquiers de l'État pontifical et qu'il prétendait alors confisquer définitivement.

Le traité de Pise, conclu le 12 février 1664, et l'envoi du cardinal Chigi en France étaient intervenus pour conjurer les colères de Louis XIV. Mais alors encore, le roi de France semblait n'avoir désarmé qu'à regret. Il s'était étonné surtout de trouver si négligents de leur vengeance, si indifférents à leurs avantages, les Farnèse, fils dégénérés des premiers capitaines de l'Europe, ce duc Ranuee préoccupé de fêtes et de musique plus que de grandeur, dont la volonté et l'ardeur s'éteignaient dans un empâtement précoce, un développement monstrueux de graisse où la race allait se perdre, depuis son alliance, disait-on, avec les Aldobrandini. Comment surtout ne s'était-il pas trouvé auprès du duc d'autres ministres que deux vieux serviteurs, dont l'un d'origine milanaise, très âgés, uniquement soucieux de mourir dans leur place [1], incapables de réveiller et de conseiller les ambitions de leur maître ?

Par une coïncidence singulière, c'était au moment même où la diplomatie française constatait la pauvreté de la politique Farnèse en desseins, en ressources et en hommes que, le 21 mai 1664, dans l'église de Plaisance, Saint-Nazaire et Celse fut déclarée la naissance de Jules Alberoni, futur ministre de Parme, cardinal de la Sainte-Église, et principal conseiller du petit-fils de Louis XIV en Espagne [2]. Les parents qui signèrent au registre : Messire Jean-Marie Alberoni, jardinier de son état, sa femme Laura Ferrati, fileuse de lin, étaient des paysans fort modestes, venus dans la ville récemment de la campagne de Mantoue ; ce n'étaient point des misérables : le sonneur de Saint-Nazaire, et peut-être le prêtre qui avait baptisé, le révérend Gian-Bernardo Degli Huomini avaient éprouvé leur libéralité. Messire Jean-Marie avait pignon sur rue : son fils venait de naître dans une petite maison composée de deux pièces, une

---

1. Instructions de Louis XIV au sieur d'Aubeville, 21 juillet 1663 (*Recueil des Instructions de Parme*, p. 157, Paris, 1893). — Rousset, *Histoire de Louvois*, I, p. 325. — Poggiali, *Memorie Storiche di Piacenza*, XII, p. 51 et suivantes.

2. Bersani, *Storia del Cardinale Alberoni*, Piacenza, 1861, in-8°.

à chaque étage, estimée huit cents livres qui lui appartenait, située environ au milieu de la rue *il Cantone del Christo*. Ce n'était point la fortune, pas même l'aisance que le futur cardinal trouvait cependant chez ses parents. Jusqu'à dix ans il ne reçut aucune instruction. Par hasard, un prêtre de sa paroisse qui l'y trouva employé aux travaux de la sacristie, comme il l'avait été d'abord à Sainte-Marie de Valverde, lui apprit à lire et à écrire. Les Barnabites de Sainte-Brigitte, autre église où il porta plus tard ses services, lui procurèrent assez de grammaire et de latin pour qu'il pût recevoir les ordres mineurs.

Tout cela ne l'aurait pas mené bien loin de la condition paternelle : jardinier ou diacre, il n'avait aucun avenir. Sa vie fût restée ignorée comme sa jeunesse, sans les circonstances qui lui permirent à quinze ans d'entrer au collège des Jésuites. Ces circonstances, nous les ignorons. Mais l'on garde pieusement, aux archives du monastère S. Lazaro à Plaisance, les cahiers d'étude constitués par Alberoni aux leçons du père Varotus, jésuite : *sub disciplina Augusti Varoti Soc. Iesu, 1680*. Ces notes de physique, de droit, de géographie, de théologie, rédigées d'une écriture fine et soignée, conservées par l'étudiant jusqu'à son dernier jour, attestent l'importance de cet enseignement qui décida de sa vie. Il y en a une autre preuve : le séminaire auquel Alberoni les a léguées avec toute sa fortune fut construit par lui de son vivant pour recueillir et instruire les enfants de condition médiocre, en quête d'une instruction qui leur permît de faire valoir leurs talents. La dernière pensée du Cardinal fut d'éviter à ses pareils l'obstacle dont il avait failli souffrir, qui lui eût fermé l'avenir, si la chance ne l'avait servi. En se substituant pour les autres au hasard, Alberoni marquait ce qu'il lui devait lui-même.

Ce n'était point l'usage alors que des enfants de petite condition entrassent chez les Jésuites. Leurs maisons, véritables universités où les études étaient longues et onéreuses, étaient généralement réservées aux jeunes gens des familles riches de la ville. L'exception dont profita Alberoni lui servit doublement, à s'instruire d'abord, puis à se créer dans la haute bourgeoisie de Plaisance des protecteurs et des amis. Nous le trouvons en 1684

intimement lié avec le légiste Ignazio Giardini, que le duc de
Parme avait appelé de Ravenne au tribunal criminel de ses
États. Il avait alors vingt ans : aucun portrait qui nous renseigne
sur lui ni au physique ni au moral. Une simple anecdote qui
témoigne de sa fidélité à ses amis, trait de caractère qu'il faut
noter, l'un des secrets peut-être de sa fortune : en 1685, Giardini,
l'auditeur des causes criminelles, fut disgrâcié par le duc de
Parme ; il s'enfuit, laissant sa femme à Plaisance, errant de
ville en ville autour du Duché où ses intérêts et sa famille
restaient en souffrance, obligé d'attendre enfin son pardon à
Ravenne. Alberoni l'accompagna, le consola de sa disgrâce,
partagea son exil, jusqu'au jour où cet exil prit fin. Un pareil
dévouement devait avoir sa récompense.

Le vice-légat de Ravenne, Georges Barni, le remarqua.
Lombard comme Alberoni, d'une grande famille de Lodi qui
était à Rome en grande faveur, ce prêtre se trouva appelé en
1688 à l'évêché de Plaisance. Il ne négligea point de s'attacher
un jeune homme spirituel, instruit, dévoué, tel que l'ami du
légiste. Il lui procura définitivement l'accès de l'Église. Trésorier
de l'évêque et peut-être son secrétaire, Alberoni obtint par ce
moyen le premier de ses bénéfices : une messe à Saint-Nazaire,
sa paroisse. A vingt-six ans il était ordonné prêtre, dans l'église
où il avait reçu le baptême. Et bientôt on lui offrait la direction
de cette paroisse où il avait débuté comme sacristain. Les bourgeois patrons de la cure qui avaient consenti d'abord à cette
nomination se ravisèrent tout à coup, par jalousie sans doute
contre cet enfant du peuple. Sans le vouloir, ils allaient, avec
l'intention de lui nuire, servir encore sa fortune. Ce fut un
deuxième coup du hasard : le hasard a eu une part si grande dans
la destinée d'Alberoni, que toute sa philosophie de la vie, sa
conception de l'histoire et de la politique en ont été pour jamais
pénétrées.

L'amitié de Giardini eût fait de lui un légiste ; celle de Georges
Barni, un curé de Plaisance. L'hostilité de ses concitoyens et la
protection persistante de son évêque firent d'Alberoni un professeur et un politique. Georges Barni, pour le consoler de son
échec, lui procura d'abord un canonicat à Saint-Martin, puis lui

confia l'éducation de son neveu, le comte-abbé Jean-Baptiste Barni. Ce devait être, pour un futur cardinal, une éducation toute spéciale : études de théologie, de droit canon, d'histoire et de philosophie, nécessaires à un chef de l'Église ; études pratiques aussi de la cour de Rome, de ses intérêts présents, de ses manèges et des moyens d'y réussir. Pour que l'évêque de Plaisance confiât cette double tâche à Alberoni, il fallait qu'il eût en grande estime son savoir et son esprit. Ce fut à Rome, sur le théâtre même de l'action, au centre des affaires ecclésiastiques, qu'Alberoni instruisit et forma pendant plusieurs années son élève. Il s'y forma lui-même, dans cette école demeurée à la fin du xviie siècle encore une grande école de diplomatie et de politique[1].

Lorsqu'il revint de Rome, après avoir fréquenté les premiers personnages de l'Église, le fils du jardinier de Plaisance, l'humble diacre qui balayait la sacristie de sa paroisse, était définitivement sorti de la condition à laquelle sa naissance le destinait. Toute trace de domesticité avait disparu. Il avait été précepteur ; il ne l'était plus. Il entrait dans la société des hommes d'État et d'esprit qui autrement ne l'eût pas remarqué. Il plaisait par ce qu'il avait appris dans la vie ou dans les livres, par un esprit parfois grossier, trace durable de ses origines plébéiennes, mais vif et sain, franc surtout. Le naturel, bon et mauvais, voilà ce qui en lui paraît dominer, en fait de qualités propres à lui faire des amis, le dévouement, la volonté, la plaisanterie lombarde, ou le désir effréné de parvenir, l'art de s'introduire et de faire rire les sociétés dont il attend sa fortune. Il ne l'attendit plus longtemps.

Il y avait deux évêques dans le duché de Parme : outre celui de Plaisance, celui de Borgo-San-Donnino, le comte Alexandre Roncovieri, promu récemment à cet évêché par le duc de Parme, dont il avait défendu les intérêts à la cour de France et instruit l'héritier, le prince Antoine. Ce Roncovieri était un lettré et un politique : son histoire de Louis XIII lui avait valu, à Paris même, une certaine réputation. Ses négociations n'y étaient

1. Poggiali et Bersani, mêmes passages.

point oubliées. Par l'amitié de cet évêque, Alberoni fut introduit dans le cercle des politiques du Duché [1].

Parmi ces politiques plusieurs d'entre eux ont eu leur rôle dans l'histoire, proportionné sans doute aux intérêts qu'ils représentaient. C'étaient Mgr Aldobrandini, le vice-légat de Ravenne, le futur nonce du pape auprès de Philippe V ; le comte San-Severino qui, après quelque temps de service dans la diplomatie parmesane, devait se faire un nom dans la diplomatie française ; le marquis Federico Scotti, le successeur d'Alberoni à Madrid après sa chute ; le comte Giovanne Gazzola, envoyé de Parme au Congrès d'Utrecht. D'autres aussi, qui furent moins connus hors de Parme, se trouvaient mieux en mesure par leurs fonctions auprès des Farnèse, de distribuer leurs faveurs : le père abbé Maurizio Santi, premier secrétaire d'État du duc, le comte Ignazio Rocca, son trésorier ; ses médecins, les docteurs Oniati et Sacchi [2]. Tous devinrent les amis, *les patrons* de l'abbé. La protection de Roncovieri, qui était presque pour tous un modèle, le fit admettre dans cette société politique, « cette bonne compagnie » comme il disait, au moment précis où les Farnèse avaient le plus besoin du conseil et du concours de ces hommes d'État. En 1702 la carrière d'Alberoni se décida, dans la crise que traversait alors le Parmesan.

La guerre de succession d'Espagne venait d'éclater. La lutte séculaire avait repris entre les Bourbons et les Habsbourg : l'Italie, avec les Flandres, en demeurait toujours l'enjeu et le théâtre. Cette fois même, les rivaux s'étaient jetés d'abord sur la péninsule, le plus beau joyau de la couronne que les Espagnols avaient donnée au duc d'Anjou, que l'archiduc Charles lui disputait. Tandis que Philippe V prenait possession de l'Espagne, des troupes françaises et espagnoles confiées à Catinat s'étaient rapidement portées, au printemps de 1701, dans le Véronais pour fermer à l'armée du prince Eugène l'accès des Alpes. Elles en avaient été refoulées pendant l'été (Carpi, 7 juillet 1701). Les

---

1. Sur l'évêque comte Roncovieri, consulter Poggiali, XII, 60, 197, 208 et suivantes, et Saint-Simon, *Mémoires*, éd. de Boislisle, XV, 277. — *L'Histoire de Louis XIII*, par l'évêque de Borgo-San-Donnino, a été publiée à Lyon en 1681.

2. Pour ces noms consulter Poggiali, XII, *passim*, et mon édition des lettres d'Alberoni, à la table surtout.

Autrichiens s'installèrent à Mantoue, sur le Pô, à Borgoforte, Guastalla, Ostiglia, prêts à heurter au printemps l'armée de Villeroi, envoyé à Crémone pour remplacer Catinat [1]. Car Louis XIV, plus que jamais, réclamait pour son petit-fils et pour sa maison l'Italie.

Les princes italiens, en présence de ce double orage qui éclatait de deux côtés sur leurs États, avaient espéré d'abord s'en préserver. Ils avaient déclaré et prétendu faire respecter leur neutralité : Renaud d'Este à Modène, François Farnèse à Parme. Ce dernier, dès le 18 février 1701, avait réuni des troupes et armé ses forteresses. Mais il avait pris peur quand il vit les Allemands installés de force à Modène, maîtres de la vallée du Pô jusqu'à Crémone. Il invoqua, contre le prince Eugène, le droit de lui fermer ses États vassaux du pape, appela à son aide son suzerain et les garnisons pontificales (9 février 1702). Aux droits du Saint-Siège les Allemands avaient opposé ceux de l'Empire, et occupé comme fiefs impériaux Borgo-San-Donnino, Busseto, la moitié du Placentin.

En vain les Farnèse envoyèrent une ambassade à Vienne (décembre 1702). Leur neutralité était devenue aussi impossible que celle de leurs voisins de Modène [2]. Ils s'efforçaient d'accumuler autour de Plaisance, leur capitale, des défenses qui faisaient sourire le prince Eugène. « Pas besoin de tant de travaux, disait-il, vingt mille braves soldats suffiraient. » Où le duc de Parme les eût-il pris ? il n'avait de ressources que dans l'habileté de ses diplomates.

Et voilà que les Français, délivrés de Villeroi par sa propre faute, prenaient l'offensive, avec Vendôme qui le remplaça en mars 1702 : le nouveau général, connu pour son audace, amenait 50,000 hommes qu'il ne laisserait pas, comme son prédécesseur, inactifs. Le pays de Parme pouvait être le champ clos où les Bourbons prendraient avec lui leur revanche. La neutralité des Farnèse devenait de plus en plus problématique. Comme

---

1. Poggiali, *Memorie*, XII, p. 214. — Pelet, *Mémoires militaires de la Guerre de Succession d'Espagne*, I, p. 251 à 290. — Catinat, *Mémoires*, II, p. 430, et III, p. 95.
2. Pelet, *Mémoires militaires*, II, p. 131-152. — Saint-Simon, éd. de Boislisle, X, p. 68-69.

elle demeurait cependant leur seul espoir et leur unique objet, le
duc François choisit parmi ses diplomates l'homme le plus
capable de plaider cette cause auprès de Vendôme, l'évêque
Roncovieri. Roncovieri, qui se faisait vieux et qui, atteint de la
goutte, trouvait la charge assez lourde, se fit adjoindre l'abbé
Alberoni. L'abbé tint la plume, pour raconter cette mission au
duc et à son ministre Rocca. Il prit la parole au quartier général
de Vendôme : car il parlait français aussi bien que son évêque.
Leurs prières contribuèrent peut-être à la tournure que prirent
les opérations militaires. Sans s'inquiéter d'être tourné par le
Parmesan, Vendôme porta son armée, dès le mois de mai 1702,
au nord, vers Mantoue qu'il débloqua. Les États des Farnèse se
trouvèrent à la fois délivrés et épargnés. La victoire de Luzzara
livra Guastalla et Borgoforte aux Français (15 août 1702)[1].

Il semble bien qu'après cette crise heureusement conjurée, le
duc de Parme, sans se départir tout à fait de la neutralité, ait
incliné vers une alliance avec le roi d'Espagne. Lorsque ce jeune
prince vint de Naples prendre le commandement de son armée
dans la vallée du Pô (3 juillet 1702), le duc de Parme, en personne cette fois, se rendit à Crémone à sa rencontre. Il avait
invité les gentilshommes de sa maison à se vêtir d'habits neufs
et dorés, à renouveler la livrée de leurs gens. Les estaffiers,
les archers de la garde ducale, galonnés d'or, ouvrirent la
marche du cortège ducal, composé de plus de soixante personnes que les voitures de la cour, attelées de chevaux de
luxe, portèrent jusqu'aux rives du Pô.

Toute une flottille attendait sur le fleuve ; le duc François
s'embarqua sur une galère dorée que des rameurs en costume de
gala menèrent à Crémone, et vint descendre dans cette ville
au palais Lodi, aménagé de façon à recevoir les deux souverains.
Et là, tandis que Farnèse et Bourbons se prodiguaient des
marques d'amitié, entendaient la messe ensemble, · des distri-
butions d'argent étaient faites aux frais du trésor parmesan aux
troupes et aux officiers de France. Des victuailles abondantes,
les meilleurs vins de la cave ducale, toujours appréciés d'une

---

1. Poggiali, *Memorie*, XII, p. 207-208. — Pelet, *Mémoires militaires*, II, p. 247-251.

armée en campagne, complétèrent la série des attentions que le duc François avait entendu ménager à Philippe V, à sa suite, à ses troupes. Peut-être, en le voyant vainqueur, jugeait-il qu'il méritait plus de frais. Mais peut-être aussi était-ce le début d'une politique qui, par les soins et l'initiative d'Alberoni, devait singulièrement servir la grandeur et les intérêts des Farnèse [1].

C'était en effet à son futur gendre que le duc faisait les honneurs de l'Italie. Alberoni rencontra à Crémone, pour la première fois, le prince qui devait lui confier plus tard les intérêts de sa monarchie. Il ne pouvait prévoir cet avenir : du moins avait-il pour l'Italie et le duché de Parme pressenti et fait valoir l'avantage d'une alliance avec ce roi, dont la personne représentait les forces de l'Espagne et de la France unies. S'il fut chargé de la suivre, aussitôt après, c'est qu'il en avait donné l'idée et déjà le moyen.

Lorsque Philippe V eut quitté l'Italie à la fin de 1702, l'abbé resta attaché à Vendôme, sinon encore à titre officiel. Le chef de la mission parmesane était toujours l'évêque Roncovieri [2]. Mais outre qu'il était dur pour un vieillard de vivre auprès d'une armée en campagne, Vendôme se donnait beaucoup de mouvement : il avait rejeté le prince Eugène dans le pays vénitien, occupé Trente, voulu rejoindre en Tyrol l'électeur de Bavière (sept. 1703) lorsqu'il dut revenir brusquement à Milan pour châtier le duc de Savoie de sa trahison. L'évêque de Borgo-San-Donnino, pendant ces opérations, tomba malade : attaques de goutte, fièvre, tumeur, abcès. Il demanda un congé, son rappel. A sa prière, vers la fin de l'année, Alberoni prit officiellement en mains les intérêts du Farnèse. Il devenait l'agent en titre du duc de Parme.

1. Saint-Simon, *Mémoires*, éd. de Boislisle, X, p. 217. — Poggiali, *Memorie*, XII, p. 215-216.
2. Archivio governativo di Parma. (*Carteggio Farnesiano*) : Lettre du duc à l'évêque de San-Donnino, du 19 décembre 1902, pour le remercier de ses services et de ceux de Giulio Alberoni. — Lettre d'Alberoni au comte Rocca, du 30 janvier 1703 et les suivantes, du 22 mai et du 11 octobre 1703 qui indiquent les progrès de la maladie de Roncovieri et les campagnes de Vendôme en Vénétie (éd. Bourgeois, p. i et ii).

. Prenons-le au moment de cette nomination qui est, pour ainsi dire, la base et l'explication de toute sa fortune. Auprès de Vendôme, ou de Philippe V en Espagne, il est et demeurera l'agent officiel de la maison Farnèse pendant vingt ans. A chaque ordinaire il écrira à son maître, aux ministres. Sa correspondance conservée aux archives Farnèse, dans le Palais San-Severino de Naples, en fait foi [1].

Pour être piquante, l'histoire de ces débuts d'Alberoni imaginée par Saint-Simon, les motifs plaisants qu'il donne du succès de l'abbé auprès de Vendôme, le portrait qu'il fait du bouffon grossier et obséquieux, parvenu par les flatteries les plus basses, ne constituent pas un récit véridique [2].

Certes, Alberoni fut un parvenu : mais il n'est ni le premier ni le seul des hommes d'esprit et d'étude, surtout au xviiie siècle, que les seigneurs de Cour et d'Église aient associés à leur besogne politique, de façon à leur ouvrir l'accès des affaires. Les affaires de Parme, dans l'histoire générale, étant demeurées naturellement au second plan, on a pu ignorer qui en était chargé; on conçoit aussi que dans son mépris pour ce qui était peuple, Saint-Simon ait suppléé à son ignorance, à celle de ses contemporains par des calomnies.

Ce n'était pas du tout en 1702 *un bas valet*, cet abbé diplomate à qui le duc de Parme permettait de s'installer dans le joli palais des Landi à Plaisance, qui recevait, pour faire bonne figure, pension pour lui-même et présents pour les Français. Son portrait à cette époque est celui d'un homme heureux, intelligent, maître de sa force et de sa fortune. Un front large et haut qu'éclairent des yeux vifs et bien clairs ;

---

1. On conserve à l'Archivio governativo de Parme toute la correspondance établie en 1703 par les soins du premier conseiller du duc, marquis Mischi, secrétaire d'État, avec Alberoni qui servait d'agent et de courrier avec le quartier des Français. — Le comte I. Rocca, trésorier, ordonnançait ses appointements : les quittances sont au même fond. Enfin, aux Archives de Naples (*Farnesiana*) se trouve, à partir du fascic. 50, la correspondance échangée entre le duc de Parme et ses agents à propos des questions de la guerre de succession d'Espagne.

2. C'est la fameuse histoire racontée par Saint-Simon, et demeurée dans toutes les mémoires, après avoir circulé dans tous les salons du xviiie siècle, depuis que Madame, mère du Régent, l'écrivait déjà à la Princesse de Galles en 1718 (recueil Brunet, t. II, p. 31 à 33).

le nez fort et des lèvres sensuelles, le visage dans l'ensemble replet et gras. Rien de distingué; aucun signe de race; point de finesse, mais point d'astuce non plus dans le regard. Un air de santé, au contraire, de franchise un peu vulgaire, une physionomie qui respire la joie de vivre et d'agir, une aisance toute naturelle à voir clair dans les affaires et dans la vie[1].

Précisément Alberoni a compris l'importance, pour les intérêts italiens dont il est chargé et pour lui-même, s'il réussit, d'une alliance avec les Bourbons, l'occasion de nouveau offerte aux Farnèse par les revendications et l'ambition de Louis XIV et de Philippe V en Italie. Envoyé de Parme, il circonvient et séduit leur représentant à l'armée du Pô, le duc de Vendôme.

Tout devra lui servir : son meilleur auxiliaire, c'est le poète Campistron, aussi brave soldat que médiocre écrivain, décoré par le roi d'Espagne à Luzzara, marquis de Penanges par la grâce du duc de Mantoue, secrétaire des commandements de S. A. R. le général en chef. L'abbé et le poète se sont connus autrefois en Italie, un jour qu'Alberoni recueillit Campistron, dépouillé de tout par des brigands. Ce service, discrètement rappelé, lui devint un titre dans l'entourage de Vendôme[2].

C'était d'ailleurs un monde d'accès facile que cette société militaire et libertine, assez mêlée, composée d'officiers en quête de plaisirs entre deux batailles, de traitants occupés à les distraire et à s'enrichir quand ils s'illustraient, ou de gens d'esprit aventuriers de lettres. A ces réunions du camp français, où l'on faisait débauche de bonne chère et de plaisanteries, l'envoyé de Parme, pour s'introduire, apportait sa part de friandises et d'esprit. Il parut s'être lié très vite avec les commissaires des vivres, gros personnages plus à même de faire les frais de ces distractions et certains d'en profiter, surtout le fameux Berthelot de Pléneuf, son ami autant que Vendôme. Certains jours, c'était son tour de régaler, sur la cassette de Parme, l'état-major français : il emmenait la compagnie à Plaisance, et la

1. J'ai publié ce portrait que j'ai rencontré au collège S. Lazaro à Plaisance, dans mon édition des lettres d'Alberoni au comte Rocca.

2. Luynes, *Mémoires*, XIV, p. LII, et Manuscrit d'une étude sur Philippe V et Alberoni (aux AFF. ÉTR., Espagne, *Mémoires et Documents*, t. 151, f° 60).

fête alors se donnait dans le joli cadre de la Renaissance, l'hôtel
Landi, que le duc lui avait procuré[1].

Alberoni était alors non pas le valet, mais l'hôte des Français.
La nuance a été effacée, depuis, par les satires de Saint-Simon.
Elle était assez réelle pourtant et assez forte pour qu'un jour
l'abbé eût le droit dans une visite qu'il dirigeait au Palais Ducal,
de rappeler à un colonel de grande famille le respect de l'étiquette
et de sa propre dignité.

Ce qui est vrai, c'est que, dans ce milieu, par calcul et par
sympathie à la fois Alberoni devint presque Français. De
l'armée de Vendôme, qu'il ne quitta pas, il dit « notre armée »,
et il le dit en français, écrivant à des ministres italiens. Il s'attachait à notre langue, quoiqu'il la parlât avec incorrection ; ses
fautes, souvent amusantes et marquées au coin d'un esprit agile,
indiquaient l'école où il achevait de l'apprendre : c'étaient des
saillies de soldats en campagne. Il fallait alors l'entendre à Plaisance louer les exploits de Vendôme : le *bon compaire*, le *bon
compagnon*, le *grand général*, qui « fait croupes au prince
Eugène[2] ».

Comment Alberoni ne l'aimerait-il pas, lui et son œuvre,
le fléau et la ruine de l'Allemand, envahisseur de l'Italie. Cette
haine du *Tedesco*, l'espérance d'en être délivré, voilà les sentiments qui échauffent le cœur d'Alberoni et déterminent ses
aversions et ses sympathies aux premières heures de sa carrière
politique. Dans la lutte qu'il suit des Bourbons et des Habsbourg, il attend, il escompte la victoire des Français sur les
Allemands. « Quand ces fanfarons » sont vaincus par Villars, et
rejetés derrière la Forêt Noire en 1703, il exulte. Il sert une
cause plus générale que la gloire ou les caprices de Vendôme.
Les moindres incidents de la politique impériale, de la Sicile au
Rhin, l'irritent et l'inquiètent[3]. Il trouve pour les peindre des
expressions pittoresques. Si l'ambassadeur de Joseph Ier a fait
exposer dans son palais de Rome le portrait de son frère en cos-

1. Poggiali, *Memorie*, XII, p. 217-218.
2. Lettres d'Alberoni à Rocca, p. 3 et 9. Ces lettres sont en français à partir
de 1705.
3. *Ibid.*, p. 3.

tume de roi d'Espagne, s'il a ainsi créé un conflit avec le pape, l'abbé s'écrie : « Voilà bien ces Allemands, cherchant partout plus de gale à gratter. »

Sont-ce là colères de patriote, ou sentiments feints d'un ambitieux qui voulait plaire à sa cour et à Vendôme[1]? Il importe de s'en assurer, au moment précis où il entre en scène. Va-t-il jouer un rôle qu'il sait agréable au public spécial dont il escompte la faveur? Est-il l'acteur convaincu et peut-être l'auteur d'une grande pièce qui, dans l'histoire, devrait prendre sa place parmi les grandes manifestations du patriotisme italien, entre celles de Jules II et de Cavour. C'est souvent au prologue que ces pièces-là se jugent.

Le 11 octobre 1703, le duc de Savoie adressait deux lettres très humbles au roi Louis XIV et à son petit-fils qu'il se préparait à trahir : il les assurait encore de sa fidélité. Les Bourbons, justement défiants, avaient donné l'ordre à Vendôme, rappelé subitement en arrière, de se procurer un gage de cette fidélité douteuse dans l'occupation immédiate du Piémont : « Pauvre pays, s'écriait Alberoni, il va subir le sort du Palatinat. » C'était bien le cri du cœur d'un Italien, aimant l'Italie à Parme comme un patriote aime la France en son village[2].

Il ne pouvait déplaire aux Farnèse que les Savoie fussent humiliés, écrasés par Louis XIV dont ils escomptaient les victoires. Il était de l'intérêt de Vendôme, pour achever son œuvre dans les vallées du Pô, que les passages des Alpes fussent assurés. Le langage de l'abbé ne se présentait pas comme une flatterie pour ses maîtres ou pour les vainqueurs. Il ne masquait pas un calcul de diplomate. Il trahissait une douleur sincère : « Pauvre pays », ce sera le soupir d'Alberoni à chaque coup que les traités et les guerres porteront à sa terre natale, non pas au Parmesan seulement, mais à l'Italie tout entière. Ce cri-là, authentique et de 1703, vaut bien au moins la fameuse exclamation : o c... *di angelo,* moins certaine, quoique de la même époque. Entre une plaisanterie d'origine douteuse et l'expression sincère et vraie d'une noble pitié, faut-il

1. Lettres d'Alberoni à Rocca, p. 3 et 4.
2. *Ibid.*, p. 2.

hésiter? Pour juger l'homme et sa carrière, quel avantage de
n'avoir pas que le jugement de Saint-Simon! La base de ce
verdict est vraiment trop fragile, faite de boue.

L'expédition de Vendôme en Piémont devait, par sa durée,
attirer plus de misères encore à ce malheureux pays, procurer
plus de fatigues à l'armée française qu'Alberoni n'avait pu le
prévoir. Avec vingt escadrons de cavalerie, trente bataillons
d'infanterie, et des provisions pour tout ce monde réunies vers
la fin de l'hiver à Casal-Montferrat, Vendôme avait espéré surprendre et presser l'ennemi. Un coup de main sur la capitale
eût été décisif, peut-être. Soit par prudence, soit par ménage-
ment pour le duc de Savoie, père de la reine d'Espagne et de
la duchesse de Bourgogne, Louis XIV déconseilla cette
hardiesse. Il s'en repentit deux ans plus tard. Il ne permit alors
à Vendôme que la conquête du duché place par place, « une
campagne de sièges [1] » : Asti d'abord (nov. 1703), Verceil, Ivrée,
Verrue (1704). Les efforts successifs qu'il fallut faire pour
enlever ces places ont été racontés par Alberoni à sa cour. L'abbé
s'improvisait soldat, suivait les officiers généraux jusque dans
la tranchée, vivait de leur vie de périls intermittents, de délasse-
ments improvisés autour des sièges. Le métier était rude pour
un novice : Alberoni eut quelque mérite à conserver sa bonne
humeur au service des Français, pendant un an et plus d'allées
et venues, de fatigues en tout genre. Il ne semble pas, d'après
ses lettres, que son entrain l'ait jamais quitté. Cette résistance
à des travaux qui n'étaient pas de son emploi révélait les ressources de sa robuste nature de paysan lombard, dur à la peine,
des qualités morales aussi, un courage fait de résignation et de
volonté, l'obstination surtout, l'acharnement à ses projets [2].
Sans qu'il y parût, il poussait ces projets, grâce aux occasions

1. Voir Pelet, *Mémoires militaires*, III, 345-350 et 858 ; IV, 306, et Chéruel, *Saint-Simon historien*, p. 569-584 qui citent de nombreuses lettres de Vendôme.
2. Le récit des sièges de Verceil, Ivrée, Verrue a été fait par Alberoni dans de nombreuses dépêches conservées à Naples (*Farnesiana*, fasc. 50), et en partie publiées par Professione, *Giulio Alberoni agli assedi di Vercelli et Verrua* (*Biblio-theca delle scuole Italiane*, avril 1889). Il se trouve aussi dans les lettres de l'abbé au comte Rocca.

qu'il eut d'assister de près le général en chef, de se dévouer à lui, de lui prouver son esprit, ses ressources, sa bonne volonté. Il s'était introduit : il demeurait, trait d'union toujours présent, chaque jour plus étroit entre les Farnèse et Vendôme. Du général il recevait ce témoignage flatteur « qu'il n'y avait pas un Français plus zélé », de ses maîtres l'assurance de leur protection reconnaissante[1]. Et tout d'un coup, en 1705, il forma entre eux une entente qui, sauvant le Parmesan une seconde fois en pleine crise, procura à Vendôme et à Louis XIV la satisfaction d'une belle victoire.

Lorsqu'il s'était détourné vers le Piémont, le général en chef avait laissé des garnisons à la Mirandole, Tevère et Ostiglia, aux ordres de son frère le Grand-Prieur, pour tenir tête à Stahrenberg sur l'Adige. Il espérait même que les troupes françaises suffiraient à faire front contre l'Archiduc, dont le passage à Trieste venait d'être signalé, et à lui disputer l'Italie. C'était beaucoup demander à une armée réduite de moitié, privée de son meilleur chef. L'événement prouva que l'une seule de ces deux tâches dépassait encore les moyens du Grand-Prieur. Le prince Eugène s'empara en 1704 des passages de l'Adige et, par des opérations heureuses, reprit dans le pays de Mantoue et de l'Oglio tout le terrain perdu. Il reparut aux portes des Farnèse[2]. D'autre part au début de 1705, les Français étaient vaincus en Allemagne. Le duché de Parme, l'Italie se trouvaient de nouveau à la merci des Allemands. Toutes les espérances d'Alberoni évanouies, les calculs de son maître déjoués, tel était le résultat de deux années d'efforts.

Heureusement Vendôme n'était pas loin ; et la diplomatie parmesane avait intérêt à l'informer chaque jour des progrès de l'ennemi, sur le Pô; dans la péninsule. Il pouvait, averti à temps, empêcher la réunion et les progrès des Impériaux. Il n'y manqua point : sa situation en Italie était à ce prix. Du Piémont à Plaisance, les courriers dépêchés par Alberoni portaient aux

---

1. Lettre inédite de Vendôme au Roi, du camp devant Verrue, 16 février 1705, Dépôt de la guerre t. 1872, p. 166.

2. Saint-Simon, *Mémoires*, éd. de Boislisle, p. 40, 93, et Pelet, *Mémoires militaires*, V, 262, 272, 297.

Farnèse la promesse d'une action prochaine. Les dépêches de Parme transmises en confidence à Vendôme l'éclairaient sur les chances de cette entreprise décisive. Au début d'août 1705, l'abbé adressait au comte Rocca ce billet laconique mais précis : « Vous serez ravi de voir nettoié le pais de l'Oglio. Je vous asseure que le bon compaire pense bien et agit mieux. Il fait revenir le corps qui était à Ostian pour se mettre en forces et agir après où il jugera à propos. » (4 août 1705 [1].)

Cette concentration rapide de l'armée française faisait prévoir une action décisive. Douze jours après, Vendôme remportait à Cassano une belle victoire et la complétait en rejetant les Impériaux sur les bords du lac de Garde. La vallée du Pô restait aux Français, le Parmesan aux Farnèse [2]. Le prince Eugène recula de l'Adda sur l'Adige, tandis que Vendôme portait son camp à Gambello sur le Serio, à Crema, à Desenzano, à Lonato, à Castiglione, à Rivoli, où il s'installa après un nouvel avantage remporté à Calcinato en avril 1706.

Le lendemain de la bataille de Cassano, Louis XIV reçut à Versailles une lettre de son général victorieux. En même temps qu'il faisait part de son succès, le duc citait ceux qui y avaient contribué. Il demandait des récompenses pour ses collaborateurs. Dans cette relation, il a mis une mention spéciale pour *son cher abbé*, lui attribuant le mérite des opérations qui avaient dégagé l'Italie. La sûreté de ses informations, la justesse de son coup d'œil, son activité et son dévouement furent appréciés à Versailles, comme le souhaitait Vendôme. Louis XIV avait repris l'Italie aux Habsbourg : Alberoni reçut une pension royale de 1800 livres [3]. Remarqué, pensionné par le grand Roi, le diplomate parmesan devint à partir de cette époque une manière de personnage. Son crédit désormais affermi auprès de Vendôme par une amitié qui ne se démentit jamais, lui

---

1. Lettre d'Alberoni à Rocca, du camp de Soresine. p. 3.

2. Pour cet événement comparer au récit d'Alberoni les notes de M. de Boislisle à l'édition de Saint-Simon, XIII. p 93-95 et l'appendice du même volume, p. 515.

3. Cette lettre publiée déjà en résumé dans les mémoires de Dangeau et de Sourches a été donnée *in extenso* par Pelet. *Mémoires militaires*, V, 330-333. Chamillart sollicité par Vendôme depuis le début de l'année avait, le 10 avril, refusé pour Alberoni un bénéfice (Dép. de la guerre t. 1873, p. 275), mais promis une somme.

permit de rendre à ses maîtres, à ses concitoyens toute espèce de services. Les Français avaient été la Providence du duché : à leurs côtés, l'abbé fit office de saint.

Par son intercession, les propriétés de ses amis, grands seigneurs et prêtres, furent respectées. Les sœurs des comtes Rocca et Gazzola, installées dans un couvent de Mantoue, offrirent l'hospitalité à Vendôme et s'en trouvèrent bien. Elles eurent au milieu de l'armée tous les sauf-conduits nécessaires pour correspondre avec leur famille : les postes françaises se chargaient de leurs commissions. Tout cela pour quelques pâtisseries lombardes, confectionnées par de jolies mains, ce qui leur donnait, il est vrai, plus de prix. Vendôme était gourmand : Saint-Simon le lui a assez reproché. — Une autre femme de Plaisance, moins recommandable, à ce qu'il semble, dut à l'abbé son salut. C'était une vraie diablesse, espionne qualifiée du prince Eugène. Les officiers généraux, Frémont et Chamerault voulaient tout simplement la faire pendre : Alberoni réussit à la tirer des mains du bourreau. Il lui fallut de l'audace et du crédit. Le pays et l'armée étaient déchaînés contre elle[1].

En guerre, une armée n'est pas toujours pour l'indigène un péril. Elle est souvent une aubaine. Écarter les dangers, faciliter les profits, Alberoni s'employait à tout. C'était alors l'usage qu'après une action d'éclat, les officiers généraux se fissent peindre en costume de guerre, dans le cadre du champ de bataille, pour leurs dames ou pour la postérité. Quand, après Cassano, ce besoin se fit sentir à l'armée, à Vendôme, Alberoni recommanda et fit agréer, de préférence à six autres. un peintre de Plaisance, Jean della Piana. Ce fut pour l'artiste une fortune, la perspective de ne rentrer à Plaisance que chargé d'or. Il vint au quartier général pendant l'hiver prendre sur nature ses croquis, et travailla tant et si bien que modèles et artiste se quittèrent largement satisfaits[2].

C'étaient des artistes en leur genre aussi que les fabricants de perruques. Alberoni leur transmettait les commandes des Français qui en exigeaient de belles et en changeaient souvent.

1. Lettre d'Alberoni à Rocca, 1705, p. 10, 11 et 13.
2. Lettres d'Alberoni à Rocca, p. 4, 5, 6' 8, 9, 13, 14 15, 35, 37.

L'abbé était honteux des siennes, en réclamait à l'intendant ducal
et promettait de faire gagner le perruquier : « Je tâche de lui
rendre service, mais ses perruques sont fort chères, puisque
MM. les Français connaissent bien qu'elles sont italiennes. »
C'était hasard, d'ailleurs, si, comme en ce cas, les Français
marchandaient sur leurs commandes. « Ces gens-là ont moins
d'économie que nous », disait le pauvre diplomate, dont le
justaucorps ne valait pas une veste, et qui se jugeait misérable
à côté du dernier palefrenier Français [1]. En cet état on ne peut
nier qu'il eût quelque mérite à détourner sur le Parmesan ce
Pactole inespéré.

Rude métier que cette fonction de consul volontaire auprès
d'une armée en campagne, pour un prêtre surtout! Tantôt la
pluie détrempe les chemins et gonfle les rivières : un jour
Alberoni tombe à l'eau au passage d'un gué. Il y laisse sa per-
ruque et ne garde qu'un mauvais souvenir. En hiver on campe
dans de misérables cassines. Puis il y a les marches, en plein
été, par un soleil brûlant : quarante milles à cheval, en une seule
journée. Point de quartier : il faut que le pauvre abbé soit à bout
de fatigues pour que Vendôme lui pardonne un retard ou une
absence [2]. Encore s'en plaint-il rarement ; c'est sur un ton de
bonne humeur qu'il en parle. Ses lettres sont plus souvent
consacrées à ses amis, dont il s'enquiert avec sollicitude, qu'à
lui-même, à ses devoirs qu'à ses regrets.

L'histoire eût été depuis longtemps moins sévère si elle eût
connu le secret de sa faveur à Parme, les motifs de son crédit
auprès de Vendôme, les services rendus à ses concitoyens et aux
Français. Sans doute « il a fait des potages », pour conquérir
alors les bonnes grâces des officiers français : il en a fait toute sa
vie. « Le monde ne se gouverne pas comme on croit », disait-il.
Il entendait les murmures de cette noblesse en campagne, mécontente de n'avoir pas toujours ses aises, éloignée du verger de
Milan. « Il leur prouva qu'il y avait encore en Lombardie de quoi
divertir les gourmands. » Et son premier patron, le grave historien, l'évèque de San-Donnino, lui envoyait les parmesans fameux

---

1. Lettres d'Alberoni à Rocca, p, 11, 13, 14.
2. Voir par exemple sa lettre à Rocca du camp de Rivoli, 6 juin 1706, p. 25.

avec lesquels il confectionnait sa cuisine diplomatique[1]. Le duc de Parme trempait lui-même dans ce complot de bonne chère et mettait ses fournisseurs au service d'Alberoni. N'avait-il pas lui-même, en vidant ses caves pour Philippe V et sa suite, donné l'exemple et le précepte ?

Bon cuisinier, Alberoni eut l'art aussi d'être un joyeux convive. Le mérite n'était pas mince de tenir sa place, et de réussir par l'esprit dans l'entourage des Vendôme, dans cette société du Temple, célèbre entre toutes les compagnies spirituelles du temps. L'abbé, ici encore, servait des plats de sa façon ou de son pays, qui plaisaient à ces palais blasés, par leur goût de terroir, l'imprévu, le naturel et l'âpreté, bouffonneries peut-être, saillies d'une verve originale et chaude qui eussent moins étonné à Plaisance. Pour les juger, en effet, sans parti pris d'indulgence, il faudrait retrouver le ton des propos qui s'échangeaient entre les amis et les protecteurs d'Alberoni. Ses lettres au comte Rocca nous en ont conservé les échos : il paraît bien que le comte Gazzola, plus tard ambassadeur à Londres, Don Honorato, ou tel autre de la compagnie, n'étaient guère scrupuleux en matière de goût et de bienséance[2]. La fille du duc François, Élisabeth Farnèse, n'était ni fine ni délicate. Elle plut ainsi à Philippe V et se plut beaucoup avec l'abbé, qui excella plus tard à lui rappeler le pays natal par des plats et des propos lombards.

L'erreur, à ce qu'il semble, a été de juger Alberoni, comme un aventurier sans patrie, sans attache, son caractère et sa fortune, comme une anecdote cueillie au hasard des circonstances dans la vie accidentée de Vendôme. Enlevé à son milieu qui l'explique et qu'ignorait Saint-Simon, il paraît Gil Blas ou Crispin. Ses lettres aujourd'hui retrouvées, officielles ou intimes sont le cadre nécessaire à sa vraie physionomie, l'écho de la petite cour lombarde, dont il a les procédés et le ton.

Tandis qu'on l'a cru au service de Vendôme par les plus basses flatteries, on le retrouve, dans sa correspondance, ce qu'il était, l'agent empressé et apprécié des Farnèse. Le duc

1. Lettre d'Alberoni à Rocca, 5 septembre 1705, p. 6.
2. Lettre d'Alberoni à Rocca, de Rivoli, mai et juin 1706, p. 21 et 23.

de Parme réglait et faisait les frais de son équipage, coûteux pour son trésor quand les fourrages étaient chers. Le grand écuyer, le duc de Vigoleno, lui envoyait les chevaux, et le palefrenier dont Alberoni était obligé de souffrir les violences et les brutalités[1]. Le secrétaire des finances, le comte Rocca, ordonnançait ses dépenses, recevait ses demandes de subsides, et prenait soin en son absence de la maison de Plaisance qu'on lui avait donnée pour remplir son emploi. Le chancelier, comte Mischi, lui disait les désirs officiels des Farnèse et enregistrait ses réponses[2]. Entre l'abbé, les Farnèse et leurs ministres tout se passait régulièrement, comme entre un envoyé de Louis XIV et sa cour, ou plutôt irrégulièrement. Il n'était pas d'usage alors, dans la diplomatie même des plus grandes puissances, de fournir aux agents des traitements fixes. Le véritable salaire, ils le trouvaient dans l'estime du maître ; l'objet du diplomate était de se distinguer au service des plus grands intérêts de l'État.

Ainsi, pour Alberoni, le fondement comme le début de sa fortune, en 1706, resta son zèle pour le prince lombard qui l'avait, après Roncovieri, associé à sa politique. « Dieu nous le conserve pour longtemps », disait-il dans son indignation contre les médecins qui abusaient des purges contre le duc. Sa robuste santé de plébéien endurci à toutes les fatigues s'étonnait de ces médecines que les docteurs d'alors administraient aux princes comme les confesseurs faisaient des sacrements. « Je voudrais bien qu'il me coûtât de mon sang que notre adorable maître fût à ma place pour une campagne. Je crois que la conversation et les fatigues des marches lui feraient plus de bien que toutes les drogues que vont lui donner ces avant-coureurs de la mort ; votre lettre m'a mis dans une grande inquiétude ; l'haute réputation et le grand crédit qu'il s'est acquis dans le monde peuvent rendre bien heureux ses bonnes gens[3]. »

Alberoni conformait ses actes à ses paroles. S'il s'attachait

---

1. Lettre d'Alberoni à Rocca, p. 5, 8, 19, 23, 26.
2. *Archivio governativo di Parma* : cette correspondance du duc et du comte Mischi, déjà citée plus haut, nous donne, surtout à la fin de 1705, des détails sur les plans de campagne et les festins à concerter avec les Français.
3. Lettre d'Alberoni à Rocca du 6 juin 1706, p. 25.

à Vendôme, lui rendait mille services, faisait ses affaires d'argent, d'art ou même de cœur, et descendait parfois au niveau de ses exigences et de ses goûts qui n'étaient point relevés, il tirait de lui une protection et toutes les indications utiles pour la sécurité et la conduite des Farnèse. Ce n'étaient pas des propos de table ou des flatteries qu'il envoyait à Plaisance, mais des nouvelles du duel engagé par les Bourbons de France aux quatre coins de l'Europe pour la conquête de l'Espagne et de l'Italie.

Voici une grande flotte qui cingle de Lisbonne vers la Méditerranée, flotte anglaise qui porte l'archiduc, le rival de Philippe V dans les États qu'il lui dispute. L'abbé prédit qu'elle va menacer la Catalogne, après l'échec d'une entreprise mal concertée des alliés sur l'Espagne à l'ouest. Si les Bourbons succombaient à cette nouvelle tentative, s'ils perdaient la partie au delà des Pyrénées, les Habsbourg, les Allemands gagneraient du même coup l'Italie. Alberoni le sait ; mais à distance, il connaît et il prédit la résistance des Catalans, que l'archiduc espère débaucher, le nombre et la valeur des troupes espagnoles [1]. Il apprend quelques mois après, et déplore la reddition de Barcelone (1705), où Peterborough s'est introduit par surprise, mais il note aussitôt les efforts désespérés de Philippe V pour la reprendre, l'armement d'une flotte à Toulon destinée à lui venir en aide : aucun détail de cette lutte sans trêve ne lui échappe [2].

Il suit avec la même attention les phases du combat en Savoie. Turin va être assiégé et La Feuillade brûlera la ville affreusement (5 septembre 1705). Berwick se prépare au siège de Nice. L'abbé escompte en 1706 la ruine prochaine de la Savoie, qui permettrait à l'armée des Bourbons d'aller au secours de Philippe V, de passer des Alpes aux Pyrénées. Il faut que Philippe V soit vainqueur : s'il est vaincu, l'irritation d'Alberoni éclate : « Voilà comment vont les affaires gouvernées par des carognes de femmes [3]. Le duc de Vendôme est le seul qui serve bien le Roi, de bon cœur et par amitié [4]. »

1. Lettres d'Alberoni à Rocca, septembre 1705, p. 6.
2. *Ibid.*, 31 mai 1706, p. 22.
3. *Ibid.*, p. 22.
4. *Ibid.*, p. 24.

Enfin, la joie lui revient au cœur : « Turin va faire un gros contrepoids aux malheurs d'ailleurs[1]. » Des hauteurs de Moncalieri et de Chieri, La Feuillade bombarde avec soixante grosses pièces de canon et quarante mortiers la capitale de la Savoie. Elle va être mise en cendres (juin 1706). Avec ces bonnes nouvelles, l'abbé réconforte le duc de Parme et ses ministres, les comtes Scotti et Rocca. Sans doute, quand les Allemands triomphaient, les Farnèse redoutaient leurs vengeances. Alberoni, par son courage et son zèle, les aidait à suivre, sur tous les théâtres où elle se livrait, les péripéties de cette lutte colossale dont l'Italie était, autant que l'Espagne, l'enjeu.

Lorsqu'après le désastre d'Hochstett, Villars sauva la frontière du Rhin, reprit Haguenau, secourut le Fort Louis, on se réjouit au camp de Vendôme (mai 1706). On se réjouit à Parme. Alberoni conçut aussitôt l'espoir que les princes d'Allemagne hésiteraient davantage à fournir leurs contingents à l'Empereur et refuseraient de renforcer l'armée du prince Eugène en Italie. L'Empereur les entraîna pourtant, par la menace de les mettre, comme l'électeur de Bavière, au ban de l'Empire. A cette nouvelle, l'abbé éclate encore. La couardise des princes allemands l'irrite. Il a des colères de plébéien qu'excite le danger de sa patrie, « ces grossiers animaux de princes allemands », dit-il, avec le mépris de l'Italien pour le barbare[2].

Voilà enfin qu'arriva dans la péninsule la nouvelle de Ramillies. Alberoni la reçut et la transmit à Parme, quinze jours après, le 7 juin. Sa douleur, son mépris pour Villeroi, inspirés par Vendôme, furent proportionnés à l'étendue du désastre : « tout le Brabant perdu en une journée. C'est épouvantable, l'armée abandonnée par son général sans qu'on sache où elle est. — Ah ! le *grand général*, le *grand maréchal !* il était piqué des succès de Vendôme à Calcinato, de Villars à Haguenau. L'envie l'avait pris de faire parler de lui. Il est allé donner de la tête contre l'armée ennemie, sans sçavoir où elle était. Il a voulu se faire battre comme un chien ; il a réussi et après, il a laissé par

1. Lettres d'Alberoni à Rocca, 23 et 25 mai 1706, p. 19 et 20.
2. *Ibid.*, p. 29-30.

une fuite précipitée son armée à la discrétion de l'ennemi[1] ».

Il ne faut pas s'y tromper : ce jugement irrité est encore un cri de colère, d'espérances déçues. Avec ses maîtres, pour la délivrance de l'Italie, Alberoni a escompté la victoire de Philippe V. Et partout ses armées et celles de son grand-père sont en déroute. L'Allemagne tout entière, une partie de l'Espagne maintenant, les Flandres appartiennent à l'archiduc, à ses alliés. L'Italie protégée par Vendôme reste comme un ouvrage avancé que de tous côtés vient battre et prendre à revers le flot montant, irrésistible peut-être, des armées impériales, troupes palatines, troupes de Saxe, de Brandebourg, appelées des Alpes dans la vallée du Pô.

Ah ! Si Vendôme pouvait être partout, en Flandre par exemple, comme « le bon compère » rétablirait les affaires ? Ce vœu d'Alberoni n'était pas de ceux qui se réalisent. La façon dont Louis XIV l'entendit et fit de ce rêve une réalité incomplète fut un nouveau coup pour les Farnèse et pour le Parmesan. Tandis que La Feuillade pressait le siège de Turin, Vendôme avait organisé sur l'Adige et le Pô une grande barrière fortifiée pour empêcher le prince Eugène de secourir la Savoie. Des retranchements à Vérone, à Rivoli, à Cavaillon se dressaient pour fermer les fleuves au prince Eugène qui se préparait, avec un gros attirail de canons et de bateaux, à les franchir. Installé à Sainte-Marie-de-Zevio, à portée et au centre de tous ses postes, le protecteur d'Alberoni et de l'Italie surveillait, avec autant de sang-froid que s'il eût été en quartier d'hiver, les démarches de son redoutable adversaire (27 juin 1706)[2]. Ce fut alors qu'il reçut à la fin de juin, de Versailles, l'ordre de partir sans délai pour la Flandre, d'y réunir l'armée déshonorée par Villeroi, de réparer Ramillies comme il avait fait oublier Crémone, de laisser l'Italie pour sauver la France de l'invasion.

Le 10 juillet 1706, le comte Ranuccio Scotti par ordre du duc de Parme, rencontrait à Castagnaro, dans le Véronais, le général français docile à l'appel de son roi et fier, malgré l'abandon d'une tâche inachevée, des regrets qu'il laissait en l'Italie, des

---

1. Lettres d'Alberoni à Rocca, 13 et 15 juin 1706, p. 27.
2. *Ibid.* du 27 juin 1706, p. 30.

espérances que son maître et la France fondaient sur sa valeur et sur son habileté. « Rien ne pourra, lui mandait le duc Farnèse, effacer les obligations que j'ai à votre Altesse. C'est l'expression bien sincère, bien cordiale de mes sentiments. — Le duc, répondit Vendôme avec autant de sincérité, était le meilleur ami que j'eusse en Italie ; il m'en donne une nouvelle preuve. Et je m'engage en retour à répondre à ses sentiments par des sentiments analogues [1]. »

Le jour même de cette entrevue, Alberoni écrivait au duc de Parme un billet très pressant pour le prier de lui faire tenir la somme nécessaire au voyage lointain qu'il allait entreprendre à la suite de Vendôme [2] : par son ordre, il accompagnait le général en Flandre.

Ce brusque départ, loin du pays natal, et pour quatorze années, fut dans la vie de l'abbé un événement capital puisqu'il le poussa, après beaucoup de traverses encore, des coulisses de la diplomatie sur la scène de l'histoire au premier rang. Pour tous ceux qui se sont habitués à voir en lui un familier, presque un valet de Vendôme, ce départ du domestique avec le maître s'explique de lui-même, à la façon de Saint-Simon. « Il se mit si bien avec lui qu'espérant plus de fortune dans une maison de bohèmes et de fantaisies qu'à la cour de son maître, il fit en sorte de se faire débaucher d'avec lui [3]. » Mais depuis quand a-t-on vu un agent diplomatique débauché de son service réclamer avec instances à son maître les frais de son voyage ? C'est une légende qu'avec beaucoup d'autres on mettra ou laissera au compte de Saint-Simon.

Il a fallu une permission, un ordre de service délivré par la cour parmesane pour qu'Alberoni, aux frais de son maître, quittât l'Italie et s'en allât en Flandre. Que l'ordre lui ait plu, c'est certain. Que son amitié pour Vendôme et son ambition aient été satisfaites ; que Vendôme ait sollicité pour l'emmener, c'est probable. Le duc d'Orléans, désigné par Louis XIV pour commander

---

1. Poggiali, *Memorie*, XII, p. 235.
2. Lettre d'Alberoni à Rocca, p. 31, et une lettre adressée par Malpeli gouverneur de Plaisance à Mischi, 12 juillet « Alberoni è fuori d'Italia ».
3. Saint-Simon, éd. de Boislisle, XIII, p. 289 et suivantes.

après Vendôme l'armée d'Italie [1], avait prié les Farnèse de lui laisser Alberoni ; prière difficile à concilier avec l'idée qu'on s'est faite d'un abbé inconnu, valet des Français, complaisant et confident de bas étage. Le duc de Parme s'excusa, préférant continuer à son agent la mission qu'il venait de remplir auprès de Vendôme. Ce choix n'a pu lui être dicté par des raisons de convenance seulement. La cour de Parme avait des envoyés à Paris, en Hollande, à Rome, à Madrid, dans toutes les capitales de l'Europe ; « tout petit prince a des ambassadeurs ». Le trésor suffisait à peine à l'entretien de ce personnel, souvent en détresse. Pourquoi, sans un intérêt évident, le grever d'une pension nouvelle et joindre à la liste déjà très chargée des envoyés auprès des cours souveraines un emploi nouveau, pour plaire à Vendôme qui n'était ni souverain ni même fils légitime de souverain ?

La mission d'Alberoni en Flandre fut un acte de la politique parmesane réfléchi, déterminé par le calcul des dangers que créait à l'État Farnèse le rappel brusque de Vendôme, sa Providence. Lui seul paraissait de taille à défendre l'Italie contre l'effort des Allemands.

Au moment de son départ, Louis XIV substitua au duc d'Orléans, désigné pour le remplacer, Marsin, le vaincu d'Hœchstett. « Échange fâcheux [2] », disait Alberoni, qui pressentait une catastrophe. Un mois après, le prince Eugène avait tourné les lignes françaises, traversait le Parmesan, y levait des contributions. Il parvint à marches forcées sur le territoire du Piémont, et, vainqueur de l'armée qui assiégeait Turin, rejeta les Français au delà des Alpes. Après l'Espagne, c'était l'Italie tout entière qui échappait à Philippe V.

Préservé jusque-là de la guerre par la diplomatie des Farnèse et d'Alberoni, le duché de Parme devenait la proie des Allemands qui s'y installaient en maîtres [3]. Le duc avait escompté la victoire du roi d'Espagne : ce roi avait perdu sa capitale et presque tous ses États. Il ne lui restait que les ressources de son grand-père,

---

1. Saint-Simon, éd. de Boislisle, XIII, p. 389, 392, 395 et les notes.
2. Lettre d'Alberoni à Rocca, 10 juillet 1706, p. 31.
3. *Ibid.*, lettre du 17 décembre, p. 40.

réduit lui-même à défendre ses frontières. Dans la détresse où ils se trouvaient, les Bourbons penseraient-ils encore à l'Italie ? Le rappel de leur meilleur général indiquait qu'elle passait au dernier rang de leurs préoccupations : la France d'abord ; l'Espagne ensuite. « Après tous ses malheurs, écrivait, Louis XIV, le 24 octobre 1706, le roi d'Espagne doit s'attendre à de grands démembrements de sa monarchie. » Cette résolution, les Farnèse la redoutaient autant qu'ils la pressentaient. Il leur parut que s'il y avait un homme capable de l'empêcher, de plaider leur cause auprès de Louis XIV, c'était le général prince du sang à qui le roi recourait en sa détresse. Si, Vendôme sauvait la France, son crédit serait peut-être assez grand pour sauver ensuite l'Italie. Vendôme demeurait ainsi le Dieu lointain qu'on invoquerait avec succès, pourvu qu'un agent parmesan, en possession de sa confiance, en état de le voir à l'instant propice, maintînt entre lui et la cour de Plaisance le contact nécessaire. Alberoni fut cet agent : cette mission qu'on a crue intéressée, parce qu'elle servit sa fortune, eut ainsi pour motif la volonté de ses maîtres, pour objet son pays natal, et, pour rançon du profit que personnellement il y trouva, beaucoup de fatigues et de périls.

II

Les Bourbons et les Farnèse dans la Guerre de succession d'Espagne. — Alberoni et Vendôme en Flandre.

Quinze jours après son départ d'Italie, l'abbé arrivait à Versailles où se trouvait la cour[1]. Pressé de prendre les instructions du roi, Vendôme n'avait pas ménagé les marches forcées des Alpes à Versailles : et de Versailles encore, quand les ordres furent donnés, il gagna aussi vite la frontière de Flandre, inspecta Valenciennes et rassembla à Lille l'armée désemparée par la défaite[2]. La situation était mauvaise, les

---

1. « Arrivé à la cour le dernier de juillet 1706 », dit Saint-Simon, éd. de Boislisle, XIV, p. 15.
2. Lettre d'Alberoni à Rocca, datée de Lille, 9 août 1708, p. 31.

troupes découragées, Menin assiégé de près par l'ennemi. Tout
ce qu'on pouvait espérer, c'était que les soldats de Ramillies,
rassurés par la présence de Vendôme, l'aideraient de bon cœur
à l'organisation de la défense. Cela se fit peu à peu. La cavalerie
était forte et nombreuse ; l'infanterie se reconstituait de jour en
jour. Marlborough, satisfait de sa victoire et craignant de la
compromettre, se contenta d'occuper Dendermonde et Ath.
Vendôme lui ferma à Quiévin la route de Charleroi et de Mons[1].
La campagne de 1706 s'acheva, sans que le Hainault, après le
Brabant, eût été envahi par l'ennemi.

Alberoni avait, comme en Italie, suivi ces opérations : tons les
huit jours il envoyait en Italie, au ministre Rocca, au duc de
Parme, doubles nouvelles de l'armée de Flandre, racontant cette
guerre en homme de guerre. Il se donnait à dessein le ton et
l'allure d'un officier italien de la France, pour mieux masquer
l'objet de sa mission. Il feignit de n'avoir en Flandre d'autres
relations qu'avec son colonel, d'écrire à Parme à un ami, à son
père, non à son maître. L'artifice était transparent : son colonel,
c'était Vendôme ; l'ami, le duc lui-même. Mais le nombre des
lettres qui se perdaient en route, entre Lille et Plaisance,
justifiait cette précaution. Impuissants à se défendre contre les
Impériaux, les Farnèse avaient intérêt à leur cacher le secret
des espérances qu'ils fondaient sur leur défaite en Flandre[2].
C'était pour ce motif aussi qu'ils écrivirent rarement d'abord à
l'abbé : leur silence provoquait continuellement ses plaintes.

Lorsqu'on se figure Alberoni quittant avec joie l'Italie pour
suivre Vendôme et faire son chemin dans le monde, c'est encore
une illusion que sa correspondance dissipe. Loin de la terre
natale, il a éprouvé d'abord la tristesse naturelle de l'homme qui
quitte tout, foyer, amis, patrons pour une destinée inconnue.
« Votre silence, écrit-il le 4 octobre 1706 au comte Rocca, est bien
cruel. Vous étiez le seul qui me soulageait des peines que me
cause un si grand éloignement, mais il faut que vous ayez fait

---

1. Naturellement c'est un reproche grave de Saint-Simon à Vendôme qui,
dit-il, avait laissé faire aux ennemis « ce qu'ils avaient voulu » : *Mémoires*, éd. de
Boislisle, XV, p. 130.
2. Lettre d'Alberoni à Rocca, septembre à novembre 1706.

ligue avec les autres de vous taire [1]. » L'abbé a tremblé de peur
aux dangers que court l'Italie, privée de Vendôme. Plus que
jamais, il déplore les malheurs de la Lombardie, de son pauvre
Mantouan désolé par la guerre et par l'inondation [2]. Le cœur lui
« saigne » lorsqu'il apprend, à la fin de 1706, l'invasion du
Parmesan par les bandes prussiennes. De la frontière éloignée où
le devoir autant que l'ambition l'a placé, il suit de semaine en
semaine, comme s'il était encore à Mantoue ou à Parme, les
progrès des Allemands dans la vallée du Pô, escompte les
efforts des Français, les victoires du duc d'Orléans [3].

De ce qu'Alberoni s'est fait une philosophie du malheur, il ne
faut pas conclure qu'il n'en a pas ressenti l'atteinte. On peut avoir
du cœur et se faire une raison. Les consolations d'ailleurs qu'il
trouve et prodigue à ses compatriotes sont assez élémentaires. « Il
faut que le bon Dieu soit en colère contre nous. Adorons ses
décrets. » Est-ce résignation chrétienne, ou plutôt ce fanatisme
naturel au paysan dont les grêles, les gelées, la sécheresse, la
guerre enfin anéantissent l'effort, et qui, courbé sur sa terre, laisse
passer l'orage inévitable, puis, sans compter, reprend l'ouvrage
interrompu, résigné et tenace ? Hasards que ces maux envoyés par
la force secrète qui gouverne le monde ; d'autres hasards, heureux,
viendront. La part de la chance dans la vie de l'abbé avait été
jusque-là trop grande pour qu'il n'eût point appris à se résigner
et à espérer. Il se console en agissant. Il interroge le ciel politique, et retourne à sa tâche quotidienne, dans l'attente des jours
heureux qui le paieront de sa peine. « Le bon temps arrivera
après le mauvais. »

Depuis son arrivée en France, il n'a pas quitté Vendôme. Loin
de Parme, il sert plus que jamais au général et à ses amis d'intendant. Rappelés à la hâte, les Français avaient laissé, au delà des
Alpes, des bagages, des objets d'art. L'abbé écrivait aux entre-
preneurs de transport, à la maison Sordi de Mantoue, aux
banquiers pour régler leurs comptes en douane, et leurs affaires.

---

1. Lettre d'Alberoni à Rocca, du camp de Condé, p. 33.
2. Lettre d'Alberoni à Rocca, de Mons, 14 novembre 1706, p. 38 : « Je plaigne
le pauvre peuple ».
3. *Ibid.*, et toute la fin de 1706.

Il réclamait les tableaux achetés à des artistes italiens[1]. Son intimité croissante avec Vendôme doublait alors sa besogne : il parut bien qu'il était pensionné par le général et par la cour pour faire office de secrétaire, de correspondant entre Versailles et l'armée. Campistron, le secrétaire en titre, écrivait très mal des dépêches indéchiffrables. Alberoni le suppléa. Il ordonnait aussi les réceptions de Vendôme, avait en échange l'honneur d'y assister, se mettait pour des Altesses électorales de Bavière ou Cologne, en frais de cuisine ou d'esprit : saucissons de Bologne « sans ail », soupes au parmesan, avec quelques bonnes histoires lombardes pour la sauce [2].

Au service du général, où il était entré plus complètement, il arrivait presque à s'identifier avec lui, épousait ses rancunes, répétait ses critiques. Ce qu'on lui apprenait sur l'Italie, depuis leur départ, était la faute de Louis XIV. Pourquoi n'avait-on pas écouté les conseils de Vendôme. « L'homme naturellement est un mauvais animal. Il est souvent sans raison, de sorte que pour le rendre raisonnable, il faut le punir. Le prince qui récompense et ne punit pas fait de mauvais sujets. Marsin, qui allait perdre l'Italie après avoir perdu l'Allemagne, aurait dû être châtié et non employé. » C'était l'avis d'Alberoni, puisque c'était l'opinion « de son colonel [3] » et parfois le sujet de leurs entretiens. Il savait ramener souvent la conversation à l'Italie, occasions excellentes de ne pas laisser oublier à Vendôme la cour de Parme, de lui transmettre les souvenirs et les éloges qui devaient entretenir le duc dans des dispositions favorables aux Farnèse. Les misères du duché de Parme et les mérites de son souverain venaient ainsi chaque jour de très loin aux oreilles de Vendôme : Alberoni sollicitait sa pitié, lui disait les espérances que l'Italie fondait sur lui. Puisqu'il était impossible d'éviter les maux présents, un jour viendrait peut-être où, avec l'aide des Bourbons et de leur général, ces maux seraient réparés.

A cette diplomatie, italienne moins par sa nature que par son

---

1. Lettre d'Alberoni à Rocca. 9 août, 4 octobre, 28 octobre, 17 décembre 1706.
2. Lettre d'Alberoni à Rocca, 25 octobre 1706 ; de Mons, p. 37.
3. *Ibid.*, *ibid.*

objet, Alberoni employait comme auxiliaires tous les Italiens
qu'il trouvait à l'armée de Flandre : le Florentin Albergotti,
lieutenant général déjà ; le Bolonais Monti, colonel du Royal
italien ; les deux Boselli, qui servaient la France ou l'Espagne. Il
défendait leurs intérêts auprès de Vendôme, à la cour de France,
procurant à l'un une faveur, à l'autre sa protection, à tous des
témoignages de la patrie absente[1]. En retour, leur nombre, leur
influence à l'armée contribuaient à entretenir parmi les Français
le goût et le souvenir de l'Italie.

Lorsqu'à la fin de 1706 les troupes se répartirent dans leurs
quartiers d'hiver, Alberoni regretta certainement de n'avoir pas
eu en Flandre le spectacle et la nouvelle à donner d'une belle
victoire. Marlborough s'était tenu sur la défensive, au grand
désespoir du général, qui avait reçu de la cour carte blanche et
pris ses dispositions pour livrer bataille[2]. L'abbé n'avait cependant perdu ni son temps ni sa peine, ayant fait apprécier aux
Français son zèle et son mérite.

Après une inspection de quinze jours sur la frontière,
Vendôme l'emmena en décembre à la cour, à Versailles[3].
L'abbé demeura trois mois sur un pied d'égalité dans la
société de princes du sang, de financiers et de gens de lettres
qui fréquentaient au Temple. Le printemps venu, il fut de toutes
les fêtes qui se donnaient dans les châteaux luxueux de cette
aristocratie d'esprit ou d'argent. C'était Berthelot de Duchy,
frère de Pléneuf, intime ami de Vendôme et de l'abbé, qui les
recevait à Belesbat, près de Fontainebleau, pendant les jours
gras ; réception fastueuse dans un cadre charmant[4] : « Les eaux
et les bois en sont admirables. » Anet, où la compagnie s'en fut
après à la suite de Vendôme, semblait créé par un artiste de
la Renaissance, justement pour ces princes qui continuaient,
dans les dernières années d'un grand règne très différent, la
tradition de leurs ancêtres du XVIᵉ siècle, libres, débauchés,
avec le goût des lettres et de l'art. On voyait le Dauphin, la

---

1. Lettres d'Alberoni à Rocca des 6 septembre 1706, 8 décembre 1706, 20 mai 1707.
2. Lettre d'Alberoni à Rocca, de Mons, 25 octobre 1706.
3. « Premiers jours de décembre », dit Saint-Simon, éd. de Boislisle, XIV, p. 129.
4. Lettre d'Alberoni à Rocca, de Belesbat, 7 mars 1707, p. 41.

princesse de Conti, le duc de Berry s'y enfuir, loin des tristesses et de la règle de Versailles. Ce n'étaient alors que
chants et festins[1].

L'abbé était de toutes les fêtes et vantait à Plaisance les avantages de ces rencontres. Il payait son écot en galanteries de
toute sorte : aux dames il offrait des fleurs commandées pour
elles en Italie ; aux princes des gobelets de Venise, des soupes
au macaroni et au fromage, des saucissons bolonais ; à tous, les
éclats de sa verve lombarde[2]. N'était-ce pas une fortune pour
les Farnèse que de conquérir ainsi à la fois, la faveur du
Dauphin, du père et du frère du roi d'Espagne, et du premier
général français ?

A la prière d'Alberoni, ils envoyaient de Parme saucissons et
fleurs[3]. Ils maugréaient parfois, ne laissant pas de trouver
onéreuse pour leur caisse cette diplomatie à l'usage du grand
monde, ce surcroît de dépenses pour une société plus riche
qu'eux. Ils essayaient de faire des économies sur leur agent,
qui alors criait misère. Alberoni eut toutes les peines à obtenir
le second semestre de sa pension. On voulut lui retirer le bénéfice qu'il avait engagé, à son départ, pour se faire des fonds.
La pension que lui payait Louis XIV, comptée en billets de
monnaie qui perdaient au change, était maigre. Sans l'obli-
geance de Pléneuf et les libéralités de Vendôme, l'abbé n'aurait
pu se soutenir en France dans les conditions exigées par son
emploi.

Quoiqu'on lui ait reproché le désir de faire sa fortune, assez
naturel pour un homme qui n'en avait pas, ses plaintes contre
le trésor de Parme, toujours lent à s'ouvrir, paraissent sincères,
inspirées réellement par le besoin le plus pressant. Et la preuve,
c'est qu'il savait calculer les charges de sa cour, aggravées depuis
six mois par les réquisitions du prince Eugène : 85,000 doublons
d'Espagne, sans compter les paiements en nature pour l'entretien des troupes allemandes. Sans interrompre son œuvre, il

1. Lettre d'Alberoni à Rocca, 7 mars 1707, p, 42.
2. Lettre d'Alberoni à Rocca, 26 mars 1707 : « malheureusement le parmesan
n'était pas bon ».
3. Lettre d'Alberoni à Rocca, 17 décembre 1706, p. 41.

avait formé le projet de décharger les **Farnèse** de son propre entretien. « J'espère à l'avenir n'être pas incommode à mon prince. C'est un mystère qui sera bientôt éclairci. » Il négociait à Versailles, avec l'aide de Vendôme, un supplément de pension qui lui permît de servir ses maîtres auprès des Bourbons, aux frais de la France[1]. Le projet qui aboutit un an plus tard faisait honneur à son génie inventif : s'il avait à ce prix abandonné les Farnèse, ce n'eût été que calcul personnel ; mais de leur procurer, sans bourse délier, l'alliance du premier État de l'Europe, c'était une trouvaille dont on attendit à Parme la nouvelle impatiemment.

Pour faire prendre patience. Alberoni chanta les louanges de la France, qu'on croyait abattue par sept années de guerre, vanta ses ressources. Toute sa vie il a été bruyant, vantard. Vanité à part, il sait qu'il faut auprès des grands se faire valoir, étaler son programme pour qu'il soit apprécié. En toutes ses entreprises il aura toujours ce ton. Ce qu'il dit de la France, il le dira plus tard de l'Espagne, quand elle deviendra l'instrument de ses espérances : « La France est encore en état de mordre, si elle veut. » Et alors d'énumérer, le 26 mars 1707, les armées qu'elle doit mettre en ligne : 100 bataillons et 260 escadrons à Vendôme qui va partir au début d'avril ; 45,000 hommes pour le Rhin ; en Espagne, outre les troupes de Berwick et de Noailles, 60 bataillons, 150 escadrons pour le duc d'Orléans ; en plus l'armée de Tessé en Provence ! Conclusion : il fait bon être l'ami d'une puissance qui n'a tant d'ennemis à combattre que parce qu'elle est très forte[2]. Encore quelque temps, et la crise décisive qui se prépare, si elle donne la victoire aux Bourbons, paiera les Farnèse de leurs dépenses et Alberoni de ses peines.

L'abbé partit plein de ces espérances pour la Flandre, un peu plus tard qu'on ne l'avait prévu, et demeura à Mons jusqu'à la fin de mai 1707. Le printemps, plus lent à venir dans le nord qu'en Italie, faisait attendre les fourrages et l'ouverture de la campagne. Enfin, le 24 mai, l'armée de Vendôme quitta Mons pour occuper les positions d'Estines, de Sombref, de Gembloux,

1. Lettre d'Alberoni au comte Rocca, 26 mars 1707, p. 42.
2. Ibid.

autour de Charleroi. « Ce n'est pas reculer, disait l'abbé ; cela donne de la hardiesse aux troupes[1]. »

Il se réjouissait que Vendôme eût pris l'offensive contre Marlborough. Il croyait tenir la victoire qui consacrerait la réputation du général français et sa propre diplomatie. « Ce sera un beau spectacle, de ces deux armées en présence dans un pays sans fossé, ni sans arbres, obligées de se battre, de se détruire sans pouvoir reculer. » L'enthousiasme du bon abbé, sous son déguisement militaire, n'allait point jusqu'au désir de voir le feu de près, d'être incommodé « par ce maudit animal de canon ». Sa prudence trahissait le rôle que sous un autre masque il jouait à l'armée de Flandre. De la bataille, il aimait mieux les résultats que les foudres.

Mais il n'eut pas lieu de faire connaître définitivement ses préférences. Le mois s'écoula : point de bataille. Le « *Milord Anglais* », Marlborough, parut ne pas vouloir la risquer. Il avait reçu de Londres l'ordre de se limiter à la conservation du Brabant et de Liège, tandis que la coalition se préparait en Espagne à un effort décisif. Les Anglais lui reprirent même des troupes qui passèrent par Ostende dans la péninsule. Il resta donc, jusqu'à ce que le défaut de fourrages l'obligeât à subsister ailleurs, dans ses lignes d'Halte où Vendôme ne pouvait l'attaquer. Et cela dura deux grands mois. Puis lorsque les généraux se portèrent : Marlborough à Soignies à une lieue de Mons, son adversaire au camp de Chièvres, des pluies continuelles les obligèrent à se regarder de très près, sans se heurter. L'espérance d'une bataille pour cette campagne s'évanouissait : « Les batailles ne sont que pour les désespérés », disait-on au camp de Chièvres. — « Notre général, écrivait Alberoni, ne songera que l'empêcher de rien entreprendre. Il sera glorieux, s'il réussit[2]. » Et Vendôme y réussit en effet. A Flers, à Anappes, il empêcha Marlborough de tenter l'attaque de Lille, où il s'acheminait avec tout un appareil

---

1. Lettres d'Alberoni à Rocca, p. 44 à 46.

2. Sur ces opérations, comparer la correspondance entre Alberoni, la cour de Parme et le comte Rocca, avec les *Mémoires* de Sourches, X, 420, avec ceux de Saint-Simon (éd. de Boislisle, XV, p. 175-177), et surtout la Bibliographie de ce même tome à la page 177, note 2.

Tome II.

de siège, heureux avec moins de gloire d'avoir reconstitué à la France une armée, de l'avoir ménagée pour la campagne prochaine. Alberoni ne lui refusait pas cet éloge. Sa philosophie savait toujours s'accommoder du temps présent, et se consoler par la perspective des revanches futures.

Ce n'en était pas moins une déception que ce recul de la victoire décisive : « Je vous assure, écrivait-il le 13 juin, que je suis las de la guerre. Tout le monde devrait l'être. » Des marches pénibles, des stations prolongées dans la boue, des alternatives de froid et de chaleur excessives : « maudit métier que la guerre », soupirait l'abbé que la guerre ne payait pas de ses peines. Il tomba malade le 10 décembre, à Lille, épuisé par la fatigue et la dysenterie. Ces épreuves lui semblaient d'autant plus dures qu'elles étaient inutiles à la cause qu'il servait [1].

Pendant ces six mois, la condition de l'Italie empira singulièrement : « Quel malheur qu'on n'ait pas reconnu la nécessité de la soutenir ! disait-il les 4 août et 21 novembre 1707. Quand je considère comme nous étions, la mélancolie me prend à devenir fou. Dieu veut punir d'une punition horrible l'Italie. Je ne puis pas penser à notre pauvre pays sans être pénétré de douleur. »

Toutes les nouvelles qu'il recevait de Parme lui faisaient cruellement sentir son impuissance et la stérilité de ses efforts. Le pape s'était imaginé, le 27 juillet 1707, de combattre par une bulle d'excommunication les Allemands installés dans le duché de Parme, fief du Saint-Siège. Il ne voulait pas céder ses droits à l'Empire. « Les gens au delà des Monts ne craignent guère les excommunications. Le temps est mal propre pour en faire l'usage. Il faudra que le pape oublie ses droits : il sera trop heureux s'ils le laisseront vivre à Rome [2]. » Les menaces pontificales ne pouvaient avoir d'autre effet que d'exciter les colères des Allemands contre lui-même et son prétendu fief. Le duché de Parme fut livré à une véritable exécution militaire. Les Allemands ne se contentèrent pas de répondre par des dissertations sur le droit de l'Empire aux mémoires de la cour de Rome. Ils prouvèrent leur droit par la force. Leur armée, Prussiens, Hessois, et

1. Lettres d'Alberoni à Rocca, 13 juin 1707, 21 novembre, p. 48, 62.
2. Ibid., p. 50, 51, 52, 53, 55 et 62.

certains régiments de Savoie s'installèrent chez les Farnèse comme en pays conquis.

A ces nouvelles, le cœur d'Alberoni saignait. Il apprenait que le général Daun, le défenseur de Turin, venait d'installer les Allemands dans le royaume de Naples, et que le pape y avait consenti. La politique faible et contradictoire de la Papauté qui manquait à son devoir envers l'Italie irritait Alberoni : l'homme d'Église en lui n'était rien auprès du patriote[1]. Ses révoltes allaient jusqu'à des propos comme ceux-ci : « Pourquoi donc relever la qualité de Prince temporel s'il n'est pas capable de défendre ses sujets ? Il n'a jamais donné aucun signe d'être capable d'être Pape. Il n'a qu'à aller dire des messes, chanter des homélies et visiter des églises... Eh ! mon Dieu, conclut-il, en voilà assez de la *birba spirituale*, de la canaille ecclésiastique ! Vous direz que je parle en homme de guerre. »

Ni soldat ni homme d'église : la figure d'Alberoni achevait de se dessiner, à travers toutes ces vicissitudes de la guerre entre les Bourbons et les Habsbourg. Diplomate, il avait mis toutes ses espérances sur le succès des uns pour délivrer l'Italie des autres. Plus joueur peut-être encore que diplomate, mais joueur en vue d'une fin élevée, le salut de son pays, il attendait la chance favorable en s'irritant contre les hommes et les accidents qui chaque année la reculaient. Religieux, il aurait remis cette cause sainte aux mains de Dieu ; soldat, à la fortune des batailles ; diplomate, il eût calculé la passion et la valeur des hommes. Entraîné dans la partie qu'il avait entreprise, il se moquait au fond de Dieu, des prêtres et des hommes. « Il faut voir comme le monde se gouverne. Le bon Dieu se sert des hommes comme des marionnettes. » A l'affût des événements heureux et malheureux, l'échec du duc de Savoie en Provence, l'apparition de Charles XII, salué d'abord comme un grand général, méprisé quand il « va chasser les mouches en Saxe », Alberoni suivait avec angoisse cette partie, comme si l'Italie seule en était l'enjeu.

Que l'intérêt, le profit ou la chance aient été, comme on l'a

---

1. Poggiali, *Memorie*, XII, p. 237 et 250.

cru, pour lui seul, et pour le succès de son intrigue auprès de Vendôme, il mériterait l'oubli et l'injustice dans lesquels ses premières années en France ont été enveloppées. Quand il évoque la grande figure de Jules II[1], en face de la décadence pontificale, de la faiblesse de Parme ou de Venise, de l'égoïsme du duc de Savoie, allié, pour le malheur de ses sujets, à leurs ennemis, quand il escompte la victoire qui mettra fin à ces maux et à ces hontes, quand il déplore enfin les hasards qui la retardent et implore une chance meilleure, on apprécie mieux ses longs efforts au service d'une grande cause, de la patrie italienne.

« Ne m'abandonnez pas, s'il est possible », écrit-il le 21 novembre 1707, Ce cri de détresse, au lendemain d'une maladie qui venait de l'éprouver gravement, fut entendu à Parme. On lui continua sa pension, quoique le duc eût résolu de se soumettre aux Allemands, de renvoyer les garnisons pontificales. Mais peut-être, à la longue, les Farnèse lassés eussent-ils rappelé leur envoyé, s'il n'avait trouvé le moyen de les servir sans le moindre salaire[2].

Au mois de janvier 1708, Vendôme présenta l'abbé à Louis XIV dans son cabinet. L'audience lui valut une pension plus élevée de la cour de France, 3,000 francs de plus, octroyés par le roi avec cette bonne grâce qui donnait tant de prix à ses bienfaits : « Je suis ravi de vous faire plaisir, d'autant plus que je ne saurais faire mieux pour votre colonel qui a tant d'estime et d'amitié pour vous. » Alberoni était payé de ses peines. La façon dont il annonça la nouvelle à Parme lui fit honneur et prouva sa fidélité à son prince, à son pays. S'il n'avait été qu'ambitieux, pensionné par la France il aurait quitté un service qui ne lui rapportait rien. C'était l'instant où on devait l'attendre pour juger cette âme de parvenu. La faveur de Louis XIV ne changea rien à ses rapports avec les Farnèse. Il s'employa pour eux avec le même zèle, « heureux de pouvoir continuer son service sans incom-

---

1. Lettre d'Alberoni à Rocca, 2 septembre 1708, p. 80.
2. Le duc de Parme écrit, le 8 mai 1707, à son ministre le marquis Mischi pour qu'il invite Alberoni à se procurer l'argent dont il a besoin du roi de France : « après tout c'est l'intérêt des Bourbons que les places de Parme restent neutres ».

moder en rien son maître [1] ». Ce n'étaient ni la conduite ni le langage d'un ambitieux vulgaire.

La fortune alors lui souriait ; distingué par un grand roi, il se voyait introduit par Vendôme dans le cercle des princes et des grands seigneurs qui faisait à Louis XIV un cortège vraiment royal. L'électeur de Cologne l'invitait à ses messes, à sa table où « il y avait de quoi nourrir le corps et l'esprit ». Le roi d'Angleterre, Jacques III l'admit à ses baise-mains de Marly. L'honneur était grand ; le roi était encore le héros du jour, il allait s'embarquer pour l'Écosse. On citait ses propos : « Un roi sans royaume est un apothicaire sans sucre. » L'abbé les répétait. Il étudiait, il calculait les chances de l'entreprise avec le chef qui allait la diriger, le hardi Forbin, rencontré chez son oncle le cardinal Forbin-Janson [2]. Maillebois, fils du ministre Desmarest, recevait Alberoni à sa table pour lui décrire les ressources d'une administration financière qui avait permis à Louis XIV cette diversion en Angleterre. De ces fréquentations si honorables, Alberoni ne tirait pas vanité pour lui-même. Il était simplement heureux de l'accès qu'elles lui donnaient aux grandes affaires, dont dépendrait en dernier analyse le sort de son pays.

Tandis qu'il s'élevait, il se retournait chaque semaine vers le duché de Parme, ses amis, vers les Farnèse et sa patrie. Jamais il ne manqua d'envoyer ses souvenirs et ses vœux au premier auteur de sa fortune, l'évêque Roncovieri [3], aux seigneurs qui l'avaient accueilli jeune et inconnu, Malpeli, le gouverneur de Plaisance, le père Santi, les ministres Gazzola, Rocca, San Severino, Scotti [4]. A tous il rendait service comme à l'État. Il procurait à leurs fils des grades dans l'armée française, des faveurs à leurs protégés. Il envoyait à Rocca des tapisseries flamandes « d'une beauté enchanteresse », sur le dessin de Teniers, des toiles fines, du linge de table [5].

On comprend s'il fut alors mécontent d'apprendre que le duc de

1. Lettre d'Alberoni à Mischi, 11 janvier 1708, de Versailles (*Archivio governativo di Parma*).
2. Lettres au même, p. 37, 61, 65, 67, 68, 70.
3. *Ibid.*, p. 53 à 63, presque à chaque ordinaire.
4. *Ibid.*, 2 juin 1707, 13 juin, 3 août, 21 novembre 1707.
5. *Ibid.*, 9 mars 1708, p. 66.

Parme avait brusquement résolu de lui retirer le palais Landi, mis à sa disposition depuis qu'il était au service. Singulière récompense de son désintéressement ! Lui reprochait-on la victoire des Bourbons qui se faisait attendre : « Je n'ai aucun mérite, disait-il, mais aussi je n'ai nul démérite, à ce que je crois. » C'était l'atteindre dans ses intérêts, et dans sa réputation à Parme même. Le duc avait l'air de lui retirer la place qu'il consentait à remplir sans honoraires. La cour n'avait pas cette intention ; elle faisait valoir comme motif son absence prolongée, la maison sans emploi, jusqu'à son retour peut-être éloigné.

« Ce qui m'arrive, riposta fièrement l'abbé, pourrait bien m'éloigner davantage [1]. » Il reprocha à ses amis de ne pas défendre son bien, comme il faisait le leur, et n'insista plus : « Ad alia, dit-il avec tristesse. Je regarderai avec indifférence et soumission ce qui m'arrivera. » La réponse ne manquait pas d'une certaine noblesse. Cette mésaventure, et le ton sur lequel il la soutint achevaient de le peindre, attaché à ses intérêts, mais moins qu'à son devoir, préoccupé de garder la situation qu'il s'était faite, mais fidèle en dépit de l'injustice : nous le retrouverons tel, préparé à des injustices, à des accidents plus graves, et s'il a joué avec la fortune, toujours beau joueur, sans rien de bas dans les sentiments ni dans la conduite de ses affaires. Et c'est dans ces moments-là qu'on mesure au juste l'étendue et la solidité d'un caractère. Un autre eût trouvé légitime de réaliser sa menace, de s'éloigner pour jamais. « Au travail ! » dit Alberoni, en face de cette disgrâce imméritée.

L'hiver était passé. La France et Vendôme prenaient leurs dispositions pour la campagne de 1708. Cent mille hommes allaient agir en Flandre sous les ordres des princes royaux, les ducs de Bourgogne et de Berry. On comptait sur Vendôme et sur cette armée, les meilleures troupes du royaume, pour donner aux petits-fils du Roi le baptême d'une belle victoire qui peut-être déciderait de la paix. Le maréchal de Berwick avec l'électeur de Bavière conduisait cinquante-cinq mille hommes au Rhin, Villars une autre armée considérable en Dauphiné. Albe-

---

1. Lettres d'Alberoni à Rocca, 21 novembre 1707, 30 janvier 1708, 9 mars 1708.

roni décrivait avec complaisance ces préparatifs. Et en ce prin-
temps-là, il reprit plus que jamais courage. Il espéra, puisque le
grand effort de la France serait en Flandre, assister, auprès de
son général, aux succès décisifs qui combleraient ses vœux[1].
Il partit allègrement pour la frontière, suivit Vendôme à Mons,
alla recevoir avec lui le duc de Bourgogne et vit l'armée
s'ébranler vers Bruxelles, puis s'approcher à trois lieues de la
ville, près de Braine, le 3 juin.

La campagne s'annonçait bien : Marlborough démeublait à la
hâte son palais de Bruxelles, reculait près de Louvain[2] devant
les Français. Ce n'était peut-être qu'une tactique pour les attirer.
Vendôme en profita pour occuper Gand. « Voilà bien des changements. C'est l'occupation de cette place qui a fait faire la
paix de Nimègue », écrivait bien vite Alberoni. Il annonçait du
même coup le siège d'Oudenarde, le succès prochain de cette
offensive heureuse[3]. Huit jours après, tout était changé. Vendôme, le 15 juillet, battait en retraite à Lovendeghem, sur le
canal entre Gand et Bruges, obligé de se soumettre au duc de
Bourgogne, dont la timidité avait fait échouer son entreprise
d'Oudenarde[4].

Cette affaire d'Oudenarde a fourni à Saint-Simon le thème de
ses plus violentes diatribes contre Vendôme, ce bâtard de roi, ce
débauché, coupable envers le duc de Bourgogne dont l'auteur des
Mémoires escomptait le règne, la gloire et l'amitié. A ces critiques suspectes, il importe d'opposer le témoignage d'Alberoni :
n'est-il pas bon d'entendre les amis des deux sociétés ? Saint-Simon
d'ailleurs avait déjà publié une lettre d'Alberoni qui circula à
Paris, pour la réfuter longuement[5].

1. Lettres d'Alberoni à Rocca des 2 et 12 mai 1708, p. 70.
2. *Ibid.*, 23 mai, p. 72.
3. Lettre écrite du camp de Lède entre Alost et Gand, le 7 juillet 1708, p. 74.
4. Du camp de Lovendeghem, 15 juillet 1708, p. 74 et 75.
5. M. de Boislisle, au tome XVI, p. 75 et suivantes, a donné tous ces passages
et a joint dans les notes ou à l'appendice V, ou encore aux additions et corrections
toutes les pièces nécessaires à cette discussion. Il importe, pour en fixer le
point de départ, de noter que les généraux Saint-Hilaire et Bellerive, l'un plutôt
défavorable, l'autre favorable à Vendôme, s'accordent à dire que le 5 juillet ce
fut contre l'avis du généralissime que le duc de Bourgogne abandonna la ligne
de la Dender et se retira sur l'Escaut, ce qui était une première façon de

Vendôme s'est-il ou ne s'est-il point laissé surprendre par Marlborough, au lieu d'occuper sur la Dender une position meilleure, c'est le premier point, et la cause de tout le désastre, selon Saint-Simon, toujours disposé à prendre ce bâtard en flagrant délit de paresse? Alberoni répondit que son ami avait conseillé d'occuper la Dender et ne fut pas écouté : «A qui, s'écriait Saint-Simon, l'abbé espère-t-il faire croire que Vendôme n'était pas obéi du duc de Bourgogne, des maréchaux de Puységur ou de Matignon? En quelle armée en a-t-on vu dont la voix fût prépondérante à celle du chef d'armée? » Croirons-nous, en effet, Alberoni? Dans une lettre intime à son ami Rocca, il disait : « Il y a trop de gros seigneurs et trop de courtisans, perte des princes et de l'État. Il a trop de mesures à garder pour faire bien suivre ses sentiments. » Le général en chef était sans cesse contredit, cela est certain. Saint-Simon raconte lui-même qu'un peu plus tard Biron ayant reçu l'ordre d'attaquer, Puységur et Matignon l'en empêchèrent. Qui donc alors commandait? Puisque Saint-Simon se réfute lui-même, on est tenté de croire celui qu'il prétend réfuter.

Venons à l'attaque elle-même. Elle fut mal engagée, trop tard : par la faute de qui? Selon Saint-Simon, par la négligence de Vendôme, qui, le 10 juillet, à quatre heures du soir, refusa au duc de Bourgogne une action immédiate, et qui, le 11, malgré les avis de Biron, la retarda encore jusqu'à quatre heures de l'après-midi. Alberoni dit simplement qu'à dix heures du matin son général voulut engager la bataille, qu'il ne fut encore pas écouté et qu'à quatre heures, un ordre parti de l'aile commandée par le duc de Bourgogne mit aux prises les deux armées. « C'est un moyen, riposte Saint-Simon, de cacher l'imposture par l'audace et l'air de simplicité. » Qui est plus croyable sur ces faits, d'Alberoni ou de Biron, de Puységur et de Matignon, acteurs principaux dans le fait dont il s'agit? Saint-Simon n'hésite pas à croire Biron; il affirme avec lui que Vendôme ne sut pas avant quatre heures, et par Biron, l'approche des ennemis, qu'Albe-

retraite. Sans cette faute, Marlborough et Eugène auraient hésité à passer la Dender pour se porter sur Oudenarde. La prétendue paresse de Vendôme n'était manifestement qu'une résistance voulue à ce recul sur l'Escaut.

roni a menti en parlant de dix heures du matin [1] et menti en attribuant l'attaque à un ordre donné par le duc de Bourgogne lui-même à la fin de cette journée. Autrement « qu'aurait donc fait son héros, conclut-il, de dix heures jusqu'à quatre heures après-midi ? Voilà six heures d'une singulière patience et un prodigieux temps perdu que l'apologiste ne remplit de rien ». Cet argument découvre justement l'auteur véritable de la faute, Biron, dont Saint-Simon a eu le tort, et peut-être le mauvais goût d'invoquer le témoignage.

Depuis le 10 au soir, ce lieutenant général détaché prudemment de l'armée avait reçu l'ordre de rallier un corps avancé et de marcher après l'avoir rallié. Il avait douze heures pour le rejoindre, si la bataille s'engageait au matin. L'opération n'aboutit qu'à deux heures de l'après-midi, le lendemain. En vain, pour justifier son ami de ce retard, Saint-Simon invoque-t-il le temps qu'il fallait pour prévenir ce corps, le rallier. Était-il donc si loin qu'informé la veille au soir Biron ait dû y employer presque toute la journée du lendemain. Il était deux heures quand il revint : pour rattraper le temps perdu par sa faute, Vendôme lui donne l'ordre d'attaquer bien vite. Il n'en fait rien et désobéit, encouragé par Puységur et Matignon. Ne voilà-t-il pas l'emploi des six heures dont on demande compte à Alberoni? Négligence et désobéissance expliquent ce retard : Biron et les maréchaux en sont responsables. Doit-on accepter leur témoignage, parce qu'ils étaient acteurs? A ce compte, de mauvais acteurs qui par leur faute font siffler un auteur seraient meilleurs juges du mérite de cet auteur qu'un spectateur, fût-il son ami?

La suite du drame s'explique si bien alors : le duc de Bourgogne a entendu Vendôme donner l'ordre à Biron d'attaquer. Il a aussitôt transmis à Grimaldi le même ordre. Et comme Biron resta deux heures immobile, l'aile gauche de l'armée fut seule engagée; Biron y courut, puis Vendôme à son tour, étonné que le petit-fils du roi eût lancé un ordre d'attaque sans soutenir les troupes engagées par lui-même. On l'avait encore retenu par

---

1. C'est cependant ce que disent tous les témoins, Saint-Hilaire, Bellerive cités par M. de Boislisle. Il est évident que Saint-Simon a adopté un seul témoignage, celui de Biron, et qui paraît suspect.

de mauvais conseils, sous prétexte qu'entre lui et l'ennemi se
trouvait un marais impraticable, que traversa très aisément
Vendôme. C'est le reproche d'Alberoni. Saint-Simon le réfute,
mais faiblement : il invoque « l'obstacle du ravin ». C'est
donc un fait indiscutable que le duc de Bourgogne ne bougea
point.

Ainsi voilà une bataille engagée à quatre heures du soir,
quand elle aurait dû l'être le matin, au plus tard à deux heures,
compromise par la faute de Biron, puis par une méprise du duc
de Bourgogne qui lançait son aile gauche et ne la soutenait pas.
« Vendôme, je cite Saint-Simon, ivre de dépit et de colère, voit
sa poignée de troupes avancée, exposée seule à toute l'armée
ennemie, et sans songer à ce qu'il veut entreprendre, enlève ce
qu'il trouve sous sa main, va à perte d'haleine, les fait donner
d'arrivée, de cul et de tête, sans ordre et sans règle, n'a pas le
tiers de son armée, puisque, de l'aveu de tous et du sien même,
la moitié n'était pas arrivée la nuit au lieu du combat. Nul
ordre cependant de M. de Vendôme, nulle ressource de sa part
que sa valeur. »

Tel fut l'engagement d'Oudenarde : « Vendôme y commandait seul. Toutes ces fautes ne se pouvaient mettre sur le
compte de personne », conclut Saint-Simon [1]. Il faut conclure
avec Alberoni que les grands seigneurs contrarièrent ou n'exé-
cutèrent pas les ordres du général, et que son courage, reconnu
par Saint-Simon même, sa fermeté, son sang-froid empêchèrent
l'affaire de tourner à un désastre total : « Je le jure sur mon
Dieu et sur mon honneur, écrivait l'abbé à ses amis de Parme,
je deviens fou quand j'y pense [2]. » Le témoin qu'invoque contre
lui Saint-Simon, Biron, est suspect, puisqu'il était coupable.
Le témoignage et le serment d'Alberoni valent mieux.

« Il n'y a que la retraite qui a donné l'avantage à nos ennemis », ajoutait-il quatre jours après [3]. Vendôme, le soir même
de l'engagement, disait que ce n'était point une défaite, que
l'armée, rassemblée pendant la nuit ou au petit jour, à peine

1. Saint-Simon, éd. de Boislisle, XVI, p. 218 et 219.
2. Lettre d'Alberoni à Rocca, 26 juillet 1708 (p. 76).
3. Idem, 15 juillet 1708, p. 75.

entamée par la perte d'un millier d'hommes, pourrait reprendre
le lendemain sa revanche. Saint-Simon cite cet avis, repoussé
le soir même par tous les généraux et les princes, comme une
fanfaronnade, comme un calcul destiné à rejeter la honte sur le
duc de Bourgogne.

Il est bien vrai pourtant que la moitié de l'armée n'avait pas
combattu, et que l'armée de Berwick arrivée du Rhin proté-
geait la frontière en cas d'échec. Et ne fallait-il pas ramener au
combat des troupes démoralisées par un simple accident, plutôt
que les démoraliser plus encore par une retraite précipitée?
Lequel des généraux valait le mieux, celui qui rassurait et
essayait de relever les esprits, ou des maréchaux tels que Puységur, assez bas courtisan pour engager le duc de Bourgogne
à fuir en chaise de poste avec une bonne escorte à Gand, à
Ypres[1]? Si l'on songe que voilà un des héros dont Saint-Simon
a adopté la relation, le récit d'Alberoni, écho fidèle des colères,
comme des propos courageux et des regrets de Vendôme, ne
doit-il pas inspirer plus de confiance que le témoignage de ce
maréchal de France accusant le général en chef, pour faire
oublier qu'il a conseillé la désobéissance aux officiers et la fuite
aux princes du sang, devant l'ennemi.

Que pour discréditer Vendôme et son avocat, Saint-Simon ait
repris contre l'abbé le thème ordinaire de ses injures et de ses
calomnies, qu'il lui reproche ses origines, la condition de ses
parents, les prétendus moyens dont il se servit pour parvenir,
« rebut des bas valets et de leur table », peu importe. Et comment s'étonner que, courtisan du duc de Bourgogne, il ait
reporté sur Alberoni, comme sur Campistron, des plébéiens
sans naissance, parvenus par l'esprit, toute la haine qu'il nourrissait contre Vendôme, un bâtard[2]. Si l'abbé lui eût paru méprisable à ce point, il n'aurait pas consacré un chapitre entier de
ses mémoires à réfuter son récit d'Oudenarde. On peut même
dire que, sans cette copieuse réfutation, l'humble envoyé de
Parme n'aurait pas paru sur la scène principale de l'histoire

---

1. Voir les récits sur le soir de la bataille dans l'édition de Saint-Simon par
M. de Boislisle déjà citée avec les appendices et les notes.
2. Saint-Simon, éd. de Boislisle, XVI, p. 232.

comme témoin et à titre de confident[1]. Il eût attendu que son
rôle, un premier rôle obtenu assez tard en Espagne, attirât sur
sa personne l'attention de l'histoire.

Pendant cette campagne de 1708, Alberoni demeura ce qu'il
avait été dans les précédentes, un Italien préoccupé de servir
son pays et ses amis, et de plaire aux Français pour y réussir.
L'Italie n'était plus le théâtre des grands événements. Les vœux
d'un patriote italien, « égaré en Flandre », ne touchaient pas le
public attentif au drame qui se jouait en France et en Espagne.
Il a fallu ses lettres pour nous révéler ses angoisses patriotiques.
« Je l'ai toujours dit, écrivait-il, même quand les affaires des
deux couronnes étaient dans la plus grande prospérité, que
c'était un orage qui venait en Lombardie, qu'à la fin il se répan-
drait par toute_l'Italie[2]. » Pas un mois ne se passa qu'il n'en
suivît la marche redoutable, du nord ou du sud. Pour le conjurer,
l'abbé, docile aux instructions des Farnèse, sollicitait en France
les concours nécessaires à la formation d'une ligue des princes
italiens. Le motif principal du séjour que Vendôme lui prescrivit
à Versailles au mois d'août 1708 était l'effort qu'on attendait de
lui pour persuader à Louis XIV l'entreprise favorable à l'indépendance des princes italiens[3].

Sans attendre les décisions de la France, irrité par les prétentions de l'Empereur contre les droits du Saint-Siège, le pape
Clément XI avait, par un manifeste du 12 août, déclaré la guerre
aux Allemands. Il avait pris la cuirasse comme Jules II, et fortifié Ferrare : provocations qui après tout n'eurent pour effet que
de livrer l'Italie centrale aux Barbares[4]. Alberoni plaisantait ces
prêtres inhabiles au métier de la guerre, les menaces des papa-
lins qui pourraient bien « les mener au comtade d'Avignon »,

1. C'est à peine, en effet, si l'on a su qu'au lendemain de la publication de sa
lettre, Alberoni était venu chercher sa grâce et son pardon à Versailles du Roi
qui ne le reçut pas, et lui retira même comme châtiment sa pension de 2,000 écus
(Bellerive, *journal* cité par de Boislisle, XVI, p. 572). — Ce Voyage d'Alberoni
doit se placer au 20 août si l'on en juge par l'interruption de sa correspondance avec Rocca à cette date.
2. Lettre d'Alberoni à Rocca, p. 92.
3. Saint-Simon, éd. de Boislisle, XVI, p. 270, 290.
4. Saint-Simon, éd. de Boislisle, XVI, p. 270 à 280. — Tessé, *Mémoires*, II, p. 276-
286.

l'ignorance du général pontifical Marsiglii battu à la première rencontre, l'insuffisance de ses troupes, un « *aggregatum per accidens* ». Toute cette levée d'armes, au demeurant, lui parut fort ridicule; « le plus tôt que le pape reprendra son bréviaire au lieu de l'épée, il fera bien. Les Allemands vont manger le pain bénit[1] ». Mais quelle douleur aussi de voir le duché de Parme faire les frais de cette paix, et l'Italie tout entière, du détroit de Messine à la Savoie, livrée aux appétits germaniques!

Par mille petits services, Alberoni essaye alors de consoler ses amis de leur malheur. Il est plus que jamais la providence des Italiens à l'armée de Flandre, leur intermédiaire entre eux, leur pays natal et leur famille. Il se charge de placer, de surveiller les fils de Parme qui sont venus chercher fortune auprès de Vendôme, leur procure solde et équipage, les réconforte à l'heure du péril, les suit dans les retraites[2].

Et toujours, il demeure auprès des Français l'homme qui s'est donné le rôle de faire aimer l'Italie, pour qu'on ne l'oublie pas. Saint-Simon, qui a tant critiqué la gourmandise de Vendôme et les potages d'Alberoni, sut-il que le duc de Bourgogne sollicitait Vendôme de lui céder le parmesan envoyé de Parme « parce que celui de Paris était à cent mille piques au-dessous ? » Et cela, trois semaines avant Oudenarde. « Les gens de guerre, écrit l'abbé, et il parle ici des princes et de leur entourage, au milieu des misères d'autrui ne songent qu'à manger, boire et se divertir. »

Alberoni servant et jugeant la table du duc de Bourgogne, voilà qui eût déconcerté son apologiste[3]. Cela n'a point étonné ni rebuté le diplomate des Farnèse. C'était à ses yeux de la diplomatie, et de la bonne. Il ne pouvait admettre que les Bourbons ne finissent pas, avec un général tel que Vendôme maître de son métier, avec leurs ressources, par trouver une victoire décisive, utile aux Farnèse et bienfaisante à l'Italie. « J'aurai plein pouvoir, écrit-il, quand les Français y rentreront. » Jamais de découragement, et un dévouement à toute épreuve, voilà

1. Lettres d'Alberoni à Rocca, p. 81 à 92.
2. Lettres du 15 mai, 23 mai, 7 juillet, 15 juillet, 6 août, 2 septembre 1708.
3. Lettre du 4 juin 1708, p. 73.

toujours Alberoni, obstiné à la poursuite de son plan et de ses
espérances.

Il suivit, après Oudenarde, Vendôme à son camp de Lovendeghem, d'où celui-ci comptait protéger Gand et Bruges, afin de
pousser une pointe de ces places vers le nord, et d'obliger enfin
les Alliés à la retraite[1]. Eugène et Marlborough n'en parurent pas
autrement inquiets. Ils avaient une forte armée, grosse artillerie
de siège, mortiers. Ils s'acheminèrent contre les forteresses qui
avaient fait la gloire de Vauban et l'orgueil de Louis XIV. On
crut qu'ils avaient en vue Tournai[2] ; c'était mieux : Lille même.
« L'entreprise pourrait être hardie, à moins qu'ils ne songent
que nous demeurerons les bras croisés et que nous serons, tous,
misérables spectateurs de la perte d'une si grande ville [3.] » Cette
audace de l'ennemi releva les espérances d'Alberoni ; qui donc
empêcherait les Français durant le siège de cette ville défendue
par 10,000 hommes et par Boufflers, de réunir derrière les
Alliés comme en un cercle de fer les armées de Berwick et
Vendôme ? « Dans trois ou quatre jours, écrivait-il de Tournai
où Vendôme s'était porté en diligence le 2 septembre [4], il y aura
de quoi parler : une des plus sanglantes batailles qu'on a
données il y a longtemps. Elle décidera du sort de l'Europe,
de l'Italie. » Les Français s'approchaient de Lille à Mons-en-
Puelle. Le 31 août Berwick avait rejoint l'armée principale.
Marlborough, qui n'avait pu empêcher cette réunion, posté
derrière la rivière de Marque, ne pouvait plus reculer sans
découvrir l'armée du prince Eugène, et l'obliger à lever le siège
de Lille. L'heure était venue de juger si ce siège avait été, de
la part des Alliés, imprudence ou audace heureuse.

Ce fut « le second tome d'Oudenarde », mais dans un autre
sens que ne l'entendait Saint-Simon. Vendôme avait eu beau
prendre ses précautions pour être obéi. En vain, au moment de

---

1. Lettre d'Alberoni à Rocca du 6 août 1708, p. 78.

2. Lettre du 12 août 1708, p. 79. — Dangeau, dès le 11 août (p. 199) s'attendait
au siège de Lille. — Alberoni lui-même, le 12 août, écrivait à un de ses amis,
Boselli, dans ce sens également (Ancn. Nap., Farnesiana).

3. Lettre d'Alberoni à Boselli citée par A. Professione, *Giulio Alberoni*, Verona,
1890.

4. Lettre d'Alberoni à Rocca, p. 80.

commencer cette opération, il avait dépêché Alberoni, son homme de confiance, à Versailles, pour exposer son plan à Chamillart, et le faire approuver du Roi, en temps utile. Du 2 au 6 septembre, il rencontra chez le duc de Bourgogne la même timidité encouragée par les conseils de Berwick, qui, furieux de ne pas commander en chef, faisait à son supérieur une opposition sourde. Point d'attaque possible, quand elle aurait pu être favorable [1]. L'armée demeura quatre jours immobile. Vendôme demanda au Roi son rappel. Le 7 septembre, le ministre de la guerre accourait de Versailles en poste au camp de Mons-en-Puelle remettre l'ordre de la part du Roi dans le commandement, faire rentrer Berwick dans le devoir (9 sept. 1708) [2]. Il ne s'agissait de rien moins que de rendre à Vendôme les moyens de sauver Lille.

Vendôme essaya : franchissant la Marque, il s'installa le 10 septembre à Pont-à-Marque et fit ouvrir, le 11 septembre, le feu contre les retranchements que Marlborough avait bien vite élevés à Ennetières pour se couvrir. Pendant deux jours, cent pièces de canon bombardèrent sans relâche cette forteresse improvisée et ne l'entamèrent point. « On n'y pouvait plus attaquer l'ennemi qu'avec la certitude morale d'être battu. L'ennemi avait profité du temps qu'on lui avait donné. »

L'opération était manquée : en vain Saint-Simon voulut-il encore accuser Vendôme de l'avoir fait manquer à dessein, pour en rejeter la honte sur le duc de Bourgogne. Il s'est trahi comme toujours. Pourquoi rapporter cet entretien de la duchesse et de Louis XIV qui nous découvre la pusillanimité de la jeune cour ? Tandis que le vieux Roi se réjouit de voir ses armées réunies, et de la perspective d'une attaque bien préparée pour sauver Lille : « Et les princes vos petits-fils ? J'en suis triste et en peine », lui répliqua la jeune duchesse dont le courage ne valait pas celui

1. Saint-Simon (éd. de Boislisle, t. XVI, p. 303, 306), raconte comment à Versailles, avec quelle impatience, on attendait l'engagement décisif. De Sourches le dit également, p. 171.
2. Alberoni à Boselli, 10 septembre 1708, de Mons-en-Puelle (Arch. Nat., Farnesiana) — « Les ennemis, dit-il à Rocca, le 13 septembre, ont profité du temps qu'on leur a donné. » — Saint-Simon, éd. de Boislisle, XVI, p. 315 et suivantes.

de sa sœur, la reine d'Espagne [1]. Qui ne sent que ces propos
répétés à l'armée firent perdre Lille, pour sauver les princes ?
Alberoni, qui exprima ce sentiment et le regret de son patron,
n'était point aveuglé par l'amitié. Il avait compté sur la puissance des Bourbons; il n'avait pas compté sur leurs fautes. Il
excusait Vendôme, qui méritait de l'être, après avoir souhaité
qu'on le laissât faire : « on lui avait donné carte blanche », mais
trop tard. Encore une campagne qui allait être inutile et peut-
être funeste.

On ne put du moins reprocher au général, qui avait rêvé
une autre gloire, d'avoir tout fait pour éviter un dénouement
fatal. Alberoni, dont le sang-froid, malgré les déceptions, valait
celui de son protecteur, le vit se porter le 20 septembre à
Ostende, à Neuport, à Ypres, et l'y suivit sans relâche, laissant
le duc de Bourgogne au camp de Saussoy près Tournay. En
deux semaines, toutes les communications de l'ennemi avec la
mer furent coupées, de manière que les Alliés, si Lille tenait
bon, se trouvassent à leur tour comme assiégés dans leurs
retranchements [2]. Il ne leur restait plus pour se frayer une
route et se ravitailler que le poste de Leffingen : Vendôme
l'enleva hardiment le 25 octobre. Ce fut la seule victoire qui lui
fut permise [3]. Huit jours après une attaque de goutte l'immobi-
lisait au camp de Saussoy. Ses derniers efforts restèrent sans
influence sur le siège de Lille. Boufflers et le chevalier de
Luxembourg, qui avait réussi à se jeter dans la ville avec
2,000 hommes, soutinrent les assauts de l'ennemi avec bonheur
jusqu'au jour où un lieutenant-colonel et ses hommes, surpris
dans leur sommeil par une attaque imprévue, s'enfuirent et
abandonnèrent aux Allemands la demi-lune. Le prince Eugène
était au corps de la place, maître bientôt des chemins couverts,
prêt à l'assaut. Louis XIV voulut éviter à cette grande ville les

---

1. Saint-Simon, éd. de Boislisle, XVI, p. 326 et suivantes. — Lettres de Mme de
Maintenon, éd. Bossange, I, 316, 324. — Fénelon, *Correspondance*, 1, 278.
2. Lettre d'Alberoni à Rocca, p. 82, 83, 84.
3. Alberoni à Boselli, 23 septembre : « Vendôme avait fait de nombreux projets pour secourir Lille. Ils n'ont pas été approuvés, et encore moins exé-
cutés » (Arch. Nap., Farnesiana). — La narration de Bellerive est plus complète,
mais analogue (Saint-Simon, éd. de Boislisle, XVI, p. 601 et suivantes).

dernières extrémités, et autorisa Boufflers à capituler, à condition de prendre les ordres du duc de Bourgogne. Le jeune
prince reçut la nouvelle à Tournay le 23 octobre. « Il jouait au
volant, et la vérité est que la partie ne fut pas interrompue. »
Quel aveu dans la bouche de Saint-Simon, et quelle condamnation de ce prince qui, tout occupé de ses plaisirs, ne trouvait
rien à répondre à l'héroïque défenseur de Lille [1]! Des parties de
volant tandis que pour résister encore Boufflers s'enfermait
dans la citadelle, et quand, par l'attaque de Leffingen (25-26 octobre), Vendôme s'efforçait de lui venir en aide et d'affamer ses
adversaires !

« Je crois que nous allons commencer la guerre. Tout le
monde est enragé. Et nous ne ferons plus d'honnêtetés à
l'ennemi [2] », écrivait Alberoni en novembre 1708. Ni l'hiver ni
la maladie n'arrêtaient Vendôme. L'abbé, malgré le rude métier
de soldat qu'il faisait, trouvait encore le mot plaisant pour quali-
fier ces derniers efforts : « En substance, Lilla est divisée. Les
Alliés ont pris le *Li* et le défenseur a gardé le *La*. Ce *La* est la
dernière note de notre portée musicale. Il faudra des changements, ou nous redescendrons à d'autres notes [3]. » Pour peu
qu'on lui fournît l'argent nécessaire à une campagne d'hiver,
Vendôme espérait, en menaçant Bruxelles avec l'électeur de
Bavière, déterminer la crise salutaire. Chamillart était revenu
au camp (1er nov. 1708) une seconde fois, pour blâmer sans
réserve le duc de Bourgogne et faire envoyer Berwick à l'armée
du Rhin. Le général en chef avait tout pouvoir pour achever de
couper à l'ennemi sa ligne de retraite. Il s'attendait de sa part à
un effort désespéré que le prince Eugène et Marlborough, laissant
trente bataillons à Lille, tentèrent le 26 novembre [4].

A la veille de cette bataille décisive, Vendôme envoya Alberoni
en cinq jours, rapidement, prendre une dernière fois les ordres du

1. Voir surtout Sautai, *Le Siège de Lille* et les notes ou corrections de M. de
Boislisle aux *Mémoires* de Saint-Simon. t. XVI, p. 345. Alors, le duc de Bourgogne
s'est lui-même formellement accusé à Fénelon (Corresp. avec le duc de Beau-
villier. — Edition de Vogüé).
2. Lettre d'Alberoni à Rocca, 20 novembre 1708, p. 88, 89.
3. Alberoni à Boselli, 23 septembre 1708 (Arch. Nap.).
4. *Ibid.*, du camp du Saussoy, 26 novembre 1708.

roi à Paris. Fortement retranché à Oudenarde et à Gand, prêt à bombarder Bruxelles, il vit le 28 novembre la grande armée des Alliés s'approcher de l'Escaut pour forcer le passage et faire en faveur de Bruxelles ce que les Français n'avaient su faire pour Lille. Au premier avis, le 28 au soir, le général en chef invita le duc de Bourgogne à prendre ses dispositions. Celui-ci renouvela la faute de Biron ; au lieu d'agir il se coucha, se leva tard, déjeuna longuement. La nuit avait suffi aux ennemis pour franchir l'Escaut, près d'Oudenarde [1]. Le lendemain l'électeur de Bavière était obligé d'abandonner en toute hâte le siège de Bruxelles. Les corps qui s'étaient avancés à la gauche de l'armée eurent toutes les peines du monde à faire leur retraite. Oudenarde et Gand se trouvèrent ainsi découvertes [2].

Toujours prompt à réparer les fautes des autres, Vendôme proposa un dernier effort : en l'absence du prince Eugène, à qui on pouvait peut-être fermer le retour sur la Lys, ne devait-on pas essayer de faire parvenir du secours à la citadelle de Lille ? « Personne ne l'écouta », dit Alberoni, et Saint-Simon ajoute qu'en son camp de Tournai le duc de Bourgogne retournait au jeu de paume. Cependant, le prince Eugène revenait sans être inquiété à Lille et recevait, le 10 décembre, la capitulation de la citadelle. « Il y a peu d'exemples, écrivait-il au duc de Savoie, dans sa joie, d'une place de cette importance rendue sans que nous ayons tiré un coup de canon. »

Ce jugement de l'ennemi fut celui d'Alberoni, indulgent à Louis XIV, sévère aux généraux courtisans qui avaient paralysé Vendôme et se préparaient, avec Saint-Simon pour avocat, une défense faite d'injustices et des calomnies [3] : « Nous sommes des vilains. Nous servons fort mal le Roi. Vous avez raison ; il n'y a que le Roi qui soit à plaindre. Il a vu qu'une armée de cent mille hommes ont laissé passer de gros convois, ont laissé prendre des villes, passer les rivières et ont trouvé le secret de

---

1. Saint-Simon lui-même est bien obligé d'avouer ces fautes du duc de Bourgogne, sa pusillanimité, son indifférence (éd. de Boislisle, XVI, p. 456).

2. Même texte de Saint-Simon, p. 465, et lettre d'Alberoni, 3 décembre 1708 (de Douai).

3. Lettres d'Alberoni à Rocca, à Boselli, des 8 et 14 décembre (ARCH. NAP.).

venir finir ici la campagne dans le pays d'Artois. Tout cela est vrai à notre grande honte. Il n'y a que le Roi qui est à plaindre, puisqu'il n'y a pas sur la terre prince qui récompense mieux et soit plus mal servi. » Partir en guerre avec les plus belles espérances, une belle armée, et revenir à travers une frontière envahie par les ennemis, sans avoir rien tenté pour la défendre, sans avoir pu rien tenter surtout, l'épreuve était rude pour un homme du métier, amoureux de sa réputation tel que Vendôme.

Aussi ne voulait-il pas revenir. Inaccessible au découragement, encouragé par Alberoni, qui ne se résignait pas à cette chance mauvaise, il avait résolu de rester à l'armée pendant l'hiver s'il le fallait, tant que l'ennemi n'aurait pas pris ses quartiers. Il fortifia la Bassée et Saint-Venant, courut à Gand et à Bruges pour y prendre ses dispositions de défense.

Le duc de Bourgogne n'entendit pas de cette oreille : il lui tardait de revoir sa femme et la cour ; inutile à l'armée, il préférait les éloges des courtisans aux reproches de Vendôme. Il obtint de la faiblesse de son grand-père et de Chamillart, stylé par Mme de Maintenon, l'ordre de séparer l'armée et de la répartir dans ses quartiers. Le jeune prince, las de la guerre, ne voulait pas que Vendôme la fît sans lui, que par son activité il pût réparer et prouver sa propre nonchalance[1]. Ils revinrent tous deux le 14 décembre et laissèrent le champ libre à leurs adversaires, trop heureux d'occuper à si peu de frais Gand et Bruges. « Voilà une réputation acquise à bon marché par le prince Eugène. Il faut en savoir autant que j'en sais pour en parler ; ainsi nous ménageons plus que ces barbares notre humanité. Nous faisons bien voir que nous sommes des hommes, et non des bêtes[2]. »

Réticences et sarcasmes étaient la double forme des colères de Vendôme que traduisait ainsi l'abbé son confident, furieux lui-même des échecs immérités de son ami, de la gloire du prince Eugène, « le chef des barbares » Allemands. Avec la France vaincue, Alberoni voyait ses espérances évanouies, ses peines inutiles, l'Italie sans ressources, sans défense à jamais.

---

1. Voir Saint-Simon, éd. de Boislisle, XVI, p. 466 et en note la lettre écrite par Louis XIV à Vendôme d'après l'original de Chantilly, le 7 décembre 1708.
2. Lettre d'Alberoni à Rocca, 6 janvier 1709, p. 92.

III

ALBERONI ET VENDÔME EN ESPAGNE.
L'ESPAGNE AUX BOURBONS, L'ITALIE AUX HABSBOURG.

« Vous avez entendu parler, mon cher Comte, écrivait Alberoni à son ami Rocca, de tous les agréments dont j'ai joui.
Vous ne savez pas les peines et les dégoûts que j'ai eus. »
Quand il évoquait ces jours d'épreuve, il pensait à cette année
1708, où il avait attendu, du génie de Vendôme, une campagne
en Flandre décisive pour la gloire de son protecteur, fatale aux
alliés, aux Allemands dont les armées ravageaient l'Italie. Il
n'avait alors été ni satisfait, ni payé de sa peine : on avait vu une
armée de cent mille hommes sous un tel chef, « se faire battre,
laisser passer de gros convois, laisser prendre des villes et
franchir des rivières, et trouver le secret de finir la campagne
dans le pays d'Artois, dans la France envahie [1] ».

L'abbé revenait à Paris le 14 décembre, triste, de la ruine
de ses illusions, furieux de la honte infligée à Vendôme par la
désobéissance de ses lieutenants et par la pusillanimité du duc
de Bourgogne, plus furieux encore de ce que Louis XIV eût
empêché son ami d'employer l'hiver à réparer les fautes com-
mises depuis l'été. Il accompagna Vendôme à Versailles, dans
cette cour d'où les cabales étaient venues l'atteindre à l'armée,
où elles devaient le poursuivre jusqu'à sa mort, au delà de la
mort même par les *Mémoires* de Saint-Simon. Vendôme était
bien résolu à leur tenir tête, Alberoni à le soutenir.

L'accueil du Roi fut d'abord excellent, et l'abbé en eut sa
part. Saint-Simon enrageait de le rencontrer auprès de son protecteur qu'il ne quittait pas, de voir ce « bas valet », admis partout aux réceptions, à la messe, assez osé pour se faire remarquer du Roi [2]. Quelle effronterie ! Pendant deux jours les familiers

---

1. Lettre d'Alberoni à Rocca, 3 décembre 1708, p. 90, et à Boselli, du 25 décembre 1708 (ARCH. NAP., Farnesiana).
2. Saint-Simon, éd. de Boislisle, XVI, p. 481-483. — De Sourches, *Mémoires*. —
Alberoni, lettres de janvier 1909 au comte Rocca.

du duc de Bourgogne, comme Saint-Simon, continrent leur
rage contre le bâtard, contre le plébéien introduit par lui dans
les salons de Versailles. On se saluait de part et d'autre poli-
ment, et comme de force. Le marquis d'O, jaloux de faire sa
cour au duc de Bourgogne et à Mme de Maintenon, sa protectrice, dévot de profession qui n'en était pas à son premier
manège, rompit le silence qui ne pouvait durer. C'était l'éclat
prévu, cherché : « Voilà ce que c'est, dit-il à Vendôme, de
n'aller jamais à la messe. Vous voyez quelles sont nos disgrâces ». Le général esquiva le sermon calculé du dévot par une
plaisanterie bien française : « Croyez-vous que Marlborough y
aille plus que moi [1]. »

Le lendemain, comme le duc était toujours rare à la cour, il
annonça son départ pour Anet et fit ses invitations aussi recherchées d'ordinaire que les Marly du Roi. Ce brusque départ parut
aux courtisans l'indice d'une disgrâce. Saint-Simon crut les
voir moins empressés au voyage d'Anet : « ils tâtaient le pavé
de ces quinze lieues [2] ». Ce n'étaient là encore que des apparences mal interprétées.

Alberoni était renseigné de plus près par les plaintes de Vendôme. Ce prince, le dimanche, avait eu un entretien avec le
Roi qui l'avait écouté, comme toujours, avec bienveillance.
Aussi franchement qu'à Oudenarde il rappelait le duc de Bourgogne au devoir et à l'obéissance, à Versailles il avait exposé
au grand-père les torts de son petit-fils. Le vieux Roi, malgré
son penchant pour Vendôme et le prix qu'il attachait à ses
services, n'eut pas le courage de lui donner raison. Il n'avait
plus, disait Alberoni qui voulait encore l'excuser, la vigueur
nécessaire pour heurter l'influence de Mme de Maintenon, de
la petite duchesse, pour faire tort à un prince de son sang [3].
La fin de l'entretien fut que Vendôme pria le Roi de ne plus
l'employer, et résolut de ne paraître à Versailles, où triom-

---

1. Voltaire, *Siècle de Louis XIV*, éd. Bourgeois, p. 402.
2. Saint-Simon, éd. de Boislisle, XVI, p. 481 à 483.
3. L'entretien avec Louis XIV eut lieu le 16 décembre, « une très longue
audience », dit de Sourches, XI, 240. La seule connaissance que nous en ayons
est la lettre d'Alberoni à Boselli, du 25 décembre (Arch. Nap.).

phait le duc de Bourgogne, que pour les besoins de son service.
Mieux valait ne pas servir qu'endosser les fautes des autres.
De disgrâce point, par conséquent, mais une colère violente
de se voir mal jugé, desservi, après tant d'efforts pour réparer
les erreurs des courtisans ; un mépris, un dégoût de la cour
qui en éloignèrent Vendôme non par ordre, mais volontairement [1].

Son irritation était si grande que l'abbé lui-même par prudence lui conseilla cette retraite. Lorsque Vendôme reparut peu
de jours après à Marly, la vue seule du duc de Bourgogne
ranima sa colère, au point qu'Alberoni redouta une incartade et
l'engagea vivement à retourner chez lui, à en revenir le moins
possible. Il l'invitait à cultiver son jardin et l'y aida [2]. Quel
argument pour Saint-Simon, s'il avait surpris l'abbé occupé,
comme ses parents dans le verger de Mantoue, au potager
d'Anet ! L'une de ses premières lettres à Parme fut de solliciter
l'envoi d'une livre de fenouil, bien beau, bien gros, avec des
indications pour le semer, en terrain gras ou maigre, plus de
deux douzaines de haricots marque Saint-Jean de Plaisance
avec les mêmes instructions, plus tard de la graine de raves
rouges, de choux, de quoi constituer un vrai potager italien en
pleine Beauce [3]. Vrai maître Jacques, Alberoni remplit tous les
offices ; pour consoler Vendôme, il a encore la ressource des
potages au parmesan, du saucisson national. Le parmesan,
après un voyage en Flandre, est gâté, noir comme de l'encre.
Les saucissons sont mous comme du beurre [4]. A la cour de
Parme de les remplacer. « Souvenez-vous, écrit l'abbé, de votre
petit présent de fromages et de saucissons. Il y a plusieurs
égards qui vous doivent obliger à ne point oublier une pareille
honnêteté ; d'autant plus qu'elle coûte si peu. Si j'étais à votre

---

1. C'est au 20 décembre que Dangeau place le départ pour Anet, après un
séjour à Meudon. Comme il indique la désignation du duc de Bourgogne pour
l'armée de Flandre, avec des maréchaux seulement sous lui, c'est la confirmation du témoignage d'Alberoni.

2. Voir encore les lettres d'Alberoni à Boselli (6 janvier et 6 février 1709, ARCH.
NAP., Farnesiana).

3. Lettre d'Alberoni à Rocca, 17 janvier 1709.

4. *Idem*, 6 janvier 1709, p. 92.

place je n'y manquerais pas[1]. » Plus la retraite pouvait être
amère au général, plus devaient lui paraître agréables ces douceurs qui lui rappelaient l'époque de sa vie glorieuse en Italie.

L'éloignement de Vendôme au mois de février 1709 s'accen-
tua. Louis XIV eût voulu l'employer, mais il n'osait plus le
réunir en Flandre au duc de Bourgogne à qui la naissance devait
laisser le dernier mot. On pensa pour lui à l'armée du Rhin :
une armée secondaire où on l'aurait laissé manquer de tout pour
le discréditer à jamais. La cabale était incorrigible; « pour servir
un jeune prince incapable, elle aurait amené l'ennemi aux portes
de Paris[2] ». Puisqu'elle triomphait, au grand regret d'Alberoni,
il valait mieux la laisser à ses folies. Vendôme refusa l'armée du
Rhin. Le Roi ne lui en voulut pas. A la fin de mars, à Marly il
lui fit, quand il vint faire sa cour, un accueil toujours gracieux[3].
Mais peu à peu, comme les commandements furent distribués
pour la campagne de 1709, au duc de Bourgogne et à d'Harcourt
sur le Rhin, au Dauphin et à Villars en Flandre, à Berwick en
Dauphiné, on oubliait le souverain d'Anet.

Cela parut à ses adversaires le moment de le ruiner à jamais.
La duchesse de Bourgogne, cette jeune princesse, courageuse
à la cour peut-être, lui fit un affront public à Marly pour l'en
faire exclure, et y réussit. Puységur, Saint-Simon, tous les courtisans étaient du jeu : Vendôme s'en retourna à Anet, vers
Pâques pour n'en plus sortir, « avec un faux air de philosophie
dans lequel personne ne donna », dit Saint-Simon[4].

Alberoni l'aida de sa bonne humeur et de son dévouement, à
se faire une raison, et de la nécessité une vertu. « Bien heureux
celui qui sait prendre un parti ! répétait l'abbé. De bons amis,
de bonne cuisine et de la fortune, tout cela ne valait-il pas mieux
que des coups de mousquet? Tâchons de nous divertir, et lais-
sons les embarras à ceux qui en ont envie[5]. » Que ces conseils
pratiques aient toujours été écoutés; qu'ils aient guéri Vendôme

1. Voir la jolie lettre d'Alberoni à Rocca, du 3 juillet 1709, p. 107.
2. Alberoni à Boselli, 6 février 1709 (Arch. Nap.).
3. Lettres d'Alberoni des 17 février et 10 mars à Rocca p. 95.
4. Saint-Simon, éd. de Boislisle, XVII, p. 28, 174 et surtout, p. 313 et suivantes,
avec les notes des pages 318 et 325.
5. Lettre d'Alberoni à Rocca, 15 avril 1709, p. 97.

de˙ sa rancune, c'est peu probable [1]. Du moins celui qui les
donnait prêchait d'exemple. Il pouvait lui représenter l'Italie, son
pays, ruiné, sans ressources, épuisé par la guerre, par l'hiver
épouvantable dont la Lombardie avait souffert comme la France,
soumis à la loi du plus fort, abîmé de fond en comble, si la
guerre durait. A quoi avaient servi, depuis bientôt sept ans,
tant d'efforts pour sauver l'Italie des griffes de l'Allemand, avec
l'espoir que la France et Vendôme les mettraient à la raison !
Lui aussi était rebuté du métier, et se raidissait contre la mauvaise fortune [2]. Il en donna une preuve éclatante.

Moins tenaces, moins philosophes que lui, désespérant de la
victoire des Bourbons, les Farnèse, comme les courtisans, voulurent abandonner Vendôme. En avril 1709 ils songèrent au
rappel d'Alberoni, devenu à leur yeux très inutile. Décidément,
ils lui reprenaient la maison qu'ils lui avaient laissée à Plaisance [3].
Puis un prétexte vint à point leur fournir l'occasion de faire rentrer en Italie leur envoyé. Les courtisans s'étaient imaginé à
Versailles d'impliquer Alberoni dans la disgrâce de Vendôme. Le
prétexte fut aisé à trouver : le Roi avait blâmé l'abbé de sa lettre
sur Oudenarde rendue publique, mais sans le punir. A son
retour, Louis XIV parut l'avoir oublié. Ce fut un moyen très
simple de raviver sa colère, que de lui présenter une autre lettre,
signée de Campistron, plus sévère encore pour le duc de Bourgogne et son entourage : un duc, Villeroi qui l'avait eue en
mains, peut-être Saint-Simon qui la tenait de lui, s'en chargea
et ne manqua pas d'insinuer que le véritable auteur était Alberoni. Le prétexte était bon pour conseiller au duc de Parme de
le rappeler, sous peine de voir son envoyé à la Bastille.

Averti à temps par le comte Pighetti, l'agent ordinaire des
Farnèse à Paris, l'abbé se hâta de se disculper, en traitant de
la bonne façon « le guerrier philosophe, qui avait fait jouer ce
ressort pour tromper son maître ». Menacé, il menaçait : « Nous
sommes sous un climat inconstant ; on n'est pas encore mort.

---

1. Voir les témoignages contraires de Saint-Simon, XVII, p. 327 ou bien de la
marquise d'Huxelles citée par de Boislisle (*Ibid.*, p. 325, note 5).
2. Correspondance d'Alberoni avec le comte Rocca, d'avril à août 1709, et avec
Boselli, 9 et 14 juin 1709 (Arch. Nap.).
3. Lettre d'Alberoni à Rocca, 9 mai, 14 mai, 23 juin, p. 100, 102, 104.

Quelqu'un qui cabalize voudrait bien ne pas l'avoir fait. On recule quelquefois pour mieux sauter. Je ne suis pas encore à la Bastille[1]. » L'affaire en effet n'eut pas de suite. Mais il parut bien que le duc François saisit ce prétexte de mettre fin à une mission à ses yeux désormais stérile : Alberoni refusa de partir sans l'agrément de Vendôme.

Il était sincèrement las sans doute de ce qui se passait en France, dégoûté des intrigues et des cabales. Mais un pressentiment l'avertissait qu'il pouvait être encore utile à Vendôme et qu'en disgrâce un jour, ce prince pourrait le lendemain servir et servirait mieux les Italiens, fidèles à son malheur. Pressentiment de joueur sans doute, obstiné à calculer les retours de la chance; dévouement dont il avait donné des preuves au début de sa vie ; mais courage aussi et sacrifice à une cause assez grande pour n'être jamais délaissée, enfin et surtout instinct naturel qui demeure le trait saillant de cette physionomie d'homme encore tout près de la nature, habitué, comme l'arbre courbé sous la tempête, à laisser passer l'orage. « *Tempo e patienza*, tout passe, dit-il avec un proverbe italien. Il faut des gros coups pour abattre de gros chênes[2]. » Le coup qui venait de frapper Vendôme et la diplomatie d'Alberoni, succédant à d'autres qui eussent découragé de moins patients, ne fut pas pour l'abbé encore le coup de grâce des intrigants à sa fortune. Après un proverbe italien, un proverbe français, le langage du bon sens, de la philosophie pratique tout au moins chez les gens du peuple : « le diable n'est pas si méchant comme on croit ».

Bref, Alberoni demeura à Anet. Et l'on peut croire que le bruit de sa résolution vint à Versailles. Saint-Simon ne se doutait pas, lorsqu'il l'enregistra, de l'importance qu'un grand seigneur disgracié pouvait attacher à rencontrer chez ses amis tant de constance. « Ce colosse tombé à terre, dit-il avec joie et mépris, n'eut de recours que dans ses vices et ses valets[3]. » La ressource était plus grande qu'elle ne paraissait. Pendant près

---

1. Lettre d'Alberoni à Rocca, 23 juin 1709, p. 105.
2. Lettre d'Alberoni à Rocca, 23 juin 1709.
3. Saint-Simon, éd. de Boislisle, XVII, p. 326-327.

de deux années, par les soins de l'abbé, les divertissements se succédèrent : comédies, partie de chasse, soupers et cercles d'amis, à Anet ou dans le château de la Ferté-Alais qui était le centre des plaisirs d'été. Ces fêtes, très recherchées, peu à peu ramenaient à Vendôme les courtisans, lui faisaient oublier sa demi-disgrâce. L'abbé, qui les égayait de son esprit et y dépensait son savoir-faire, prenait une place d'autant plus grande, que d'autres étaient vides. Il se haussait par ce métier de consolateur, au rôle de conseiller. Sa diplomatie, à l'épreuve des accidents du présent, était attentive à l'avenir[1]. Dans les sous-entendus de la correspondance secrète qu'il continuait d'entretenir avec la cour de Parme, on la devine active, préoccupée des moyens de ramener Vendôme au premier plan, à la tête des armées. Un projet se dessina, dès le mois d'avril 1709, que le prince ignora d'abord, dont Alberoni paraît avoir eu l'initiative, dont il tint entre ses mains tous les fils mystérieux.

Au moment où, par la faute du duc de Bourgogne, les Farnèse perdaient le concours de la France et de Vendôme, l'abbé, avec une dextérité qui lui fit honneur et une singulière clairvoyance, s'est retourné du côté des Bourbons d'Espagne. Philippe V, comme Vendôme, se trouvait au mois d'avril 1709 dans l'abandon : les défaites de Flandre inclinaient fortement Louis XIV à la paix, à l'annulation du testament qui avait placé son petit-fils sur le trône d'Espagne. Le rappel des troupes françaises était déjà décidé à Versailles, lorsque Philippe V, encouragé par la fidélité de ses sujets, l'énergie de la Reine et de Mme des Ursins, prit à Madrid la résolution de se défendre seul et de périr plutôt que de se retirer. Pour soutenir cette résolution désespérée, qu'Alberoni connut par le duc d'Albe envoyé d'Espagne à Paris, il fallait au roi d'Espagne un général. Vendôme à Luzzara lui avait conservé l'Italie. Il était disponible, et capable de lui conserver l'Espagne en cette crise décisive.

Dès le mois de mai 1709, Alberoni écrivait à Parme : « Il serait à souhaiter pour le bien du roi d'Espagne que M. le duc d'Albe fût son ministre d'État et que, sous son ministère, Son

---

1. Voir notamment ses lettres à Rocca du 2 avril, du 10 mai 1709, p. 101, 102.

Altesse pût commander la seule armée d'Espagne... Il donnerait encore à penser aux ennemis [1]. » Dès lors apparaît son
intention de rapprocher dans l'intérêt de leur gloire commune
Philippe V et Vendôme, tous deux victimes des fautes et des
intrigues de la cour de France. Il met en jeu des ressorts cachés,
l'agent de Parme à Paris, Pighetti, familier du duc d'Albe. Il
loue et soutient la fermeté de cet Italien. Il aide Pighetti à
recouvrer ses honoraires d'envoyé que le ministère des Farnèse
lui faisait beaucoup attendre [2]. Il appelle à l'aide un Bolonais,
colonel du Royal-Italien, ami d'Albergotti, de Vendôme et des
Espagnols, le marquis Monti qu'il employa dans toutes les circonstances critiques de sa vie. Entre la cour de Vendôme et les
milieux parisiens où l'intrigue se poursuivit, l'officier italien
était l'émissaire discret du complot. Le mot d'ordre, ce fut le
réveil et la résistance de l'Espagne. « Philippe V soutiendra tout
seul sa cause, écrit l'abbé le 5 juin 1709. On aura de la peine à le
retirer d'Espagne. S'il avait un bon général, il ne laisserait pas
d'embarrasser les ennemis. La nation est capable de se porter à
des extrémités d'honneur et de bravoure à faire parler d'elle. »

Le dessein sans doute n'était conforme ni aux volontés de
Louis XIV, ni au vœu des Farnèse, qui se hâtèrent, en apprenant la mission pacifique de Torcy à La Haye, de faire passer
en Hollande un agent, le comte Ottavio San-Severino [3]. L'Italie
demandait la paix autant que la France. Alberoni n'était point
insensible « aux malheurs prolongés de son pauvre pays aux
abois [4] ». Mais il était d'accord avec le roi d'Espagne et ses
conseillers pour ne pas souhaiter une paix à quelque prix que
ce fût.

Le 15 juillet 1709, Philippe V écrivait en effet à Louis XIV
pour lui demander formellement le concours de Vendôme [5]. Six

1. Lettre d'Alberoni à Rocca du 9 mai 1709, datée de la Ferté-Alais, p. 100.
2. Lettres du 5 juin 1709 au 27 octobre 1709 de la Ferté-Alais et Paris.
3. Sur cette mission voir Poggiali, *Memorie Storiche*, t. XII, et lettres
d'Alberoni au comte Rocca, du 27 mai 1709 et du 7 mai 1710, p. 103, 117.
4. Lettres d'Alberoni à Rocca, 27 mars 1709, p. 96 ; 29 janvier 1710, p. 113, etc.
5. Saint-Simon, éd. de Boislisle, XIX, p. 110 et la note 1. Lettre d'Alberoni à
Boselli, 30 juillet 1709 (ARCH. NAP.) qui marque un refus de Louis XIV :
« C'était la faute de deux mégères, la duchesse de Bourgogne et Mme de Maintenon, plus attentives à leurs fureurs qu'au bien de deux monarchies. »

mois après, il le réclamait avec la même insistance[1]. A cette
époque, la question fut tranchée par les exigences des Hollandais. Un nouveau désastre des Français à Malplaquet, les rigueurs
de l'hiver, l'épuisement des finances décidèrent Louis XIV et
son conseil à traiter encore au mois de janvier 1710. Pouvait-on
envoyer Vendôme en Espagne et Torcy à Gertruydenberg?
D'ailleurs, c'étaient les mêmes confidents du vieux Roi, Madame
de Maintenon, le duc de Bourgogne, qui refusaient encore à
Vendôme l'occasion de servir, et au roi d'Espagne son royaume.
Mêmes colères à Anet et à Madrid contre l'entourage pusilla-
nime de Louis XIV; même impuissance aussi à détourner le
roi de France d'une paix qui après tout était bien nécessaire
(février 1710)[2].

L'entêtement des Hollandais à Gertruydenberg, surtout leur
insolente prétention de forcer Louis XIV à combattre son petit-
fils prolongèrent la guerre, rendirent à Philippe V l'espoir de
garder son royaume, à Vendôme et à l'abbé les moyens de quitter
leur retraite. La perspective de campagnes nouvelles, de nouvelles misères pour l'Italie ne laissaient pas l'abbé indifférent au
succès de son intrigue. On ne peut nier pourtant qu'il ait eu
plaisir à écrire à Parme ce billet : « Philippe V n'aime pas de
sortir, à moins que la force ne l'y oblige[3]. » Il apprenait que le
15 mars 1710 un grand conseil tenu à Marly avait décidé, en principe, la reprise des hostilités ; que le Roi venait enfin d'accorder
Vendôme au roi d'Espagne, et que celui-ci, impatient d'agir.
priait son grand-père ne ne pas retarder davantage cette grâce
essentielle. Le bruit s'en répandit : « Tout Paris, ajoutait Alberoni, veut que le duc de Vendôme commandera en Espagne en
cas que la paix ne se fasse. Dans quatre ou cinq jours nous sau-
rons notre destinée. »

Ce fut au milieu d'avril, le 21 et le 23 exactement, que Louis XIV

---

1. A cette époque, le duc de Vendôme vint à la cour, où le Roi lui prit les
mains et le reçut très affectueusement, selon une lettre d'Alberoni à Boselli,
27 octobre 1709 (Arch . Nap.).
2. Lettre d'Alberoni à Rocca, 2 et 24 février 1710, p. 114-115.
3. Lettres des 14 avril et 1er mai 1710, p. 117, 118. Cependant d'après une lettre
d'Alberoni à Boselli du 1er juin 1710 « les mégères continuaient à distiller leur
venin ».

donna l'ordre formel à ses plénipotentiaires de repousser les
propositions des Alliés et que ceux-ci franchissant les lignes
françaises de Lens à Douai obligèrent le lieutenant de Montes-
quiou, Albergotti, à s'enfermer au plus vite dans cette place[1].
Contre tout espoir, jusqu'au mois de mai madame de Maintenon,
le parti de la paix, le duc de Bourgogne poussé par sa femme et
les confesseurs, MM. Beauvilliers et de Chevreuse, ses confidents, firent les derniers efforts pour arrêter la guerre et
l'envoi de Vendôme en Espagne.

Celui-ci affectait de rester étranger à ces discussions : « Il est
dans un agréable quartier de chasse où il se divertit avec beaucoup de ses amis et en bonne compagnie[2]. » Il paraissait aussi
fort occupé du mariage tardif que lui avait suggéré la duchesse
du Maine avec mademoiselle d'Enghien, la petite-fille du grand
Condé. La fiancée n'était pas séduisante : Saint-Simon la dépeint
laide jusqu'au dégoût, âgée déjà et pauvre par la volonté d'un
père horriblement avare. Mais elle avait des espérances, et le
plus haut rang à la cour. Vendôme d'ailleurs ne pouvait pas se
montrer difficile, dans l'état de disgrâce et de santé où il était.
Mariage assorti, en fait de laideur, d'âge et d'ambitions qui se fit
à Sceaux le 15 mai, pour la forme. Le mari s'en fut à Anet, la
duchesse demeura, libre comme avant, à la cour[3].

Cette singulière union inspirait à l'abbé toutes sortes de
réflexions : « Tous les mariages, écrivait-il, se font en France
sur le même pied. Les maris et les femmes se voient et se han-
tent ensemble, de même que font les amis dans notre pays. On
nous dit qu'il n'est pas juste qu'un homme et qu'une femme pour
être mariés doivent être gênés. Je ne sais si c'est par esprit
de raison ou de libertinage qu'on vive ainsi. » A coup sûr le
mariage de Vendôme était de ceux que la raison avait dictés,
la raison d'État même. Il effaçait sa bâtardise ; il donnait à la
duchesse une très belle fortune : « Voilà, la maison du prince,

---

1. Quincy, *Hist. militaire*, VI, p. 318 ; Allard, *Siège de Douay* (*Spectateur militaire*, t. XII).

2. Lettres d'Alberoni à Boselli, 21 mai et 12 juin 1710 (Arch. Nap.); au comte
Rocca, 14 avril, p. 116.

3. Saint-Simon, éd. de Boislisle, XIX, p. 110-113. — Correspondance de Madame
(éd. Jaeglé, II, p. 126), et de Mme de Maintenon (éd. Bossange, II, p. 70).

concluait Alberoni, en grande élévation[1]. » Belle occasion pour
les princes Farnèse, à son avis, de cultiver l'amitié que les petits
présents entretiennent : « Souvenez-vous que le petit envoi de
saucissons et de fromages est pour l'année passée. J'ai nourri
cette amitié avec des babioles qui ne coûtent rien et pourraient
bien produire du bien un jour. *Intelligenti et sapienti pauca.* »
Toute la politique d'Alberoni est dans ce simple et discret
avis[2]. Potages, bons offices et diplomatie, babioles et intrigues
ne sont pas complaisances pures d'un valet obscur auprès d'un
grand seigneur. Les Farnèse et leurs ministres en devinent
l'objet, que l'histoire a longtemps ignoré. Ils savent le prix qu'ils
retireront de leurs attentions. Ils escomptent la fortune militaire et le crédit de Vendôme. Tout ce que ce prince perd, ils le
perdent. Ils s'associent à ses disgrâces et se relèvent avec les
retours de faveur que leur agent en France avait, depuis 1709,
si savamment ménagés.

Le 4 juin 1710, Vendôme reparaissait à la cour, à la prière de
Louis XIV. Il faisait une visite au duc de Bourgogne qui « ter-
minait toutes les brouilleries ». Cette concession n'était pas de
trop pour la fortune que depuis trois mois les souverains d'Espagne à chaque ordinaire lui offraient[3]. Si Louis XIV n'eût pas
attendu jusqu'au mois de juillet pour rompre définitivement les
conférences de Gertruydenberg, le vœu de l'Espagne eût été
exaucé. Alberoni avait si bien manœuvré que c'était l'Espagne
même qui appelait au secours de sa détresse le cousin du Roi :
« Nous demandons, écrivait la Reine à Versailles, comme une
chose absolument nécessaire pour persuader les Espagnols que
nous allons agir avec le même esprit, de nous envoyer au plus
tôt le duc de Vendôme. Je puis vous assurer que cela fera le
meilleur effet du monde, même par rapport à la France, dans le
cœur de nos sujets (1er août)[4]. »

Cette lettre n'était pas arrivée à Marly, qu'enfin Louis XIV,

1. Lettres d'Alberoni à Rocca, 12, 14 mai 1710, p. 118, 119.
2. *Ibid.*, p. 118.
3. Depuis mars, dit Saint-Simon, XX, p. 104. — Lettre d'Alberoni à Rocca,
3 juin 1710, p. 14.
4. Baudrillart, *Philippe V et la cour de France*, I, p. 405.

au conseil du 30 juillet 1710, convaincu par les prières de Philippe V, les avis du Grand Dauphin et de Torcy décidait l'envoi
immédiat de Vendôme en Espagne. Vendôme accueillit la nouvelle avec joie à Anet le 6 août[1]. Le 9 août il acceptait les ordres
du Roi. Il partit le 28 août « plein d'espérance de réussir et de
justifier, dit Torcy, la première réputation ».

Alberoni écrivait à Parme le 6 août : « J'ai l'honneur de le
suivre. » Ces seuls mots trahissaient sa propre joie. Sans doute,
c'était encore la guerre et ses fatigues, une guerre d'hiver,
difficile selon toute apparence, des sièges, des escarmouches,
des campements sous la neige. L'abbé, dont ce n'était guère le
métier, se consolait par le succès du plan qu'il avait formé
pour ramener à la tête des armées, au service des Bourbons
son protecteur et son ami. C'était un titre de plus à son amitié,
un titre que l'histoire a oublié parmi ceux qui valurent à Alberoni le premier rang, mais que ni Vendôme, ni les souverains
d'Espagne n'oublièrent. C'était bien lui qui procurait au général
l'occasion de rétablir sa réputation militaire, compromise en
Flandre et à la cour de France : « Il va tâcher de serrer le plus
qu'il pourra M. de Stahremberg ; Dieu fasse que tout aille
bien[2] ! » C'était lui aussi qui donnait au roi et à la reine
d'Espagne, à leurs sujets, toujours héroïques dans ces crises de
la patrie, un serviteur et un chef dévoué, d'un génie éprouvé à
la guerre, qu'ils saluèrent à son arrivée d'acclamations unanimes.
Les Espagnols comptaient sur Vendôme, et Vendôme sur leur
valeur.

Le diplomate italien qui, dans la retraite d'Anet, avait heureusement ourdi la trame de l'intrigue faite pour les rapprocher,
qui, à travers les accidents de la guerre et des cours, cherchait
obstinément à servir auprès des Bourbons les Farnèse et l'Italie,
une fois de plus reprenait sa partie interrompue, avec de bons
atouts dans la main. Il était l'auteur principal de ce nouvel acte
qui devait le conduire enfin, de la coulisse sur le devant de la

---

1. Lettre d'Alberoni à Rocca, 6 août 1710, p. 123.
2. *Ibid.*, p. 23. Le 19 août, Vendôme vint faire sa visite d'adieux et de remer-
ciements à la cour (Saint-Simon, XX, 110 ; Dangeau, p. 228). Il partit de Paris,
où il vit sa femme vingt-quatre heures, le 28 août, plein d'espoir (Torcy, *Journal*,
p. 243).

scène. Dans la plénitude de l'âge et du talent, il pouvait y monter. Sa vie livrée, en apparence seulement, aux hasards et aux aventures, réglée par les intérêts des Farnèse autant que par les siens propres l'avait initié au secret de la politique et de la guerre, aux grandes affaires.

Il ne négligeait pas pour cela les petites : en homme avisé, fidèle aux méthodes dont il s'applaudissait, il lançait à Parme le même appel toujours : « des saucissons et du fromage. Les petits présents entretiennent l'amitié ». Mais il faut penser à ce que l'Espagne, sous l'impulsion qu'il lui imprima, depuis ce temps, fit pour les Farnèse au xviiie siècle. Et personne ne croira, ni que seuls les potages d'Alberoni, cuisinés aux frais de la cour de Parme, leur aient procuré une couronne royale, ni que cette cuisine ait été tout à fait inutile à son crédit et à leur succès. Pour eux et pour lui, à côté de ces petits moyens, l'effort essentiel, qui détermina leur fortune, demeure l'appel de Vendôme à la tête des armées d'Espagne, l'entrée d'Alberoni, à sa suite, dans les conseils de cette grande monarchie au moment d'une crise décisive.

Lorsque Vendôme arriva le 2 septembre 1710 au pied des Pyrénées, Alberoni eut soin de le conduire dans un milieu propre à lui rappeler la cour de Parme, ce qu'elle avait fait pour les Bourbons, ce qu'elle attendait de lui. L'ancienne reine d'Espagne, la veuve de Charles II, Marie de Neubourg, vivait retirée à Bayonne, sous la garde des autorités françaises, qui l'empêchaient de conspirer pour les Habsbourg.

Il pouvait paraître singulier que Vendôme et son confident s'arrêtassent chez cette princesse ennemie de Philippe V, de la Reine, de Mme des Ursins. Mais Marie de Neubourg avait une sœur, Dorothée-Sophie, mariée en 1690 à l'héritier de Parme Edouard Farnèse, mort en 1693, quelques mois après la naissance de leur fille Elisabeth. En 1696, Dorothée avait épousé en secondes noces le duc François Farnèse, son beau-frère, maître du duché depuis 1696. C'était pour être agréable à sa souveraine qu'Alberoni, passant par Bayonne, allait visiter sa sœur.

La conversation roula la plupart du temps sur la sérénissime maison Farnèse. Elle fournit à Vendôme l'occasion de louer la conduite du duc de Parme, de lui rendre pleine justice sur sa neutralité gardée si religieusement dans cette querelle des Bourbons et des Habsbourg. Cet entretien, qui dut être une leçon pour la Reine douairière, marquait surtout le souvenir bienveillant et fidèle que Vendôme conservait aux Farnèse. C'était à qui des hommes d'État de Parme s'empresserait de le féliciter sur l'avenir de nouveau offert à son génie [1]. Ces témoignages réciproques d'estime et de confiance provoqués de part et d'autre, recueillis par Alberoni, formaient peu à peu les liens solides qui devaient unir son ami et ses maîtres pour le salut de l'Italie et leur gloire commune. « Je méprise fort, écrivait alors l'abbé, ceux qui n'ont aucun autre avantage au-dessus de leur expérience, quand elle n'est pas soutenue par de bonnes actions. La nature m'a été ingrate par cet endroit-là, mais j'ai eu aussi le bonheur de m'être distingué dans le monde et je puis dire que sans vanité j'ai fait meilleure figure et je la fais actuellement que ceux dont vous me parlez [2]. » Ce fier propos de plébéien n'est pas langage de valet, à coup sûr. C'est plutôt celui de l'homme qui, sorti des couches profondes du peuple, s'est haussé peu à peu, par l'œuvre qu'il poursuit infatigablement, au niveau des généraux et des hommes d'État appelés à décider du sort de l'Europe. Alberoni attend avec confiance les succès de Vendôme en Espagne : il les escompte pour son maître, pour l'Italie, pour sa propre réputation.

La première nouvelle qu'il reçut pourtant n'était pas encourageante. Le 20 août 1710, Philippe V avait livré bataille aux Autrichiens presque sous Saragosse et, malgré son courage, par la faute du marquis de Bay, il avait été battu, contraint d'abandonner sa capitale à son rival, qui peu de jours après y fit son entrée publique [3]. La cour du malheureux Roi était en fuite

---

1. Saint-Simon attribue ce séjour, méchamment, au dessein secret de Vendôme de n'arriver en Espagne qu'après avoir pris le temps de laisser rétablir les affaires compromises (XX, p. 114). Le témoignage d'Alberoni (lettre à Rocca, du 2 septembre) corrige encore et remet au point (p. 125).

2. Lettre d'Alberoni à Rocca du 29 septembre 1710, p. 126.

3. Tous les textes relatifs à cette affaire ont été réunis par M. de Boislisle (Saint-Simon, XX, p. 112 et suivantes).

à Valladolid : sa situation parut alors à Versailles si désespérée que par des ordres formels envoyés au duc de Noailles Louis XIV le pressait encore d'abdiquer. En cette nouvelle crise, l'énergie de Vendôme, soutenue par la résistance d'Alberoni, répondit au suprême appel que les patriotes et les grands d'Espagne adressaient à leur Roi malheureux, à Louis XIV : « C'est un lion par le courage, par l'esprit, par la fermeté[1]. » Le sang-froid du prince rassura Philippe V et ses sujets, et fit réfléchir le roi de France, qui allait peut-être encore abandonner son petit-fils.

Dès qu'il fut à Valladolid le 20 septembre, il envisagea les ressources dont il allait disposer : la garde royale, 4,000 hommes et 12,000 hommes, débris de l'armée vaincue à Tudela. Philippe V conservait en outre une armée en Estramadure, de petits corps en Andalousie, et sur les frontières du Portugal. Le tout réuni pouvait monter à 25,000 hommes ; c'était assez pour temporiser, si l'on employait bien le temps à remettre en état ces forces en partie délabrées par la défaite[2]. Ce fut le premier soin de Vendôme. Avec le concours du comte d'Aguilar et du duc de Popoli, avec l'aide de Don Baltazar Patino qui organisa l'intendance, par l'intermédiaire surtout d'Alberoni qui s'employait à tout, il recruta, habilla, arma en quinze jours les troupes qu'il avait trouvées autour de Philippe V. « C'est dans les extrémités fâcheuses qu'on voit briller notre prince », écrivait l'abbé, qui ne regrettait pas sa peine. Le 15 octobre l'armée de Tudela, déjà forte de 15,000 hommes, se portait au pont d'Almaras sur le Tage, fermait aux Portugais qui auraient pu se joindre à Stahremberg l'accès de l'Espagne, s'unissait enfin à l'armée d'Estramadure : « Voilà un coup de général, vous verrez avec le temps que les ennemis ne pouvaient pas faire mieux pour Philippe V que d'entrer à Madrid. » Ils eussent mieux fait, c'était certain, de se joindre immédiatement aux Portugais pour écraser la

---

1. Lettre d'Alberoni à Rocca, 2 septembre, à laquelle fut jointe une lettre de Marie-Louise écrite à Vendôme le lendemain de la défaite (éd. Bourgeois, p. 125).

2. Lettres écrites, de Valladolid et Plasencia les 29 septembre et 16 octobre à Rocca, p. 126-127, et à Boselli, du 25 septembre (Arch. Nap.). Il faut les comparer avec les lettres de Vendôme à Louis XIV conservées aux A. ÉTR., Espagne, t. 203-204.

seconde armée de Philippe V avant que Vendôme ait eu le
temps de la rejoindre avec ses troupes ralliées et refaites.

Ce fut bientôt leur tour d'être cernés. Les lettres énergiques
de Vendôme à la cour de France, l'arrivée de Noailles à Versailles, où il apporta les preuves des ressources matérielles et
morales de l'Espagne, déterminèrent Louis XIV à reprendre
l'offensive, le 19 octobre, au delà des Pyrénées. Une armée française, au début de l'hiver, passait du Dauphiné en Catalogne.
Aussitôt Vendôme se mit en mouvement le long du Tage, avec
23,000 hommes, à Casa Texada et à Talavera la Reyna, pour
enfermer l'ennemi entre les armées de France et d'Espagne, et
« le rencogner dans le fond de la Catalogne ».

Stahremberg n'avait pas compté sur cette campagne tardive. Il
avait disposé ses quartiers d'hiver à Tolède, et seulement préparé
quelques fortifications à Madrid, à tout événement. La marche
simultanée de Noailles en Catalogne et de Vendôme en Castille
surprit l'archiduc et son général, et leur surprise se changea
bientôt en une sorte de déroute. Secrètement, le rival de Philippe V, avec une escorte de 2,000 chevaux, quitta Madrid qu'il
avait cru tenir pour toujours, et courut à Saragosse se mettre
en sûreté. L'armée autrichienne le suivit, d'abord abandonnant
Tolède le 28 novembre, puis aussitôt Madrid où Philippe V
rentra triomphalement, acclamé, maître de sa capitale sans
avoir eu besoin de livrer bataille, par l'effet seul des opérations
de Vendôme et de la confiance qu'il avait rendue aux Espagnols
et aux Français [1].

Très prudent jusque-là, le Duc était trop sûr de lui pour ne
pas profiter de l'avantage que la retraite précipitée des Antri-
chiens venait de lui donner. Il laissa pendant trois jours le Roi à
ses sujets retrouvés, et poursuivit sa route sur Guadalaxara, où
il entrait le 5 décembre. Les pluies d'hiver avaient grossi
l'Hénarès : l'obstacle n'arrêta pas Vendôme, pressé d'atteindre
l'adversaire à l'improviste. Il heurta l'arrière-garde ennemie,
commandée par Stanhope, le 8 décembre, à Brihuega, l'attaqua

1. Dans l'édition de Saint-Simon par M. de Boislisle, XX, p. 128-130, tous les
textes essentiels sont réunis et peuvent être comparés à la correspondance
très précise d'Alberoni avec Parme.

fortement avec sa cavalerie, l'obligea à capituler tout entière. Stahremberg, accouru au secours de Stanhope trop tard à Villaviciosa, ne put pas refuser le combat et le perdit après un effort acharné qui se brisa contre la résistance des gardes wallonnes. Les suites de cette défaite furent plus considérables pour les Autrichiens que la défaite elle-même : harcelés par les corps francs qui les suivaient depuis Madrid, décimés par leurs attaques, ils ne purent arriver à Saragosse que le 23 décembre, et de là coururent se mettre en sûreté à Barcelone. De toute leur armée, il ne leur restait que 7,000 hommes. « Stahremberg n'arrivera en Catalogne qu'en petite compagnie », écrivait le 28 décembre Alberoni, de Daroca, dans cette vallée de l'Ebre où Vendôme ramenait en deux mois Philippe V victorieux et maître de l'Espagne [1].

L'abbé ne se tenait plus de joie : « Voilà des suites bien heureuses d'une bataille qui met les affaires du Roi dans un bon état et va causer de furieuses dépenses aux alliés, s'ils veulent soutenir la guerre d'Espagne. S. A. est bien comblée de gloire. C'est son courage, sa fermeté et sa conduite qui ont remis la couronne sur la tête de Philippe V : ce qui est plus étonnant dans un temps où on manquait de tout, où tout le monde était dans un entier abattement [2]. » Il ne tarit plus pendant un mois en éloges sur Vendôme, cita les lettres flatteuses que le général recevait de la cour, les propos apportés de Versailles dans ces lettres : « Il y a un homme de plus en Espagne », s'était écrié le vieux Roi, et le Dauphin avait ajouté : « un homme unique au monde, capable de tenter l'impossible et d'y réussir [3] ». C'était bien un peu son œuvre que cette gloire, après tout. C'était par lui que délaissé hier, Vendôme redevenait en ce jour le héros des courtisans et de la France consolée par son génie de ses longues épreuves.

1. La lettre d'Alberoni à Rocca, du 12 ou 13 décembre manque dans le recueil. Mais nous en avons une autre du 13 mai 1711 (p. 144), celle à Boselli, du 13 décembre du camp de Fuentes (Arch. Nap.). Voir Saint-Simon (éd. de Boislisle, XX, p. 137, note 2).

2. Lettre d'Alberoni à Rocca, du 28 décembre, p. 130.

3. Lettre d'Alberoni à Rocca, du 11 janvier 1711 « le voilà au pinacle », et à Boselli de la même date (Arch. Nap.). Naturellement Saint-Simon se refusait à attribuer à Vendôme le mérite du succès (éd. de Boislisle, XX, p. 142, 145).

Le général reconnaissant, le chargea, par une délicate attention, de porter la nouvelle de cette glorieuse campagne à
la reine d'Espagne, qui de loin à Saragosse suivait l'armée. Elle
aussi avait sa part d'honneur dans cet effort heureux; son
courage avait soutenu Philippe V, rallié les Espagnols, touché
Louis XIV. Dans Vendôme, elle avait pressenti le sauveur de
la monarchie; dans Alberoni, le serviteur dévoué qui le lui
amenait de France. Le cortège royal allait à la messe quand
l'envoyé de Vendôme se présenta aux souverains, le 28 janvier
1711. La Reine s'en détacha pour lui adresser ce salut joyeux :
«·Eh bien ! abbé Alberoni, me voilà dans une situation différente de celle de Valladolid. Cet admirable et étonnant changement, je le dois à Dieu et à M. de Vendôme. »

L'abbé avait le droit de prendre en partie le compliment pour
lui : en lui rappelant les jours sombres et la détresse du mois de
septembre, Marie-Louise évoquait ces heures qu'il n'avait pu
oublier, où elle l'avait admis du premier coup à sa confiance. Elle
l'avait alors chargé de ses instructions dans trois longues confé-
renees, où, devant la princesse des Ursins, lui furent indiqués les
moyens d'unir Vendôme et Philippe V, de grouper autour d'eux
les dévouements, d'écarter les intrigues. La victoire, complète,
rapidement assurée par les plans du général, par la vaillance du
Roi et l'entrain des Espagnols disaient assez qu'Alberoni lui
aussi avait su remplir sa tâche. Pour bien établir son mérite
devant toute sa cour, Marie-Louise, la messe finie, revint aussitôt à l'abbé, l'emmena dans sa chambre, et les conférences entre
eux reprirent comme à Valladolid. Après la victoire, l'honneur
était plus grand[1].

Cet entretien, qui fit éclater la faveur d'Alberoni, ne se passa
pas en fades compliments. L'abbé et la Reine avaient mieux à
faire : animés par le succès, ils étudièrent sans tarder les
moyens de conclure, au printemps qui s'approchait, les belles
opérations de l'hiver, « de profiter de la grande bataille ». Vendôme, le 14 janvier 1711, avait fait reposer ses troupes peu de

---

1. Cette lettre, du 28 janvier 1711 à Rocca, importante pour expliquer la fortune
d'Alberoni doit être rapprochée de celle que la Reine écrivit alors à Vendôme
(Saint-Simon, éd. de Boislisle, XX, p. 434-435).

temps entre la Sègre et le Lobregat. Mais « c'était un chasseur de loups, qui ne se contentait que la bête une fois soufflée et étranglée par les chiens ». Par Alberoni qui recevait les courriers du duc de Noailles, par Noailles lui-même il sut que l'armée française était à la veille de prendre Girone, et que cette place prise comme elle le fut le 31 [1], les deux armées seraient à même de se réunir. Alors il pourrait traquer l'Archiduc, le chasser rapidement de Catalogne, purger l'Espagne des ennemis et la rendre aux Bourbons. Ces espérances flattaient la jeune Reine, qui oubliait, dans l'accomplissement viril de sa tâche, les exigences de sa santé et de son mari, les fatigues d'une nouvelle grossesse. Alberoni, fier et sûr de son héros, croyait déjà l'heure prochaine où il le ramènerait triomphant d'Espagne à Versailles. « S'il finit la guerre d'Espagne au printemps, il pourrait bien la recommencer en quelque autre endroit, aller défendre ses Dieux pénates [2]. » Après la gloire de Villaviciosa il entrevoyait pour Vendôme celle de Denain, Philippe V restauré, la France victorieuse de la coalition et son ami au pinacle, sous le règne en apparence prochain d'un Dauphin dont toute l'Europe le proclamait déjà le principal ministre.

La condition essentielle de ce programme, c'était l'attaque de la ville de Barcelone où les Autrichiens se réfugièrent le 25 février pour attendre, protégés par le canon des Catalans, les renforts d'Italie. Dès le mois de décembre, Vendôme avait fait part à Louis XIV de ce projet décisif; Torcy l'avait fortement appuyé au conseil, qui ne l'avait point blâmé. Alberoni le fit approuver à la Reine, et déjà ministre sans le titre, il se remit à l'œuvre comme à Valladolid. Il pourvut, pendant le mois de février, aux remontes, aux recrues, à l'habillement : sous son impulsion énergique, tout allait grand train. Il calculait que l'armée d'Espagne aurait cinquante-quatre bataillons, tous complets, dix mille chevaux, et assez de troupes pour contenir encore les Portugais en Estramadure. L'armée auxiliaire de Noailles pouvait disposer de

---

1. Noailles à Vendôme, 25 décembre 1710 de Girone (Saint-Simon, éd. de Boislisle, XX, p. 441) ; Alberoni à Rocca, 14 janvier 1711, p. 132.
2. Lettre du 21 janvier 1711 de Saragosse, p. 133.

trente bataillons et de trente escadrons. Avec des forces si considérables, le succès n'était-il pas possible ?

L'espoir d'Alberoni redouble : pour la seconde fois, mais de plus près encore, il a constaté les ressources de l'Espagne : l'argent que les galions apportent d'Amérique, celui qu'on peut tirer des peuples, les munitions, l'attirail, les canons fournis par le pays lui-même : « L'Espagne s'écria-t-il avec joie, est un pays de grandes ressources [1]. » Au début de mars 1711 il annonçait le départ prochain de Vendôme pour le grand siège : il croyait toucher au dénouement.

Dans ces deux mois, l'abbé, qui commençait avec une si belle ardeur sa tâche de ministre espagnol, avait eu cependant à faire preuve d'adresse autant que d'activité. Les leçons qu'il prit à la cour d'Espagne, l'étude qu'il fit des hommes et des choses, l'éclairèrent de bonne heure sur les difficultés que, depuis 1701, à Madrid, plus d'un ministre français avait déjà rencontrées : « De petites raisons particulières détournent du bien général. » Les grands seigneurs, capables de vaincre, étaient incapables de sacrifier leur ambition à la nécessité d'achever la victoire. Des hommes qui s'étaient comportés bravement à Villaviciosa, le comte d'Aguilar, San Estevan de Gormas, Moya, intriguaient pour disputer aux Italiens, le duc de Popoli, le prince de Santo Buono, le cardinal del Giudice, le duc de Giovenazzo et son fils le prince de Cellamare, les faveurs du Roi qu'ils avaient restauré. Ils s'indignaient contre la princesse des Ursins, trop favorable à ces Italiens, pour l'autorité qu'elle avait sur la Reine, et contre la Reine, souveraine absolue du cœur et de l'esprit de son mari. D'autres seigneurs, Castillans intraitables, tournaient plutôt contre Vendôme leurs jalousies. Ils se groupaient autour du duc d'Ossune, Castillan farouche, de Grimaldo qui ne pardonnait pas à ce bâtard, venu de France, l'honneur bien mérité de sa promotion au rang d'Altesse espagnole [2].

Alberoni étudiait, ménageait les intérêts de son ami. Il souriait

---

1. Lettres d'Alberoni du 1er février au 4 mars 1711, p. 134-138. Comme toujours elles corrigent le jugement partial de Saint-Simon (éd. de Boislisle, XX, p. 295.

2. Baudrillart, *Philippe V et Louis XIV*, p. 440 et suivantes ; Morel Fatio et Léonardon, *Instructions aux ambassadeurs de France en Espagne*, II, p. 210, 214, 225.

de la « démence de Mme des Ursins qui voulait gouverner l'Espagne, » de la faiblesse de ce Roi qui avait besoin d'être gouverné. Mais, en s'instruisant pour l'avenir, il savait pour le moment rester en faveur : Vendôme était payé de ses services en honneurs et en crédit. Alberoni reçut de France une pension, puis une autre de 4,000 pesetas sur] l'archevêché de Tolède[1]. Et cela ne les empêchait d'être au mieux avec les ennemis de Mme des Ursins, avec le duc d'Aguilar et ses complices. Cette faction soutenait Vendôme contre les colères des Espagnols, jaloux de l'autorité des Français, des Italiens, des étrangers qui disposaient des emplois et des revenus. Lorsque ce parti fut atteint par la colère du roi d'Espagne, d'Aguilar disgracié et privé de ses honneurs, Alberoni sut si bien manœuvrer que son crédit et l'autorité de Vendôme n'en souffrirent pas.

Au mois de mai 1711, au contraire, le prudent abbé avait pris ses précautions. Il avait fait agir un de ses amis, l'intendant d'Aragon, Don Melchior de Macanaz, auprès de Philippe V pour persuader le Roi, qui avait Macanaz en grande confiance, des efforts tentés par Vendôme et par Alberoni pour rétablir la paix à la cour, pour dissiper toutes ces rivalités. On réconcilia Vendôme, le duc d'Ossune et Grimaldo, et le général en eut presque autant de mérite auprès de Philippe V que de ses victoires sur les Autrichiens[2]. L'honneur fut très grand pour son conseiller qui l'avait si adroitement guidé au milieu de ces « ténèbres épaisses[3] » où les envoyés de France, de Noailles et Bonnac avaient peine à se retrouver.

Alors, si Alberoni avait voulu se détacher de la cour de Parme, l'occasion eût été belle. Confident de la Reine, de Mme des Ursins, estimé par le Roi et les meilleurs serviteurs de l'Espagne, Grimaldo, Macanaz, Patino, il eût obtenu du crédit de Vendôme une de ces places où les Italiens se glissaient alors, très nombreux. Il ne paraît pas même y avoir songé. Son crédit demeurait au service des Farnèse. Plus il pouvait se passer d'eux,

---

1. Au mois d'avril Alberoni remerciait Torcy, A. ÉTR., *Espagne*, t. 206, f° 196. Ce fut au mois d'avril qu'il reçut la pension d'Espagne et en août la naturalisation (Professione, *G. Alberoni*, p. 33).
2. Lettres d'Alberoni à Boselli, 14 juin, 27 mai, 23 août 1711 (Arch. Nap.).
3. De Noailles à Torcy, 5 août 1711 dans Baudrillart, I, p. 444.

plus il les aidait. Si Philippe V déclarait alors une guerre commerciale aux États italiens, à Venise et à Gênes, s'il fermait ses ports à leurs marchands, sa cour à leurs envoyés, le duché de Parme échappait à sa colère. Où l'envoyé officiel du duché, Casali, échouait, menacé comme les autres d'une expulsion brutale, Alberoni réussissait. Il plaidait la cause de son pays faible et dévasté, impuissant contre les hordes allemandes, avocat influent, persuasif, et gratuit enfin[1]. Bien mieux : à de certaines heures ce fut lui qui, sur sa cassette particulière, défraya l'envoyé officiel, Casali, trop pauvre, trop mal payé pour suffire aux dépenses de sa mission.

Tandis que la fortune de l'abbé s'affermissait à l'armée, à la cour d'Espagne, son crédit, avec sa bourse, était à la disposition de ses compatriotes, comme de ses maîtres[2]. L'un d'eux, Boselli, se trouvait malade à Pampelune, lorsque Alberoni arriva en Espagne. L'abbé le soigna, le plaça dans l'état-major de Vendôme, le fit brigadier. D'autres, qui venaient pour faire fortune, furent recommandés aux généraux, à Popoli, et presque avant d'avoir servi recevaient de l'avancement[3]. En France déjà, Alberoni avait prouvé qu'il n'était pas l'intrigant de bas étage cloué par Saint-Simon au pilori. Les lettres qu'il adressait alors d'Espagne à ses amis de Parme, affectueuses, régulières, sont des témoignages plus décisifs encore. Pour les ambitieux qui ne sont qu'ambitieux, la fortune est une pierre de touche. L'épreuve du succès a été tout à l'honneur d'Alberoni : il y a fait participer tous ceux de ses amis qui l'avaient accueilli autrefois, obscur et pauvre. Lorsque son premier protecteur, le vieil évêque Roncovieri, tomba malade pour ne plus se relever, il suivit avec tristesse les progrès du mal, demanda sans relâche à Plaisance des nouvelles. Quand l'évêque mourut, Alberoni fit faire à l'église Saint-Philippe de Saragosse un grand service où Vendôme parut avec tous ses officiers[4].

Ces détails ont leur prix : l'histoire jusqu'ici n'a connu Albe-

---

1. Le cardinal Alberoni, par Macanaz : *Revista de España*, nov. 1881, p. 22.
2. Lettre d'Alberoni à Rocca, Saragosse, 2 mai 1711, p. 143, 148.
3. Lettres d'Alberoni à Rocca, de Saragosse, 25 mai, p. 139 ; du 5 juillet, p. 149, etc., et 7 juillet, p. 150.
4. Lettres d'Alberoni à Rocca, du 20 mai, 14 juin, 28 juin 1711 (p. 145 à 148.

roni, qu'au moment où, cardinal et premier ministre de Philippe V,
il a paru un instant à la tête de l'Europe, pour rentrer et disparaître dans le monde confus des petits États italiens. Elle l'a jugé
sur ces quatre années, sans compter les étapes de sa fortune,
sans chercher à connaître ses origines, par Saint-Simon seulement, qui l'avait aperçu un an à la cour de France : jugement
superficiel ou haineux qui n'a point atteint le fond de l'homme,
et a déformé ses traits. En mesurant à la bassesse de ses origines
la prodigieuse fortune où il parvint, l'on a conclu qu'il fut un
parvenu.

Dans la situation intermédiaire où le voilà en 1711, il est
moins parvenu, puisqu'il est moins haut. Il se révèle et il
s'est peint lui-même au naturel. L'ambition, le désir de faire
fortune, la volonté servie par la patience et l'adresse ont affermi
son crédit sur Vendôme, établi sa réputation en Espagne. Mais
il a su garder à son maître, à ses amis de Parme, à son pays,
une fidélité de cœur qui ne se marque point seulement par des
protestations, mais par des actes.

On n'a vu que sous un angle, aigu à l'excès, cette nature
complexe de paysan. Certes, il fut âpre au gain, aux succès,
aux honneurs, indifférent parfois aux moyens, brutal et tenace.
Mais il eut assez de cœur pour avoir fait fortune aussi par sa
fidélité à ses amis. Sa politique même, plus passionnée que
réfléchie, dépassant une époque où le sentiment et les plébéiens
ont eu le moins de part dans la politique, n'a pu paraître dans
son temps ce qu'elle était : une grande pensée qui venait du
cœur, l'amour persistant et fort de sa terre natale, l'expulsion
des Allemands, et la délivrance de l'Italie.

C'est ainsi qu'il faut comprendre et expliquer son impatience
de voir les Autrichiens hors de la Catalogne. Première étape
nécessaire de cette entreprise qui, après le recul des Français
hors de l'Italie, lui avait paru désespérée, et que le génie de Vendôme avait de nouveau rendue possible. Dès le mois de mars
1711, Alberoni voyait avec joie le roi d'Espagne et le duc former
le projet d'une tentative sur le royaume de Naples, où les Allemands étaient impopulaires : Louis XIV approuva cette entreprise, sans promettre d'ailleurs de la soutenir, comme Vendôme

l'en priait[1]. C'était déjà en perspective le plan pour lequel l'abbé
italien devait risquer sa fortune et sa réputation sept ans plus
tard. La nouvelle d'une grande expédition de l'amiral anglais
Norris dans la Méditerranée au mois d'avril 1711, l'ordre envoyé
de Londres à cet amiral de détacher à Naples une partie de sa
flotte, ajournèrent ces espérances[2].

D'autres contre-temps retardèrent aussi les opérations en
Espagne. Vendôme ne put reprendre qu'au mois d'août 1711 la
poursuite des Autrichiens en Catalogne. De loin, à Versailles
surtout et dans l'entourage du duc de Bourgogne, on accusait
sa paresse, sa négligence : c'était le grief ordinaire dont Saint-
Simon, contre ce bâtard, a fait son profit. Les Français, de
Noailles et Torcy ont imputé ces retards à la nonchalance de
Philippe V, aux intrigues de la cour d'Espagne, brouillée et
impuissante[3].

Mais il y eut des coupables aussi parmi les Français. L'ambassadeur de Louis XIV, de Blécourt, recommandait vivement à l'administration espagnole des munitionnaires qui ne tenaient pas
leurs engagements. L'un, « entrepreneur royal », jaloux de son
monopole, faisait défense à un marchand concurrent de livrer à
l'armée de Vendôme la moitié des armes nécessaires, que le
trésor lui avait déjà payées (mai 1711). L'autre, une compagnie
venue de France, et chargée des vivres à la requête de Blécourt,
touchait l'argent d'avance et ne fournissait rien, moitié par ignorance, moitié par fraude. Fallait-il qu'après cela, à Versailles,
on fît un reproche aux Espagnols de ne pas entrer en campagne,
faute d'argent ? L'argent était passé dans les poches « des munitionnaires français, pires que les Espagnols[4] ».

Nul en tout cas n'était moins autorisé que le duc de Noailles
à relever ces griefs. Son attitude à l'égard de Vendôme fut alors
plus que suspecte. Ses Mémoires, écrits plus tard pour sa justification, n'ont pu effacer ses actes. La prise de Girone, qui lui

---

1. Le plan a été indiqué par Baudrillart (*Louis XIV et Philippe V*, p. 440, note 2,
particulièrement).
2. Lettre d'Alberoni à Rocca, p. 143-145.
3. Voir les textes dans Baudrillart, *ouv. cité*, p. 437 et suivantes.
4. Lettres d'Alberoni à Boselli, Saragosse, 27 mai-28 juin 1711 (ARCH. NAP.).
— Mêmes lettres à Rocca, p. 149-151, jusqu'au 5 septembre 1711, p. 155.

avait fait honneur et valu la grandesse (25 janvier 1711), ne
pouvait malgré tout se comparer à Villaviciosa. C'était un succès
secondaire auprès d'une victoire qui avait conservé l'Espagne à
Philippe V. Mais, par son mariage, par ses ambitions, de Noailles
était intimement lié au duc de Bourgogne, à Mme de Maintenon,
à tout ce monde qui depuis longtemps avait pris l'habitude de
paralyser Vendôme, pour l'accuser ensuite de mollesse.

Dès le mois de mars, de Noailles était allé retrouver la cour
d'Espagne à Saragosse pour renouveler auprès du Roi et de
Mme des Ursins la tactique qui avait réussi autrefois à Versailles
contre Vendôme. Quand, après de sages préparatifs, celui-ci se
flattait d'achever son œuvre par la prise de Barcelone, de Noailles
se fit timide par calcul et, pour lui enlever cet honneur, proposa
la conquête, « par morceaux », de la Catalogne. En vain, le duc
répondit-il par de nobles paroles à ces objections intéressées :
« Vous avez le courage et la bonne volonté qui sont nécessaires
pour exécuter de grandes choses : opposez votre fermeté d'esprit
pour résister à tout le monde et à vous-même [1]. » De Noailles,
au lieu d'entendre cet appel, employa le mois de mai à desservir
Vendôme et ses projets auprès de Philippe V et de Mme des
Ursins [2].

Alberoni veillait : de Noailles échoua, et bientôt il allait quitter
l'Espagne, non par disgrâce comme on l'a dit, mais de dépit
contre cette cour « dont il ne fallait rien attendre de bon », pour
se venger à Versailles sur le roi d'Espagne lui-même de l'échec
qu'il venait de subir à Saragosse. Avait-il qualité vraiment,
« ce jeune présomptueux » comme l'appelle Alberoni, pour se
faire auprès de Louis XIV l'accusateur de son petit-fils, quand à
cette cour de Madrid perdue, disait-il, d'intrigues, il avait essayé
d'ajouter les intrigues de Versailles [3] !

Ce fut en grande partie par la faute des Français, trop enclins
à faire circuler des calomnies acceptées plus tard comme des
vérités, que Vendôme fut réduit pendant la fin de l'année 1711

---

1. *Mémoires de Noailles*, p. 236-237 ; Baudrillart, I, p. 438-439.
2. *Mémoires de Noailles*, p. 241 et 242, et lettres à Torcy, juin-août 1711 (A. ÉTR.,
Espagne, t. 207 et 208).
3. Lettre d'Alberoni à Boselli, 23 août 1711 (Arch. Nap.).

à des opérations insignifiantes. Alberoni quittant, malgré la canicule, le séjour plus agréable de la cour, les suivit et les a racontées. Le général prit d'abord une bonne position à Cervera[1], Tarrega, Agramunt et Bellpuig, d'où son armée pouvait rapidement se concentrer sur la Sègre autour de Lerida et faire front à l'armée de Stahremberg établi à Tause, pour couvrir Barcelone. Gêné sur ses derrières par les miquelets qui, dans les détours des vallées pyrénéennes, inquiétaient ses convois, Vendôme nettoya d'abord tout le pays jusqu'aux montagnes, jusqu'à Venasque. Il mit ce temps à profit pour jeter un dernier coup d'œil sur ses vivres et sur ses munitions. Le 31 août enfin Vendôme allait se placer à la tête de son armée pour prendre de Cervera l'offensive. Son objectif était de faire avant l'hiver le siège de Cardona et de Berga au pied des Pyrénées. Il vint s'établir au début de septembre au camp de Calaf, d'où il tint en respect par un duel d'artillerie Stahremberg établi au Montserrat et à Prats del Rey[2]. Quand il le vit bien immobile, il fit commencer par ses lieutenants, MM. d'Arpajon et le comte de Muret le 11 novembre le siège de Cardona. L'attaque franche, imprévue, par trois côtés à la fois, au bout d'une semaine (18 novembre 1711) lui livrait d'abord la ville[3]. Avec des renforts importants venus de France, il pressa le siège de la citadelle. Mais elle tint bon plus d'un mois : l'hiver favorisa la résistance des défenseurs ; les convois de siège dans les montagnes de Catalogne, à cette époque devenaient difficiles. Les troupes souffraient ; le canon s'éventait. L'armée de Stahremberg eut le temps de se porter à Soria, au secours de la place[4]. On était au mois de janvier 1712 : Vendôme jugea plus prudent de se replier sur Balaguer et d'y prendre ses quartiers d'hiver[5].

---

1. Ce fut le 30 août que Vendôme s'installa à Cervera (lettres d'Alberoni à Boselli, 5 et 29 septembre 1711, ARCH. NAP.). Alberoni l'avait rejoint à Lerida (lettre à Rocca, 29 août 1711, p. 154-155).

2. Alberoni écrit à Rocca du camp de Calaf, le 19 septembre que les deux armées ne sont séparées que par un ruisseau, p. 157.

3. Lettre d'Alberoni à Rocca, 18 novembre, p. 163 et suivantes.

4. *Ibid.*, p. 166.

5. Lettre d'Alberoni à Rocca, p. 167, 1er janvier 1712.

Ce fut tout le résultat de cette campagne pénible : Barcelone et la côte voisine demeuraient aux Allemands. Sans doute l'archiduc s'était embarqué le 7 septembre 1711 pour l'Allemagne. Mais ce départ ne signifiait point qu'il abandonnât l'Espagne à son rival. Il avait institué à Barcelone une régence en faveur de sa femme, qu'il laissait sous la garde de Stahremberg, aidé de 7,000 hommes de renfort que l'amiral Norris lui avait amenés. C'était un voyage à court terme, le temps nécessaire pour aller au delà des Alpes recevoir l'héritage autrichien et la couronne impériale, après la mort subite de son frère Joseph Ier (17 avril 1711). A ses fidèles Catalans, l'archiduc qui allait devenir le 22 mai l'empereur Charles VI déclarait solennellement son intention de revenir muni de nouvelles ressources, et son espoir de reprendre, avec leur glorieux concours, la monarchie d'Espagne tout entière[1].

Les Espagnols ne pensaient pas comme les Catalans : ils comptaient sur Vendôme pour ruiner ces beaux desseins. L'échec de Cardone n'était pas de nature à leur faire oublier Villaviciosa. Lorsqu'au retour le général traversa les provinces, pour se rendre à Madrid puis à Valence, ce fut une suite ininterrompue d'ovations, de feux d'artifices, d'illuminations. « Jamais roi, écrivait Alberoni, n'a été salué avec tant d'acclamations. Il a été reçu par les peuples comme le Messias. On le regarde comme l'unique soutien de deux couronnes[2]. » Cet accueil encourageait les deux amis à poursuivre leur tâche jusqu'au bout : leur séjour à Madrid fut activement employé à préparer une nouvelle campagne. La Reine, énergique et courageuse, en dépit d'une santé profondément atteinte, exhortait son mari à leur en donner les moyens. Alberoni reprit sa place auprès d'elle, une place d'honneur et de confiance. Il en profitait pour dessiner d'elle un croquis charmant et vrai : « J'étois hier à ses pieds. Monseigneur le prince des Asturies étoit avec elle, qui fait toutes ses délices et toute son occupation, à la réserve de celle qu'elle donne aux affaires du Roy[3]. » Chaque jour Vendôme discutait en pré-

1. Coxe, Histoire de la maison d'Autriche. — Saint-Simon, éd. Chéruel, IX, p. 133.
2. Lettre d'Alberoni à Rocca, de Grao, 26 avril 1712, p. 176.
3. Lettre d'Alberoni à Rocca, Madrid, 29 février 1712, p * 73.

:sence du Roi et concertait avec le marquis de Bedmar, grand
maître des Ordres, et Canalès, grand maître de l'artillerie, les
mesures et les préparatifs[1].

L'embarras était grand surtout de trouver les fonds. Tout à
coup une heureuse nouvelle se répandit à la cour. En dépit des
flottes ennemies, et malgré deux fortes tempêtes à la Martinique
et aux Canaries, l'amiral Du Casse abordait à la Corogne en
avril 1712. Il n'attendit pas d'avoir débarqué pour prévenir le Roi
dès la fin de février qu'il lui apportait de Carthagène cinq
millions et demi de piastres en argent, deux millions et demi
pour ses sujets. « Jamais secours n'est arrivé si à propos »,
s'écriaient à l'envi Vendôme, Mme des Ursins, Torcy. Ce fut une
véritable joie à la cour; Philippe V donna aussitôt la Toison
d'or à Du Casse, « au grand scandale universel », dit Saint-
Simon, aussi injuste pour « ce fils d'un petit charcutier
marchand de jambons à Bayonne » que pour Alberoni et pour
Vendôme[2]. Comme s'il eût voulu prévenir ce jugement
haineux et faux, Torcy écrivait : « M. Du Casse a bien mérité
la grâce distinguée qu'il a reçue[3]. » Toute l'Espagne souscrivit
à la décision de son Roi. On ne se défiera jamais assez de Saint-
Simon.

Écoutons-le, un instant, rapporter les événements qui se
passaient alors à Madrid, et juger Vendôme de loin, comme il
vient d'apprécier les succès de Du Casse. Suivant lui, Vendôme,
après sa première campagne de Catalogne, ne serait venu à
Madrid qu'un instant pour recevoir les profusions intéressées de
la princesse des Ursins, les honneurs de prince du sang que
venait de lui conférer Philippe V, par vanité. Il s'en serait retourné
« volontiers », très promptement, à ses quartiers d'hiver « pour
s'y livrer à la paresse et à ses infâmes délices[4]. »

Alberoni, par quelques lettres qui nous ont été conservées, a
détruit toutes ces calomnies. Il nous montre son ami pendant
deux mois (janvier et février) au travail, au Conseil de guerre,

1. Lettre d'Alberoni à Rocca, 28 janvier 1712, p. 168.
2. *Ibid.*, 28 mars 1712 (p. 174). — Saint-Simon, éd. Chéruel, IX, p. 285-287.
3. Torcy, *Mémoires.*
4. Saint-Simon, éd. Chéruel, IX, p. 317-318.

attendant à Madrid auprès du Roi l'argent d'Amérique. L'argent arrive : et Vendôme de précipiter ses préparatifs, pour profiter de la première occasion favorable. Il s'y emploie tout le mois de mars 1712[1]. C'est le 8 avril qu'il se rend à son quartier général de Tortose pour surveiller et encadrer les recrues. Mais elles viennent lentement ; la cavalerie n'a encore ni selles ni bottes. Vendôme est obligé d'attendre pendant deux mois encore. Rien ne prouvait que ce retard fût de son fait. Et ce qui est prouvé, c'est que loin de fuir la cour et le travail, le général avait consacré trois mois, sur les cinq qui lui restaient à vivre, à préparer avec Philippe V l'œuvre décisive. Il voulait « faire son coup », avec l'espoir caressé par son confident aussi, de jouer peut-être le premier personnage en Europe[2].

Jeter les Autrichiens à la mer, et passer en Italie pour les poursuivre, c'était toujours l'objet de ses efforts, qui ne se ralentirent point en ce printemps de 1712. Alberoni avait mis toutes ses espérances patriotiques, tout son cœur dans ces projets de délivrance de l'Italie. Nous savons qu'il s'offrit alors pour aller à Versailles plaider cette cause auprès de Louis XIV. Le duc de Popoli, de la grande famille des Cantelmi de Naples, le meilleur auxiliaire de Vendôme et le premier seigneur des deux Siciles appuyait chaudement la diplomatie de l'abbé parmesan. Il voulait que Philippe V l'adressât et le recommandât à son grand-père. Avec quelle joie Alberoni recevait ce concours, et transmettait à Parme les propos de Vendôme lui-même aux souverains d'Espagne ! « Il est nécessaire que l'Italie secoue le joug des Allemands. Je ne désespère pas que le roi d'Espagne ne soit appelé à son aide. Et je vois déjà Alberoni intermédiaire et agent de cet accord travailler à cette belle entreprise[3]. » La cour de France interdit la mission d'Alberoni, souffla sur ces espérances, arrêta la guerre d'Espagne.

La victoire de Vendôme à Villaviciosa avait rendu à Louis XIV

1. Lettres d'Alberoni à Rocca, des mois de janvier-février 1712.
2. Lettres à Rocca des 28 mars et 4 avril 1712, p. 173-174.
3. Lettres d'Alberoni à Boselli, février 1712 (Arch. Nap.), récit très curieux des projets de Vendôme sur l'Italie inspirés par son entourage au général et à Alberoni lui-même, par des instructions envoyées de Parme, le 5 janvier 1712.

la chance d'une paix honorable qu'il cherchait depuis 1709. Les Anglais se décourageaient de combattre pour procurer à l'archiduc la restitution de tout ce qu'il venait de perdre en Espagne. Le ministère tory, soucieux de la paix et des profits d'une médiation, envoya l'abbé Gautier pour négocier avec Torcy (janvier 1711). Louis XIV avait immédiatement accepté, et c'était Vendôme lui-même qu'il chargea, dès le début, de persuader à son petit-fils la nécessité des sacrifices qu'il devrait faire à la paix, et aux Anglais (23 février 1711).

Parmi ces sacrifices, celui qui coûta le plus à Philippe V, ce fut l'abandon de l'Italie tout entière : au moment où il adressait à son grand-père des pleins pouvoirs pour traiter en son nom (14 février 1712), il le suppliait encore de lui garder à la paix quelque province italienne. Le vieux Roi, impatient de traiter, n'en tint pas compte[1]. Mais il lui fallut plus d'énergie encore pour obtenir de son petit-fils au début de 1713, après la mort du duc de Bourgogne (8 février), la rénonciation au trône de France exigée par les Anglais. La question se posa entre les Bourbons et l'Angleterre au mois d'avril 1712, malgré les préliminaires signés depuis six mois, de la façon la plus imprévue, la plus aiguë : la renonciation de Philippe V à l'une des deux couronnes, France ou Espagne, ou la guerre. « Tout le monde est dans la crainte que la grande et terrible nouvelle des derniers malheurs arrivés en France ne soit un prétexte aux alliés pour difficulter la paix », écrivait Alberoni le 28 mars 1712[2].

Pendant ces mois d'avril et de mai 1712, l'Espagne, son Roi et l'Italie traversèrent une crise décisive. La paix était à leur portée, enfin, après onze ans d'une guerre ruineuse. Mais à quelles conditions ! Les Espagnols attendaient avec anxiété les décisions de Philippe V : les abandonnerait-il au duc de Savoie, pour garder, comme Louis XIV l'en priait, ses droits en France? — Obtiendrait-il, comme il le voulait s'il renonçait à l'héritage de son grand-père, quelques dédommagements, une partie de l'Italie que l'Espagne devait toujours regretter. Pour l'orgueil et

---

1. Pour ces négociations, Voir Baudrillart, *Philippe V et Louis XIV*, p. 432 à 493.
2. Lettre d'Alberoni à Rocca, p. 174.

le patriotisme de ses sujets, l'épreuve était rude.. Et pour lui quelle crise, presque de conscience ! Quitter un royaume qu'il avait cru perdu, pour lequel il avait lutté onze ans, sacrifier un peuple qui l'avait appelé, soutenu — et d'autre part, lui Français, petit-fils d'un grand Roi, renoncer pour jamais à la France, à ses droits, aux droits de ses enfants même!... Philippe V ne prit sa résolution que le 29 mai 1712. « Je ne puis m'empêcher, lui écrivait son grand-père, d'admirer et de louer l'élévation de vos sentiments. Dieu a voulu disposer des choses pour le mieux, quoique j'eusse souhaité, vous aimant tendrement, que vous eussiez pris un autre parti. » Philippe V donnait la paix à la France, à l'Espagne : il abandonnait ses droits à la succession de Louis XIV [1].

Cette crise de deux mois à la cour de Madrid suffit à expliquer l'inaction de Vendôme en Catalogne, sans qu'il y ait besoin d'incriminer, avec Saint-Simon, sa paresse. Le général connaissait les hésitations de Philippe V. « Le Roi s'est fait, écrivait-il à Torcy le 12 mai, un scrupule de conscience d'abandonner ses peuples [2]. » Il attendit pendant le mois de mai les résolutions de la cour de Madrid, et il profita de ce délai pour aller prendre quelque repos, à Valence et au bord de la mer.

Témoin des efforts que Vendôme avait faits pour entrer en campagne, Alberoni prit son congé avec lui. Il a eu sa part de ce gros crime que Saint-Simon leur reprocha vertement. Il était de ces familiers et de ces valets dont Vendôme « faisait sa compagnie la plus chérie, toujours prêts à le détourner de ses devoirs. On nagea dans l'oisiveté ». La vérité est que le général et son abbé avaient l'un et l'autre besoin de rétablir leur santé. L'abbé avait été gravement malade au début d'octobre; des accès de fièvre de trente-neuf heures avaient mis sa vie en danger: làdessus une campagne, « des trottades sans répit : je suis las, je vieillis [3] ». Son ami ne valait guère mieux: du 1er au 25 février la

---

1. Baudrillart, *Philippe V et Louis XIV*, p. 494 et suivantes.
2. Lettre de Vendôme citée dans le même ouvrage, p. 493.
3. Voir particulièrement la lettre de Calaf 21 mars 1712, où il parle de sa fièvre du mois d'octobre, p. 173. Il fut malade dès les derniers jours d'octobre 1711 ; Vendôme au milieu de février 1712, p. 170. — La Reine avait retenu Vendôme en mars le plus longtemps possible à la cour (lettre d'Alberoni à Boselli, 4 mars 1712).

goutte le harcela sans merci. Ils étaient impatients de reprendre des forces, avant de subir de nouvelles fatigues : ils souhaitaient faire provision, en ce printemps, de santé et de gaieté.

Quand ils arrivèrent à Valence, on eût dit des écoliers en vacances. Nous avons conservé leurs notes de voyage. « Son Altesse n'est restée que deux jours à Valence : il passa le samedi à Grao, qui est un village situé sur le bord de la mer, fort bon et à son aise, où il y a quantité de pêcheurs. Il n'est qu'à un quart de lieue de Valence. C'est le plus beau ciel que j'aie jamais vu, où il n'y a jamais ni été ni hiver. C'est un printemps continuel. Il y a un mois qu'on y mange des fraises très délicates et des pois exquis. Si j'avais à élire un lieu à habiter, c'est celui-là que j'élirais[1]. » Rien ne les pressait : Philippe V n'avait pas encore pris son parti de la guerre ou de la paix. Le séjour se prolongea une semaine. Vendôme, le 3 mai, se rapprocha de son quartier général, qui était à Tortose ; il s'installa à Vinaros, « petit bourg, dit Saint-Simon, presque abandonné, loin des officiers généraux, pour manger du poisson tout son saoûl[2] ». La faute n'était pas grande d'attendre au bord de la mer, à quelques lieues de ses troupes la décision de la cour, de prolonger ce congé de convalescence.

Les conseils d'Alberoni y ont certainement contribué. A cinquante ans bien sonnés, le métier commençait à lui paraître rude. Le service auprès de Vendôme n'était pas une sinécure. Ce qu'il fit en ces six mois de vœux pour la paix ne se peut nier : « Douze années de guerre, écrivait-il le 1er janvier 1712, devraient nous la donner. Dieu veuille que les préparatifs de la campagne soient inutiles ! Prions Dieu que la reine Anne reste dans ses sentiments et qu'elle parle fort et ferme à M le prince Eugène[3]. » Il escomptait le terme de ses fatigues, le repos sur lequel il était heureux de prendre quelques avances bien gagnées. Il souhaitait la paix pour son pays même, où « les contingents prussiens s'installaient et faisaient de bonnes vendanges. Espérons que ce sera leur dernier quartier d'hiver[4] ! »

1. Lettre d'Alberoni à Rocca, 26 avril 1712, p. 175.
2. Saint-Simon, XIX, éd. Chéruel, p. 318. Il dit : *Vignarez*.
3. Lettres d'Alberoni à Rocca, p. 164, 165, 167, 169.
4. Lettre d'Alberoni à Rocca, 16 décembre 1711, p. 166.

La paix, c'est toujours un moyen de délivrer l'Italie de ces Allemands, sinon définitivement comme après des victoires éclatantes. Il faut savoir dans la vie tirer parti des circonstances dont on n'est pas maître : ç'a toujours été la grande ressource d'Alberoni. *Tempo e patienza*, répéta-t-il sans cesse.

A cette paix qui, comme toutes choses en ce monde, a du bon et du mauvais il s'apprête à prendre ce qu'elle a de bon, du repos pour lui-même, pour Vendôme, pour l'Italie. Il fait tous ses efforts pour qu'elle procure aux Farnèse un avantage, le duché de Castro convoité depuis cinquante ans[1]. Il est résigné à subir les conditions mauvaises que les traités vont faire à l'Italie : peu importe. « Comptez qu'elle ne peut pas durer. » Que le duché de Parme et que ses défenseurs respirent du moins : s'acharner à la veille d'une paix inévitable, serait de la folie. En profiter vaut mieux. L'heure qui passe, même à son prix.

Ce n'est pas l'âge, nous l'avons vu, qui a donné à l'abbé cette philosophie : depuis vingt ans elle est sa règle ; philosophie de joueur peut-être, mais de beau joueur assurément, patient, tenace, inaccessible au découragement. En 1712, il pouvait, malgré la paix qui allait soumettre encore les Italiens à l'Autriche, regarder son œuvre et se féliciter : à ses maîtres de Parme, il pouvait sans vanité dire comment il avait plaidé leur cause à Madrid et à Paris, montrer les défenseurs qu'il leur avait trouvés dans Philippe V et dans Vendôme, le vainqueur de Villaviciosa. N'était-ce pas lui qui avait remis Vendôme au premier rang et le Roi sur le trône? Et quelle eût été sa fierté légitime, s'il eût pu lire dans le journal de Torcy ce témoignage : « C'est une journée qui sans contestation a changé toute la face des affaires d'Espagne, et en même temps celles de toute l'Europe. »

Alberoni avait donc le droit d'écrire à Parme : « Pour mon maître je suis prêt de sacrifier ma vie, quand il serait pour son service[3]. » Si, au milieu de sa tâche, il s'arrêtait quinze jours à

---

1. Échange de lettres entre Boselli et Alberoni, 5 janVier, 1ᵉʳ mars 1712 (ARCH. N ᵛᵉ.).

2. Correspondance d'Alberoni, aVec Rocca et Boselli mars-aVril 1712.

3. Lettre d'Alberoni à Rocca du 14 mars 1712, de Madrid, p. 172.

Vinaros, ce n'était pas seulement pour faire avec Vendôme des débauches de poisson, c'était pour lui montrer, par delà la Méditerranée dont les brises salutaires apaisaient leurs fatigues, l'Italie, le pays natal, heureux encore dans sa détresse présente que le général se tînt prêt pour l'avenir à lui consacrer son génie.

La destinée réservait à l'abbé une déception cruelle, la plus forte qu'il eût jamais éprouvée. L'instrument que depuis neuf ans il avait formé patiemment, manié, dirigé pour la délivrance de l'Italie, se brisa net entre ses mains. Vendôme mourut tout à coup, le 10 juin 1712, à Vinaros. Le carnet de voyage d'Alberoni se changea en bulletin de maladie, précieux à comparer encore au récit de Saint-Simon. L'ami du duc de Bourgogne n'a point désarmé même devant la mort. Il lui fallait trouver à Vendôme une fin aussi laide que sa vie : une dernière débauche, un dernier hoquet ; l'abandon, sans prêtre, sans amis, sans secours, les valets en fuite ou préoccupés de voler ; ce dernier trait enfin : « sa mort rendit la vie et la joie à toute l'Espagne », ajouté à ce tableau dramatique[1].

Voici maintenant l'histoire : depuis le mois de février Vendôme était tourmenté par la goutte. Le 20 mai il se sentit incommodé ; il crut à une indigestion, se purgea, se mit à la diète. Il traita le mal comme une simple indisposition, ne fit pas appeler de médecin. C'était la goutte qui venait de se porter à l'estomac. Le 25 mai, les vomissements se déclarèrent, et pendant quinze jours ne cessèrent pas. Puis, le 5 juin, l'urémie commença. C'était la fin. On appela le prêtre ; Vendôme fit son testament pour donner à sa femme la totalité de ses biens, se confessa et expira le 10 à deux heures du matin. Alberoni reçut son dernier soupir et dépêcha la nouvelle à Madrid, à la première heure, par un billet de quelques lignes : « après ce grandissime malheur, les larmes ne lui permirent pas d'en écrire davantage ». Il pleurait « avec son ami le pauvre Monti », comme lui fidèle à Vendôme et arrivé à Vinaros le 9 juin pour le voir mourir, le grand homme en qui les Italiens avaient mis leurs espérances[2].

1. Saint-Simon, *Mémoires*, éd. Chéruel, t. IX, p. 319.
2. Lettres d'Alberoni à Rocca, de Vinaros, 10 et 11 juin, d'Agrada, 26 juin 1712, p. 178 et 179.

Les souverains d'Espagne ne se montrèrent pas ingrats. Ils appelèrent Alberoni pour avoir des détails. Mme des Ursins le pria de se hâter. « Ce fut une scène bien triste. » Le voyage, la chaleur, des accès de fièvre qui arrêtèrent l'abbé à Valence, retardèrent l'entrevue de quelques jours[1]. Dans cet intervalle, les regrets du peuple espagnol se manifestèrent unanimement. L'écho en vint jusqu'en France : « L'esprit de découragement répandu en France que je me souviens d'avoir vu, écrivait Voltaire quarante ans plus tard, faisait redouter que l'Espagne, soutenue par le duc de Vendôme ne retombât par sa perte. » Philippe V, pour répondre aux sentiments de ses sujets, fit à son sauveur des funérailles nationales. Les valets avaient pris sur eux d'embarquer le corps et de le transporter en France : il fallut qu'Alberoni, sur l'ordre du Roi, envoyât des courriers de tous côtés pour le ramener[2]. Il fut porté à l'Escurial, où Saint-Simon, en 1722, se le fit montrer, « dans le pourrissoir », pour satisfaire sa haine des bâtards et l'insulter une dernière fois[3].

« Vous me demandez, écrivait Alberoni à son ami, quelle sera ma destinée. Je ne saurais vous donner aucune réponse positive. » L'épreuve était cette fois trop forte : « Tous les jours, ajoutait-il, je deviens plus inconsolable. » Il avait subi et supporté plus d'un orage : celui-là lui parut la ruine. « Il faut enterrer la synagogue, répétait-il à chaque courrier qu'il envoyait à Parme : voilà où vont aboutir les desseins des grands hommes comme des petits. Cette dernière catastrophe me désabuse du monde tout à fait. Je suis revenu de toute sorte d'ambition[4]. »

Pendant six mois, il ne parla plus que de retraite. Il considérait sa vie de Bohémien, les embarras, les peines qu'il avait essuyées et supportées dans l'espoir d'une grande œuvre désormais évanouie. Ce rude travailleur fut un instant pris de peur devant l'inconnu : ne serait-il pas plus heureux de revenir vivre

---

1. Lettre d'Alberoni à Rocca, 26 juin 1712.
2. Lettre d'Alberoni, de Madrid, 8 août 1712, p. 182.
3. Saint-Simon, *Mémoires*, éd. Chéruel, IX, p. 320.
4. Lettre d'Alberoni à Rocca, 26 juin et 8 août 1712.

à Parme, à moins de frais, avec moins d'efforts[1] ? Et si les courtisans du duc son maître, envieux et jaloux, lui refusaient le
moyen d'y servir un prince juste et équitable, quel charme dans
un repos consacré aux intérêts des siens jusqu'ici négligés, à
l'éducation, à l'établissement de son neveu et de ses nièces[2] !

Serment d'ivrogne ou de joueur, lui disaient les ministres et
son maître qui ne parurent pas goûter ces projets de retraite. Un
mot lui échappa alors qui le peint tout entier : « J'ai manqué les
grands coups. A vous parler franchement, je méprise fort les
médiocres. » Il aurait pu facilement obtenir de Philippe V, en
souvenir de Vendôme, un emploi en Espagne. Dans sa détresse,
les premiers personnages de la cour et de l'armée, le duc de
Popoli, le marquis de Mejorada l'accueillaient à l'envi. Mais
quel profit mesquin et douteux, auprès de la grande partie qu'il
avait engagée, pour sa gloire, pour la grandeur des Farnèse, et
la délivrance de l'Italie ! « J'ai borné, disait-il, mon ambition et
fixé mes désirs. »

La mort de Vendôme avait-elle vraiment désabusé Alberoni
de ses ambitions ? C'est toujours une tâche délicate que de
sonder l'âme des ambitieux et de vérifier la sincérité des politiques. Pourtant Alberoni, dans sa correspondance avec ses
amis de Parme, ne dissimule guère. Entre Italiens, à quoi bon ?
On peut d'ailleurs comparer son attitude et son langage dans
cette crise, à ses manières, à sa tenue dans d'autres crises. Il n'a
pas eu de ces accents, quand la fortune de Vendôme paraissait
ruinée en 1708, et la sienne avec. Sous le choc alors il se ramas-
sait, prêt à reprendre son élan. Lorsqu'en 1720, l'Europe, le
Régent et ses maîtres le précipitèrent des sommets où la fortune
encore l'avait placé, il sut au contraire s'organiser à la cour de
Rome pendant vingt-cinq ans une vie de retraite assez semblable
au projet qu'il formait après la mort de Vendôme. Selon l'occasion, il fit preuve de sang-froid et de modération. C'était, après
tout, un emploi différent, mais proportionné aux événements,
de la volonté qui faisait sa force, également prête aux efforts,

---

1. Voir la lettre notamment du 22 août 1712, où l'abbé expose au comte Rocca
ses hésitations, ses envies de retraite, p. 184.
2. Lettre d'Alberoni à Rocca, 17 octobre 1712, p. 189, et lettre du 10 avril 1713, p. 209.

lörsqu'ils étaient possibles, ou à la résignation « quand les grands coups étaient manqués ».

S'il n'eût dépendu que de lui, en 1712, il fût donc descendu de la grande scène où sa politique auprès de Vendôme, soutien de deux grandes monarchies, l'avait fait monter[1]. L'histoire aurait aussi peu parlé de lui que de son ami Rocca, ou du comte Jean-Ange Gazzola, ministres obscurs d'une principauté où il aurait comme eux retrouvé le silence et l'oubli. « Il n'y a eu que la tendresse, la vénération que j'ai pour mon maître et le devoir de sujet qui purent me déterminer à rester à Madrid. » Il y resta par ordre des Farnèse, y devint l'année suivante leur envoyé. De cet emploi modeste qu'il acceptait par obéissance, il fit pour leur service une des premières fonctions de l'Europe. Il donna même à cette dernière mission, de 1712 à 1720, tant d'ampleur et d'importance, que tous ses emplois et ses missions antérieurs en furent comme éclipsés, réduits à rien dans la mémoire des contemporains, à quelques souvenirs, propos de table ou commérages.

---

1. Tout cela est très précisément exposé dans la lettre qu'Alberoni écrivait le 10 avril 1713 au comte Rocca, p. 208 et 209.

LIVRE II

CHAPITRE PREMIER

DÉCADENCE ET RÉVEIL DE L'ESPAGNE, MARIE-LOUISE DE SAVOIE
ET ALBERONI

Quand parvint à Parme la nouvelle de la mort de Vendôme,
les Farnèse se refusèrent à croire à la ruine totale des espérances et des calculs fondés par leur politique et celle d'Alberoni sur l'alliance des Bourbons et de l'Espagne. En s'obstinant
ainsi, ils ne se trompèrent pas : à Madrid, où ils obligeaient
Alberoni à demeurer, la Reine qui avait appelé Vendôme de
France, et donnait l'exemple de le pleurer, demeurait résolue
et fidèle à sa tâche royale, à ses collaborateurs, à Alberoni.

C'était un appui solide que cette jeune princesse Marie-Louise
de Savoie, mariée à Philippe V, roi d'Espagne, trois ans après
que sa sœur Marie-Adélaïde eût épousé le frère aîné du duc
d'Anjou, le futur roi de France, le duc de Bourgogne qui ne
régna point. On ne l'eût pas dit d'abord, à voir son visage allongé
d'enfant malade, entouré de dentelles pour cacher la plaie des
écrouelles qui le tiraient et le boursouflaient, irrégulier au point
qu'il semblait en deux parties rapportées, dont la plus basse,
jusqu'au menton, se projetait en avant. Mais, dans les portraits
qu'on a conservés d'elle, on a bien vite saisi la beauté spéciale de
cette figure de souffrance, l'intelligence de ce front haut et large,
presque démesuré, le charme de ces yeux noirs, profonds, expres-

sifs, de cette bouche aux lèvres mordantes, résignée et volontaire. Visage d'un enfant et d'une femme qui fut plus qu'une
femme et mourut presque enfant, au même âge que sa sœur,
après une tâche déjà longue et autrement lourde. La duchesse
de Bourgogne fut aimée des Dieux : elle n'eut dans sa courte
existence qu'à sourire et à séduire. A vingt ans, Marie-Louise
disputait la couronne de son mari à une coalition européenne,
son autorité aux intrigues des partis, l'Espagne toute entière à la
routine ou à la ruine. Elle fut aimée de son peuple pour cette
œuvre ; mais moins connue des Français, moins célébrée que
sa sœur. Elle a pourtant contribué et très largement à fonder
en Espagne une monarchie française jeune, durable et bienfaisante.

Cette monarchie, ce fut d'abord en droit le vieux royaume
absolu, tel que Charles-Quint l'avait reçu des souverains catholiques, et Philippe V, du dernier héritier des Habsbourg en
1700. Le changement de dynastie n'avait pas diminué le pouvoir
royal : les Bourbons et leurs serviteurs apportèrent de Versailles
à Madrid toute une tradition monarchique qui se trouvait
conforme aux habitudes du peuple espagnol. Penser, comme ils
faisaient, que le Roi est le seigneur absolu des vies, des biens et
de l'honneur de ses sujets n'était pas une erreur au delà des
Pyrénées, mais une sorte de dogme plus fort et plus strict encore
pour les Espagnols que pour les Français. Le roi très catholique
qui signait *Moy le Roy*, Habsbourg ou Bourbon, était armé
pour le bien d'une autorité illimitée [1].

A ces règles de droit monarchique, Philippe V, qui allait
donner le pouvoir à la Reine, ne fit qu'une correction. Par une loi
du 10 mai 1713 il voulut, comme en son pays natal, exclure du
trône les femmes, tant qu'il y aurait des héritiers mâles, quoique
éloignés. Si son fils aîné, le prince des Asturies, n'avait que des
filles, la couronne serait destinée aux enfants du cadet. Les conseillers espagnols du Roi avaient vigoureusement résisté à cette

---

1. Desdevises du Dézert, *L'Espagne de l'ancien régime et ses Institutions*, d'après
Campomanès, *Cartas politico-economicas*, p. 3. — Il est certain que les Bourbons
ont renforcé cet *esprit monarchique*.

invasion de la loi salique : tant leur respect était grand pour ce
qui leur venait du passé, d'un passé glorieux, de leur reine
Isabelle ! Mais il plaisait au Roi : ce fut la loi. Les Cortès la
sanctionnèrent [1].

Les Cortès, ces états provinciaux de l'Espagne, puisque
chaque royaume, Castille, Aragon, Navarre, Valence et Catalogne, garda lóngtemps les siennes, avaient pour la dernière
fois, en 1702, exercé leur droit de consentir l'impôt en présentant
leurs griefs. Leur transformation en États généraux, la convocation qui se fit à Madrid, pour la première fois, le 7 avril 1709,
de toutes les villes, sans distinctions de royaumes, ce progrès
définitif de l'Espagne vers l'unité fut aussi l'occasion et peut-
être le moyen pour la dynastie française de lui retirer ses dernières libertés. L'Assemblée, quoique nationale, ne fut plus
qu'une assemblée de parade, très courte et très solennelle,
réduite à l'enregistrement, sans examen, des volontés royales [2].
Celle de novembre 1712 prit acte de la renonciation de Philippe V
à la couronne de France ; mais personne ne considéra que ce
vote des Cortés eût rien ajouté à la volonté royale, ou la liât pour
l'avenir. Les Anglais seuls, qui avaient mis cette condition à la
paix, s'imaginaient que les Cortès avaient le rôle et le pouvoir
d'un parlement [3].

De libertés véritables, il n'en restait plus en 1714 qu'en Catalogne, dans ce pays toujours un peu à part de l'Espagne, dont
les sujets s'étaient donnés à l'archiduc pour conserver leurs
fueros, et combattirent désespérément après la paix générale,
pour les sauver. Aux négociations de Rastadt l'Autriche devait
être impuissante à procurer aux Catalans leurs privilèges :
« Philippe était raide sur cet article. » Abandonnés et vaincus,
ils tombèrent, comme les gens de Valence et d'Aragon, sous la
férule, à la discrétion des Castillans qui ne les ménagèrent
point. De Madrid vinrent, pour gouverner la Catalogne, un
gouverneur général, des magistrats formant une audience

1. Loi du 10 mai 1713, Nov. Rec., III, 1-5. — Lettre d'Alberoni à Rocca, du
21 novembre 1712 sur la préparation de la loi au Conseil de Castille, p. 193.
2. Desdevises du Dézert, *ouv. cité*, p. 31 et suivantes.
3. Baudrillart, *Philippe V et Louis XIV*. p. 509.

provinciale, enfin des corregidors dans les villes. Il en fut de
même aux Baléares [1].

« Étrange vicissitude des choses humaines ! » disait alors
l'abbé Alberoni. Les Anglais, qui avaient exigé en 1710 que
Philippe V sortît d'Espagne, l'obligèrent lui et toute sa race à y
rester pour l'éternité. Et, après avoir cherché tous les moyens de
l'affaiblir, les Alliés lui laissaient une monarchie plus forte, plus
absolue encore que celle dont disposait le dernier héritier de
Charles-Quint [2].

Le premier roi français de l'Espagne n'était pas à comparer
non plus au fantôme royal en qui s'était lentement éteinte à
Madrid la dynastie des Habsbourg. C'était, quand il vint en
Espagne, un joli garçon, au teint frais, aux yeux bleus très
clairs, habitué comme les Bourbons aux exercices violents, que
n'effrayaient ni les fatigues de la chasse, ni celles de la guerre.
Marié deux fois, il donna à l'Espagne « des princes et des princesses à peupler l'univers ». Il s'était, pendant la guerre, étroitement attaché à ses sujets : de part et d'autre, la nation et le Roi,
de 1710 à 1712 surtout, s'étaient montrés dignes de soutenir
et de poursuivre ensemble une grande tâche qui s'imposait,
le relèvement de l'Espagne, après cent ans de décadence et de
faiblesse.

Par malheur, Philippe V n'était roi que dans les grandes
crises. « C'est un roi qui ne règne pas, écrivait son confident
Louville en 1702, et qui ne régnera jamais. Il va à son *despacho*,
comme il allait à son thème. » Faute de savoir où se prendre,
il s'ennuyait. L'ennui, d'ailleurs, il l'avait trouvé « dans le ventre
de sa mère », cette princesse de Bavière, triste et maladive,
qui, à Versailles, fuyait la cour pour s'enfermer avec sa femme
de chambre, et laissa à son fils l'héritage de sa mélancolie et
de ses vapeurs. Pour guérir Philippe V de ses migraines et de
son ennui, on le maria à la sœur de la duchesse de Bourgogne.

La reine Marie-Louise, heureusement, fut dès son mariage

---

1. Baudrillart, *Philippe V et Louis XIV*, p. 651 et suivantes ; Lettre d'Alberoni
à Rocca, 6 février 1713, p. 200.

2. Lettre d'Alberoni à Rocca, 7 novembre 1712, p. 192. — Voir notre tome Ier,
le *Secret du Régent*, p. 3 et 4 ; Baudrillart, *Philippe V et Louis XIV* p. 49 à 51.

la femme qu'il fallait à Philippe V, à l'Espagne. Depuis Isabelle la Catholique, nulle princesse à Madrid n'a mérité à ce point l'attention et le souvenir de l'histoire. Mariée à quatorze ans, elle a supporté vaillamment une triple tâche acceptée sans réserve : celle de plaire à son mari, de lui donner des enfants nombreux et de les élever, de sauver enfin et de gouverner l'Espagne.

La première de ces obligations n'était pas la plus aisée, quoique Marie-Louise eût, comme sa sœur la duchesse de Bourgogne, sinon de la beauté, du moins de la noblesse et une grâce infinie dans les manières et le sourire. Mais il lui avait fallu faire la conquête de son mari contre tous les Français, contre Louville, Marcin, inquiets, jaloux de l'influence réservée à une princesse qui venait de Savoie, fille de Victor-Amédée II secrètement allié aux ennemis de la France.

Par politique, Louis XIV avait obligé son petit-fils à éloigner de la Reine, avant qu'elle n'entrât en Espagne, sa maison piémontaise. Cet acte justifiait les conseils qu'il envoyait de Fontainebleau à Philippe V : « Rendez la Reine heureuse malgré elle, s'il est nécessaire. Contraignez-la : la Reine est votre première sujette [1]. » Ces procédés étaient de nature à brouiller deux enfants, si Marie-Louise n'avait été qu'une enfant. Louis XIV lui fit encore un gros chagrin lorsqu'il l'empêcha de suivre, après un an d'union, son mari en Italie [2]. Elle subit cet ordre avec une fermeté qui étonna le vieux Roi. De tous ces mauvais pas elle s'était tirée avec une adresse qui faisait honneur à sa clairvoyance et à sa raison. Elle avait trouvé, non seulement dans la passion du Roi qu'Alberoni appelait « un instinct animal », mais dans ses propres ressources, dans sa douceur et sa docilité sans faiblesse, les moyens d'établir sur Philippe V son autorité. Le Roi la consultait sur le choix d'un vêtement, l'emploi de ses journées, trop heureux de lui plaire et de s'épargner les résolutions même dans les plus petites choses.

1. Baudrillart, *Philippe V et Louis XIV*, p. 85, a cité la lettre tout entière d'après le manuscrit des A. ÉTR.

2. Baudrillart a raconté, avec esprit et émotion, les chagrins conjugaux des jeunes souverains (*Philippe V et la cour de France*, tome Ier, p. 94-95).

Avec l'étiquette conservée des anciens usages et des froides
cérémonies officielles, la vie de cour était demeurée pour les
souverains fort maussade. Ni banquets, ni comédies comme à
Versailles ; nulle fête, en dehors des baptêmes et des enterre-
ments, des réceptions d'ambassadeurs, ou des cérémonies de
l'Église. Les événements ordinaires étaient que le Roi tînt chapel-
pelle, qu'il offrît les calices le jour de l'Épiphanie, vînt avec la
Reine porter des cierges à la Chandeleur, ou des palmes aux
Rameaux, prît part à la procession de la Fête-Dieu, ou s'en allât
en pompe au sanctuaire de Notre-Dame d'Atocha. Rien d'imprévu : toutes les places d'ambassadeurs, de cardinaux et des
grands réglées par les maîtres d'hôtel ; tous les détails prévus et
imposés, selon le rite, aux officiants. La religion royale prescrit
à Madrid comment le Roi peut sortir seul à cheval au son des
tambours et des trompettes ; tout le monde est sur pied pour le
suivre ou le saluer. C'est une fête rituelle que de le voir manger
en public avec la Reine : les plats avant de lui parvenir passent
de mains en mains par une série d'officiers qui se font une foule
de politesses dues en les recevant. Mêmes conditions, si la Reine
sort en carosse [1].

La chasse, avec la liberté qu'elle donnait, parut toujours à
Philippe V une délivrance. Il aimait aussi ses maisons de campagne, moins somptueuses, plus étroites, où l'étiquette devenait impossible.

Le Prado, à trois lieues de Madrid, ne se présente certes pas
comme un lieu de délices : ce grand bâtiment carré flanqué de
tours, composé de quatre corps de logis peu élevés, était du
moins trop petit, trop isolé pour recevoir l'armée des fonctionnaires et des courtisans. Le Roi et la Reine n'y avaient que trois
chambres, et quelques-unes pour la camerera major, pour une
autre dame, et le capitaine des gardes. Dans une belle plaine
de quatre à cinq lieues d'étendue, au confluent du Tage et du
Xarama, Aranjuez n'était guère plus vaste que le Prado : la
retraite pour les souverains y était aussi sûre et plus agréable.

1. Saint-Simon a donné une impression très vive et très juste de cette cour
(éd. Chéruel, XVIII, p. 197 à 206, 221 à 225). Il faut comparer à son récit l'abbé
de Vayrac, *État présent de l'Espagne*, 4 vol., 1718.

Le parc. avait des allées· superbes ; l'été, les jardins et les cascades, corrigeaient, par leur· ombre et leur. fraîcheur, les chaleurs de Castille. Le moindre prétexte,. de chasse ou autre servait à Philippe V pour s'y enfuir, et plus· d'un courtisan, qui comptait. sur l'intimité pour fonder son crédit, l'y poussait[1].

Le grand art .de Marie-Louise fut de trouver.à son mari d'autres diversions à l'étiquette que la fuite. Elle le retint à la cour, se conforma aux exigences de sa dignité, ne négligea ni réceptions, ni processions. Le Roi lui fit le sacrifice de ses chasses presque quotidiennes. Il prit plaisir au· cercle· intime que sa· femme sut lui former à l'abri des courtisans. Sa timidité était supprimée, son ennui dissipé.

Après tout, il ne paraît pas avoir été exigeant en. fait de plaisirs, sauf de certains que le confesseur approuvait[2]. Louville raconte qu'en Italie, le jeune guerrier, pour se distraire, réunissait des enfants, des fous, se battait avec eux : « on se jetait les assiettes à la tête ; on se crachait' au visage ». Avec ses femmes· et· ses nains, la Reine, espiègle et joyeuse, organisait pour son mari des fêtes enfantines du même genre, des parties de colin-maillard, de. cache-cache ou de *cucu*. On jouait à· la *compagnie vous plaît-elle*, divertissement qui avait fait les délices de Louis XIV auprès d'Henriette. d'Angleterre. C'étaient encore des tournois en chambre, où le jeune Roi, avec les nains, supportait l'assaut de cinquante femmes menées par la Reine. Louville appelait cela les *jeux du sérail* : le mot était bien gros, tout au plus les plaisirs d'une chambre d'enfants. Le fait est que Philippe V n'en bougea plus[3].

Bientôt, Marie-Louise l'attacha par d'autres liens, étant devenue femme et mère. Ç'avait été une grande fête, un [baise-main général à la cour, lorsque. le premier valet de chambre Vazet, en 1703, vint annoncer solennellement : « Senores, la Reyna

---

1. Saint-Simon, éd. Chéruel, XVIII, p. 140, et l'abbé de Vayrac, *ouv. cité*.
2. Lettre de l'abbé d'Estrées à Torcy, 15 décembre 1702, cité par Baudrillart, *Philippe V et Louis XIV*, p. 144, — et surtout p. 198 et 199 les lettres vivantes et vraies de Tessé sur l'autorité et les occupations de Marie-Louise.
3. Louville, *Mémoires*, édit. 1818, t. II, particulièrement p. 17 et suivantes.

tiene sus reglas ! ». L'étiquette était une belle chose[1]. La joie parut encore plus grande à la naissance du prince des Asturies, quoiqu'elle se fît attendre quatre ans (août 1707). La coutume prescrivait des cérémonies brillantes pour le baptême, qui eut lieu le 8 décembre. Toute l'église tendue, tout le chemin tapissé du Palais à l'église, de la musique et des illuminations. L'enfant royal porté à la chapelle par la camerera major dans une chaise de glaces et de brocards d'or, baptisé par un cardinal assisté de deux évêques et de six grands d'Espagne, et toute la cour en gala, ambassadeurs, grands, maîtres d'hôtels, gentils-hommes de la chambre, de la bouche, rois d'armes et massiers.

Mais la vraie fête était dans le peuple : la grossesse seule de Marie-Louise avait excité parmi les Espagnols des transports de joie. Depuis quarante-six ans, pareille espérance, pareil bonheur ne leur avaient pas été permis. C'était comme un sourire, et une promesse de la Providence qui venait de rendre aux jeunes souverains, après une rude année d'exil et d'inquiétudes, l'accès de Madrid. « J'appréhende, écrivait Mme des Ursins, que les bons Castillans deviennent fous[2]. » Quand l'enfant naquit, ce fut du délire. « Il fallait que la Reine eût cinquante enfants à durer plus que le monde. » Philippe V dut à sa femme l'une des plus grandes joies qui aient illuminé les jours sombres de ses pre-mières années de règne, la conscience d'un contact intime, complet entre ses sujets et lui.

La maternité donna à la Reine de nouvelles grâces. Marie-Louise s'occupa de l'enfant qui faisait toutes ses délices, beaucoup. Et plus elle s'en occupait, plus Philippe V était assidu auprès d'elle. Comme dans un ménage bourgeois, les enfants — il en vint bientôt deux autres, une fille et un fils, — resserrèrent l'intimité du couple royal. « Votre mariage, écrivait Louis XIV à son petit-fils, est le grand bonheur de votre vie. » Absorbé dans ce bonheur, le seul qui convînt à son tempérament et à ses goûts, Philippe V se contenta d'être le mari de la Reine.

Pendant douze ans la Reine, en Espagne, fut le véritable Roi, et

---

1. Louville, *Mémoires* II, p. 167.

2. Baudrillart, *Philippe V et Louis XIV*, d'après les lettres d'Amelot, de Mme des Ursins et les relations conservées aux A. ÉTR., p. 283.

un roi qui pas un instant ne fut inférieur à sa tâche. Au rebours de´son mari, elle y avait été préparée à Turin de bonne heure par un père, excellent politique, très laborieux qui ne donnait rien aux plaisirs et dont l'unique souci était l'administration de ses États et leur grandeur. Victor-Amédée fit du Piémont un royaume et de ses filles des reines.

A Madrid, chargée de la régence pendant l'absence de son mari, âgée à peine de quatorze ans, Marie-Louise commença de gouverner avec une maturité qui surprenait[1]. Elle était certains jours six heures au Conseil, et le reste du temps en audiences, des semaines sans sortir. Louville, qui ne l'aimait pas, a tracé un portrait délicieux de cette petite reine, présidant la Junte l'aiguille à la main, avec une attention que rien ne pouvait distraire. Impatientée par la lenteur grave des conseillers, elle se contenait, mais elle savait placer à propos dans les délibérations le mot juste, la réflexion utile qui les éclairent et souvent les concluent. Elle souhaitait alors que son mari revînt, pour n'avoir plus à travailler ainsi, et pour se divertir[2].

Il lui fallut travailler encore pour le divertir lui-même, et de plus le remplacer. Tout concourut à lui rendre cette tâche écrasante, d'abord les assauts furieux que les Habsbourg et leurs alliés donnèrent à la nouvelle monarchie d'Espagne en 1706, en 1710. Bien que deux fois la couronne ait été ébranlée sur sa tête, dans ces deux crises, fugitive à Burgos, à Valladolid, elle avait répété si haut : « l'Espagne n'est pas perdue », qu'elle le persuada à Philippe V, aux Castillans fidèles et, de bien loin, à Louis XIV lui-même. Ce fut merveille de voir cette princesse de dix-huit ans marquer tant de sang-froid et de courage avec tant d'esprit : « Surtout au nom de Dieu, point de fièvre. Il ne sert de se bien affliger qu'à se faire malade. » A son appel, tout ce qu'il y avait d'énergie dans le cœur vaillant de Philippe, dans l'Espagne endormie, dans l'âme du roi de France affaiblie par l'âge et le malheur, fut réveillé, employé, coor-

---

1. On le note à Madrid dès le début du mariage et on le signale à Versailles ; voir notamment les lettres de la princesse des Ursins et de Marcin à Torcy en 1702, citées par Baudrillart, *Philippe V et Louis XIV*, p. 87 et suivantes.
2. Lettre de la Reine à Louis XIV, juillet 1702. *Ibid.*, p. 101.

donné [1] : grâce à la Reine, jamais les Alliés ne purent rester longtemps à Madrid. Et bientôt ils repassèrent la mer. Marie-Louise méritait pleinement, en 1714, l'éloge que lui adressa de France Louis XIV, dès 1706 : « L'Espagne vous met au nombre de ses plus grandes Reines. »

Encore fut-ce la moindre partie de sa tâche que de conserver l'Espagne aux Bourbons, et comme le côté extraordinaire de la mission qu'elle avait acceptée. L'œuvre royale dont elle porta dix ans, sans trêve d'un seul jour, le lourd fardeau, présentait à l'intérieur, de bien autres difficultés. Le courage ne suffisait pas : Marie-Louise devait même — elle s'en aperçut vite — se défier de ce qu'elle appelait sa vivacité naturelle, de son ardeur, de son énergie. Il semblait qu'investie de la délégation tacite de son mari, d'une autorité sans limites comme celle du Roi, elle pût disposer de tous et de tout autour d'elle. Le peuple l'aimait, l'adorait comme la Providence, et le peuple voulait des souverains absolus. L'Espagne, d'autre part, était un pays de grandes ressources, « un arbre vigoureux et robuste, mais où, par un mauvais gouvernement, s'étaient glissés une foule d'insectes uniquement occupés à dévorer les feuilles et les fruits, dès qu'ils paraissaient », disait Alberoni. « Elle souffre plus, disait le même témoin, du dedans que du dehors [2]. »

Tous ceux qui ont regardé ce royaume de près, Louville comme Alberoni, ont noté le même mal, une gangrène vieille de plusieurs siècles : par les institutions que ses plus célèbres souverains, Charles-Quint et Philippe II lui avaient données, la royauté, absolue en droit et aux yeux des peuples, était en fait devenue impuissante, enchaînée aux volontés et aux intérêts des grands. « Les rois sont esclaves ici, écrivait Alberoni : en formant les conseils, Philippe II a fait de cette monarchie une république [3]. »

La tête de cette république, la forteresse où les grands s'étaient embusqués et enfermaient leur roi, le Conseil d'État

---

1. La Reine à Mme de Maintenon, 25 avril 1706 ; Mme de Maintenon à Mme des Ursins, 8 juillet 1706. dans Baudrillart, t. I, p. 257, 266 et suivantes.
2. Lettre d'Alberoni à Rocca, 13 juin 1718, p. 585.
3. Ibid.

traitait de toutes les principales affaires, politique et guerre. Il négociait les mariages royaux, interdisait aux ministres à 'étranger de correspondre avec le souverain sans son intermédiaire, surveillait les employés des cours étrangères. La vie et la mort des ambassadeurs espagnols lui appartinrent. Les conseillers d'État formaient un aréopage suprême, qui pouvait tout examiner, sans exception ni limite; ils empiétaient sur le roi ; ils empiétaient à leur gré sur les autres Conseils [1]. Les portraits que l'envoyé de France, de Bonnac, traçait des conseillers, en 1713, ne sont guère flatteurs, et semblent vrais [2].

Tous ou presque tous très vieux : le marquis de Mansera, débile jusqu'à ne plus pouvoir venir aux séances ; le comte de Frigiliane, âgé de soixante-treize ans, depuis plus de vingt ans en cette charge ; le duc de Montalto, du même âge et de tempérament toujours paresseux ; le comte de Monterey, soixante-treize ans, ancien défenseur des Pays-Bas contre Louis XIV, préoccupé de finir archevêque de Tolède, quoiqu'il ne sût pas un mot de latin ; le duc de Medina Sidonia, soixante-quatorze ans, toujours prêt, faute de comprendre, à voter comme les autres ; le cardinal del Giudice, soixante-huit ans, grand inquisiteur, intelligent, mais sans volonté ; le comte de San-Estevan del Puerto, soixante-dix ans, si cassé que la vieillesse lui était tombée sur l'esprit ; le marquis de Castel Rodrigo, grand écuyer de la Reine, soixante-quatre ans, l'un des meilleurs au conseil ; le duc d'Escalona, soixante-huit ans, le plus savant ; le marquis de Bedmar et de Canales, chargés de la guerre, soixante-quatre ans, et le second qui mourut incapable, à la fin de 1713, à soixante-seize ans. Le duc d'Arcos et le duc de Montellano étaient à peu près du même âge. Le duc de Giovenazzo, frère du cardinal del Giudice, un vieillard de soixante-quinze ans, fermait la série, qui n'était jamais limitée. « Il est rare, disait M. de Bonnac, qu'il soit de l'avis des autres ; plus rare que les autres veuillent suivre le sien. »

C'était un contraste piquant que celui de ces jeunes souve-

---

1. « Quel Sacro areopagò del consiglio di Stato », disait Alberoni (même lettre à Rocca, p. 587).

2. Mémoire conservé aux A. ÉTR., *Esp.*, t. 223, f° 14 (Baudrillart, t. I, p. 561).

rains, d'une Reine de vingt ans, en présence de ces quinze vieillards, naturellement attachés à un passé qui n'était pas glorieux,
mais leur avait été profitable, préoccupés de le conserver à leurs
enfants. Toute réforme les trouvait hostiles, parce qu'elle risquait de les atteindre dans leurs intérêts, leur famille et leurs
créatures. Leur grand art consistait à traîner les affaires : à
l'initiative royale ils opposaient le flegme espagnol, les conseils
de leur grand âge, l'expérience de leurs cheveux blancs. Plus
d'une fois, la petite Reine se demanda si ces graves conseillers
n'avaient pas raison contre son impatience, si elle ne faisait pas
un rêve imprudent et dangereux à vouloir réformer l'Espagne[1].

Le pire était que ces vieillards imposaient leur méthode aux
autres conseils que souvent ils présidaient. Le gouvernement
intérieur du royaume appartenait au *Conseil des Castilles* qui
fut, jusqu'à la chute retentissante d'Oropesa, présidé par un
grand d'Espagne, puis par un simple gouverneur. Tant son autorité avait paru redoutable pour la royauté! Avec un droit de
justice suprême, sans autre recours qu'au Roi, les conseillers
de Castille tenaient entre leurs mains toutes les provinces, y
plaçaient leurs amis, nommaient et surveillaient les corrégidors,
les officiers de finances, et pouvaient inquiéter même les vice-
rois et les gouverneurs. De même que d'entrer au Conseil d'État
était pour la haute noblesse le *bout de tout*, l'entrée au Conseil
de Castille ne se donnait qu'à la fin d'une longue carrière d'administrateur. Louville ne l'appelait que le Conseil des « vingt-
quatre vieillards[2] ».

Pour éliminer les plus âgés, le Roi avait décidé, en 1706,
de les réduire à seize[3]. Par calcul et par tempérament,
ils travaillèrent alors plutôt moins : en 1713, six charges
furent rétablies, d'autres un an après Le gouverneur, Ronquillo,
rude, farouche, entêté dans ses idées d'autant plus fortes
qu'elles étaient rares, présentait le type achevé de cette

1. Voir sur ce Conseil le Mémoire conservé aux A. ÉTR., *Esp.*, t. 91, f° 233,
utilisé par Baudrillart, *Philippe V et Louis XIV*, p. 64.
2. Louville à Torcy, 15 août 1701 (Saint-Simon, éd. de Boislisle, VIII, 580)
3. Desdevises du Dézert, p. 59 à 61, d'après les recueils d'Ordonnances espagnoles. — Baudrillart, t. I, p. 279, 280. — Saint-Simon, enfin, éd. de Boislisle, VIII.
p. 140. — De Vayrac, *État présent de l'Espagne*, III, 320, 335.

race de vieux administrateurs castillans, remplis de vieilles maximes, hostiles aux influences étrangères, aux progrès, aux réformes, très fiers d'ailleurs de tenir toute l'Espagne entre leurs mains, toujours prêts à empiéter sur le Roi, lents à examiner les affaires, et pourtant jaloux de les attirer toutes [1].

Le *Conseil des Indes* avait, sur l'empire colonial de l'Espagne, la même autorité que le Conseil de Castille en Espagne. C'était la chambre suprême d'appel des juridictions coloniales, le moteur et le centre de l'administration coloniale tout entière. Vice-rois, gouverneurs, présidents des audiences royales, tenaient leur pouvoir de ce Conseil autant que du Roi, lui rendaient leurs comptes, correspondaient avec lui sur tout, appliquaient sur son ordre les lois que seul il avait le droit d'élaborer pour le Nouveau-Monde. Trente personnages, trente vieillards encore, parce que c'était la fin et le suprême honneur pour les hauts fonctionnaires coloniaux de venir siéger à ce Conseil, disposaient ainsi de millions de sujets et de tributs qui auraient pu faire la grandeur de l'Espagne, et ne la faisaient point. Leur chef, le comte de Frigiliane, l'un des premiers seigneurs, « haut, fier, ardent, libre, à mots cruels, dangereux, extrêmement méchant », publiquement accusé d'avoir empoisonné le duc d'Ossuna qui lui faisait ombrage par sa puissance et son despotisme, faisait figure et fonction de roi [2].

Jamais la vérité ne venait des colonies à la connaissance du roi d'Espagne. Le grand éloignement, la multitude des affaires, la lenteur des décisions permettaient aisément de la déguiser, de la retarder, de l'arrêter. Le Conseil était complice des malversations des officiers et des vice-rois, qui rapportaient de leurs gouvernements des biens immenses et, par des présents donnés à propos, achetaient leurs juges, presque toujours leurs parents, leurs pareils et leurs amis. L'Espagne et Philippe V se trouvaient pour ainsi dire dépossédés des Indes au profit de cette république de grands fonctionnaires appuyés sur leur clientèle et leurs richesses.

---

1. Le gouverneur fut substitué par Philippe V au Président du Conseil pour diminuer sa puissance (Saint-Simon, éd. de Boislisle VIII, 152). Sur Ronquillo consulter Saint-Simon (IV, 327).
2. Desdevises du Dézert, *ouv. cité*, p. 95 et suivantes.

Le *Conseil des finances* travaillait souverainement aussi à
ruiner le Roi et son royaume. Il s'y entendait à merveille, avec
une foule de conseils secondaires, chambre des *millions*, com-
missariat *de la croisade*, etc.[1]. L'impôt, avec ses formes multiples,
surannées, était « la *mer profonde*, la *mare magnum* qui couvrait
tous les abus, toutes les injustices. Il épuisait le peuple jusqu'à
le décourager de reproduire[2] », disait Alberoni. Il nourrissait un
monde d'employés dans les conseils et les provinces qui échappaient à l'autorité royale. Si le Roi proposait une réforme utile
à son service ou à ses sujets, les conseillers se liguaient pour
l'empêcher, accumulaient les précédents, invoquaient la tradition, précieuse à leur routine ou à leurs malversations. — Pour
reconquérir l'Espagne, Marie-Louise de Savoie avait eu besoin
d'armées. A l'ordinaire, elle fut obligée d'attendre les galions ;
et l'or qu'ils apportaient, comme une manne intermittente, plus
d'une fois se perdait dans d'autres abîmes encore, dans les
chambres du Conseil de guerre.

En vain, en 1706, la Reine avait-elle fait réduire par Amelot le
nombre de ces conseillers inutiles. Ceux qui demeuraient ne la
servirent pas mieux : à peine pouvaient-ils lever pour elle une
armée de vingt mille hommes, et quels hommes, presque nus,
payés trois ou quatre fois dans l'année[3]. Si la Reine, aidée de
serviteurs dévoués, animés par son zèle, n'avait pas mis la main
elle-même à la besogne, jamais Vendôme n'aurait trouvé les
troupes qu'à Villaviciosa il conduisit à la victoire. *Dum
deliberatur, Saguntum perit.*

Pour mettre en mouvement, pour coordonner les rouages de
cette administration perdue dans le détail et le fonctionnarisme,
les souverains avaient bien une ressource, un conseil de cabinet,
un bureau central et restreint, le *Despacho universal* institué au
début du règne. Peu de personnes y étaient admises, sept ou
huit au maximum ; le Roi et la Reine le tenaient tous les jours,
quelquefois deux fois par jour. Là au moins, on aurait pu

1. Baudrillart, *Philippe V et la cour de France*, I, p 280. — Desdevises du
Dézert, *ouv. cité*, p. 106.
2. Lettre d'Alberoni à Rocca, 8 mars 1717, p. 526 à 528.
3. Coxe, *Bourbons d'Espagne*, I, p. 148, 404, 478.

décider vite et d'une manière absolue. Mais le malheur voulut
qu'en droit et par l'usage les membres de ce cabinet fussent les
présidents des autres conseils, Ronquillo, Frigiliane, Bedmar
président du conseil des Ordres, Bergheick, de celui des Flandres.
Ils venaient auprès du Roi se disputer les affaires, l'influence,
comme aux Conseils et par les mêmes procédés : « cela faisait
perdre beaucoup de temps ». Enfin, on sacrifia tout le profit de
cette centralisation à l'habitude prise dès l'origine de n'y rien
décider, qu'après avoir renvoyé l'examen des questions aux
conseils compétents, et attendu leurs avis. Le cabinet devint
aussitôt une commission de classement : il ne fut pas un
Conseil Royal[1].

Vraiment, Alberoni avait raison; on pouvait se croire en
Espagne dans une république[2]. Les lenteurs n'y étaient pas moins
grandes qu'en Hollande. Ce système de gouvernement ressemblait beaucoup aux formes parlementaires qui à La Haye obligeaient les États généraux à consulter et à mettre d'accord les
bourgeois des villes et des provinces. « Les grands, disait Louville, veulent un roi en peinture qui paraisse leur roi, mais qui
soit leur esclave. Il n'y a ruses ni manèges dont ils ne se servent.
Ils sont les premiers à crier avec le peuple qu'il faut des
réformes, des troupes. Mais comme ils sont présidents de tous
les Conseils, ils nous attendent à l'exécution et la diffèrent tant
qu'ils peuvent[3]. » Tous ces vieux seigneurs s'indignaient d'une
jeune Reine de dix-huit ans qui à leurs dépens prétendait gouverner et refaire contre leur vieille expérience une Espagne nouvelle : « Donnez-lui, disait le duc de Medina-Sidonia, des marionnettes et des bonbons[4]. » Elle voulait du travail, de l'autorité et
de la gloire. Mais dans cette anarchie, sur qui s'appuyer pour
vaincre cette routine et ce mépris des grands?

D'une république, l'Espagne avait d'autres défauts encore :

---

1. Baudrillart, *Philippe V et Louis XIV*, p. 68 ; Noailles, *Mémoires*, p. 76 ; Louville, *Mémoires*, II, p. 156.
2. Lettre d'Alberoni à Rocca, 17 juin 1718, p. 585 : « Filippo di un regno assoluto
ne formò una Republica. »
3. Louville, *Mémoires et lettres*, passim. — Lettre d'Alberoni à Rocca, « c'est une
nation qui a voulu tenir ses rois esclaves et misérables », 18 mai 1717, p. 539.
4. Noailles, *Mémoires*, p. 118 à 130.

le nombre et la fureur des partis, l'envie et la haine actives de tous ces fonctionnaires qui se disputaient les emplois pour se les distribuer ou satisfaire leur clientèle. « Nous avons ici, disait Alberoni, cinq colonies, c'est-à-dire cinq factions, espagnole, française, italienne, flamande, irlandaise. Chacune a part dans l'administration, la politique, les finances, la guerre. Il faut un fameux esprit à la Reine pour mener sa barque au milieu de toutes ces nations, toutes différentes d'esprit, de costumes, de tendances[1]. »

En principe, inspirés par des intérêts opposés, ces partis ne s'accordaient sur aucune chose[2]. Le chef des Espagnols, qui avait paru s'attacher aux nouveaux souverains, le duc de Veragua discrètement soutirait au Roi des faveurs : toute la politique de cet Harpagon silencieux se réduisait à faire ses affaires. Mieux en cour, plus utiles, mais beaucoup plus discutés parce qu'ils servaient avec plus de zèle une Reine de Savoie, les Italiens se groupaient autour du duc de Popoli, le protecteur désigné et habile de leurs intérêts et de leur fortune. Depuis que Philippe V avait perdu l'Italie, les grandes familles qui depuis trois siècles la gouvernaient pour l'Espagne, avaient passé la mer avec les derniers soldats du Roi, et venaient à Madrid se refaire dans les charges de la couronne, vice-royautés ou ambassades. Del Giudice devint grand inquisiteur, eut l'ambassade de France où il fut remplacé par son neveu, le prince de Cellamare. Le prince de Santo-Buono obtint la vice-royauté du Pérou ; le duc de Solferino, de la maison de Mantoue, la grandesse ; le marquis de Crèvecœur, prince de Masserano, ainsi que le marquis de Laconi, un Sarde retors, le même honneur.

Il n'en fallait pas davantage pour exciter la jalousie des Flamands, qui eux aussi, par la perte des Flandres, s'étaient rabattus à vivre de l'Espagne, et moins nombreux invoquaient avec plus d'âpreté leur titre à l'héritage de Charles-Quint : deux grandes familles surtout menaient le parti. Car le comte de

1. Lettre d'Alberoni à Rocca, 3 février 1715, p. 365.
2. Le détail vivant des personnes qui, alors composaient ces partis nous a été conservé par M. de Bonnac, dans un *Mémoire sur l'état présent de la cour d'Espagne* conservé aux A. ÉTR., *Esp.*, t. 223, f° 14 et en partie cité par M. Baudrillart (t. er, p. 561 et suivantes).

Bergheick, un instant en passe de figurer comme premier
ministre, et digne de l'être par ses talents et son travail, « de
ces trésors que les rois ne peuvent connaître », fut obligé
de quitter l'Espagne, dégoûté. Ceux qui restaient, c'étaient
les Bournonville, princes en Brabant, généraux aux services de
l'Empereur ou de l'Espagne, oublieux de la France, d'où ils
venaient et qui avait fait leur fortune. Le chef de la maison en
Espagne, Jean-François-Benjamin, cadet de la famille, baron de
Capres, avait lié partie avec l'Électeur de Bavière quand celui-ci
se crut souverain des Flandres. Philippe V l'avait recueilli; et
son fils, après avoir fait sa cour aux maîtresses de l'Électeur pour
parvenir, s'était comme lui tourné vers le roi d'Espagne, qui le
fit duc et grand en 1715. Les intrigues, quelles qu'elles fussent,
ne coûtaient rien à ce cadet de Flandre. Il voulait s'enrichir et
cachait son avidité sous un masque d'homme du monde, du très
grand monde à qui les ambassades paraissaient dues. Puis
venaient les de Croy, princes d'Empire également, dont le chef
le duc d'Havré s'était rallié à Philippe V, plus porté à l'intrigue
par son entourage que par son tempérament. Il était en effet le
centre d'une petite société de Flamands qui par lui se poussaient:
le prince de Robecque, Français sans doute, puisqu'il était de
Montmorency, mais petit-fils d'une duchesse d'Arschot, fils d'une
comtesse de Croy Solre, marié à sa cousine germaine, Mlle de
Solre; le prince de Chimay, du Saint-Empire, et le marquis de
la Vère, lieutenants généraux des armées d'Espagne, le premier
grand d'Espagne; le marquis de Richebourg, de la famille française des Melun, qui, comme les Montmorency, avait depuis
longtemps fait fortune en Flandre, s'était alliée aux Croy, aux
Ligne, Charles Henri, capitaine général des armées d'Espagne,
honoré de la Toison d'or en 1700, de la grandesse en 1712 et qui
méritait de l'être, âpre au gain d'ailleurs, quoique très riche de
ses biens en Flandre. Ces grands seigneurs, entre qui les alliances
étaient fréquentes, presque tous parents, avait un trait commun
de caractère, la même envie de s'enrichir par l'intrigue et dans
les emplois. Ils faisaient la garde auprès du Roi, intraitables
pour les nouveaux venus ou parvenus, entichés de leurs principautés, dont ils trafiquaient de leur mieux, avec un langage

superbe et de très grandes allures. Ce fut entre eux et les Italiens, pendant tout le règne, une lutte acharnée, qui permit à quelques Irlandais comme le chevalier du Bourgk, de se glisser, grâce à son catholicisme, mais jamais de s'élever très haut [1].

Alors, dès qu'un Français paraissait envoyé par Louis XIV, ou sollicité et appelé par Marie-Louise, pour refaire l'unité dans les conseils de la monarchie, c'était une conjuration générale. Ambassadeurs, administrateurs, le duc d'Harcourt, Orry, Marcin, le cardinal d'Estrées, le duc de Gramont, Amelot y avaient succombé tour à tour. L'histoire des rapports entre la France et l'Espagne de 1700 à 1713 n'est qu'une hécatombe continue de ministres.

Cette monarchie, si difficile à relever tournait entre les mains des Français décidément à la république. Ce qu'elle consomma d'hommes d'État alors fut incroyable : par la faute des Français, très souvent, autant que par les intrigues des adversaires. Orry « qui avait des parties d'administrateur », intelligent, actif, se compromit avec des aventuriers d'argent. Les hommes de sa sorte eurent le tort de ne pas se défier d'un monde interlope qui parut s'être glissé au delà des Pyrénées avec la dynastie française. On eût dit que l'Espagne devenait une colonie de la France propice aux affaires louches : « Une infinité de gens de sac et de corde, sans aveu, banqueroutiers, fripons, garnements et têtes sans cervelles viennent ici sans savoir pourquoi, tourmentent le Roi et les ministres pour avoir des charges et des emplois ; il vient des p... sans nombre, comme si c'était une chose rare ici, et dont on eût grand besoin. »

Il eût fallu reconduire tous ces gens à la frontière pour l'bonneur de la nation : ils restèrent, et paralysèrent le gouvernement, s'il voulait les écarter ; le compromirent, s'il leur cédait. Entre eux d'ailleurs et leurs compatriotes du vrai ou du grand monde, venus ou envoyés de Versailles, il y avait des intentions communes ; et par là les Français en général formèrent une faction, plutôt que le grand parti du gouvernement qu'ils

---

1. Consulter pour tous ces personnages Alberoni, *Correspondance avec le comte Rocca*, passim. ; Saint-Simon, *Mémoires*, particulièrement éd. Chéruel, t. XVIII ; enfin, les études de M. Baudrillart : *Philippe V et la cour de France*.

auraient dû être. Faire fortune en Espagne, et pousser leurs
amis était leur souci commun. Ils parlaient haut pour écarter
leurs rivaux, prétendaient à commander, comme sur une terre
conquise, à des vaincus. Leurs chefs, Louville qui avait eu la
confiance de Philippe V, Marcin, l'abbé d'Estrées disputaient à
la jeune Reine une autorité qu'elle avait mise au service de
l'État et l'accusaient de trahison avec son père, le duc de Savoie.
Très souvent, ils étaient divisés, frappés, ne laissant pas même
aux Espagnols ou aux Italiens, qui leur empruntaient leurs
arguments, le soin de maudire et de calomnier la France et les
Français : « Les particuliers, disait Louis XIV à M. de Bonnac
son envoyé en 1711, espèrent toujours de profiter des révolu-
tions qui arrivent dans toutes les cours. Mais à peine en peut-
on contenter un petit nombre : de là les divisions survenues
entre les personnes en qui je prenais le plus de confiance. »

Les Français devinrent ainsi responsables de tous les
désordres. Il est vrai qu'avec l'autorité dont ils étaient armés,
ils auraient dû faire d'autre besogne : leur manière de régénérer
l'Espagne ressemblait trop aux procédés qu'avait employés la
cour des Habsbourg pour la perdre. S'ils prétendaient détruire
les courtisans des règnes passés, c'était pour s'élever comme eux
sur leurs ruines, à la faveur d'un règne nouveau. « Depuis trois
ans que nous sommes ici, écrivait Louville en 1703, on n'a pas
remédié à un seul des maux de cette monarchie. On peut compter
que tout le temps que nous avons employé jusqu'ici a été entièrement perdu [1]. » Dix ans plus tard, malgré l'énergie de la Reine,
malgré son obstination, la situation n'avait guère changé. Tout
ce qu'elle avait pu faire, c'était d'arracher l'Espagne aux Alliés.
Elle attendait la paix pour vaincre la tyrannie de la routine, des
abus, des intérêts particuliers. Donner à l'Espagne la prospérité
était une tâche plus difficile, mais plus définitive, que de la
conserver aux Bourbons.

Le tableau du mal, en 1712, était vraiment lamentable :
« l'Espagne est un terrain en friche, disait Alberoni : aux envi-

---

1. Louville, *Mémoires et lettres*, II, p. 102 et suivantes.

rons de Madrid, pas une maison de campagne, pas un arbre, pas un fruit à vingt milles à la ronde[1]. » La Castille produisait à peine le blé nécessaire à sa consommation : les laboureurs se contentaient comme les Arabes, de remuer le sol, de jeter pardessus la semence quelques pelletées de sol, faisant tourner leur charrue autour des mauvaises herbes qu'ils arrachaient rarement. Point d'eau, faute d'entretien des canaux ; point de routes pour les besoins du cultivateur. L'Andalousie eût dû être le pays le plus riche de l'Espagne : elle était à la merci d'une mauvaise récolte. L'habitant des campagnes se contentait de vivre avec le profit des vergers d'oliviers, de mûriers et des vignes que l'industrie des Moresques avait créés. L'Aragon formait comme un désert de sables, de pierres, presque partout aride sauf au bord de l'Ebre ou dans les vallons de Tarracone, de Huesca et de Balbastre fertilisés au printemps par la fonte des neiges. L'Estramadure avait été ruinée par l'abandon des aqueducs que depuis la plus haute antiquité on avait entretenus, et par l'usage excessif du pâturage. Quatre millions de moutons y descendaient l'hiver des plateaux trop rudes, détruisant les arbres et les vergers que le paysan en vertu d'une loi séculaire n'avait pas le droit de défendre par une clôture. Les propriétaires de troupeaux, la puissante Compagnie de la *Mesta,* après avoir ruiné l'hiver l'Estramadure, faisaient un désert en été de la Manche et des environs de Valladolid. Pour trouver un pays vraiment fertile, des cultivateurs heureux, il fallait aller en Biscaye, ou dans les royaumes de Valence et de Murcie, le grenier et le jardin de l'Espagne[2].

De cette misère générale, les étrangers alors comme aujourd'hui accusaient la paresse, l'indifférence des Espagnols. « On me reproche ici mon travail, écrivait Alberoni, mon ardeur à faire crever de fatigues le genre humain. Ce qu'on appelle ardeur passerait ailleurs pour de l'indolence. La fainéantise, la léthargie de ces gens sont portées aux dernières limites[3]. » L'abbé dè

1. Lettre d'Alberoni à Rocca, 7 décembre 1716, p. 507.
2. De Vayrac, *État présent de l'Espagne*, tome Ier, partie 3, et particulièrement p. 69.
— Desdevises du Dézert. *L'Espagne au XVIIIe siècle, la Richesse*, p. 20 et suivantes.
3. Lettre d'Alberoni à Rocca, 8 juin 1716, p. 467.

Vayrac qui visita l'Espagne à cette époque la jugea de même :
« Elle produirait des richesses immenses si elle était bien cultivée.
Mais par malheur, ceux qui par leur condition semblent n'être
destinés qu'à labourer la terre se croiraient dégradés s'ils s'appliquaient à l'agriculture. Leur paresse ne pouvant être égalée que
par leur vanité, il n'y a pas jusqu'au moindre paysan qui n'ait
sa généalogie toute prête. N'est-ce pas une chose digne de pitié
de voir un paysan demeurer assis devant sa porte, dans une place
ou au coin d'une rue, les bras croisés, le manteau sur les épaules
pendant les ardeurs de la canicule ou bien occupé à toucher une
dissonante guitare, tandis que l'étranger laboure sa terre, mois-
sonne son champ? » Tous les ans, des ouvriers agricoles passaient les Pyrénées, des Basques, des gens du Languedoc, de
la Guyenne, du Limousin même ; il en est venu plus tard, pour
coloniser, d'Italie, et même d'Allemagne. Il y avait des esclaves
encore pour travailler à Séville.

De tout cela l'Espagnol ne s'émeut guère, au contraire. Prodigue de l'argent qui rentre par fortune, parce qu'il aime les
jeux, les danses, les costumes, il soutient son indigence avec un
air de dignité qui impose. La misère ne l'invite point à l'effort ;
elle ne le dégrade pas. Le peuple est pauvre et digne : mais il
devient rare. C'est à peine si l'on compte six millions d'habitants
dans toute la péninsule. L'heure est proche « où cette nation
qui a colonisé un monde, à force de vivre elle-même comme font
les nègres, » va faire appel aux colons pour combler les vides et
exploiter son sol [1].

Pauvreté d'hommes et de revenus, c'est la décadence encore
en 1714. « L'Espagne est la fable et la risée des autres nations. »
Mais la faute en est moins encore au caractère du peuple, qu'à
la longue imprévoyance de ses chefs.

Pourquoi le paysan travaillerait-il? Il ne peut aimer cette terre
qui, sauf dans les pays de Biscaye et de Valence, ne lui appartient pas. Il est fermier à court terme, ou journalier, toujours

---

1. Tout cela est très nettement expliqué par l'abbé de Vayrac au passage cité
plus haut. — Le mot le plus frappant est celui d'Alberoni : « una nazione che ha
comandato alle migliori provincie d'Europa e che qui ha sempre voluto vivere da
Moro » (lettre à Rocca, p. 508).

prêt à émigrer. L'aumône ou le brigandage lui rapporteraient plus que le maigre salaire abandonné à regret par l'intendant des propriétaires. L'Espagne est ruinée par les grands domaines.

Elle est ruinée aussi par l'Église. « Les couvents dit Alberoni, sont la perte de ce pays. Personne ici n'est en peine de trouver à vivre. N'importe quel coquin dans l'embarras n'a que se dire le soir qu'il se fera moine : il le sera le lendemain certainement. Un très grand, un très saint homme, le cardinal Ximénès avait pour principal souci de réformer, de diminuer, de rappeler au devoir toute cette canaille d'Église. Il faudrait s'entendre avec Rome sur ce point capital[1].» Il y avait en Espagne près de 100,000 moines et nonnes, plus de 3,000 couvents. Une ville comme Valladolid, avec 20,000 habitants comptait 46 monastères et 14 églises; Burgos une pauvre cité de 9,000 âmes, 42 monastères. Le voyageur qui visitait l'Espagne alors, trouvait toute la richesse de la péninsule employée aux couvents et aux églises. Les biens du clergé représentaient le quart du sol cultivable, et dans les cités, des quartiers entiers. Les dîmes formaient le casuel : et quel casuel ! La dîme sur les troupeaux allait à la moitié du revenu qu'ils donnaient. L'église de Compostelle prélevait un droit sur le blé de la moitié de l'Espagne, d'autres églises sur le vin et la viande vendus au marché. Les clercs, les moines enfin touchaient de toutes les mains, sous forme de dons, d'aumônes : en revanche ils payaient le moins qu'ils pouvaient, échappaient aux impôts, corrompaient les percepteurs, intriguaient auprès du Roi. Leur condition faisait envie à un peuple insouciant et profondément religieux. Contre une administration qui achevait sa ruine, l'asile et l'exemption du cloître constituaient pour le bas peuple le refuge souverain. La religion le nourrit : la royauté l'affame.

« Je reste étourdi, écrivait Alberoni, et embarrassé du nombre infini des tributs que l'on paie ici, tous accordés par les provinces et *levés à titre précaire* : pas un ne peut se dire légal. Ils exigent en outre une foule de percepteurs, et l'on constate avec chagrin que la moitié n'entre pas au trésor royal. »

1. Lettre d'Alberoni à Rocca, 25 mai 1716, p. 461-462.

« Qu'est-ce que paie dans les États Farnèse le paysan, demandait-il encore au ministre des finances de Parme ; qu'est-ce que l'impôt *civil* et *rural* ? Quelle différence enfin entre le paysan et le noble en matière d'impôt ? » Fils de paysan, qui au milieu des grands n'a pas oublié ses origines et qui jamais en Espagne n'oubliera l'Italie, Alberoni a mis le doigt sur les plaies de la monarchie et du peuple espagnols[1].

En principe, les impôts se divisaient en deux grandes catégories ; les *rentes générales,* levées sur toutes les provinces espagnoles, à l'exception de la Navarre, droits de douane et droits sur les laines à l'exportation, ruineux pour le commerce et l'agriculture de la nation ; les *rentes provinciales,* une foule d'impôts indirects perçus dans les provinces de la couronne de Castille, le meilleur revenu du Roi, qui variaient de nature suivant les provinces, les conditions, les circonstances même. L'un d'eux, par exemple, l'*alcabala* sur les ventes prenait les produits de la terre et les frappait sans relâche depuis le lieu de production jusqu'au lieu de consommation, dix fois s'ils étaient vendus dix fois, et à chaque vente de 14 pour 100. Avec chaque royaume, Jaen, Séville, Cordoue, l'alcabala se modifiait. Elle était d'autant plus dure, que les privilégiés en grand nombre s'en exemptaient, que certains même se la faisaient concéder par le Roi. Nulle règle en somme que des coutumes obscures ou des faveurs scandaleuses. Comment distinguer l'*alcabala* des autres *impôts indirects* qui s'y ajoutaient, les *millones.* « Si l'on ne supprime cet impôt, criait Alberoni, jamais ces royaumes-ci ne se relèveront. On découragera le peuple même de reproduire. » C'étaient des taxes sur la viande, le vin, le vinaigre, l'huile, la chandelle, sur l'orge, le poisson, le sucre, la neige et la glace à rafraîchir. Pour un peu on eût taxé l'air que l'on respirait, l'eau, la vie même. Et comment ! par des tarifs qui variaient suivant les provinces et les acheteurs. Les tribunaux étaient incapables de s'y reconnaître. C'était le désordre et l'arbitraire. Que penser d'un peuple qui payait, de cette façon, près de 18 impôts analogues, aides ordinaires ou extraordinaires, rentes de l'eau-de-

1. Voir notamment les lettres d'Alberoni à Rocca du 8 juin 1716 et 26 octobre 1716 (p. 467 et 499).

vie, de la soude, rente des olives et des figuiers de la rivière de
Séville, rentes de la soie et du sucre, et à qui les Bourbons
avaient apporté de France les monopoles du tabac, du sel, du
papier timbré, des cartes à jouer. Tout le poids retombait sur le
petit fermier. Le Roi n'en était pas plus riche : il ignorait ou
abandonnait ses droits à des privilégiés sans nombre ; les vraies
fortunes, celles qui eussent acquitté l'impôt utilement, largement,
échappaient. Et le peu que cette administration maudite arra-
chait à la misère des paysans s'égarait en route dans les coffres
des administrateurs [1].

« On ne se fait pas une idée des souterrains où va se perdre
l'argent du Roi. Ce sont des labyrinthes tels et si nombreux que
c'est tenter l'impossible que de l'en sortir. » Le grand vice en
effet, c'était le fermage des impôts. Les fermiers qui depuis
quinze ans avaient pris les impôts à bail avaient jeté sur les
contribuables une armée d'employés qui, grâce à l'incertitude
de la monarchie, leur faisaient plus de mal que les armées
étrangères. C'était dans chaque village une guerre intestine
entre les paysans, les marchands et les trois mille surveillants
de l'impôt, aux aguets à tous les carrefours pour saisir et frapper
la matière imposable. A la moindre résistance, les agents appelaient les garnisaires. Contre la fraude, ils encourageaient l'espionnage et la dénonciation. Avec de pareilles armes entre les
mains et la certitude de l'impunité, les fermiers des rentes
prenaient de force plus qu'il n'était dû au Roi, des millions
ajoutés aux tributs d'États, qui ruinaient le peuple et n'enrichis-
saient pas le souverain. Impossible aux ministres des finances
de se faire rendre des comptes : après avoir pressuré le contribuable, le traitant criait misère, invoquant la détresse publique,
la guerre, pour se dispenser d'acquitter son bail, pour le faire
renouveler à un taux moins élevé [2]. Ce n'étaient pas cependant les
bureaux de comptabilité qui faisaient défaut : la monarchie espagnole avait quinze bureaux de révision de recettes, des Indes ou des
douanes, quinze *contadurie*. Mais leur nombre était précisément

---

1. Consulter particulièrement l'abbé de Vayrac, *Des revenus du Roi*, III, p. 407·
— Desdevises du Dézert, *Les Institutions françaises*, p. 363.
2. Desdevises du Dézert, *Ibid.*, p. 412.

si grand, avec tant d'employés mal instruits, mal payés que la concussion y était couramment en usage, facile à dissimuler, presque de règle. La confusion et l'ignorance produisaient le désordre. Bref, entre agents des fermes et de l'État, c'était un brigandage général.

« Il n'y a que Dieu qui puisse permettre à un homme de se reconnaître là-dedans », s'écriait Alberoni en 1716. On juge par ce cri ce qu'il a fallu d'énergie à Marie-Louise de Savoie, combattue par la routine et l'égoïsme des grands, entourée de factions hostiles où elle trouvait plus d'embarras que de ressources, pour tirer de ce chaos les moyens d'accomplir sa tâche[1]. Ce fut là vraiment qu'elle montra de l'héroïsme : elle avait fait appel à Louis XIV qui, dès 1703, lui envoya Orry.

Fils de financiers, fort intelligent et déjà familier avec les affaires d'Espagne, Jean Orry, dont cette mission fit la fortune, était un homme que les tâches difficiles ne rebutaient point, très laborieux et d'une santé de fer. Comme c'était un financier ingénieux, fertile en expédients, il avait trouvé des ressources immédiates pour la guerre, mais sans atteindre les sources du mal. Il eut les défauts des réformateurs, l'impatience et les illusions; il mit la main à tout et n'acheva rien. « Personne ne pouvait mieux réussir sous un homme posé qui lui eût fait tenir pied à bord. » Ses manières dures, l'atteinte qu'il porta aux coutumes ou aux abus lui attirèrent la haine générale. Ses ennemis, le duc d'Albe qui ne lui pardonnait pas ses 50,000 écus de rente sur les Indes perdus par la réforme, l'accusèrent de malversations. Et peut-être ses expédients en avaient-ils l'apparence. Il fut rappelé en 1706[2].

Son successeur, tout différent, l'homme le plus appliqué, le plus sage, Amelot, ne réussit pas beaucoup mieux. Il avait vécu, et permis aux souverains de vivre, c'était beaucoup sans doute : s'il avait réduit l'autorité des Conseils et l'arrogance des grands, et trouvé malgré eux des ressources, il avouait lui-même qu'il était encore loin d'avoir tiré les Espagnols de leur léthargie.

---

1. Lettres d'Alberoni à Rocca, du 7 décembre 1716, p. 507; du 8 mars 1717, p. 526; du 18 mai 1717, p. 539.
2. L'abbé de Vayrac, III, p. 434; Baudrillart, *Philippe V et Louis XIV*, p. 576.

Marie-Louise seule, après ces efforts souvent malheureux, ne se lassait pas. A la paix, en 1713, elle avait rappelé Orry, persuadée que, malgré ses défauts il connaissait le mieux le fort et le faible de la monarchie. Il avait de l'ardeur et du courage, peut-être trop. Mais l'excès valait mieux que le défaut. « Comme de deux maux il fallait éviter le pire, dit un contemporain, il fallait en venir là, ou voir périr l'État[1]. » Marie-Louise n'hésita point.

Par les soins d'Orry, on vit enfin s'opérer dans les finances des réformes essentielles. Il mit de l'ordre dans les impôts pour empêcher les agents de prélever à leur profit la moitié de la recette. En bloc, faute de pouvoir supprimer les baux des impôts, on afferma toutes les rentes provinciales à une seule personne, et bientôt de même les rentes générales. — Un trésorier général et une caisse centrale furent installés à Madrid pour recevoir les fonds ; des cautionnements exigés des fermiers pour en garantir la rentrée. La simplicité des moyens refit la clarté dans ces ténèbres et prépara l'unité : on créa un intendant général des finances qui, réuni au trésorier général, tous les jours, sous la direction d'Orry et dans le cabinet de la Reine, rétablit l'ordre, un ordre provisoire encore, mais déjà bienfaisant[2]. Sans faire appel au trésor de la France, avec ce financier habile et énergique, Philippe V put réduire la Catalogne et se reconstituer dans la paix un budget de quarante millions.

Les gens atteints par ces réformes accusaient Orry de malversation, parce qu'il faisait cesser les leurs. Ils étaient légion. « Personne ne s'est roidi contre les murmures comme celui là : toujours inébranlable, il allait son chemin, soutenu par la Reine, logé près d'elle au palais, de peur qu'on ne l'assassinât », introduit par elle au Despacho, malgré les reproches des Espagnols et de Louis XIV lui-même, tout-puissant et comme premier ministre[3]. Avec lui, Marie-Louise refaisait la royauté absolue et lui procurait des ressources. Sa dernière œuvre, en janvier 1714, fut l'établissement d'un Conseil suprême, destiné à remplacer le

---

1. Abbé de Vayrac, III, p. 307.
2. Baudrillart, *Philippe V et Louis XIV*, I, p. 577, d'après Combes, *La princesse des Ursins*, p. 473, et l'abbé de Vayrac, III, p. 436 ; lettre d'Alberoni à Rocca, mai 1713, p. 218.
3. Brancas à Torcy, 10 février et 2 mars 1714, dans Baudrillart, I, p. 575.

Conseil d'État, trop nombreux et hostile, puis à régulariser les fonctions du Despacho. De ce cabinet royal qui, par la rivalité de ses membres et la négligence du Roi, était devenu presque inutile, Marie-Louise refit un instrument de centralisation et de travail[1]. Des hommes nouveaux, sympathiques aux Bourbons, laborieux, le grand inquisiteur del Giudice, et son neveu le prince de Cellamare, le duc de Veragua, instruit des affaires de marine, le président Ronquillo, le confesseur du Roi, le père Robinet, et Orry qui venait d'être nommé *veedor general* y furent introduits, chacun pour une spécialité dont à un jour marqué le conseil dut régulièrement s'occuper. Le Despacho devint comme un conseil des ministres, plus actif qu'autrefois, plus compétent, ruineux pour l'autorité des autres Conseils, le vrai centre, le ressort naturel d'une monarchie absolue.

Aussi, on ne revit plus les jours de détresse où le Roi était obligé, pour faire sa fonction et défendre son royaume, de réduire la dépense de sa maison à 15 livres par jour. Sans gêne extrême il pouvait entretenir contre les Catalans une armée de 120 bataillons, en garder 40 à la paix, subvenir aux besoins des officiers réformés, acheter des vaisseaux en France et à Gênes[2]. On faisait état qu'en cas de guerre, l'Espagne à l'avenir serait capable d'armer 50,000 hommes. Ce n'était point encore l'aisance, ni la certitude absolue du lendemain : une reine d'Espagne n'avait guère pour payer ses robes, les dames de son palais, la dépense de ses enfants, et pour faire ses aumônes que 80,000 doublons. Et le Roi en proportion, avec l'obligation en plus de nourrir une foule d'officiers inutiles que sans une révolution on n'aurait pu réformer tous ni supprimer[3]. Le prix de la vie demeurait exorbitant : le blé coûtait 20 réaux la fanega, le vin 26 réaux le peso, une paire de poulets d'une livre et demie, 6 réaux ; l'huile, la viande, le pain et les autres comestibles à l'avenant, tous augmentés du double. Le peuple de Castille souffrait horriblement, réduit à vivre de lait et de

---

1. Ce fut alors, dit l'abbé de Vayrac, que l'ancien gouvernement de l'Espagne disparut (Préface, p. vi).
2. L'abbé de Vayrac, III, p. 419.
3. Lettre d'Alberoni à Rocca, 18 mai 1717, p. 539.

légumes[1]. Souverain et sujets avaient besoin d'un grand effort
commun pour se relever de leurs misères.

Ce qui restait à faire, surtout après avoir trouvé les premières
ressources, c'eût été de développer la richesse, la production,
l'intelligence nationales. L'Espagne avait encore le premier
empire colonial du monde, l'Amérique du Sud, les Antilles, les
Philippines. Qu'en faisait-elle? « Il semble, disait l'abbé de
Vayrac, que les Espagnols ne s'aperçoivent pas des trésors
immenses que la nature leur offre si libéralement, ou s'ils s'en
aperçoivent, qu'ils en font si peu de cas qu'ils ne se donnent
aucun mouvement pour en profiter. » Les échanges de l'Espagne
avec ses colonies consistaient en métaux précieux que les galions
apportaient, en marchandises, vêtements et meubles achetés
aux fabriques de l'Europe qu'ils remportaient et dont les gouverneurs imposaient l'usage et l'achat aux Indiens. De tout cela,
rien ne restait à peu près dans la métropole, que le profit extor-
qué par les fonctionnaires coloniaux aux misérables indigènes,
décimés par le travail des mines, les impôts et la misère.

L'organisation absurde de ce monopole avait livré tout le
commerce à la contrebande : ni les marchands, ni la colonie ne
pouvaient attendre la flotte royale qui s'en allait à dates irrégu-
lières, suivant le caprice des tempêtes ou des vice-rois, pour Porto
Bello et la Vera Cruz, ni le vaisseau unique qui touchait, quand il
pouvait, aux Philippines. Les Portugais, les Français, les Anglais,
depuis qu'ils venaient de recevoir le droit d'introduire des nègres
aux colonies, d'y avoir pour ce trafic des factoreries et de les
approvisionner, prévenaient en Amérique l'arrivée incertaine des
galions : les marchés du Roi étaient déserts. Il ne restait de ressource aux marchands espagnols, pour n'être pas ruinés, que de
s'associer à cette contrebande. Quelques-uns à Cadix, en Biscaye surtout le tentaient; mais la plupart, découragés comme
les industriels et les paysans par le mauvais régime, la volonté
du Roi et la concurrence étrangère, laissaient faire. On calculait
qu'il y avait en Espagne près de 200,000 marchands étrangers :
le plus grand nombre faisait rapidement fortune. Il est difficile

1. Lettre d'Alberoni à Rocca, 14 août 1713, p. 241.

d'imaginer qu'un peuple ait, pendant des siècles, pratiqué un tel système, entretenu des colonies, et payé des administrateurs pour le plaisir d'enrichir l'Europe, qu'un pays, fait exprès pour le commerce par la nature, fût celui où il s'en fît le moins. Cela ne se peut expliquer que par le *sommeil* léthargique où se plaisait l'Espagne. L'intelligence de la nation s'était endormie[1].

Tolède, au bord du Tage, manquait d'eau parce qu'on avait négligé depuis un siècle de réparer une machine fort ingénieuse, inventée par un Italien pour alimenter le réservoir de la ville. Le Tage aurait pu devenir aisément navigable, mais les Espagnols, pour excuser leur indolence, s'étaient dit que « si Dieu l'avait voulu, il l'aurait fait mieux et plus tôt, avec un seul *fiat* sorti de sa bouche, et qu'il n'appartenait pas aux hommes de corriger ce qu'il avait laissé dans l'imperfection pour des raisons à lui connues[2] ». Le même motif sans doute servait d'excuse à tous ces hommes qui, d'un pays très riche et de mondes entiers découverts par leurs ancêtres, n'avaient ni le courage, ni l'esprit de se refaire une puissance : leurs mines demeuraient inutiles ; elles auraient pu alimenter l'Europe : elles ne leur procuraient pas même une industrie locale. On ne trouvait pas à Madrid un bon horloger, pas même un tapissier capable de poser à une fenêtre une draperie[3]. Ce n'était pourtant pas la Providence qui avait fait les fenêtres ou réservé aux ouvriers italiens le soin de les garnir. En tous cas, si elle avait décidé que l'Espagne serait vouée à l'ignorance, elle avait réussi. Dans tout le pays, les jeunes nobles ne trouvaient pour s'instruire ni un collège, ni une académie[4]. On apprenait les lois à Alcala et à Salamanque, un peu de théologie scolastique par ci par là, rien de plus : ce peuple catholique ignorait le latin presque autant que l'arabe. D'autres études, plus modernes, plus utiles, à plus forte raison aucune.

A la gravité, au nombre de ces maux on peut mesurer

---

1. Pour toutes ces questions de commerce et de monopole consulter encore l'abbé de Vayrac, III, p. 447, et Desdevises du Dézert, *L'Espagne au XVIII* s.*, *sa richesse*, p. 140 et suivantes.

2. Abbé de Vayrac, I, part. 2, p. 547.

3. Lettres d'Alberoni à Rocca, 24 octobre 1718, 27 février 1719, p. 610 et 625

4. *Ibid.*, 8 août 1718, p. 595.

l'étendue de la tâche que s'était donnée une reine de vingt ans, étrangère, délicate. A la place de son mari désœuvré, elle avait entrepris cette œuvre longue, malaisée, cette cure morale d'un grand pays, quoique le Roi eût lui-même presque aussi besoin de sa sollicitude que le royaume. Elle avait eu un programme, pour un peuple qui ne pensait plus ; de l'ardeur, pour un souverain qui ne songeait pas à régner [1].

Il serait injuste de lui attribuer l'honneur exclusif d'un effort qu'elle ne soutint pas seule. Elle eut en effet un lieutenant, une collaboratrice qui lui fournit les conseils de son expérience, et l'appui, aux heures difficiles, de la force morale que donnent à une femme intelligente les leçons de la vie, Mᵐᵉ des Ursins. Dieu sait ce que la vie avait appris à Marie de la Trémoille, fille de duc, élevée au milieu de la Fronde, initiée toute jeune aux intrigues des femmes et des partis, mariée au prince de Chalais qui se fit chasser de France en 1662 pour un duel au Palais-Royal, l'aidant alors à refaire fortune en Espagne contre Louis XIV, puis veuve brusquement, en 1670, à Venise où elle était passée avec lui. On l'avait crue folle alors, quand elle promena deux ans son veuvage inconsolé de ville en ville, en Italie ; en 1673 elle s'était fixée à Rome, et très pratique, très politique, d'instinct elle entra dans la société des Cardinaux, du jésuite Nithard qui mit à son service son crédit à Vienne pour la faire princesse romaine, du cardinal d'Estrées qui la recueillit dégoûtée de ses avances inutiles à l'Autriche, et lui procura, après quelque commerce de galanterie, un vieux mari et un titre de duchesse romaine. Duchesse de Bracciano, elle ne se contenta point de si peu : elle se retourna vers la France, et, comme si elle ne l'eût jamais quittée, y étala son esprit et ses charmes, au point d'éveiller les inquiétudes de Mᵐᵉ de Maintenon.

L'âge qui venait pourtant, en 1696, avait donné une autre tournure à sa vie : l'ambition fit d'elle à la mort de son vieux mari, à près de soixante ans, l'ouvrière habile et heureuse de la grande

1. Voici le jugement tout à fait motivé et élogieux d'Alberoni sur la jeune Reine : « son intelligence est remarquable ; quoique jeune, elle a été élevée pour travailler avec méthode et expérience, et elle travaille indifférente à toute espèce de divertissement. enfermée toujours entre quatre murs, passionnée du pouvoir, douée de qualités éminentes ». Lettre à Rocca du 20 juin 1713, p. 231.

intrigue nouée à Rome avec les Espagnols pour donner le trône de Madrid au duc d'Anjou, et bientôt d'une autre négociation avec la cour de Savoie et la duchesse de Bourgogne dont l'effet fut le mariage de Philippe V et de Marie-Louise. Les jeunes souverains lui devaient bien la récompense qu'elle obtint, après l'avoir d'ailleurs sollicitée avec adresse, la première charge qu'une femme pût obtenir à Madrid, celle de camerera major.

Très grande dame, par la naissance, par les manières et un long commerce avec les premiers personnages de l'Europe, elle prit, sans effort et comme de droit, à Madrid, une place importante que son ambition tendue depuis vingt ans vers l'intrigue lui avait procurée. Après une vie d'aventures, rien en elle ne trahissait l'aventurière : plutôt grande que petite, brune avec des yeux bleus qui disaient tout ce qui lui plaisait, une belle gorge, et un visage qui sans beauté était charmant, un air de grandeur, de politesse et de distinction accomplies, une conversation nourrie par la lecture et la réflexion, une voix enfin caressante, insinuante, mesurée. Les expériences qu'elle avait faites, les milieux qu'elle avait traversés, pour se pousser et avec l'intention très arrêtée de réussir par tous les moyens, avaient simplement formé son talent politique sans jamais déformer « l'écorce honnête » qui masquait les dessous parfois suspects de sa carrière d'intrigante. « Je suis gueuse, mais je suis fière », écrivait-elle un jour qu'elle se peignit au naturel, avec une humilité feinte [1].

Il était logique après tout que, sous un règne où le vrai souverain était la Reine, le premier ministre fût une femme, quand cette femme surtout avait « une de ces ambitions vastes, fort au-dessus de son sexe et de l'ambition ordinaire des hommes ». Mme des Ursins, malgré les colères des Espagnols, les calomnies et les jalousies des Français et de leurs ambassadeurs à Madrid, un moment disgraciée par eux en 1704, fut plus que la surintendante de la maison de la Reine. Avec une discrétion calculée qui assurait sa puissance, elle connut toutes les décisions des souverains, s'associa à leurs choix, régla avec eux leurs réformes et leurs entreprises. Son esprit, le plus fertile qui fût en combi-

---

1. Sur Mme des Ursins, outre le livre élogieux à l'excès de Combes, Voir les notices récentes de M. de Boislisle dans son édition de Saint-Simon, *passim*.

naisons de toute sorte, le talent qu'elle avait pour connaître son monde et savoir par où le prendre et le mener, la ténacité surtout de son ambition soutenaient depuis quatorze ans la Reine qu'elle avait mariée contre les difficultés énormes d'une tâche noblement acceptée [1].

A voir la princesse dévouée, si active et si indispensable, les contemporains se persuadèrent même qu'elle seule avait pu inspirer à Marie-Louise des ambitions, un courage, des résolutions fort au-dessus de son âge et de son sexe, qu'elle n'était pas le bras droit, mais l'âme, la pensée dirigeante, efficace de la Reine. Toute collaboration a toujours éveillé ce genre de soupçons : en deux auteurs attachés à une même œuvre, on admet difficilement, l'égalité absolue de force, de talent, de travail. Et pour ce motif bien souvent, aux regards de la postérité, les ministres font tort aux Rois qui les ont employés.

Pour ne pas faire tort cependant à Marie-Louise de Savoie, pour juger vraiment le grand premier rôle que cette reine garda, parce qu'elle le voulut et qu'elle était capable de le soutenir, il peut suffire d'invoquer le témoignage de Mme des Ursins elle-même. La première fois qu'elle rencontra Marie-Louise, elle fut frappée « de son esprit étonnamment avancé pour son âge [2] ». Elle avait cru trouver une enfant ; elle découvrait une princesse plus fine qu'on ne pouvait penser, dont il lui fallut faire la conquête, et non l'éducation. Et bientôt elle lui rendait cet hommage que par sa conduite, sa grâce, elle avait su fixer l'attachement encore hésitant des Espagnols à leur nouveau Roi [3]. Ces débuts heureux étaient d'une vraie reine, consciente de ses devoirs, soucieuse de les remplir, née et façonnée avant l'âge pour le gouvernement, l'affirmation enfin d'une personnalité, d'une volonté au service d'une cause.

---

1. Saint-Simon, *Mémoires;* de Noailles, *Mémoires*, p. 150 à 200 ; Saint-Philippe, *Mémoires*, tome I. — Combes, *La Princesse des Ursins.* — Baudrillart, *Philippe V et la cour de France*, I, *passim.*

2. La princesse des Ursins à Torcy, 21 novembre 1701 (A. ÉTR., *Espagne*, t. 97, f° 251).

3. Voir la lettre élogieuse de Louis XIV à Marie-Louise de Savoie, du 10 novembre 1702 (A. ÉTR., *Espagne*, t. 109, f° 687), et celle du 14 mars 1706, citées par Baudrillart, I, p. 248.

Cette Reine et son œuvre, Alberoni qui s'était trouvé l'intermédiaire entre Marie-Louise et Vendôme, entre la cour et l'armée, avait pu lui aussi les juger toutes deux à leur valeur. Au mois de mars 1713, l'abbé écrivait à Parme : « Cette auguste Reine se porte à merveille et toujours attentive à procurer de l'ordre en Espagne. C'est sur quoy elle aura à travailler longtemps. C'est un terrain en friche, mais cultivé qu'il soit, il rendra beaucoup [1]. »

Deux mois après, annonçant une nouvelle grossesse de la Reine qui devait bientôt succomber à cette double tâche trop lourde, d'être à la fois femme et roi, Alberoni ajoutait : « Je ne crois pas me tromper en disant que si cette Cour met ordre à ses affaires, elle sera bientôt en état de n'avoir besoin de personne et de faire le brave à l'occasion. Elle pourra aider bien des gens, sans provoquer la jalousie de personne. Les idées de cette reine ne sont pas ordinaires. C'est une princesse jeune, formée au travail, et déjà d'une certaine expérience, insensible à tous divertissements, resserrée toujours entre quatre murailles, aimant à gouverner, et douée de qualités éminentes [2]. »

L'homme d'État italien avait éprouvé une admiration sincère et justifiée pour tant d'efforts courageux, pour des succès que la longue décadence du royaume et la jeunesse de cette reine ne laissaient pas espérer. Ce fut Marie-Louise de Savoie qui lui donna confiance dans la puissance des Bourbons d'Espagne : il l'avait vu soulever, de ses mains de femme, presque d'enfant, le poids des abus séculaires qui paralysaient la monarchie, et suffire pendant dix ans à une tâche qui fut, pour l'Europe et pour lui, une vraie révélation. Si la mort de Vendôme avait été une cruelle déception pour les desseins qu'il formait, du moins l'œuvre de la souveraine, consacrée par les victoires de son protecteur, demeurait intacte, garantissant toutes les espérances qu'elle lui avait fait concevoir.

Après l'indépendance de l'Espagne, la libération de l'Italie. Ce que Marie-Louise avait su tirer du chaos de cette vieille monarchie, ne donnait-il pas encore le droit d'espérer que les

---

1. Lettre d'Alberoni à Rocca, 13 mars 1713, p. 204.
2. *Ibid.*, 26 juin 1713, p. 230.

Italiens n'appelleraient pas en vain Philippe V comme un libérateur pour leur patrie ? Patriote, Alberoni faisait le beau rêve qui désormais « lui paraissait plus près de la réalité d'être entre les souverains de l'Espagne, les Farnèse ses maîtres et ses amis d'Italie l'instrument d'une mutuelle confiance qui permettrait une si belle œuvre [1] ».

Après la mort de Vendôme, on le vit hésiter sans doute. Il avait tant lutté depuis vingt ans, depuis sa sortie du collège, pour parvenir où la fortune de sa naissance et son humble condition ne le destinaient point ! « La vie de bohémien qu'il avait menée pendant la guerre [2] », vie de camp, vie d'aventures, avait porté à sa santé de rudes atteintes. Malgré tout, certaines de ses lettres trahissaient le regret d'abandonner l'œuvre interrompue, pleine de promesses encore, et le secret désir de servir l'Espagne pour s'en servir au profit de ses maîtres et de l'Italie. « Jamais étranger, écrivait-il le 22 août 1712, n'a été mieux à la cour d'Espagne que moi. Ce ciel fier et superbe, je l'ai trouvé humanisé et fort poli à mon égard. » Tous les généraux, le duc de Popoli qui succéda à Vendôme, son ancien lieutenant Grimaldi, M. de Caylus, les ministres et les grands, le cardinal del Giudice, le duc de Medina Sidonia, le marquis de Mejorada, insistaient pour le garder à Madrid, s'offrant à remplacer l'ami qu'il avait perdu. Il pouvait beaucoup espérer de la Reine elle-même [3].

Ce qui semble avoir alors le plus coûté à l'abbé, pour prendre une décision, c'est la crainte de dissiper dans un nouvel effort le peu de bien qu'il avait pu amasser. Auprès de Vendôme, la vie lui était facile. Si, depuis le mois d'avril 1711, la cour de Parme lui avait supprimé tout subside, il n'en avait pas souffert. La disparition de son protecteur le laissait « sans argent » et dans une situation, s'il demeurait à la cour de Madrid, à en dépenser beaucoup. « J'ai fait assez bonne figure dans cette capitale pour ne pas y vivre honteusement [4]. »

1. Lettre d'Alberoni à Boselli (le duc de Parme), Madrid, 1er février 1712.
2. Lettre d'Alberoni à Rocca, 17 octobre 1712, p. 189.
3. Lettre d'Alberoni à Rocca, 22 août 1712, p. 183, 184.
4 Lettre d'Alberoni, 26 juin 1712, p. 180.

Alberoni calculait alors le prix de la vie, trois fois plus cher qu'à Plaisance, la nécessité d'un train de maison, domestiques, mules et carrosses. Où prendre tout cela, « sur un patrimoine qui devait pourvoir à l'éducation d'un neveu et de deux petites nièces, même à leur établissement. Qu'on ait pitié de moi! » écrivait-il au ministre du duc de Parme, quand celui-ci au mois d'août lui transmit l'ordre du souverain, résolu, malgré ses envies de retraite, à le conserver à Madrid. Et de fait, dans les premiers mois où l'abbé se réinstalla à la cour, il dut recourir aux expédients pour vivre : le marquis Casali, envoyé des Farnèse « le logea et le nourrit très gracieusement : sans quoi il eût fallu décamper ». Son ami Monti, officier de l'armée de Vendôme, l'avait prié en son absence de toucher ses appointements. Il les prit; il emprunta 600 pistoles au cardinal del Giudice, et recourut aussi au banquier italien, Cantucci. Le duc de Medina Sidonia faisait de sa maison la sienne. Le duc de Popoli l'invitait presque chaque jour à sa table. En somme, c'était une vie d'expédients que les Farnèse lui imposaient. « La seule proposition de vivre ainsi et de mourir à Madrid me fait peur. »

Cette époque de crise et d'hésitations a été dans la vie du diplomate parmesan une époque décisive. S'il est demeuré alors à Madrid, pour s'associer de plus en plus au gouvernement des Bourbons, pour servir et continuer bientôt l'œuvre entreprise sous leur nom par Marie-Louise de Savoie, c'est par la volonté des Farnèse qui l'avaient déjà attaché aux Français, à Vendôme en Italie, en Flandre et jusqu'en Espagne. L'abbé n'a pris dans l'histoire figure d'intrigant et d'aventurier que par la faute de l'histoire, non par la sienne. « C'est vous, disait-il un an plus tard à son maître, qui m'avez obligé de demeurer en Espagne[1]. »

La politique des princes de Parme a paru négligeable, à côté des grands intérêts qui se heurtèrent dans la guerre de la Succession, duel décisif des Bourbons et des Habsbourg, rivalité des puissances maritimes et de la France. Mais ainsi l'histoire s'est privée des lumières qu'elle aurait pu se procurer sur la

---

[1] Voir toute la correspondance d'Alberoni avec Rocca en juillet et août 1713, p. 234 et suivantes.

fortune d'Alberoni. Elle n'a plus le droit désormais de l'attribuer à l'intrigue. Les Farnèse, exposés comme les ducs de Savoie, à payer en Italie les frais de la lutte engagée entre l'Autriche, les Français et les Espagnols, ont fait tous leurs efforts pour en suivre et en prévenir les conséquences. Il ne leur suffisait pas d'une diplomatie officielle, des services rendus par leurs envoyés ordinaires, Gazzola à Vienne, Pighetti à Paris, Casali à Madrid. Par leur ordre, Alberoni, agent secret détaché auprès de Vendôme demeura, quand Vendôme fut mort, à la cour d'Espagne, chef d'un service d'informations confidentielles adressées à son ami Rocca, garant dans la guerre et dans la paix prochaine de l'amitié des Bourbons d'Espagne pour l'Italie.

Par ses lettres, le secret de ses services jusqu'ici ignoré nous est connu. De Madrid il suivit et signalait à Parme pendant l'année 1712 les démarches et les efforts des armées espagnoles : son ami Caylus avait fait un plan pour des opérations décisives en Estramadure, le siège d'Elvas. Actif, laborieux, entreprenant, il n'avait pas prévu cependant qu'il n'avait pas assez de forces pour cette entreprise, et se rabattit sur le siège de Campomajor, afin de contrecarrer les prétentions du Portugal. Mais l'os encore parut trop dur à ronger : il fallut lever le siège et prendre sans résultat les quartiers d'hiver[1]. A l'armée de Catalogne, commandée par le prince Tserclaës, l'abbé avait un confident, le maréchal de camp Grimaldi. C'était à cette armée qu'incombait la tâche principale : les Autrichiens, commandés par Stahremberg, avaient reçu au printemps des renforts, menaçaient Cervera, Balaguer. Ils comptaient sur le concours des Catalans, miquelets et volontaires qui ruinaient le pays autour de l'armée royale, réduite à l'impuissance faute de vivres, et incapable de secourir Girone qu'elle laissait aux Français accourus du Dauphiné le soin de débloquer[2].

Ces résultats médiocres semblaient les conséquences de la mort de Vendôme. Mais Louis XIV n'abandonnait pas son petit-fils : les ordres donnés à Berwick de lui venir en aide étaient formels. « C'est la résolution et la vigueur d'il y a trente

---

1. Lettre d'Alberoni à Rocca, 31 octobre 1712, p. 191.
2. Lettres d'Alberoni à Rocca, 17 octobre et 21 novembre 1712, p. 193.

ans [1] », écrivait Alberoni qui se réjouissait avec Popoli et Marie-
Louise de Savoie de la défaite des Allemands en Flandre, de
l'humiliation du prince Eugène à Denain. Et bientôt, en effet, la
levée du siège de Girone, au début de 1713, en plein hiver,
couronnait la série des efforts par lesquels les Bourbons, défiant
la mauvaise fortune, repoussaient la coalition des frontières
françaises, et assuraient l'Espagne toute entière à Philippe V. La
Catalogne, épuisée par la guerre qui venait de décourager les
Autrichiens, abandonnée par eux, défendait sans espérance ses
privilèges et marchandait en vain sa soumission. Au mois de
mars, la femme de Charles VI, demeurée obstinément dans la
péninsule pour exciter par sa présence la rébellion des Catalans
se préparait au départ : elle jugeait la partie perdue pour son mari,
s'acquittait par une belle harangue envers les peuples qui
l'avaient acclamée et soutenue [2]. Le roi de Portugal rappelait ses
troupes à son tour : « son royaume était abîmé ». Les victoires de
la France, l'énergie de la Reine avaient reconstitué l'unité de
l'Espagne. « La rébellion des Catalans, Aragonais, Valenciens
rendra, concluait Alberoni, les rois d'Espagne plus puissants
qu'ils n'étaient. Tant il est vrai que *I Stracci vanno all'aria* [3]. »
Ainsi se trouvait confirmée par ces succès décisifs la confiance
que l'abbé avait inspirée à sa cour dans la force de la monarchie
espagnole, dans le triomphe final des Bourbons.

Ce triomphe, on l'attendait avec impatience à Parme, d'abord
pour la paix qu'il apporterait à l'Italie dévastée. Chaque lettre
que l'abbé recevait sonnait comme un cri d'angoisse. C'étaient des
plaintes incessantes sur les méfaits de la cavalerie allemande en
Lombardie, sur les quartiers d'hiver que prenaient dans le
Parmesan les Prussiens, les Saxons, « cette maudite race, ces
infâmes ostrogoths » sur les maladies, conséquences de la guerre
qui ruinaient les gens d'Italie et leurs richesses, sur le passage
enfin de l'Impératrice avec toute une suite de familles catalanes,
aragonaises, attachées jusqu'au bout à sa fortune [4]. « La paix

---

1. Lettre d'Alberoni à Rocca, 5 décembre 1712, p. 195.
2. Lettres d'Alberoni à Rocca, 16 février 1713 ; 20 février et 20 mars 1713,
p. 200 à 206.
3. Lettre d'Alberoni à Rocca, 27 février 1713, p. 203.
4. Lettres du même au même, 6 février, 6 mars et 20 mars 1713.

viendra trop tard », disait le comte Rocca, obligé dans un pays ruiné de faire face à ces nécessités. Dans les huit mois qui précédèrent le traité d'Utrecht, l'effort principal de l'abbé fut de suivre à Madrid et de signaler les progrès de la négociation engagée par les Bourbons avec leurs ennemis.

L'Angleterre l'avait prise en mains. Elle l'imposa à ses alliés, au prix de la Renonciation des Bourbons au trône d'Espagne. Alberoni se trouva donc le mieux placé pour voir se réaliser la condition essentielle que la reine Anne avait mise à la fin de la guerre, l'enregistrement par les Cortès espagnoles de la Renonciation de Philippe V. Son ami, le duc Popoli, fut chargé de recevoir mylord Lexington, l'envoyé extraordinaire que la cour de Londres dépêcha à Madrid, le 16 octobre 1712, pour assister à cette formalité décisive. Et lui-même, associé par le duc à cette mission, officiellement engagé par la cour à l'interroger et à le voir pouvait constater le prix que les torys attachaient à la prompte conclusion de la paix[1] Le marquis de Mejorada, secrétaire du Despacho, lui montra au fur et à mesure les nouvelles favorables qu'il recevait de Londres ou de Hollande, les courriers du marquis de Torcy. Sur la foi de mylord Lexington, Alberoni pouvait annoncer, en janvier 1713, « la paix immanquable », contribuer par son influence sur les ministres espagnols à ce que l'évacuation des troupes allemandes de l'Italie en fût une condition nécessaire. Le 3 avril, enfin, l'armée de Stahremberg quittait la Catalogne. Sur les menaces de l'Angleterre, le Portugal se retirait de la danse; la Hollande se résignait à des traités dont elle avait laissé échapper le bénéfice. La paix était assurée et, avec elle, la neutralité de la péninsule italienne.

Certes, cette paix n'était bonne pour l'Italie que parce qu'elle était la fin de la guerre. « Il faut espérer que notre pauvre Italie respirera pour quelque peu de temps. » Les traités d'Utrecht étaient loin de réaliser le rêve que l'abbé au prix de mille fatigues avait poursuivi depuis treize ans. « Cette paix-ci, écrivait-il le 27 mars 1713, n'a pas songé à mettre un équilibre en Europe. Jamais dans aucune Bartolo et Baldo ont eu moins de

1. Lettres d'Alberoni à Rocca, 24 octobre 1713 et 7 novembre 1713, p. 190, 191; 5 décembre, p. 195.

part qu'en celle-ci. On a agi sans consulter les lois divines et humaines[1] ». Il savait que la Renonciation imposée aux Bourbons par l'Angleterre, acceptée ou plutôt subie par Philippe V n'était pas un fondement si solide qu'on le croyait à Londres de l'équilibre européen. Et surtout il considérait avec tristesse « les renonciations plus grandes encore faites par le roi d'Espagne de ses provinces d'Italie », et la péninsule livrée encore en partie aux Allemands. Et dans sa tête, s'ébauchaient déjà les projets que plus tard contre eux et pour la délivrance de la patrie italienne il essaiera de réaliser : « Dieu fasse, écrivait-il le 27 février, que le roi de Suède fasse rendre gorge à tous ces malheureux Prussiens et les punisse de toutes leurs cruautés. Il y a apparence que le roi de Suède va ravager toute l'Allemagne. Peut-être notre père le Turc pourrait bien s'en mêler un brin. Ah! si le bon Turc pouvait donner à cette maudite race de l'occupation[2]. »

En face de ces traités « à la diable », utiles comme une trêve nécessaire, qui partagèrent la péninsule contre tout droit et à la convenance des puissances, l'abbé italien ce jour-là en appela une fois de plus à la justice immanente de l'avenir : « La comédie n'est pas finie. » Alberoni comptait bien en demeurer un des principaux acteurs, acteur et auteur dans une large mesure, si la pièce pouvait être reprise aux dépens des Allemands, avec le concours des Bourbons, en définitive au profit des Farnèse, ses maîtres et de l'Italie, sa patrie.

Il faut croire que la cour de Parme, malgré l'avantage immédiat de cette paix, ne repoussait pas ces espérances. La guerre ne lui avait rien rapporté : elle voyait avec envie la fortune grandissante du duc de Savoie qui acquérait avec un titre royal une belle province, dont la fille était reine d'Espagne, dont les petits-enfants seraient bientôt rois de France. Sans doute, c'étaient de la part des Farnèse des ambitions bien grandes : cette famille se réduisait à deux représentants, deux princes, François l'aîné, avait déjà perdu tout espoir d'avoir des héritiers mâles,

1. Lettres d'Alberoni à Rocca, 20 et 27 mars 1713, p. 205-207.
2. Lettres d'Alberoni à Rocca, 20 février, 27 février et 6 mars 1713, p. 202 et 203.

Antoine le cadet, obèse et difforme, trop pauvre pour se marier dignement ne l'avait jamais eu. Le duché ne semblait guère plus fort que la dynastie. Il était cependant bien administré et surtout bien servi. Placé au pied de l'Apennin comme la Savoie au pied des Alpes, il pouvait devenir dans la péninsule, si l'habilété de ses hommes d'État suppléait à ses ressources, le noyau d'une puissance italienne. De Plaisance, on songeait volontiers à s'établir dans la vallée de l'Arno, en Toscane où s'éteignait la race des Médicis. On regardait plus loin encore, vers la vallée du Tibre où les Farnèse avaient depuis le traité de Pise (1664) des droits sur les fiefs de Castro et de Ronciglione. Pour prendre pied même jusque sur la côte napolitaine, on faisait revivre d'anciennes prétentions à l'île de Ponza. Que l'Italie vînt un jour à se délivrer des Allemands, selon le vœu d'Alberoni, les princes Farnèse verraient peut-être la fortune sourire à leur maison, comme elle avait favorisé, dans le duel des Habsbourg et des Bourbons, les destinées de la Savoie.

Lorsqu'au mois d'avril 1713, ils firent choix de l'abbé maintenu contre son gré en mission secrète, pour remplacer officiellement leur envoyé à Madrid, le marquis Giuseppe Casali qu'ils rappelèrent, ce choix n'indiquait-il pas le prix qu'ils attachaient à ses desseins, à son concours? Cette désignation était absolument contraire aux usages de la cour de Parme. Dans le monde italien très attaché à l'étiquette, les emplois de ce genre appartenaient de droit à la noblesse du Duché, les Gazzola, les San-Severini, les Pighetti. Le secrétaire qui avait servi sous les ordres du marquis Giuseppe considéra d'abord comme une injure l'obligation de continuer ses services à l'abbé, fils d'un obscur jardinier « dont la fortune éphémère ne pouvait suppléer au défaut de naissance[1] ». Il fallut qu'on trouvât un biais, en le nommant secrétaire du ministère, et non de l'abbé. Qui s'imagine aujourd'hui, même à la lecture de la Chartreuse de Stendhal, les prétentions de cette noblesse parmesane? Quelle place tiennent dans l'histoire les envoyés

---

1. Tous ces détails se trouvent dans les minutes officielles du ministre Rocca, de juin à octobre 1713, conservées à l'*Archivio governativo* de Parme (Farnesiano carteggio).

des Farnèse, ambassadeurs de petits princes qui n'avaient point de part, en apparence, au règlement des grandes affaires ? Ce fut cependant pour les y faire admettre, et parce qu'il en avait l'intention et les moyens qu'Alberoni se trouva lui-même admis dans la diplomatie officielle : faveur insigne, oubliée dans l'éclat de la fortune qu'il allait faire en Espagne, qui, même au temps le plus brillant de cette fortune, demeura son seul titre authentique et qu'il faut se rappeler pour expliquer les origines, les développements et le terme même de cette carrière surprenante. « Il n'y a eu que la tendresse, la vénération que j'ai pour mon maître, son ordre et après, le devoir de sujet qui ont pu me déterminer à rester à Madrid », écrivait Alberoni à son ami Rocca le 10 avril 1713. Jusqu'au jour où il quitta l'Espagne, les Farnèse n'eurent pas en effet, de serviteur plus attentif, plus dévoué à leurs intérêts, plus docile que cet abbé, devenu prince de l'Église et premier conseiller de la monarchie espagnole, dont la réputation devait de beaucoup dépasser la leur. En ce rôle, dont l'histoire n'a guère connu jusqu'ici la donnée précise, Alberoni allait devenir à la fois l'inspirateur et l'instrument, le héros et plus tard la victime d'une politique le plus souvent orientée de l'Italie, de la vallée du Pô vers l'Italie.

Quoique sa fortune officielle lui fit d'ailleurs plus d'un envieux à Plaisance, il ne s'en exagérait pas pour lui-même les avantages. L'emploi en soi était médiocre et peu lucratif. On lui offrait tout juste 600 doublons par an, et, comme il ne trouva dans la succession du marquis Casali que des meubles usés, deux carrosses hors d'usage, de vieilles mules, il eut toute la charge d'une maison à monter, mules et harnais coûteux, quatre livrées pour ses gens, tapisseries de Gênes pour les tentures. A meilleur compte, il eût pu s'employer auprès des souverains d'Espagne, si disposés à l'engager qu'il dut pour ainsi dire solliciter de la Reine la faveur de préférer à son service les offres de la cour de Parme : « Autrement le diable s'en serait mêlé. » S'il n'eût consulté que son ambition, au service d'un grand roi il « avait les moyens de voler plus haut par la faveur de Philippe [2] ».

1. Lettre d'Alberoni à Rocca, p. 208 et 209.
2. Même lettre et les lettres des 31 juillet et 14 août 1713, p. 239, 240.

Alberoni avait alors cinquante ans et des infirmités qui
l'avertissaient de se hâter, des fièvres et une maladie d'yeux
qu'il avait contractées dans les plaines brûlantes et marécageuses
d'Espagne. « Toutes ces misères m'annoncent la vieillesse. »
Malgré les fatigues, par l'effet de l'âge et de la bonne chère, son
corps de paysan robuste s'alourdissait de graisse. Les portraits
les plus connus qu'on ait de lui sont de cette époque : la figure
n'est qu'une boule par l'empâtement des traits. Le menton épais
et le cou se perdent dans une masse de chair qui flotte jusqu'aux
oreilles, s'étend sur la poitrine et les épaules au point de faire
craquer les vêtements. Le nez est épaté. Les yeux déformés
s'écartent et ricanent : le front seul reste dégagé, haut et
large. Quelques cheveux rares, échappés par petites touffes du
bonnet autour des oreilles, une moustache maigre, une barbiche
mal venue sur une lèvre qui fait une moue disgracieuse, un
mélange enfin de lourdeur, de prétention et d'assurance. On
dirait une caricature : c'était simplement l'effet du temps qui
avait exagéré les défauts, et diminué les saillies expressives
de ce visage, l'empreinte des fatigues qui avaient élevé
au-dessus de sa condition ce plébéien en déformant sa santé
et ses traits.

« Allons, dit-il résolument, nous voilà sur la haute mer. Il faut
naviguer, et tâcher d'atteindre le port, quand on pourra. » Dans
cette cour d'Espagne où la volonté de son maître l'a désormais
fixé, où la faveur des souverains et de précieuses amitiés lui
donnent une autorité supérieure à la médiocrité de sa charge,
l'abbé va s'employer pour procurer à l'Italie de meilleures destinées. « Il est certain maintenant qu'on n'enlèvera plus l'Espagne
à Philippe V » : en vain, seul l'Empereur Charles VI abandonné
de toute l'Europe convaincue de cette nécessité, s'est obstiné,
encourageant les Catalans dans leur résistance. Il a continué la
guerre sur le Rhin ; il voudrait la reprendre en Italie. Cet héritier
de Charles-Quint s'était cru un moment en mesure de reconstituer
l'Empire de son grand ancêtre, et sur ce chapitre il ne voulait ni
conseil, ni remontrance. Tout d'ailleurs en ce souverain, son
regard froid et fixe, ses lèvres serrées, son front étroit marquaient
la volonté obstinée, irréfléchie, que soutenait la conviction de sa

supériorité et qui n'admettait de résistance ni de la part des hommes ni de la part des faits. Les seuls avis qu'il acceptât, parce qu'ils confirmaient sa résolution, c'étaient ceux de son conseil espagnol et italien, du Napolitain Stella, du comte d'Althan marié à une Espagnole, de l'archevêque de Valence[1]. « Tous les efforts de l'Autriche, disait Alberoni, ne serviront qu'à rendre le roi d'Espagne plus puissant. »

Hautain comme son adversaire, soutenu par l'énergie de sa femme et de Mme des Ursins, Philippe V ne se lassait point de la lutte. Contre les plaintes des Espagnols, contre la routine, et les intrigues même de Brancas il défendait son ministre des finances, Orry qui avec Berwick imposait à la monarchie les règles d'une centralisation utile à lui procurer les ressources de la guerre[2]. Il se préparait à réorganiser son Conseil et y faisait entrer des Italiens amis d'Alberoni dont la fortune grandissait, le cardinal del Giudice, son neveu le prince de Cellamare. L'armée commandée par le duc de Popoli, la flotte que l'Espagne avec le chevalier Mari se procurait à Gênes lui répondaient de la soumission de Barcelone et des Baléares. « La guerre présente a montré ce que pouvait l'Espagne », disait Alberoni. S'il le fallait, avec le concours et les conseils des Français et des Italiens surtout, Philippe V porterait ses armes victorieuses vers ces provinces italiennes, dont la perte lui avait laissé de violents regrets. « On va réorganiser ici, écrivait l'abbé de Madrid à ses maîtres de Parme, le conseil d'Italie. Non, ce n'est pas une paix durable que la paix d'Utrecht. L'Italie est un trop bon pays pour être abandonné à des Allemands. Mais l'effémination de notre nation est arrivée à un point qu'elle fait la honte de toutes les nations. Je prévois qu'elle ne tardera pas à en porter la peine. Les premiers malheurs seront pour elle : elle ne peut se guérir que par le fer et par le feu[3] ».

---

1. Instructions de Louis XIV à du Luc, ambassadeur à Vienne, dans le *Recueil des Instructions d'Autriche* (éd. Sorel).

2. Baudrillart, *Philippe V et Louis XIV*, p. 541 et suivantes, et toutes les lettres d'Alberoni à Rocca depuis le mois de mai jusqu'à la fin de l'année 1713, p. 216 et suivantes.

3. Lettre d'Alberoni à Rocca, 21 août 1713, p. 245.

Ce langage d'Alberoni au mois d'août 1713 rappelle si exactement les propos célèbres du fondateur de l'unité allemande que dans cette commune méthode de politique réaliste on ne peut hésiter à retrouver la même inspiration d'un patriotisme impatient, mais sincère, la même haine de l'étranger, la même résolution de servir son pays en le châtiant. L'analogie d'ailleurs ne doit pas faire oublier, elle accentue même les différeness. L'abbé italien eut le tort d'escompter une force dont il ne disposait point comme Bismarck disposa de la Prusse, une force étrangère, celle de l'Espagne et des Bourbons, pour le triomphe d'une politique italienne. Il paya cette erreur, plus tard. « Quand on représente des Princes qui n'ont point de forces, disait-il alors, il faut suppléer à la faiblesse, déployer son habileté, s'introduire avec adresse, et ne pas lésiner[1]. »

En cet art, depuis longtemps, il était passé maître. Comme toujours, il faut le voir assurer sa situation à la cour de Madrid par les bons moyens, des soupes au fromage, auxquelles la gracieuse Reine et sa dame d'honneur ne résistent pas plus que Vendôme et sa séquelle d'officiers gourmands, grâce aux charcuteries et au vin de Lambrusque réclamés en Italie pour la princesse des Ursins. C'étaient affaires d'État recommandées aux Farnèse par leur envoyé : « Souvenez-vous, leur disait-il, des facilités que m'a procurées certain régal présenté au bon moment[2]. »

L'abbé s'entendait à plaire et à amuser. Un bal était-il annoncé à Madrid : vite pour la duchesse d'Havré des fleurs de Mantoue et des masques de Venise commandés aux amis qu'il avait laissés en Italie, à Mme Sordi, au marquis Monti de Bologne : « On les attend avec impatience. » Pour le Roi, c'étaient des envois plus sérieux, des livres et des estampes Mais il fallait soigner surtout Mme des Ursins, « l'arbitre de l'Espagne ». Ce ne serait pas une ruine pour les Farnèse « d'envoyer tous les ans quatre douzaines de saucissons, quatre de fromages et deux caisses de vin dont cette dame fait son unique boisson. Il y a huit jours je lui fis

---

1. Lettre d'Alberoni à Rocca, 4 septembre 1713, p. 248.
2. Lettre du même au même, 10 juillet 1713, p. 234.

passer un plat de macaroni dont on a parlé pendant trois jours chez la Reine ! » Le vieux duc de Giovenazzo ne se privait pas d'insinuer que les conseillers d'État autrefois ne manquaient point de saucissons. Le cardinal del Giudice son frère, en passe de devenir premier ministre, s'invitait à la table de l'abbé pour y manger de la soupe lombarde et par récompense l'emmenait en haute compagnie, trois jours, à l'Escurial[1].

« Ah ! le monde ne se gouverne pas comme on croit », et Alberoni le gouvernait toujours de la même manière, par la gourmandise et les attentions. Les Farnèse marchandaient sans doute sur le prix de cette cuisine politique. Pouvaient-ils permettre à leur envoyé les prodigalités d'un duc de Brancas qui pour sa réception dans l'ordre de la Toison d'or offrait à quarante convives toute une après-midi un grand festin arrosé d'un bout à l'autre de vin de Champagne[2] ? N'était-ce rien cependant que d'avoir, à si bon compte après tout, un ministre recherché par les premiers seigneurs de l'Espagne, en possession de leur confiance et de leurs secrets, à qui l'un des plus puissants rois de l'Europe n'écrivait que « mon cousin » et qui pouvait disposer pour la grandeur de la maison Farnèse et le bien de l'Italie du crédit et des ressources de l'Espagne régénérée par Marie-Louise de Savoie.

Jamais Alberoni ne fut plus attentif aux destinées de cette monarchie. S'il calculait les maux que la guerre avait causés et pouvait causer encore à l'Italie, il voyait cependant avec faveur les efforts que Philippe V aidé de sa femme faisait pour se créer des ressources, des flottes et des armées, pour devenir dans l'Europe mal pacifiée un roi puissant, animé de rancunes contre les Allemands dont sa patrie demeurait esclave, et capable de vengeance. Cette vengeance, c'était le rêve obstiné du diplomate parmesan ; un rêve que peu à peu la fortune, en l'élevant lui-même dans le grand monde, avait servi, et qui, après chaque accident imprévu, se rapprochait de la réalité.

Deux coups très sensibles allaient en cette fin d'année 1713 s'abattre encore sur les projets de son âge mûr, comme sur les

---

1. Lettres d'Alberoni à Rocca du 12 juin, 10 juillet, 20 novembre 1713.
2. Lettre du 27 novembre 1713, p. 264.

espérances de sa jeunesse. Sa patience, cette vertu qui jamais ne lui fit défaut, la grande ressource du paysan qu'il était, semant et espérant toujours la récolte prochaine, fut mise à une rude épreuve. Après Vendôme, il allait perdre son meilleur protecteur, le duc de Medina Sidonia, l'un des premiers personnages du royaume, dont la faveur et l'entière confiance étaient l'élément essentiel de son autorité à Madrid[1]. Et bientôt, cette mort lui présageait un malheur plus grand encore pour l'Espagne et pour lui, la disparition de cette jeune Reine en qui il avait mis comme les sujets de Philippe V ses espérances. N'était-ce point Marie-Louise qui, incapable d'oublier Vendôme, avait retenu à sa cour, pour l'honorer d'une faveur particulière, l'ami qui l'avait tour à tour servi et pleuré avec elle ?

Ce dernier événement, fatal, n'était d'ailleurs que trop prévu. Les exigences du roi d'Espagne, autant et plus encore que la tâche royale qu'il avait abandonnée à une jeune femme de seize ans, presque une enfant, devaient avoir raison de cette frêle nature, dont les ressources physiques n'égalaient pas la vaillance morale. Marie-Louise se brisa sous le double poids de la maternité et du gouvernement.

La naissance du prince Ferdinand au mois de juillet 1712 fut suivie, à six mois d'intervalle, d'une nouvelle grossesse qui acheva d'épuiser la pauvre Reine. Elle s'alita cinq mois, aussitôt après l'accouchement. Au mois d'octobre elle fut prise de fièvre, d'une fièvre lente, symptôme de la phtisie qui se déclarait. Les médecins ne s'inquiétaient pas encore, ils crurent au mois de novembre la fièvre passée. « Le Roi a repris sa place auprès d'elle toutes les nuits, écrivait l'abbé. C'est donc signe qu'elle va mieux. Pourtant elle ne mange point. » L'hiver vint : Marie-Louise fut prise de faiblesse et ne sortit plus aux cérémonies officielles. On la purgea presque de force ; on voulut la faire changer d'air. Courageuse elle s'imposa encore en janvier l'obligation de recevoir l'ambassadeur de France, se mit du rouge et se coiffa, et se tint debout pour donner le change.

---

1. Lettre d'Alberoni à Rocca, 18 décembre 1713, p. 269.

Elle subit l'étrange remède que lui imposèrent les médecins cette fois inquiets, avec l'espoir de reprendre un peu de vie au sein des nourrices qu'ils lui amenèrent Philippe V avait enfin compris : il assistait, inconsolable, à ces crises de toux et d'étouffement qui enlevaient à sa femme condamnée un reste de vie. Il suppliait son grand-père de lui envoyer sans délai le médecin Helvetius et demandait aux docteurs un miracle. Elle se désolait de sentir approcher la mort, et savait encore se faire joyeuse en ses bons jours, pour consoler son mari, s'oubliant comme à l'ordinaire. Helvetius la vit le 11 février; il n'arrivait que pour porter le diagnostic qui avait échappé à ses confrères d'Espagne. Le 16 février, Marie-Louise reçut l'arrêt, éloigna ses femmes qui pleuraient et le Roi, fit venir son confesseur et lui dit avec un sang-froid étonnant à cet âge, que « d'abord mourir lui avait semblé bien cruel, bien pénible, que se sachant désormais condamnée elle mourrait avec courage comme si elle n'avait jamais vécu [1] ».

« C'était la plus grande perte que pût faire l'Espagne. » Témoin de cette mort qu'il a décrite avec une pitié et une admiration sincères, Alberoni n'en a pas exagéré en courtisan les tristes effets. Le coup n'était pas moins cruel pour le Royaume que pour le Roi. L'œuvre de Marie-Louise lui survivrait-elle ? Qui pouvait, à défaut de la Reine succombant à la peine, veiller sur toutes les réformes à peine ébauchées dont elle avait été l'inspiratrice, et commander [2] à ces conseillers hétérogènes, français, italiens, espagnols qu'elle avait par sa grâce et sa volonté enchaînés et associés à son effort. « Je l'ai bien connue, disait à Parme Alberoni, et à fond. Je l'ai vue et pratiquée aux heures les plus difficiles. Et je ne l'ai jamais quittée sans admirer ses décisions qui n'étaient ni de son âge, ni de son sexe. » Et il concluait avec tristesse : « pour moi la perte est grande, non pour les bienfaits seulement et les honneurs dont elle m'avait com-

---

1. A ces détails que l'on trouve dans la correspondance d'Alberoni au comte Rocca (p. 272, surtout p. 303), il faut joindre les relations envoyées par Brancas, ambassadeur de France à Torcy, citées par de Courcy, *L'Espagne après la paix d'Utrecht*, p. 48, et par Baudrillart, *Philippe V et Louis XIV*, p. 373.
2. Lettre d'Alberoni à Rocca, p. 303.

blé, mais pour la confiance qu'elle m'accordait, comme à l'un
de ses plus fidèles serviteurs, pour cette amitié dont les témoignages publics m'avaient procuré en ce pays tant et de si bons
amis. Que cette vie de cour m'est pénible ! » L'abbé cependant
avait appris à se faire une philosophie : il n'était pas l'homme des
longues tristesses. Il se remit à la tâche, toujours pour les
Farnèse, et de cette mort qu'il déplorait, bientôt il tira au
profit de ses maîtres de Parme son chef-d'œuvre.

CHAPITRE II

« La mort de la pauvre Reine, bien vite oubliée, n'a pas changé un iota au système passé[1]. » Tel était le jugement porté à cette date par Alberoni sur la cour de Philippe V. Au printemps de 1714, à défaut du Roi qui s'enfermait dans sa douleur, plus impuissant que jamais à gouverner, qui attendait avec impatience la belle saison pour s'adonner de nouveau à la chasse, son occupation principale, le gouvernement demeura aux mains des conseillers qui avaient aidé Marie-Louise dans sa tâche. « Le nouveau conseil traite toutes les grandes affaires autrefois réservées au Roi et à la Reine[2]. »

Le principal homme d'État de l'Espagne, par l'influence qu'avec son neveu Cellamare il avait acquise au Conseil, c'était le cardinal del Giudice, grand inquisiteur, chargé depuis le 31 janvier 1714 des affaires d'État, de conscience et de justice. Tandis que son neveu dirigeait les affaires de guerre et de police, souple, insinuant, dévoué aux Bourbons qui avaient assuré sa fortune, il faisait figure alors de premier ministre. Auprès de lui, indispensables pour le détail des affaires, deux hommes dont Philippe V ne pouvait plus se passer, le secrétaire du Conseil Grimaldo par qui passaient toutes les dépêches et tous les ordres, le président Orry récemment créé *veedor* ou contrôleur général

1. Lettres d'Alberoni à Rocca, 16 et 23 avril 1714, p. 298 et 301.
2. Le même au même, 5 mars 1714, p. 289.

« pour remédier à tous les abus qui causaient l'anéantissement des finances royales ». Enfin à la tête des armées dont Philippe V attendait, exigeait la soumission absolue des Catalans rétranchés dans Barcelone et des Majorquais rebelles, les hommes de guerre formés à l'école de Vendôme, le duc de Popoli, le marquis de Valdecagnas[1].

La tâche était plus rude sans doute, pour ces serviteurs de la monarchie espagnole, depuis que Marie-Louise ne les soutenait plus de sa volonté respectée par tous. Aussitôt qu'elle avait disparu, les grands d'Espagne avaient recommencé leurs intrigues pour défendre leurs privilèges que les réformes d'Orry menaçaient. Le haut clergé, les moines irrités contre ce Français qui les frappait d'impôts excitaient le peuple à la révolte. Ils accusaient le duc de Popoli de maltraiter les Catalans, pour faire durer une guerre qui lui créait des titres à la faveur royale. Le Président de Castille appelé au Conseil suprême y trahissait ses collègues.

Et voilà, que pour envenimer le mal, l'ambassadeur de Louis XIV, le duc de Brancas s'était mis en tête de rallier tous ces mécontents, et de leur procurer contre les ministres l'appui de la France. Il recueillait et excitait leurs plaintes, transmettait à Versailles leurs suppliques et fit si bien qu'il décida le vieux Roi et son ministre Torcy, à rappeler Orry, à remplacer Popoli à l'armée de Catalogne par le maréchal de Berwick. Etait-ce rancune de l'accueil assez froid qu'il avait reçu à son arrivée à Madrid ou dessein de servir son intime ami, le duc d'Orléans, qui avait songé à la couronne d'Espagne, en créant des difficultés à Philippe V? Le roi d'Espagne allait bientôt déclarer à son grand-père qu'il avait des raisons personnelles de se méfier de cette créature du duc d'Orléans[2].

Ce conflit du duc de Brancas et d'Orry était venu au mois de mars 1714 à l'état aigu; il paralysait tout l'effort du gouverne-

---

1. Lettres d'Alberoni à Rocca, p. 285 à 310, et de Brancas à la cour de France, citées par Baudrillart, I, p. 575 et suivantes ou par de Courcy, *L'Espagne après la paix d'Utrecht*, p. 105.

2. Mêmes ouvrages, et les lettres d'Alberoni à Rocca, des 9 et 16 avril 1714, p. 299, 301.

ment espagnol. « Que peut-on imaginer de plus mauvais? écrivait le Roi lui-même. Votre ministre cherche à me rendre odieux aux Français et méprisable aux Espagnols. Tous les mauvais esprits regardent avec regret que mon gouvernement prend une forme, que mes conseils s'arrangent, que mes finances se rétablissent [1]. » Si Philippe V pensait et parlait ainsi, on peut imaginer l'embarras de ses conseillers. « Je ne sais vraiment pas comment notre très éminent cardinal Giudice se tirera de tous ces tracas » disait Alberoni, devenu son meilleur ami.

Ce fut, à cette époque, la volonté de Mme des Ursins qui défendit l'œuvre de Marie-Louise et de ses collaborateurs. Dans sa douleur Philippe V avait cherché auprès de ses enfants une consolation toute naturelle. Il ne voulait plus voir les lieux qui lui rappelaient la Reine, ni le Palais, ni le Buen retiro. Il s'enferma dans la demeure des ducs de Medina Cœli, où il lui plut uniquement de s'isoler avec les princes. Mme des Ursins était chargée de veiller sur ces orphelins; elle leur tenait lieu de mère. Elle devint ainsi le personnage principal de cette petite cour mélancolique et fermée. Comme le Roi lui-même était un grand enfant, à qui les soins n'étaient pas moins nécessaires, la princesse devint l'âme de cette société très restreinte où ne furent admis que ses amis, Cellamare, les princes de Montenuovo et Pio, le duc d'Atri. Elle eut avec eux la confiance entière du Roi. Cette intimité ne pouvait que faire jaser à Madrid. Sans remarquer la différence d'âge entre un jeune Roi et sa confidente de soixante ans, on prétendit que la princesse caressait le rêve réalisé par sa protectrice Mme de Maintenon, qu'elle cherchait à se faire épouser. Saint-Simon nous a conservé les propos méchants qui circulèrent alors, même à Versailles. « Faites comme Mazarin, et dites avec lui, répondit un jour Alberoni à la princesse qui l'interrogeait sur ces bruits de la ville : « laissez-les dire, et qu'ils me laissent faire [2]. »

Comme Marie-Louise, la princesse inspirait à Philippe V les

---

1. Lettre de Philippe V à Louis XIV, 8 mars 1714, citée par de Courcy, *L'Espagne après la paix d'Utrecht*, p. 97.

2. *Même ouvrage*. p. 62 à 69, d'après les dépêches de Brancas ; lettre d'Alberoni à Rocca, 5 mars 1714, p. 289.

résolutions viriles. Comme Brancas intriguait contre Orry, elle détermina le Roi à exiger de son grand-père par une lettre très ferme le droit de garder son ministre et de renvoyer l'ambassadeur. Elle savait tenir tête à Torcy, dont elle avait été jusque-là l'auxiliaire. Elle brisait au Conseil Ronquillo qui intriguait (8 mars 1714). Lorsque le vieux Roi lui-même, lassé de la guerre, signa la paix de Rastadt avec l'Empereur sans consulter son petit-fils (6 mars), et pour avoir cette paix consentit à laisser encore à Charles VI le titre de roi d'Espagne, elle n'hésita pas davantage à dicter à Philippe V des représentations fort vives que Grimaldo rédigea au gré de ses colères. Elle savait consoler le duc de Popoli du tort que lui faisait Louis XIV en chargeant Berwick d'achever le siège de Barcelone où il s'était dépensé depuis cinq mois [1].

D'ailleurs, aussi habile qu'énergique, et pour protéger Philippe V contre les colères que ses conseils pouvaient provoquer à Versailles, la princesse engageait le cardinal del Giudice à partir brusquement avec son neveu le 2 avril 1714 pour la France. Cette mission extraordinaire d'un cardinal, premier ministre en fait de la monarchie, était à la fois un acte de déférence envers Louis XIV et de défense contre les intrigues de Brancas, un moyen détourné de concilier les ordres de l'aïeul, les exigences de sa diplomatie avec la politique intérieure et extérieure de son petit-fils [2].

Sans doute, Mme des Ursins n'employait pas uniquement sa faveur et son autorité sur le Roi aux intérêts véritables de l'Espagne. Elle travaillait pour elle-même : son désir ardent d'obtenir une principauté dans les Pays-Bas avait fait suspendre depuis un an la signature du traité entre les Provinces-Unies et Philippe V, « conforme pourtant à l'intérêt à l'honneur de ce prince et au bien de la paix ». Ce même désir ou cette condition figurait au nombre des réclamations que l'Espagne chargeait le cardinal del Giudice de formuler contre le traité de Rastadt :

---

1. Baudrillart, *Philippe V et Louis XIV*, p. 541 et suivantes. — Lettre d'Alberoni à Rocca, 9 avril 1714, ou juin 1714, p. 298 à 315.

2. Cette mission a fait l'objet d'un chapitre spécial dans le livre de M. de Courcy, *L'Espagne après la paix d'Utrecht*.

« J'ose espérer, écrivait à Torcy Mme des Ursins, que le Roi me
fera la grâce de commander à MM. ses Ambassadeurs à Bade,
d'agir fortement pour me faire obtenir une souveraineté, puisqu'on n'a pu y engager l'Archiduc à Rastadt » (23 avril 1714)[1].

Pour cette femme ambitieuse, comme pour ces Italiens dont
elle était le centre et l'appui, la puissance des Bourbons, Bourbons de France ou Bourbons d'Espagne, n'était qu'un instrument. Si nécessaire que fût la paix aux deux couronnes, les
Italiens de Madrid excitaient et exploitaient les ardeurs belli-
queuses de Philippe V, son regret d'avoir perdu les Flandres
et l'Italie. « On voudrait ici voir rompue la négociation de
Rastadt », écrivait Alberoni le 26 mars. « Cette cour se réjouit
de n'y avoir point participé, ajoutait-il un mois après. Grande
illusion, concluait-il, des princes de l'Europe d'avoir démembré
cette monarchie, par la crainte d'une union chimérique. Rap-
pelez-vous ce que je vous ai dit dès le principe, que cette paix
laissera à l'Europe plus d'embarras que par le passé[2]. » Tels
étaient les propos que la princesse des Ursins invitait Alberoni
à tenir au roi d'Espagne entêté de ses droits, qu'elle lui tenait
pour servir ses propres ambitions. « Il est bien important pour
nous d'avoir ce Roi, plus important encore d'entretenir ses
rancunes et son orgueil. »

Lorsqu'on apprit à Madrid enfin, le 15 mai 1714, la mort du
duc de Berry, du frère de Philippe V, de l'héritier qui par les
Renonciations devait succéder à Louis XIV, lorsqu'on vit la
dynastie française réduite à la vie fragile d'un enfant de
quatre ans, l'occasion parut meilleure encore aux courtisans du
roi d'Espagne de lui rappeler des droits précieux que la paix
d'Utrecht, en France même, lui avait fait perdre. Il fallut alors
l'insistance des Anglais et l'autorité de Louis XIV pour imposer
à Philippe V l'abandon de ses droits et de ceux de sa maison à la
succession de France. Au moment où les Cortès enregistrèrent
cette condition de la paix pour lui donner plus de valeur,
Alberoni avait entendu dire aux courtisans et au souverain à

---

1. Voir dans cet ouvrage de M. de Courcy, p. 121, les Instructions données à
del Giudice et les correspondances au sujet de la principauté de Mme des Ursins.
· 2. Lettres d'Alberoni à Rocca, 26 mars et 9 avril 1714, p. 295, 299.

Madrid ce qu'ils pensaient tous à la cour de cette atteinte au droit monarchique : « Voilà bien des soins inutiles que prennent les hommes de l'avenir, qui peut-être deviendraient bien inutiles, s'il arrivait le cas[1]. » Et quand le cas parut se rapprocher par la mort du duc de Berry, del Giudice n'attendit pas les ordres de Madrid pour s'ouvrir, dès le 4 mai 1714, à Torcy de l'espérance conservée par son maître d'obtenir au moins la tutelle du frêle enfant destiné au trône, et, s'il mourait, malgré la Renonciation, l'héritage en faveur du prince des Asturies. Il savait donc que le meilleur moyen de faire sa cour était de devancer des instructions formelles qui lui arrivèrent en effet d'Espagne le 23 mai 1714 par Grimaldo. Pour plaire à Philippe V, ces Italiens n'hésitaient pas, avec Mme des Ursins leur protectrice, escomptant leur profit personnel, « à risquer ce qui pouvait causer aux États voisins ombrage et sujet de guerre[2] ».

Del Giudice allait d'ailleurs payer de sa faveur les missions délicates qu'il avait acceptées. A Madrid, on s'était flatté qu'il réussirait à convaincre le vieux Roi et ses ministres obstinés à la paix, qu'il rapporterait des promesses favorables aux espérances de Philippe V, aux ambitions de Mme des Ursins. Dès qu'on eut acquis de Versailles la certitude du contraire, le dépit se tourna en colère contre l'ambassadeur. La résistance qu'il avait opposée comme Grand Inquisiteur aux mesures fiscales prises par le Conseil de Castille servit le 20 août de prétexte, en son absence, à un rappel brutal, aggravé par l'ordre de se démettre de sa charge, et à l'exil. Il était plus dangereux de déplaire à la princesse toute-puissante que de résister à Louis XIV.

Cette vengeance fut, de la part de Mme des Ursins, une preuve de son autorité incontestée, mais une faute. On ne gouverne pas par la colère. En privant l'Espagne d'un premier ministre qui paraissait indispensable, à qui Louis XIV reconnaissait des intentions « admirables », elle frappait à la tête ce gouvernement d'Italiens qui disposait de la monarchie, et n'était pas d'humeur à s'en laisser déposséder. Ils obéirent, mais se préparèrent une revanche.

1. Lettre d'Alberoni à Rocca, 24 octobre 1712, p. 190.
2. Tout cela a été exposé de la façon la plus précise par Baudrillart, *Philippe V et Louis XIV*, p. 579 et suivantes.

C'étaient, avec le prince de Cellamare qui devint l'âme de la résistance, le comte de Montenuovo, le duc d'Atri et ceux que leurs charges de majordome et de grand écuyer appelaient toujours auprès du Roi, le duc de Popoli, son capitaine de gardes, Grimaldo, son secrétaire, le prince Pio enfin, gouverneur et capitaine général de Madrid. Dans la retraite du Pardo, demeure d'été où Philippe V s'enfermait pour chasser du matin au soir, où les courtisans ne pouvaient s'installer, un complot se forma dont Alberoni fut le principal ouvrier [1]. Ami des rares seigneurs qui approchaient du Roi régulièrement, leur commensal et leur hôte, grâce aux douceurs et aux potages qu'il leur servait, l'abbé préparait dans l'ombre le coup décisif qui devait établir, aux dépens de Mme des Ursins, au profit des Italiens, sa propre fortune et celle de ses maîtres.

Le tempérament du Roi lui était trop connu pour qu'il ne prévît pas les conséquences de son veuvage, vapeurs et migraines, accès de fièvre et de mélancolie auxquels il fallait d'autres remèdes que le plaisir de la chasse, les jeux de ses enfants, ou les entretiens d'une confidente de soixante ans. Dix jours après la mort de Marie-Louise, le 19 février, l'ambassadeur de France écrivait à sa cour : « Le public raisonne beaucoup sur l'état de Sa Majesté et chacun lui donne déjà une femme à sa fantaisie. Car tout le monde croit généralement qu'il ne peut s'en passer. Je n'oserais pas vous écrire tout ce qui se dit là-dessus et les différentes opinions et imaginations [2]. » Pour raisonner comme tout le monde, Alberoni n'avait même pas attendu que la Reine fût morte. Il lui avait suffi de la savoir condamnée : son ardent désir de servir ses maîtres et l'Italie, ses belles relations à la cour, son intimité avec Mme des Ursins lui suggérèrent un plan matrimonial, qu'il fit connaître à Parme dès la fin de janvier 1714.

Dans la petite cour de Plaisance, où les ducs avaient plus

1. Lettres d'Alberoni à Rocca. du 28 mai 1714 au 2 juillet 1714 p. 308 à 318; cette dernière lettre surtout, à cause de ces mots : « Il Re di Spagna havrebbe bisogno d'una persona fedele ed intelligente che gli aprissa gli occhi. »
2. Brancas à Torcy, 19 février 1714, A. ÉTR., Esp., t. 228, fo 156.

d'ambitions que de ressources, une princesse de vingt ans représentait tout l'avenir de la maison Farnèse. Par sa mère Sophie Dorothée de Neubourg, Élisabeth Farnèse se rattachait à d'illustres alliances, à la famille impériale d'Autriche, nièce de l'empereur Léopold et du dernier roi d'Espagne Habsbourg, Charles II. C'était une Lombarde, sinon belle, du moins vigoureuse et de taille bien prise, médiocrement instruite, curieuse surtout de danse et de musique, dévote et passionnée. On lui cherchait des maris, en Italie, le prince de Piémont, le duc de Modène ou moins encore, un prince de la Mirandole, quand une petite vérole très grave mit en 1713 sa vie en danger, et la laissa toute marquée de cicatrices qui ne devaient point faciliter son établissement. Alberoni, sans tarder, la destina au roi d'Espagne[1]. L'entreprise semblait si hardie, et parut telle à ses oncles d'abord que leur premier soin fut de recommander à l'abbé « le plus profond secret[2] ».

Tant que Marie-Louise vécut, l'habile Italien se garda bien de se découvrir. Il se mit aux aguets, attendant l'heure où il pourrait parler et trouver des dispositions favorables. Le 11 mars 1714, le bruit circulait déjà que Philippe V avait chargé Mme des Ursins de lui chercher une femme, que ce serait ou Maria Vittoria, ou Isabelle de Savoie, ou une fille du Portugal ou de Bavière. L'abbé dressa ses batteries : il s'agissait avant tout de circonvenir et d'intéresser au projet la toute-puissante favorite, plutôt portée vers la maison de Bavière[3]. Ce fut alors qu'Alberoni recueillit les bénéfices de ses potages, de ses galanteries adroitement servis aux seigneurs et aux dames de la société qui entourait et conseillait Philippe V. Par le confesseur, par le marquis de Mejorada et la princesse de Santo Buono, il habitua le souverain à l'idée de prendre femme à Parme, une femme robuste et religieuse qui l'aiderait « à continuer de vivre saintement »

1. Poggiali, *Memorie Storiche di Piacenza*, tome XII et le livre le plus récent et le mieux documenté sur Élisabeth Farnèse, celui d'Edward Armstrong, *Élisabeth Farnèse*, London, 1892, p. 1 à 20.

2. Duc de Parme à Alberoni, 8 février 1714 ((Arch. Nap., *Farnesiana*, t. 54).

3. Secretario Donaudi al Re di Sicilia, 11 mars 1714, dans les *Relazione diplomatiche della Monarchia di Savoia*, Part. 4, vol. I, p. 124.

Les funérailles officielles de la feue Reine n'avaient pas encore eu lieu que dès le début d'avril l'on commençait à parler, dans l'entourage du Roi, d'un mariage avec la princesse de Parme. « Il ne faut pas me féliciter, disait modestement Alberoni à son ami Rocca, le 2 avril. Ce n'est ni mon savoir-faire, ni mon habileté qui font mon mérite, mais simplement le soin que j'ai eu de battre les sentiers préparés ou pour mieux dire ouverts par mon glorieux ami, le duc de Vendôme [1]. »

Le 1er avril, entre la princesse des Ursins et l'abbé avait eu lieu la passe décisive. Brusquement, à une procession du jeudi saint, elle l'avait interpellé : « Vous êtes donc de ceux qui veulent marier le Roi. » Il avait joué son rôle avec adresse. « Me croyez-vous assez fou pour cela ? » Il s'était fait arracher l'aveu du complot. Tout de suite alors, elle s'y crut intéressée, sur la promesse sans doute et par l'espérance que cette petite princesse italienne, dans cette fortune inespérée, serait sa créature et son instrument [2]. Deux jours après, elle faisait donner l'ordre à son propre neveu, le prince de Chalais, qui servait à l'armée de Catalogne, de partir pour Versailles, et de se tenir prêt à informer Louis XIV des projets de son petit-fils [3]. La semaine ne se termina pas sans que l'envoyé du duc de Parme eût été conduit par la princesse elle-même officiellement au Roi, au Pardo, et le même jour, il·sollicitait de son maître l'envoi de deux portraits de l'héritière du duché. « Mes amis m'ont bien conseillé de battre le fer pendant qu'il était chaud. »

A ce moment, dans la négociation vivement poussée jusque-là, il y eut un temps d'arrêt. Aucune déclaration n'était possible, jusqu'aux obsèques de la Reine qui n'eurent lieu que le 17 mai. Si pressé que fût Philippe V, il craignait le compliment que lui fit un peu plus tard le duc de Savoie. « Je suis fort étonné de l'impatience du Roi, et de ce qu'il oublie si facilement la femme qu'il a perdue [4]. » Dans sa retraite prolongée du Pardo, le roi

---

1. Lettre d'Alberoni à Rocca, 2 avril, p. 297.
2. Alberoni au duc de Parme, 9 avril 1714 (ARCH. NAP., *Farnesiana*, 54) ; à Rocca, 9 et 16 avril.
3. Sur cette mission, voir Baudrillart, *Philippe V et Louis XIV*, p. 59.
4. Le prince de Monaco à Torcy, 23 septembre 1714.

d'Espagne voulait se donner au moins les apparences du regret. Il attendait aussi peut-être pour se décider que les portraits demandés à Parme lui confirmassent les promesses d'Alberoni.

L'abbé tremblait de perdre sa cause par un de ces accidents imprévus qui tant de fois l'avaient détourné de sa route. Ne racontait-on pas que Louis XIV s'était chargé de faire agréer Marie-Charlotte de Bavière, belle fille et bien élevée d'un père à qui Mme des Ursins avait des obligations? La reine douairière d'Espagne, Marie de Neubourg, exilée à Bayonne par la même dame ne s'entendrait-elle pas avec le roi de France sur qui elle avait du crédit pour écarter sa nièce du trône d'où elle avait elle-même été précipitée? Bien vite, Alberoni s'en allait à Bayonne, et de cette reine déchue qui aurait pu être par haine de Mme des Ursins une adversaire, il fit un avocat excellent de sa cause [1]. À son retour, il trouvait le Roi en possession du portrait de l'héroïne, enchanté de l'air de bonté et de dignité qu'il se plaisait à y voir.

Heureusement aussi Mme des Ursins demeurait encourageante, non peut-être sans garder quelque arrière-pensée. Elle ne se lassait pas de réclamer à l'abbé le fameux vin et les fromages de son pays. Demandes singulièrement utiles qui en facilitaient d'autres, plus précieuses encore, sur les qualités d'esprit et de corps de la princesse Élisabeth : « Dansait-elle? Combien de langues parlait-elle? Les cicatrices laissées par la petite vérole étaient-elles profondes ou superficielles? N'avaient-elles pas déformé son visage? » Alberoni avait naturellement réponse à tout. Au sortir de ces entretiens, il informait la cour de Parme que de toutes les princesses proposées, la nièce des Farnèse était celle, au dire de son interlocutrice, qui plaisait le plus au Roi [2].

Il fallait conclure pourtant : arrivé à Versailles depuis le 12 mai, le prince de Chalais attendait toujours l'ordre décisif pour parler à Louis XIV qui s'irritait, pendant cinq semaines, de le voir à sa cour, silencieux et mystérieux. Alberoni ne s'irritait pas moins à Madrid de ces lenteurs; un jour le bruit circulant

1. Alberoni au duc de Parme, 26 avril et 7 mai 1714 (Arch. Nap., *Farnesiana*, 54).
2. Mêmes lettres des 7 mai et 4 juin 1714.

qu'on songeait à Marly à un mariage avec Mlle de Clermont, il
s'émut. Mme des Ursins n'aimait pas la France ; elle le rassura,
mais n'en dit pas davantage[1]. Le 10 juin elle lui fit enfin la confidence définitive, attendue[2].

Ce qui décidait enfin Philippe V, c'était cette étrange
maladie dont les crises s'accentuaient avec la prolongation de
son veuvage. Les Farnèse avaient le remède tout prêt. Au
sortir d'un accès de mélancolie et de fièvre qui avait préoccupé
son entourage, Philippe V résolut de le leur demander. Sa
retraite au Pardo avait assez duré. Le 18 juin il envoya à
Chalais l'ordre de parler à son grand-père et l'informait qu'il
avait pris la résolution de se remarier, de préférence avec
Élisabeth Farnèse, s'il y consentait. Le 2 juillet, Chalais quittait
Versailles avec une réponse favorable de l'aïeul, un peu mécontent cependant que la négociation lui eût été cachée[3]. Quinze
jours après, Philippe V se décidait à cette seconde union où la
raison avait plus de part que l'inclination. Le cardinal Acquaviva, son ministre à Rome, reçut l'ordre d'avertir le Pape
Clément XI et de se rendre à Parme, d'y faire la demande
officielle et de conclure.

Ce mois de juillet 1714 fut, pour l'auteur de cette pièce mémo-
rable, le dernier mois d'incertitude et d'émotion. Il avait eu
un cri de joie le 25 juin : « Grâce à Dieu, tout est terminé. Le
prince est pleinement servi[4]. » Sa maison, modeste demeure de
l'envoyé d'un petit prince, devenait le rendez-vous de la cour.
Mme des Ursins et sa suite, le premier écuyer, le grand cham-
bellan, le duc d'Atri, le comte de Montijo, s'y invitaient pour
fêter, avec cette bonne cuisine lombarde dont ils étaient friands,
le serviteur de leur nouvelle Reine et l'auteur de sa fortune. Tout
en déplorant la lésinerie des Farnèse, les obligations de sa charge
et les exigences des banquiers, Alberoni était fier d'avoir réussi,
et ne ménageait les compliments ni à lui-même, ni à sa table,

---

1. Lettres de del Giudice à Philippe V, des 14 mai et 30 juin 1714. — *Archives
d'Alcala*, citées par Baudrillart, *ouv. cité*, I, p. 592.
2. Lettres d'Alberoni au duc de Parme, 25 juin et 2 juillet 1717 (ARCH. NAP.).
3. Louis XIV à Philippe V, 2 juillet 1714, Baudrillart, I, p. 592.
4. Lettre d'Alberoni à Rocca, p. 316.

sa meilleure auxiliaire : « J'ai conscience d'avoir bien servi
et de n'avoir en rien négligé ce qui pouvait assurer le succès.
Tous les auxiliaires que j'ai trouvés étaient vraiment ceux
qui avaient le plus de crédit et d'autorité, et je puis bien dire,
parce qu'ils l'ont dit eux-mêmes, que j'ai eu leur entière
confiance. Mais aussi, s'ils venaient me surprendre à Madrid
vous ne pouvez vous imaginer l'éloge qu'ils faisaient de toutes
parts au Roi lui-même sur la *bonne chère* de ma maison. » « Allons,
concluait-il, les dispositions sont excellentes, les mesures bien
prises, efficaces, et calculées de manière à réussir[1]. »

Si bien montée pourtant que fût la pièce, Alberoni tremblait
toujours. Il se défiait du principal avocat, des finesses et des
ruses de Mme des Ursins. Saint-Simon a prétendu qu'au
dernier moment elle avait fait expédier au cardinal Acquaviva
l'ordre de ne point quitter Rome. Le bruit courut en effet qu'à la
fin de juillet encore elle travaillait en cachette pour la fille de
l'Électeur bavarois[2]. L'abbé veillait, faisant sans cesse la route
de Madrid au Pardo par un été brûlant, s'épuisant en démarches,
en écritures. C'étaient des entretiens avec Mme des Ursins pour
lui dépeindre Élisabeth « une bonne lombarde, sans fiel, tout
cœur, d'un naturel doux et maniable, telle qu'elle pouvait la
désirer, toute préparée par la reconnaissance et la nécessité
même à se confier uniquement à ses conseils ». C'étaient des
apartés plus piquants encore avec le Roi qui voulait des détails,
beaucoup de détails sur sa fiancée et les demandait à l'abbé, par
peur ou par méfiance de la princesse[3]. Les portraits de la Reine
lui fournissaient les meilleurs arguments. Ils faisaient fureur :
« La marchandise a plu. Encore, de grâce, envoyez-m'en.
Il ne manque pas de copistes au pays : le plus et le plus tôt
possible[4]. » Ce qu'il y avait d'amusant et de rassurant, c'était
l'impatience de Philippe V aussi grande que celle d'Alberoni,
pour d'autres raisons. A chaque cavalier qui arrivait, il deman-

---

1. Lettres d'Alberoni à Rocca, des 2 et 9 juillet, p. 317 et 320 ; et au duc de
Parme (Arch. Nap., *Farnesiana,* 54).
2. Lettre d'Alberoni à Rocca, 16 juillet 1714, p. 322.
3. Lettre d'Alberoni au duc de Parme, 6 août 1714 (Arch. Nap., *Farnesiana,*
54); Mme des Ursins à Torcy, 12 juillet 1714 (A. Étr., *Espagne*).
4. Lettres d'Alberoni à Rocca, 23 et 30 juillet, 1714, p. 324, 326.

dait si ce n'était point un courrier de Parme, du cardinal Acquaviva [1].

Décidément, la cause était enfin gagnée. « C'est la main de Dieu, disait le rusé diplomate qui a conduit tout cela. Notre maître est destiné à de grandes choses. Je peux dire avec le vieux Siméon : nunc dimittis servum tuum. » Et bien vite il ajoutait : « Je puis dire sans vanité que je connais le terrain. Je sais comment on le cultive et les moissons qu'il peut donner. Le succès est moins grand par lui-même que par ses conséquences [2]. » C'était en effet pour les Farnèse une fortune inespérée, l'une des plus grandes qui fût arrivée depuis longtemps à leur maison : ces petits princes italiens qui avaient toutes les peines du monde à faire reconnaître même par les Vénitiens leur titre d'Altesse Sérénissime, qui n'avaient pu être entendus au Congrès de Rastadt et de Bade, plaçaient leur fille, aussi bien que les ducs de Savoie, sur le trône d'une des plus vieilles monarchies d'Europe et dans cette famille des Bourbons qui tenait depuis un siècle le premier rang [3].

Pour Alberoni, ce mariage devenait un coup de parti, le chef-d'œuvre de sa diplomatie, la consécration de sa politique : cette alliance de famille scellait, malgré la France, l'union des Bourbons d'Espagne et des Farnèse. Les traités d'Utrecht et de Rastadt avaient fermé l'Italie à Philippe V : ce mariage la lui rouvrait par l'espérance des successions de Parme et de Toscane qu'Élisabeth apportait en dot au roi d'Espagne. Par les mêmes traités les petits princes italiens, les Farnèse surtout avaient été sacrifiés à l'Autriche sans être entendus. Désormais ils se trouvaient assurés de trouver à Madrid, à côté de la princesse des Ursins trop attachée à ses propres intérêts, des avocats au moins aussi influents pour plaider leur cause et celle de l'Italie.

C'était une meilleure revanche certes que les efforts tentés à Londres par un envoyé plus qualifié et moins heureux du duc de

---

1. Lettre d'Alberoni à Rocca, 13 août, p. 331.
2. Lettres d'Alberoni à Rocca, 30 juillet et 13 août 1714, *Ibidem*.
3. Voir sur ce sujet ce qu'on disait à Vienne d'après l'ambassadeur de Sicile (Relazioni, p. 260 et 268), et le récit d'Alberoni à Torcy, 6 septembre 1714, ou la lettre de Philippe V à Louis XIV du 13 septembre 1714.

Parme, le comte Gazzola. Lui aussi, depuis 1713, avait formé le projet de servir les intérêts des Farnèse, en groupant les partisans de la liberté italienne. Il avait intéressé à ce dessein un des torys les plus influents et les plus hardis, le duc de Peterborough qui justement au mois de juillet se rendait à Plaisance avec l'intention de former une ligue italienne sous la direction de l'Angleterre et de la France. L'ambassadeur de France à Londres, d'Iberville promettait l'appui de sa cour. Tout le plan échafaudé péniblement s'écroula d'un coup, le 12 août 1714, par la mort de la reine Anne qui ramena au pouvoir avec la dynastie de Hanovre, les whigs partisans de l'alliance autrichienne [1].

Alberoni au contraire se réjouissait de ce retour des whigs « qui présageait la guerre et de grands événements ». Par le mariage qu'il avait conclu, il fournissait aux Farnèse contre l'Autriche une protection plus efficace, plus conforme à ces éventualités ; il leur permettait de faire figure dans la Péninsule, tandis qu'à Philippe V il faisait espérer une revanche en Italie. Envoyé des ducs de Parme auprès d'une cour dont la Reine serait la propre nièce de ses princes, mariée par lui, il était déjà presque désigné pour diriger une politique commune à l'Espagne et au duc de Parme, nettement hostile aux Allemands, pour appliquer à l'Italie le système qu'il méditait depuis treize ans. La fortune d'Élisabeth Farnèse, son œuvre, donnait à ses projets une base solide, à sa charge une importance qu'il dépendait de lui d'accroître au profit de ses ambitions, et de l'Italie.

En remariant le roi d'Espagne dans une famille dont elle ignorait les appétits et les desseins, la princesse des Ursins s'était imaginé consolider sa fortune, et trouver à Parme un instrument docile à ses volontés. Elle ne se doutait pas qu'elle servait un complot déjà formé contre sa propre autorité, qu'elle installait à Madrid à ses dépens une Reine et une politique [2].

A la nouvelle de l'événement qui dépassait toutes ses espérances, la cour de Parme mit d'abord tous ses soins, à se montrer digne de l'honneur que lui faisaient la fortune et les Bourbons.

---

1. La correspondance est conservée aux Arch Nap., Farnesiana, fasc. 51.
2. Lettres d'Alberoni au duc de Parme, 13 et 20 août 1714 (Arch. Nap., Farnesiana, fasc. 54).

Et ce fut une rude tâche pour le ministre des finances, le comte
Rocca, que de trouver les ressources nécessaires aux frais des
ambassades que les Farnèse allaient recevoir ou envoyer, à
ceux du trousseau et de la suite de la nouvelle Reine. Il fallut
préparer une entrée solennelle au cardinal Acquaviva, qui arrivait de Rome le 30 juillet avec une escorte nombreuse[1]. Et
tandis que par ses soins se négociait et se signait le contrat de
mariage le 25 août, les fêtes se succédèrent à la ville, à la cour,
spectacles allégoriques, illuminations.

Puis, arrivèrent les envoyés de France et d'Espagne :
Louis XIV avait fait choix, par une délicate attention, pour se
faire représenter au mariage de la princesse qui entrait dans sa
famille, d'un Italien pourvu d'un haut grade dans ses armées,
le lieutenant général Albergotti, compagnon d'armes de Vendôme. Il était parti de Versailles, « le 21 août, avec l'ordre de
porter aux Farnèse les félicitations du Roi, de leur promettre
une protection vive et continuelle » et même de travailler à
Florence sa patrie, pour leur assurer l'héritage de la Toscane.
La mission était assez honorable et précieuse pour que la cour de
Parme lui fît fête[2]. Le Prince Antoine, qui avait visité en 1698
la cour de France, donna à Albergotti le 4 septembre, pour
demeure son propre palais. Rien ne fut négligé pour le séduire et
l'attacher aux intérêts d'Élisabeth et des Farnèse. En même
temps, arrivait de Madrid un grand d'Espagne, l'un des plus
grands, Spinola marquis de los Balbazès, le petit-fils du
gentilhomme qui avait, autrefois conduit Marie-Thérèse à
Louis XIV, et qui devait cette fois ramener de Parme à Madrid
une reine d'Espagne.

Toutes ces missions qui donnaient un éclat inaccoutumé à la
cour de Parme, l'obligeaient, pour tenir son rang, à des démarches semblables. Le comte de Rivasso était parti pour Versailles
afin d'y porter au grand Roi, le 4 août, avec une lettre du duc, la
nouvelle du mariage. Le marquis Mulazzani, parent du comte
Rocca, fut choisi pour ce motif et parce qu'il était riche, en

---

1. Lettres d'Alberoni à Rocca, 23 et 30 juillet 1714, p. 324, 326.
2. Instructions données aux envoyés de France à Parme, éd. Joseph Reinach,
Paris, — et de Courcy, *L'Espagne après la paix d'Utrecht*, p. 229 et suivantes.

septembre, pour rendre à Philippe V la réponse officielle à la demande que le cardinal Acquaviva était venu faire à Parme de sa part.

C'était l'heure enfin de se mettre en frais à Madrid même. Alberoni voulut triompher avec l'éclat que comportait la nouvelle dignité d'Élisabeth Farnèse : « Dans une telle conjoncture point de lésinerie. » Le Roi l'avait fait venir le 20 août. Il le chargeait d'aller au-devant de sa femme, tandis qu'il l'attendrait à dix lieues de Madrid, de la recevoir à Vinaros où elle devait débarquer de Gênes, pour lui remettre sa première lettre de bienvenue. « Soyez tranquille, avait dit Mme des Ursins, l'abbé n'est pas un novice dans le grand monde. Il saura se faire honneur par son équipage. » Qui le paierait? « Les Princes ne sont généreux que si on les y fait penser. » Le roi d'Espagne ne donnait rien et même demandait aux Farnèse l'envoi d'un peintre de talent, Molinaretto qui fit pour la Reine une œuvre véritable. La demande après tout était gracieuse. L'impatience de Philippe était de bon augure[1].

Incapable de soutenir un veuvage prolongé, le Roi ne comprenait pas qu'au milieu de septembre, la Reine ne fût pas encore en Espagne. Comme les Farnèse cependant avaient résolu de faire passer leur nièce par mer, le siège de Barcelone qui durait toujours et la mauvaise volonté de l'Empereur, furieux de leur prospérité, leur fit craindre le risque et retarder le mariage jusqu'au milieu de septembre. Il parut alors qu'il était bien tard pour imposer à une jeune princesse un voyage par mer : et la cour de Parme, avec la permission de Louis XIV, se décida pour la route de terre, beaucoup plus longue[2].

Enfin, le jour de la grande cérémonie arriva, dont la relation nous a été conservée dans une luxueuse publication ordonnée par les Farnèse, qui tenaient à la faire connaître de l'Espagne et de toute l'Europe. Un cardinal encore, Ulysse Gozzadini, légat de Bologne et nonce du Saint-Siège, envoyé par Clément XI pour bénir et consacrer la fortune d'Élisabeth, a fait alors son entrée solennelle le 15 septembre à Parme avec une suite de deux cents

---

1. Alberoni au duc de Parme, 21 octobre 1714 (Arch. Nap., *Farnesiana*, 54).
2. Lettre du Duc de Parme à Alberoni, 26 septembre 1714 (Arch. Nap., *ibid.*).

nobles portés dans vingt-cinq carosses et, avec trois cents laquais que le trésor du duc va défrayer[1]. Jamais la cité, depuis long-temps, n'a été à pareille fête. Toute la noblesse du duché s'est parée à la romaine pour recevoir à cheval le cardinal Légat. Tandis que le canon tonne, entre des haies d'estaffiers et de gardes, Mgr Gozzadini, monté sur un cheval magnifique, ayant à sa droite Mgr Acquaviva, à sa gauche le Duc, s'est avancé sous un dais empanaché vers la cathédrale de Notre-Dame ornée de la plus belle et de la plus riche manière. Il s'est placé dans l'église sur un trône à cinq marches : les envoyés de toutes les cours, en costume de gala, ont pris leur rang.

Le duc François qui représente en cette occasion le roi d'Espagne, s'est assis auprès de sa nièce, mais sur un fauteuil moins élevé, symbole expressif de l'élévation procurée à ces petits princes par le choix de Philippe V et par la diplomatie d'Alberoni. Lorsqu'après l'échange des consentements mutuels, au milieu d'un cantique d'actions de grâces, le Légat a béni l'union royale, les espérances qui s'éveillent en ce moment à la cour de Parme lui font oublier les embarras du passé, les menaces de l'Autriche et de la Maison de Savoie, jalouses de la fortune des Farnèse. « Tout s'est passé avec grande joie et satis-faction », écrivait Albergotti au roi de France. — « Dieu veuille, disait Alberoni, d'Alicante où il se préparait à rece-voir la Reine, qu'elle s'applique à gouverner ! Ce n'est pas la besogne qui lui manquera : il lui faudra beaucoup d'application. J'ai toujours dit que l'Espagne, bien gouvernée, peut faire figure dans le monde. Ce qu'elle est demeurée après non pas des années, mais des siècles d'abus, est la preuve de ce que j'avance[2]. »

Le vœu de l'abbé, c'était tout le secret de sa politique et l'espoir de ses maîtres en ce jour qui, dans leurs desseins, cons-tituait l'étape décisive. Il ne restait plus, pour conclure, qu'à mettre un terme à l'attente passionnée du roi d'Espagne. Le

---

1. Lettre de Pighetti à Torcy, 23 septembre 1714 (A. ÉTR., Parme), et dans le même volume la Relation officielle imprimée et conservée à Paris.

2. Lettres d'Alberoni à Rocca, 1ᵉʳ octobre 1714, p. 341; et au duc de Parme, 21 octobre 1714.

pauvre Roi faisait pitié, depuis qu'il avait connu la décision prise à Parme de renoncer à la route de mer. La quinine et les purgations se succédaient sans trêve[1].

L'itinéraire prescrit au marquis Scotti, chargé de conduire la caravane royale en sûreté jusqu'aux frontières d'Espagne, avait, dans ce temps où l'étiquette tenait une si grande place, l'inconvénient de retarder l'arrivée d'Élisabeth Farnèse par des réceptions sans fin auxquelles sa vanité se plaisait, et qu'elle n'eût pour rien sacrifiées à l'impatience de son mari. Peut-être après tout, fut-ce pour sa fortune et son crédit un avantage que ces retards, très utiles à faire oublier tout à fait par Philippe V sa première femme, à lui faire désirer plus ardemment la seconde. Élisabeth ne quitta Parme qu'une semaine après son mariage, le 22 septembre[2]. Elle parvint le 9 décembre seulement, presqu'après trois mois, aux Pyrénées. Il lui avait fallu trois grandes journées rien que pour atteindre au départ les frontières du duché de Parme. C'étaient, il est vrai, ses adieux au pays natal. Mais dans l'état de Gênes seulement, elle demeura vingt-sept jours, soit parce qu'après une courte et rude traversée de Sestri di Levante à la capitale, elle s'était refusée décidément à s'embarquer et avait dû attendre la permission de Louis XIV de traverser la France, soit parce qu'elle se plut aux hommages de la République ou aux compliments de son chapelain, l'abbé Maggiali. Ciez le prince de Monaco, séjour d'une journée qui coûte comme les autres cinq cents livres au trésor royal ; une journée à Nice, chez le duc de Savoie. Aux frontières de chaque province française ensuite, à Antibes en Provence, à Arles en Languedoc, et dans toutes les grandes villes du Midi, à Marseille « où elle s'est détournée parce que c'était chose à voir », Nîmes, Montpellier, Toulouse, les gouverneurs, intendants, magistrats municipaux s'entendirent avec le maître des cérémonies spécialement envoyé par le Roi, Desgranges, pour offrir les honneurs, les présents qu'Élisabeth aimait, pour lui présenter le pays et les cités en fête. Sa dernière étape, la plus longue, fut à Pau, où sa tante, la reine douairière d'Espagne, vint la recevoir, la garda quatre jours

---

1. Lettre d'Alberoni à Rocca, 29 octobre 1714, p. 343.
2. Istruzione al Marchese Annibale Scotti (Arch. Nap., Farnesiana, liasse 55).

pour la suivre à très petites journées, en une semaine entière, de
Pau à Roncevaux.

Je passe sur les détails de cette longue excursion à travers
le Midi de la France qui a déjà été racontée[1], singulier voyage de
noce avant la noce, véritable comédie qui a pu faire rire même
les Espagnols, pensant à leur Roi qui se morfondait à Madrid.
L'intérêt sérieux qu'elle présentait pour l'histoire fut le nombre
des personnages qui y ont participé, l'abondance de leurs témoignages qui nous donnent un portrait complet au physique et au
moral de l'héroïne, à son entrée en scène.

Décidément, ce n'était point une beauté italienne que cette
princesse tant attendue. Les portrait officiels et l'adresse d'Alberoni avaient dissimulé sa laideur. Du moins, elle était grande et
robuste, une forte Lombarde que l'éducation et la vie de cour
n'avaient pas étiolée. Son appétit avait étonné : « Tâchez de vous
souvenir que je suis Lombarde et que je mange le double des
Piémontaises. » Et elle le prouva jusqu'à l'indigestion. Il lui
fallait de tout, du bon vin et des saucissons d'Italie, de la salade
frottée de l'ail le plus fort. Elle aimait les longues matinées au
lit, le commerce de ses domestiques et les parures. C'était une
créature toute d'instinct, prenant un égal plaisir à la chasse où
elle excellait et à la musique qu'elle sentait vivement et interpré-
tait bien au clavecin, vivante et enjouée parce qu'elle était en
règle avec sa conscience et avec sa santé. Tous les matins, elle
entendait la messe qui était, comme son chocolat, un rite aceou-
tumé. Tous les huit jours, elle s'approchait des sacrements, et
faisait l'admiration de son confesseur. On ne pouvait douter
qu'elle plût à Philippe V[2].

Suivant le mot de Saint-Aignan, « elle pouvait plaire même
sans beauté et malgré la petite vérole dont elle portait les
marques. Car elle avait, sinon de la grâce, du moins le désir et

---

1. C'est le sujet de tout un chapitre du livre de M. de Courcy, *L'Espagne après
la paix d'Utrecht*, p. 247 et suivantes, qui l'a fait avec les lettres des correspon-
dants de Torcy, les rapports de Desgranges et des intendants du Midi.

2. D'après les portraits du prince de Monaco dans sa lettre à Torcy du
19 octobre 1714, de Torcy dans ses lettres à Mme des Ursins des 22 octobre et
9 novembre 1714, enfin d'après les portraits et récits envoyés par Saint-Aignan,
du 16 décembre 1714 (A. ÉTR,, *Esp.*, t. 232 à 234).

certains moyens de séduire, un sourire qui laissait voir
de très belles dents, une allure vraiment royale et des yeux
bleus qui jetaient tout le feu possible, des « yeux d'esprit ». Son
intelligence, naturelle comme son appétit, tantôt éclatait en saillies, tantôt s'employait en manèges qui s'adaptaient aux fins
qu'elle voulait atteindre. « Cœur de Lombarde, esprit de Floren-
tine », écrivait à Torcy le prince de Monaco qui a laissé d'elle un
des meilleurs portraits. L'entêtement qu'elle fit voir dès le début
aux témoins chargés de l'observer n'était donc pas chez elle
défaut d'esprit, mais volonté. Elle voulait très fortement quand
elle s'était une fois décidée, sans s'émouvoir des contradictions
et des obstacles. Elle ne paraissait point aisée à gouverner, et
faite plutôt pour gouverner. « Il n'est pas nécessaire, disait Torcy
averti, qu'on lui suggère ce qu'elle doit penser ou faire. Elle
saura parfaitement se conduire et exécuter ce qui conviendra à
ses intérêts pour le présent et pour l'avenir[1]. »

En résumé, la seconde Reine, quoique bien différente de la
première, arrivait sur la scène, où le même rôle lui était réservé
qu'à Marie-Louise, un très grand rôle, comme une personnalité
elle aussi, un peu vulgaire, mais forte, intelligente et résolue,
incapable assurément de s'effacer au gré d'une autre volonté que
celle du Roi, et très capable, à son tour, d'être la Reine et le Roi
en Espagne.

Il était de plus impossible que ce rôle appartînt en même
temps à Mme des Ursins, qui le tenait depuis un an, et à Élisabeth
Farnèse. Alberoni et les Italiens qui l'avaient aidé dans ce
complot matrimonial n'y eussent, d'ailleurs, pas trouvé leur
compte : ils se préparaient sournoisement à faire éclater cette
impossibilité.

Tant que le mariage ne fut pas conclu, ils n'eurent garde de se
démasquer. De Madrid, le 30 juillet, l'abbé conseillait à la princesse de s'abandonner à Mme des Ursins qui lui demeurait indispensable pour une foule de choses essentielles. Mais il ajoutait :
« en attendant qu'elle ait pris connaissance et possession de
l'esprit du Roi : l'attente ne sera pas longue. Elle s'en rendra vite

---

1. Mêmes textes qu'à la page précédente, note 2.

maîtresse absolue [1] ». C'était son vœu et l'objet même du complot, auquel il fallait beaucoup de prudence : l'abbé rassura et endormit celle qui devait en être la victime. Il ne la quittait point, lui procurait de Parme des douceurs et des compliments. Au mois d'août, Élisabeth reçut des avis plus précis, un véritable acte d'accusation contre Mme des Ursins, qui avait pris toutes ses précautions pour l'isoler, l'entourer de courtisans à sa dévotion, de dames du palais, ses créatures, toutes enceintes d'ailleurs et incapables de remplir leur office. A ces critiques, l'abbé joignait ses offres de services et un vrai plan de campagne pour les Farnèse et leur nièce, tous les moyens de renverser peu à peu l'usurpatrice, de faire que la cour de Parme ne fût pas exposée à ne pouvoir faire nommer un caporal à Madrid et, qu'au contraire, elle disposât de l'Espagne « à la baguette [2] ». Il se préparait à détourner pour ses desseins l'instrument dont il avait recommandé à Mme des Ursins l'emploi et garanti la docilité.

La dame alors commença de se méfier, sur la foi sans doute d'avis reçus de Versailles et transmis dès le mois de juillet par son confident, le chevalier d'Aubigny. En rédigeant les instructions d'Albergotti, le 20 août, le ministre Torcy qui s'intéressait à Mme des Ursins, « parfaitement instruite des affaires d'Espagne, fidèle, attachée au Roi catholique et à ses enfants », le chargea d'observer si déjà la princesse de Parme [3] soit d'elle-même, soit par les avis de quelques gens malintentionnés n'aurait pris nul ombrage et nulle jalousie du pouvoir que la princesse s'était acquis sur l'esprit du roi d'Espagne. » L'éveil était donné malgré les protestations d'attachement qu'on prodiguait de Parme à la princesse. Elle imagina à ce moment une feinte retraite, pour se faire retenir par la cour de France et par Philippe V, pour s'imposer davantage à l'approche de la crise.

Depuis la célébration du mariage à Parme, entre les adversaires qui s'étaient désormais reconnus et déclarés, le conflit s'aggrava. Ce fut un duel silencieux, à coups fourrés, pendant le

---

1. Lettre d'Alberoni au duc de Parme, 30 juillet 1714 (ARCH. NAP., *Farnesiana*, 54).
2. Lettres du même au même, 13 et 20 août 1714.
3. Voir ce texte dans les *Instructions de Parme*, déjà citées, éd. Reinach, p. 168.

long voyage d'Élisabeth à travers la France. Mme des Ursins
s'appliquait à réveiller chez Philippe V le souvenir de ses premières années de bonheur, et la défiance de l'avenir auprès
d'une nouvelle femme. Elle exagérait la laideur de la Reine,
dissimulée par les peintres courtisans, le cou trop long, le corps
étique, le visage marqué; elle blâmait son peu d'empressement,
faisait espionner ses moindres gestes et toutes ses paroles, ses
caprices et ses accès de paresse pour en abuser. Par un manège
analogue auprès d'Élisabeth, elle travaillait à l'indisposer de
loin contre son mari, l'inquiétait sur le sort que lui réservait
la dureté rigoureuse de l'étiquette, l'irritait par l'ordre qu'elle
lui fit donner de congédier à son entrée en Espagne toute sa
suite italienne. Entre un malade et une enfant, elle semait la
défiance, pour demeurer maîtresse de la réconciliation, à son
heure et de manière à dicter ses conditions[1].

De la part d'Alberoni ce furent d'autres calculs. Il s'arrangeait,
par des bruits adroitement semés, de façon que les pratiques de la
favorite fussent révélées à Élisabeth dans des lettres envoyées
d'Espagne au bon moment. C'étaient surtout des lettres de grands
seigneurs italiens attachés à la perte de Mme des Ursins. L'abbé
dénonçait à Parme les abus de pouvoir et la dangereuse influence de Mme des Ursins et de ses complices, Orry et Macanaz :
« hommes ignorants, sans foi et sans honneur, attachés à leur
seul intérêt et à l'ambition démesurée de leur protectrice[2] ». Il lui
importait peu de contredire les louanges qu'il avait données lui-
même à l'administration de ces Français qui, disait-il, ruinaient
l'Espagne à fond et s'étaient fait détester du peuple. Habile à
rassurer la jeune Reine autant que d'autre part on l'effrayait, il
lui disait l'impatience d'un Roi facile à conquérir, l'attente de
ses sujets prêts à saluer en elle l'ange tutélaire et l'héroïne
envoyée pour restaurer et libérer le royaume, la grandeur enfin de

1. Lettre d'Alberoni et relation au duc de Parme du 31 décembre 1714, donnée
in extenso d'après les Archives de Naples, par Professione, *Gulio Alberoni*, p. 75
et suivantes, et d'autres documents cités par de Courcy, *L'Espagne après la paix
d'Utrecht*, p. 305 et suivantes.

2. Lettre d'Alberoni au duc de Parme, du 21 octobre 1714. Arch. Nap., *Farnesiana*, 54.

cette tâche. Il faisait surtout appel à son orgueil et à sa volonté. « Il faut penser à être Reine. Oui sans doute notre héroïne va se trouver dans une mer de désordres et d'abus. Elle trouvera à chaque pas écueils et trébuchets : mais, *in arduis honor et opes*. Mon espoir est qu'elle triomphera de tout. Son mari est saint, homme d'honneur et de conscience : elle est déjà maîtresse de son cœur. Que sera-ce après deux nuits sous les draps ! Sur mon honneur qu'elle se souvienne des maximes et des exemples de notre Souverain, elle sera la Reine la plus glorieuse et la plus applaudie qu'il y ait eue sur le trône d'Espagne, sur tous ceux d'Europe. Le moindre remède apporté aux désordres qui désolent l'Espagne peut lui faire un grand nom, et du bruit dans le monde. Ce ne sera point long, pourvu qu'elle se laisse éclairer et servir. » « Dieu veuille, concluait-il, que la Reine s'applique aux affaires [1] ! »

Dans la rude et décisive partie qui s'est engagée à l'automne de 1714, l'abbé a su trouver les armes et les arguments qui devaient porter sur une nature fière et emportée, sur un esprit averti et clairvoyant : « Si elle doit être gouvernée, ce ne sera que par un de ses domestiques. » Comme le mariage, les premières résolutions d'Élisabeth Farnèse furent bien l'œuvre d'Alberoni, parce qu'elles étaient dans la logique de ses desseins. Nul doute d'ailleurs qu'à la veille de franchir les Pyrénées ces résolutions n'aient été facilitées par les conseils de la petite cour de Bayonne. C'était une cour de mécontents, tous victimes de la princesse des Ursins, Marie-Anne de Neubourg exilée, del Giudice disgracié qui n'épargnèrent point leur peine pour se préparer une revanche, sur les conseils et peut-être à la prière d'Alberoni. On ne doutait pas, après l'événement qui allait se produire, que la reine douairière, le cardinal del Giudice en eussent été, avec l'envoyé de Parme, les principaux acteurs.

Le complot touchait en effet, vers le mois de décembre, à son terme, à la fin pour laquelle il avait été formé, la toute-puissance des Farnèse et la revanche des Italiens par le mariage d'Élisabeth, œuvre et perte de Mme des Ursins. Drame de cour, avec

---

1. Lettres d'Alberoni à Rocca, des 29 octobre et 19 novembre 1714, p. 343-346.

une intrigue de comédie italienne dont le dénouement se précipita dans un piège tendu à Mme des Ursins, où elle se prit.

La scène se passa le 23 décembre à Jadraque où la camerera major était allée de Madrid attendre la Reine, tandis que Philippe V suivant l'étiquette, un peu plus loin, à Guadalajara se disposait à l'entrevue si longue à venir au gré de ses désirs [1]. En apparence, rien d'autre ne se pouvait prévoir que l'effet de la rencontre entre un mari impatient et sa jeune femme toute disposée à se faire pardonner ses retards. Élisabeth, depuis qu'elle était en Espagne, s'était hâtée, avait congédié à Pampelune pour plaire au Roi sa maison italienne, et refusé les fêtes qu'on avait préparées à Tudela. Elle s'avançait plus vite vers son souverain, bien portante, gaie et contente, comme pour un jour de fête auquel elle associait d'avance Mme des Ursins, par un billet très gracieux. De son côté, la camerera, partie de Madrid après avoir donné les derniers ordres pour la réception du couple royal à Aranjuez, venait tout droit, à moins que sa santé ébranlée ne l'arrêtât, sans rien laisser voir de ses inquiétudes, surtout de son impatience à se mesurer avec la souveraine en qui elle allait trouver une rivale et peut-être un juge.

La rencontre, devant témoins, des deux femmes ne révéla rien encore. La princesse s'agenouilla devant la Reine qui la releva en l'embrassant avec effusion. Elles restèrent seuls : tout d'un coup on entendit des éclats de voix, et la Reine ouvrit brusquement la porte pour jeter l'ordre à Alberoni qui semblait l'attendre, d'aller chercher le lieutenant des gardes Amezaga. « Qu'on arrête cette folle, cette insolente, faites atteler un carrosse et conduisez-la jusqu'aux frontières. » En une heure, la femme devant qui tout s'inclinait en Espagne fut, sur l'ordre d'Élisabeth, confirmé immédiatement par écrit, obligée de partir la nuit, en plein hiver, expédiée hors du royaume « sans repos,

---

1. Ce récit est fait surtout d'après la relation envoyée par Alberoni à la cour de Parme, le 31 décembre 1714. Cette relation est confirmée par les lettres d'Alberoni au comte Rocca des 6, 14 et 25 décembre 1714, p. 349 à 353, et par une lettre antérieure d'Alberoni au duc de Parme du 19 novembre 1714, enfin par une lettre de Maidalchini gentilhomme de la suite de la Reine à Torcy du 26 décembre 1714, et les lettres de Philippe V et d'Élisabeth à Louis XIV (de Courcy, *ouv. cité*, p. 340).

ni vivres, ni de quoi se déshabiller » jusqu'à Saint-Jean-de-Luz
où elle arriva le 14 janvier 1715[1].

Ce coup d'autorité étonna tout le monde en Espagne, en
France, de la part d'une jeune Reine de vingt ans. On fit, alors et
depuis, bien des conjectures sur les causes de cette disgrâce
subite. Il y avait une telle disproportion entre le crédit ancien,
solide et justifié de Mme des Ursins et le pouvoir incertain, nouveau d'Élisabeth Farnèse encore inconnue de son mari, que cette
étrange affaire a paru plus qu'une querelle de femmes, une révolution politique, un coup d'État. On chercha à l'expliquer par
une intervention très haute et toute-puissante dont la reine
d'Espagne aurait été seulement l'instrument. « L'opinion la plus
probable, écrit encore Coxe, semble être que Louis XIV s'of-
fensa des obstacles que la princesse des Ursins fit naître pour
retarder la conclusion de la paix, et Mme de Maintenon de son
ostentation et de son ingratitude[2]. »

Cette hypothèse fut celle de Saint-Simon qui, édifiant à son
ordinaire toute une légende à la place de la vérité qu'il ne
pouvait savoir, n'a pas manqué de mettre une mauvaise action au
compte de Mme de Maintenon. Nul n'a jamais mieux manié la
calomnie que Saint-Simon, habile à l'entourer de demi-aveux
d'ignorance, de réticences, de protestations de sincérité qui ont
fait souvent illusion. « Je n'ai connu personne qui ait pénétré de
qui le Roi et Mme de Maintenon se servirent, ni ce qu'ils firent
pour exécuter leur projet. Il est de la bonne foi d'avouer ces
ténèbres et de ne donner pas des fictions et des inventions à la
place de ce qu'on ignore[3]. » Personne n'a songé longtemps à
demander comment Saint-Simon a pu connaître, éclairer un
projet qui s'exécuta si secrètement. C'est pourtant bien simple :
il l'a de tout point inventé.

MM. Baudrillart et de Courcy n'ont pas eu de peine à
démontrer le contraire avec les lettres conservées aux Affaires
Étrangères. Toute la correspondance de Torcy avec Albergotti, la cour de Parme et Mme des Ursins témoigne jusqu'en

---

1. Saint-Simon, *Mémoires*, éd. Chéruel, XI, p. 74 à 80 et de Courcy, *ouv. cité*, p. 352.
2. Coxe, *Histoire des Bourbons d'Espagne*, trad. fr., tome II.
3. Saint-Simon, *Mémoires*, éd. Chéruel, XI, p. 75 et 76.

décembre 1714 d'une telle estime, d'un tel intérêt pour la princesse qu'à moins d'admettre une duplicité inouïe de Louis XIV, il
est impossible de lui attribuer sa disgrâce [1]. Lorsque Torcy apprit
l'événement, le 12 janvier 1715, il tança son agent en Espagne
de ne lui pas donner aussi les causes d'événements si sur-
prenants [2]. Et Saint-Simon aurait su ce que le ministre ignorait :
Louis XIV avait-il l'habitude de lui faire ses confidences? Il faut
laisser son explication pour ce qu'elle vaut, et chercher ailleurs.

La difficulté, en apparence du moins, est que la scène qui décida
de la fortune de Mme des Ursins et du pouvoir de la Reine eut
pour seuls témoins les deux actrices de cette pièce secrète, si
lestement enlevée. On n'a eu longtemps pour la connaître que
les récits de la cour de Parme appuyés sur les explications de
ses agents, le marquis Maidalchini, Alberoni, Pighetti, tous portés
naturellement à fournir et à amplifier les excuses et la version
de la Reine, ou les dires des Français, Saint-Aignan l'ambassadeur, Pachau le chargé d'affaires, Orry, confident de la princesse, ou les propos même de ses parents intéressés à la défendre
par ses propres armes. Les uns criaient à l'insulte, plus haut
encore qu'Élisabeth ; les autres concluaient que Mme des Ursins
avait été victime d'un complot préparé depuis Bayonne par la
reine douairière et par les Italiens, mais sans preuves. La correspondance secrète d'Alberoni avec la cour de Parme, ses lettres
privées à son ami Rocca permettent aujourd'hui de conclure plus
sûrement. Le coup d'État de Jadraque fut son œuvre : à Parme,
et en confidence, il pouvait bien l'avouer et l'expliquer. C'était un
mérite de plus à son actif.

Philippe V l'avait chargé, le 27 août, d'aller au-devant de la
nièce de ses princes, pour lui porter la première lettre de bienvenue. C'était une mission de confiance qui servait à merveille
l'abbé en lui permettant de voir la Reine, avant qu'elle n'eût vu
la camerera major. Lorsqu'on crut qu'Élisabeth arriverait par
mer, Alberoni se mit en route pour Valence le 18 septembre, de

---

1. Cette correspondance se trouve en grande partie reproduite dans de
Courcy, p. 299, 302 à 308, 322 à 325.
2. Lettre de Torcy à Pachau, 12 janvier 1714, citée par Baudrillart, *Louis XIV
et Philippe V*, p. 619.

façon à ne pas manquer l'occasion. Le voyage en plein été
lui fut pénible : accès de fièvre, rhume opiniâtre, saignement de
nez, toutes les misères d'une santé fatiguée par le labeur d'une
négociation longue, incertaine, l'avaient mis en fort mauvais état.
De Valence on l'avertit d'aller plutôt attendre le débarquement
à Alicante, où il arriva à marches forcées : là, il apprit au bout
de quelques jours le changement d'itinéraire décidé par les
Farnèse[1].

Il revint bien vite à Madrid, le 15 octobre, n'en pouvant
plus, mais très décidé à ne point se rebuter : « spiritus promptus,
caro autem infirma[2] ». Un mois après, il se dirigeait vers les Pyrénées, pour attendre la Reine à Pampelune, toujours, suivant l'ordre
prescrit, pour précéder de quelques étapes Mme des Ursins qui elle-
même précédait d'une journée le Roi[3]. « Je ne crois plus, écrivait-
il à son confident, qu'on puisse mourir de souffrir. J'ai fait depuis
peu, avec une fièvre presque continuelle, environ mille milles, et
dans une Arabie déserte où faute d'eau et malade j'aurais dû
crever cent fois. »

Dans son court séjour, à Madrid, en octobre, l'abbé avait fait
plus d'une observation utile. Il avait noté, comme chacun, l'émoi
de Mme des Ursins, les propos désobligeants et perfides qu'elle
tenait sur la Reine, les précautions qu'elle prenait pour
isoler chaque jour davantage le Roi, pour éloigner la Reine des
affaires et des Italiens, et lui fermer à lui-même l'accès des appar-
tements royaux. Jusque-là il avait cru que la ruine de la camerera
était une œuvre de patience à mener de loin, avec adresse, par des
conseils utilement soufflés à la Reine, et par la lente action de
son autorité sur le Roi. Quand il vit Mme des Ursins préparée à
une défense énergique, dont le plan consistait à isoler Élisabeth du Roi et lui-même de la Reine, il se décida pour une offensive hardie. A Pampelune, où le cortège arriva le 11 décembre
pour ne repartir que le 16, et sur la route de Jadraque qu'on
atteignit le 23 décembre, Alberoni eut tout le temps de faire
accepter son plan à Élisabeth Farnèse.

1. Lettres d'Alberoni à Rocca, du 10 septembre au 7 octobre 1714, p. 336 à 341.
2. *Idem* à *idem*, 29 octobre 1741, de Madrid, p. 343-344.
3. *Idem* à *idem*, 6 décembre 1714, de Pampelune, p. 349.

Au début, elle se défiait de lui : « homo modicæ fidei ». Mieux elle était disposée par les entretiens de sa tante, les propos recueillis en route, le départ forcé de sa suite italienne à détester Mme des Ursins, plus elle avait aussi d'aversion pour l'abbé qu'elle croyait son *âme damnée* et qui semblait l'avoir mariée pour l'asservir à sa rivale.

Le 13 décembre, une première explication qu'elle chercha décida de ce qui allait s'accomplir à Jadraque, et de l'avenir des deux complices : « Je vois bien à vos manèges que vous voulez étudier le terrain avant les ouvertures nécessaires. Eh! bien, jouez à cartes découvertes, parlez, rien ne m'épouvantera : aux grands maux les grands remèdes. » Et l'abbé parla ce soir-là, et les soirs qui suivirent, pendant dix jours jusqu'à trois heures à portes closes. Ce qu'il dit, pour acquérir une confiance qu'Élisabeth lui donna désormais tout entière, peut se deviner par les propos qu'il avait tenus depuis trois mois aux Farnèse, par ceux qu'il tint après l'événement. Il lui apprit à être Reine, lui fit connaître les menées de Mme des Ursins, le caractère de son mari et l'empire qu'elle pouvait prendre sur lui pour les combattre, la nécessité de triompher sans délai pour accomplir une tâche digne de sa naissance et de son mérite [1]. Il fit de cette enfant, avant qu'elle ne fût une femme, une souveraine. « Ah! mon ami, écrivait-il au comte Rocca le 25 décembre, le monde sera bien étonné de voir qu'une Reine, avant d'être même sur le trône, a pris une résolution aussi hardie. Les confé-renees que nous avons eues entre quatre yeux de Pampelune à Jadraque ont fait cette félicité où est aujourd'hui la Reine, qui se trouve maîtresse absolue de son mari, et qui ne l'eût pas été si elle n'eût supprimé l'obstacle. C'est une grande âme : bien dirigée et servie par les mêmes principes, elle fera revivre à elle seule toutes les actions les plus glorieuses des Princes, ses ancêtres. Je puis vous assurer, que quelque service qu'il me soit donné de rendre à cette héroïne, je demeurerai toujours en dette pour la

---

1. Voir les trois lettres d'Alberoni à son ami Rocca des 25, 31 décembre et 7 janvier 1714, p. 352, 353, 355, et la longue relation envoyée par l'abbé à la cour de Parme, déjà citée.

très grande confiance dont elle m'a honoré, jusqu'à me faire
oublier qu'elle était Reine. »

S'il y eut alors bien des gens surpris de l'éclat qui se produisit
à Jadraque, ce ne fut pas l'abbé. Quand il quitta Pampelune où il
avait réussi à établir son influence au milieu des réceptions,
combats de taureaux, mascarades et fêtes religieuses ordonnés
par le Roi en l'honneur de sa femme, il put écrire à Parme, le
15 décembre : « La Reine part d'ici pleine de bonnes maximes. »
Lorsque se fit à Jadraque la rencontre des deux rivales, il s'éloigna
à peine, pour être à portée de l'ordre qu'il s'attendait à recevoir.
« La durée de l'entreprise dépendrait de la conduite de la Dame. »
Il s'était assuré que deux officiers des gardes, ses amis, étaient
prêts pour l'exécuter. Le piège où Mme des Ursins se prit était
tendu.

Elle arriva, résolue à faire l'épreuve de son autorité, à
« rogner les ailes » de la Reine. En la rencontrant, elle se donna
tout de suite des airs de mentor, lui fit honte de sa toilette, l'engagea à prendre le temps de se préparer comme il convenait.
Élisabeth paraissait empressée de retrouver son mari à Guadalajara. La camerera prétendit l'arrêter, et s'offrit à s'interposer
entre elle et le Roi. La fierté d'Élisabeth se révolta. « Je n'ai d'ordre
à recevoir de personne, sauf du Roi », avait dit à Roncevaux la
Reine. A Jadraque, elle confirma cette déclaration. « Il y aura sous
peu des gens bien étonnés, et vous toute la première » furent
presque ses premiers mots à la toute-puissante camerera major.
Cette brusque attaque, livrée avec les caractères d'une violence
préméditée et voulue, parut bien un de ces assauts que l'on
donne quand, par des approches suivies et par des confidences,
on s'est assuré de la place, une démarche de politique enfin, plutôt qu'un éclat subit, qu'un emportement irréfléchi de femme
irritée. Aux reproches que se crut permis la princesse, à ses
offres de service où se devinait une menace, elle répliqua par la
preuve concertée avec Alberoni qu'elle était Reine, et fut obéie.

Il ne restait plus qu'un doute, l'approbation ou le désaveu du
Roi. C'était à l'abbé de veiller aux conséquences de l'acte qu'il
avait conseillé. Il partit bien vite pour Guadalajara. Quand la
toile tomba sur un dénouement réglé par lui, il parut enfin sur la

scène comme l'auteur pour être sifflé ou approuvé. Apportant au
Roi les explications de la Reine, il la justifia de ce coup hardi par
la nécessité où l'avait mise l'insolence de la camerera. L'habileté
était de n'avoir pas permis à Mme des Ursins de plaider sa cause.
Ses neveux, Chalais et Lanti, Orry à son tour essayèrent bien
à sa place; et s'ils obtinrent au premier moment, du Roi, pour
leur protectrice, une promesse d'indulgence, la permission de
suspendre sa marche, la signature immédiate de lettres patentes
qui conféraient à la victime la principauté de Rose et de Cardone
à titre de compensation, on peut juger ce que la dame eût
obtenu de Philippe V, si elle avait pu se faire entendre elle-
même[1]. Heureusement pour Alberoni, la Reine prévenue arrivait
sans retard à la rescousse.

Munie des dernières recommandations de son guide, elle parut
dans la journée de Noël, à trois heures, devant le Roi et s'agenouilla. La relevant et l'embrassant, Philippe la conduisit
galamment dans la grande salle du Palais du duc de l'Infantado
où la cérémonie du mariage fut célébrée par le patriarche des
Indes. Avec ses airs empressés et joyeux et par des attentions
voulues pour le prince des Asturies, elle avait tout de suite conquis le Roi qui n'était point difficile à conquérir. Philippe V
attendait avec impatience le moment de lui prouver sa tendresse.
« Ils se mirent au lit à six heures, dit Saint-Simon, afin de se
relever pour la messe de minuit. »

Le même soir un courrier partit, à francs étriers, vers la
frontière d'Espagne pour retrouver Mme des Ursins et lui
confirmer l'ordre d'exil. Il devançait les neveux de la victime,
trop lents à lui porter le pardon et les lettres patentes que le Roi,
incapable désormais de rien refuser à sa femme, avait révoquées
quelques heures après les avoir accordées. « Le Roi mon
petit-fils, écrivait Louis XIV à Élisabeth Farnèse, me paraît
bien éloigné de protéger ceux qui ne vous seraient pas
agréables[2]. » Cette critique discrète de son coup de tête prémédité

---

1. Pachau à Torcy, 31 décembre 1714 ; Saint-Aignan à Torcy, 3 et 5 janvier
1715; Orry à Torcy, 31 décembre 1714 ; 7 janvier 1715, A. ÉTR., *Esp.*, t. 237 et 238.

2. Louis XIV à Élisabeth Farnèse, 11 janvier 1715, citée d'après les Archives
d'Alcala par Baudrillart, *Philippe V et Louis XIV*, p. 619.

avec Alberoni se justifia par la faveur que Philippe V fit à la Reine d'accorder aussitôt à l'abbé son complice les entrées secrètes. Ensemble, ils étaient assurés, après avoir mis fin à la tyrannie de Mme des Ursins et pris possession de Philippe V, « de déployer à la cour d'Espagne la politique italienne ». Ce n'était pas seulement pour procurer un bel établissement à la nièce de ses maîtres qu'Alberoni avait négocié son mariage, c'était pour s'emparer avec elle du gouvernement espagnol et le diriger selon ses vues, au profit des Farnèse et de l'Italie.

CHAPITRE III

LE GOUVERNEMENT D'ÉLISABETH FARNÈSE

L'OEUVRE D'ALBERONI EN ESPAGNE

La révolution de palais qui chassa Mme des Ursins de l'Espagne ne parut d'abord qu'une revanche du cardinal del Giudice, aussitôt réinstallé dans ses fonctions de premier ministre (février 1714), bientôt pourvu de la charge importante de gouverneur du prince des Asturies, maître du présent et de l'avenir. Louis XIV, ayant pris son parti de cette révolution, avait lui-même approuvé et encouragé le retour du cardinal qu'il estimait : « Le roi d'Espagne ne peut confier ses affaires à nul homme plus capable[1]. » Et peu de temps après, au mois de juin 1715, il faisait le meilleur accueil au prince de Cellamare, neveu du premier ministre, envoyé en ambassade à Versailles à la place du duc d'Albe, qui se retirait : « L'événement de la princesse des Ursins, écrivait Orry avec dépit et par crainte d'une disgrâce prochaine, est le pur effet d'une cabale d'Italiens qui se proposent depuis longtemps d'occuper les premiers emplois de la monarchie[2]. »

Le gouvernement nouveau fut surtout une politique de représailles contre l'entourage de la princesse des Ursins, contre ce qu'on appelait à Madrid le parti français. La première victime fut naturellement le fiscal général Macanaz, puisqu'en soutenant les droits de la Royauté contre les prétentions du Saint-Office il avait provoqué et précipité l'exil de leur avocat, le cardinal del

---

1. Louis XIV à Philippe V, 11 janvier 1715 ; Louis XIV à Saint-Aignan, 28 février 1715 (de Courcy, *ouv. cité*, p. 375 et 376).

2. Cette impression fut celle d'ailleurs de tous les témoins de cette révolu-on d'influence (de Courcy, *même ouvrage*, p. 372).

Giudice. L'Inquisition fut publiquement vengée, et surtout le Grand Inquisiteur, dont la démission précédente fut annulée et les arrêts confirmés. Philippe V fut obligé de chasser d'Espagne Macanaz qu'il estimait, à qui secrètement il conserva ses pensions et sa confiance. Aussitôt après, le cardinal força le Roi encore à se séparer de son confesseur, le père Robinet qui avait usé de son influence créée par Mme des Ursins pour lui faire refuser l'archevêché de Tolède. « Un prêtre et un Italien n'oublient guère » dit Saint-Simon. Enfin, ce fut le tour d'Orry, dont le seul tort était d'avoir signalé les abus ministériels et l'injustice faite à sa protectrice : Philippe V lui interdit la cour d'abord, l'Espagne ensuite comme à un criminel ; et les intendants qu'il avait installés dans les provinces succombèrent avec lui [1].

Le cardinal, pour ses débuts, avait bien taillé, et taillé dans le vif : mais il fallait recoudre. Et de cela, del Giudice se montra tout à fait incapable. Il avait d'un homme d'État, d'un premier ministre les apparences seulement, qui avaient trompé et séduit Louis XIV. Il n'en avait pas l'étoffe. Le pouvoir où se jugent les hommes le révéla ce qu'il était, un courtisan hautain, emporté et même dur avec ceux qui devaient lui obéir ou pouvaient le supplanter, souple, insinuant et dissimulé avec les maîtres dont dépendait sa fortune, avec Philippe V, Louis XIV et la Reine nouvelle qui l'avaient rappelé. A chacun des souverains, il offrit à Marly comme à Versailles ce qui pouvait plaire.

A Louis XIV, vieilli, conscient de l'épuisement de son royaume, qui se repentait d'avoir trop aimé la guerre et s'attristait de l'entêtement belliqueux de son petit-fils, del Giudice fit sa cour en décidant l'Espagne à la paix. Il inaugurait son ministère, le 25 février 1715, par la signature du traité que la diplomatie française avait négocié avec le Portugal. Par des offres de pardon et de liberté que lui demandaient Louis XIV et l'Angleterre, il se montrait disposé à ramener les habitants des Baléares, à éviter le

<hr/>

1. Le gouvernement du cardinal a été étudié par M. de Courcy très particulièrement dans l'ouvrage que j'ai déjà cité, p. 365 et suivantes. Tout ceci se passait au printemps de 1715. — Voir les dépêches d'Alberoni à Rocca des 11 février, 18 février, 11 mars 1715 : Alberoni y décrit les progrès de la puissance de la Reine et de son propre crédit.

renouvellement d'une guerre avec l'Autriche qui encourageait leur résistance. Il suspendait le 5 mai l'expédition du chevalier d'Asfeld préparée contre les rebelles, jusqu'au jour où il lui fut prouvé que le meilleur moyen de servir les desseins pacifiques du roi de France était de terminer cette affaire irritante par un coup de main qui réussit au début de juin. Le choix du confesseur royal qui remplaça le père Robinet, le père Daubenton fut dicté par Louis XIV. Enfin, il n'y eut pas jusqu'à une réconciliation entre Philippe V et le duc d'Orléans que del Giudice ne ménageât, pour plaire au vieux Roi, en conseillant la mise en liberté des Français Flotte et Renaud compromis dans les intrigues du futur Régent en Espagne.

Cette dernière mesure était d'ailleurs réglée par un dessein secret que le cardinal avait formé pour satisfaire les ambitions du roi d'Espagne. Quand il fit désigner son neveu, le prince de Cellamare, pour l'ambassade de France, il voulut qu'on reprît à Marly les négociations engagées en 1714 pour la défense des droits de Philippe V à la succession de France. Un confesseur placé auprès de son maître jusqu'à l'arrivée du père Daubenton, le père Malboan, fut chargé de lever l'obstacle que les serments d'observer les Renonciations opposaient aux désirs et aux droits du Roi. Le prince de Cellamare reçut l'ordre plus formel encore de réclamer pour Philippe V la tutelle de son tout jeune neveu, de former à Paris et dans les provinces, avec les princes du sang, les ministres et les grands fidèles au droit dynastique un parti capable de renseigner et de soutenir, à l'occasion, le roi d'Espagne [1].

Et surtout, pour plaire à la nouvelle Reine, Cellamare devait encore effacer à la cour de France les ressentiments qu'avait pu laisser la disgrâce de Mme des Ursins, ce coup d'autorité imprévue dans un monde où elle comptait de nombreux amis, Torcy et Mme de Maintenon elle-même. Il s'employa si bien à prouver les justes griefs d'Élisabeth Farnèse, à marquer son désir, en toute autre affaire qui n'intéressait pas sa dignité, d'être agréable à

---

1. Instructions secrètes pour le prince de Cellamare, 19 mai 1715, A. ÉTR., *Esp.*, t. 245, f°s 45 et 69, ainsi que la *Relation ou les Mémoires* de cet envoyé conservés au British Museum, à Londres, ms. n° 8756.

Louis XIV qu'il obtint dès le mois de juillet l'éloignement de
la princesse, reléguée, loin de Versailles à Gênes, à Rome
enfin, où elle mourut abandonnée [1].

Tout cela ne constituait guère une politique, encore moins
une administration, ce dont l'Espagne avait surtout besoin, mais
ce que le cardinal était incapable de lui donner. Il procédait à
la fois par accès d'économie, et par caprices onéreux. Quand,
à la paix, il fut question de réduire les régiments royaux, d'un
coup il aurait supprimé toute l'armée si la France elle-même
n'était intervenue. La disgrâce d'Orry lui servit à détruire,
sans les remplacer par rien, les institutions financières qui
avaient depuis quinze ans ramené dans les provinces un peu
d'ordre et de clarté. A ce compte, la monarchie de Philippe V eût
été réduite au rang et à la condition d'une de ces provinces
italiennes où les Giovenazzo originaires de Gênes avaient au
temps de Charles II commencé leur fortune.

Ce n'était point là l'avenir de grandeur et de profit qu'Alberoni avait fait entrevoir aux Farnèse, en plaçant leur nièce
auprès de Philippe V. L'abbé avait promis que « l'Espagne bien
gouvernée ferait figure dans le monde » et supplié Élisabeth d'as-
sumer cette grande tâche pour le bien et l'honneur de sa famille
et de l'Italie. Si la Reine tenait les promesses du conseiller qui
lui avait à Jadraque donné la leçon et le pouvoir, le gouvernement du cardinal del Giudice ne pouvait être qu'une transition,
un pis aller. Et elle les tint. Dès le mois de juillet 1715, le premier ministre avait déjà perdu toute autorité dans les Conseils
et sur le Roi ; les affaires et les grâces lui échappaient. Il affi-
chait lui-même par son irritation le déclin de son crédit à la
cour, et le précipitait [2].

En laissant le ministère à del Giudice, la nouvelle Reine,
comme il était facile de le prévoir, s'était emparée du Roi. Les
leçons qu'Alberoni lui avait données le premier jour, avaient rencontré un terrain tout préparé. « Elle était fort pénétrante et très
sagace, pour ne pas dire plus, écrivait Alberoni. Et quand le

---

1. Torcy à Mme des Ursins, 3 juin 1715 ; Philippe V à Louis XIV, 29 juillet 1715.
   2. Cela ressort très nettement de la correspondance de Saint-Aignan avec le
Roi et Torcy, de mai à août 1715, A. ÉTR., *Esp.*, t. 240 à 242.

Roi avec sa bonté me dit que c'est une âme candide dont il a vu tout de suite le fonds, je lui réponds avec ma vieille malice que je n'oserais en dire autant[1]. » Philippe V s'était laissé prendre de toutes manières au charme de cette ingénue : c'était « un don que le ciel lui avait fait » de cette princesse habile à conformer ses goûts aux siens, infatigable pour lui plaire, levée dès l'aube en plein hiver pour le suivre dans les longues parties de chasse qui le passionnaient et où elle excellait, respectueuse, aimante. « Il est facile d'abuser de la bonté du roi d'Espagne, disait alors Torcy. » « Le roi d'Espagne, écrivait un autre Français dès le 5 février, ne décidera plus rien sans la consulter, livré à la Reine par un principe qu'on ne peut que louer. » Le mariage enfin ne datait pas d'un mois qu'Alberoni confiait à la cour de Parme les ambitions et la puissance d'Élisabeth : « Sous peu, elle sera premier ministre. »

Premier ministre, c'était même une façon de parler. L'exemple récent de Marie-Louise de Savoie, et une expérience d'un mois, préparée et soutenue par les avis de son conseiller avaient vite appris à la princesse de Parme qu'elle serait le Roi, si elle le voulait. Dans les intervalles que lui laissèrent les chasses et les plaisirs de son mari, Élisabeth se mit sans tarder aux affaires. Évoquant le souvenir d'Isabelle la grande reine et de Ximenès dont elle avait lu l'histoire, et pour leur ressembler, elle oublia qu'elle était femme et jeune, et se mêla aux discussions des politiques. Son premier soin fut de se faire pardonner par la cour de France et d'entretenir les ambitions de Philippe V. Approuvé par son grand-père, flatté dans ses rancunes et son orgueil, dès le mois de février le Roi laissa la Reine, que les premiers symptômes d'une grossesse immédiate obligeaient au repos, ouvrir les dépêches des ministres. Dès ce jour, del Giudice ne les reçut, ni ne les connut plus. La chambre de la Reine devint le cabinet royal, le centre de la monarchie[2]. Ce fut l'affaire de deux mois à peine, avec, de la part d'Élisabeth, un réel effort de volonté pour s'adapter à une tâche à laquelle les Farnèse ne l'avaient ni destinée, ni préparée.

---

1. Lettres d'Alberoni à Rocca des 3 février, 11 février, 16 mai 1715, p. 365 à 375.
2. Lettres d'Alberoni à Rocca, 21 janvier, 11 février, 18 mars, 6 mai 1715.

Si le désir de plaire à Philippe V et de gouverner en son nom ne l'avait poussée à l'action, elle fût restée ce qu'elle avait paru d'abord, plutôt une enfant gâtée, attachée à ses habitudes italiennes, gourmande, indolente, hautaine et emportée. Les premiers jours qu'elle fut en Espagne, elle refusa de toucher aux mets du pays, réclama ses vins italiens, gourmanda et fit trembler son entourage. Il lui fallut des chevaux, des fusils de son pays, des comédiens de Parme, sa nourrice pour l'assister à ses premières couches [1].

Dans la transformation qui peu à peu se fit en elle et ne se fit jamais complètement, Alberoni eut la part principale. Il l'encouragea de ses conseils et la soutint de ses soins, de ses prévenances assidues. Il sut trouver des attentions presque maternelles pour s'attacher cette jeune femme isolée dans une nation et une cour nouvelles, pour lui rappeler son pays natal. « Je lui répétais que je n'étais plus le ministre de Parme, mais sa nourrice. Et en badinant elle me répondait que j'étais d'âge à lui servir au besoin de sage-femme. Le compliment était brutal [2]. » Si jamais la cuisine italienne de l'abbé fut bien placée, ce fut alors. Élisabeth ne mangea que des mets préparés par lui. Il se chargea surtout de sa cave. Vins de Parme et de Florence, saucissons et fromages de Gênes et du parmesan pour l'ordinaire, mille délicatesses en toute occasion, huîtres, groseilles, truffes, venaient d'outre-mer, aux frais des Farnèse, aux frais parfois et à la demande de leur agent soucieux de ces envois autant que d'un service politique. Et comme il fallait des distractions à cette grande enfant, Alberoni se chargeait des comédiens. Et l'on sait le mal que peut avoir un impresario. Pour chanter, les Trufaldins le faisaient chanter, refusaient le voyage par mer, s'arrêtaient au moindre tournant de route [3]. Ordonnateur de la maison de la Reine, de sa table et de ses plaisirs, un mois après son arrivée en Espagne, l'abbé était devenu un personnage indispensable au ménage royal.

---

1. Lettres d'Alberoni des 31 décembre 1714, 3 janvier 1715, etc. ; ou celles à la cour des 7 janvier et 4 mars (ARCH. NAP., *Farnesiana*, 54).

2. Lettre d'Alberoni à Rocca, 3 février 1715, p. 365.

3. *Idem* à *idem*, 18 mars, 6 mai, 2 juin, 16 juin, p. 385, 397, 401-406.

Dès le retour de Jadraque, on note qu'il a déjà un grand rôle :
« Je ne suis pas ministre de la Reine, dit-il, mais de son père. Je
ne donnerais pas cinq sous, monnaie de Plaisance, des postes de
cette monarchie[1]. » Il a laissé les honneurs à del Giudice avec qui,
extérieurement, il est au mieux[2]. Mais il a pris l'autorité[3]. Élisabeth lui a donné l'entrée secrète, faveur inusitée qui lui permet
de la servir et de l'instruire. A toute heure, l'abbé est à ses
repas, à ses conseils, à ses jeux. Il la suit à ses chasses, dans
ses villégiatures d'Aranjuez. Sa table et sa maison deviennent
le rendez-vous des courtisans, et des Italiens surtout. Il fait
figure de grand favori et presque de premier ministre. La cour
de Parme s'alarme parfois de la faveur de son envoyé. Elle
craint que les Espagnols n'en fassent grief à la Reine, comme
d'une trahison envers leur nation. Elle craint surtout et déplore
d'avoir à payer les frais du rôle qu'il a plu à la reine d'Espagne
de réserver auprès d'elle au ministre de leur État, trop modeste
pour suffire au train de vie du premier personnage d'une grande
cour. Alberoni a beau faire honte aux Farnèse de leur parci-
monie, vanter les avantages de son crédit, exiger le rembour-
sement de ses avances, qui épuisent ses propres épargnes. « Il
faut pourtant bien, servant une Reine de votre maison, que mon
état soit supérieur à celui de tous les autres diplomates de cette
cour. Avez-vous pu songer dans une occasion si glorieuse à
réduire le train de votre envoyé ? Toutes mes épargnes s'en
vont en fumée[4]. » C'est entre le trésorier du duc et le confident
de la Reine des discussions d'argent perpétuelles, dans lesquelles
les Farnèse n'ont pas le dernier mot, des échanges de propos
aigres. L'abbé se voit accuser à Parme de faire sa fortune personnelle : la cour de France le jugeait sensible aux offres d'argent
qu'on pouvait lui faire pour le gagner. Alberoni le prend de très
haut avec ses maîtres, et leur met le marché à la main. A mesure

---

1. Lettre d'Alberoni à Rocca, 25 mars 1715, p. 385.
2. Saint-Aignan à Torcy, 5 janvier 1715 (de Courcy, *ouv. cité*, p. 405).
3. « Il joue déjà un grand rôle », dit d'Aubigny le 31 décembre 1714 et toutes
les attentions qu'on lui témoigne alors de Versailles le prouvent (de Courcy,
ouv. cité, p. 407 et suivantes).
4. Lettre d'Alberoni à Rocca, 11 mars 1715, p. 380.

que sa faveur pourtant a grandi, les Farnèse ont dû s'exécuter[1].

Et elle a grandi très vite : du jour où Élisabeth a résolu de gouverner, les leçons et le concours d'Alberoni lui sont devenus plus que nécessaires. Elle ne sait rien de l'Espagne, de l'administration, des partis de la cour et de la politique générale. Mais l'abbé, le maître qu'on ne lui a pas donné dans sa jeunesse à Parme, et qui figurerait avec honneur dans le cercle des hommes d'État parmesans, ce fin politique que ses voyages à travers les cours et son séjour en Espagne ont initié depuis longtemps aux secrets et aux intérêts des gouvernements, l'homme de confiance enfin des Farnèse est là toujours à la portée de la Reine, pour ainsi dire sous sa main, empressé et complaisant. C'est un livre et presque un manuel, qu'elle ouvre et qu'elle interroge et ferme à volonté. Elle se laisse guider ainsi à travers les écueils et les factions de la cour, consulte Alberoni sur les choix et les décisions qu'exigent son intérêt et le service du Roi. Elle le charge de parler en son nom à ses officiers, au Conseil[2]. Bientôt, dès le mois de mai 1715 les envoyés d'Angleterre et de Hollande se sont détournés du cardinal del Giudice, et le duc de Saint-Aignan a reçu l'ordre de Versailles de rechercher plutôt Alberoni pour négocier avec lui. Chacun sait désormais qu'il faut s'adresser à la Reine, et que le moyen d'acquérir ses bonnes grâces est d'employer son confident et son mentor. « Si cela dépendait de moi, disait Élisabeth à l'abbé, vous seriez pape[3]. » En attendant, disposant du royaume plus que le Roi, elle fit de lui une sorte de premier ministre, sans le titre d'abord et en secret.

Entre le ministre en titre du royaume d'Espagne, et le confident de la Reine la lutte dura près d'une année, du mois de juillet 1715 au mois de juillet 1716. Saint-Simon, renseigné par le secret des postes que lui communiqua Torcy, a marqué les coups. Cellamare, ami de l'abbé, neveu du cardinal s'était efforcé en vain, au mois d'août 1715, de les réconcilier. La mort de

---

1. C'est un des objets essentiels de la correspondance échangée alors, au printemps de 1715, entre l'abbé et le comte Rocca qui était chargé de la dépense de la cour.
2. Lettres d'Alberoni à Rocca, 3 février, 11 février 1715.
3. *Idem*, p. 373, 18 février 1715.

Louis XIV, le 2 septembre, devint le signal et la cause d'un progrès décisif dans la fortune et le crédit d'Alberoni. Quand le vieux Roi ne fut plus là pour soutenir de Versailles le cardinal qu'il avait recommandé à son petit-fils, la cour d'Espagne ne garda plus de ménagements. « Le monsieur, écrivait l'envoyé d'Angleterre à Madrid, le 20 septembre, est ici le maître absolu. Il a un ascendant illimité sur la Reine et par là sur le Roi qui n'aime pas les affaires et se laisse mener par sa femme. Je dois ajouter que je ne vois ici aucun parti qui puisse lui résister[1]. » On notait bientôt, au mois d'octobre, que le Roi et la Reine s'enfermaient avec l'abbé pour lire de longues dépêches chiffrées des ambassadeurs et prendre les résolutions essentielles. Toutes les affaires d'Espagne lui étaient confiées, avec les affaires particulières de la Reine. La charge était lourde parfois, fatigues de corps et d'esprit, efforts de travail qui épuisaient sa santé, mais consolidaient sa fortune[2].

Au mois de novembre une première crise éclata : piqué au vif de se voir peu à peu remplacé, del Giudice attaqua son adversaire. Il s'en alla porter plainte au Roi. Philippe V n'aimait pas les affaires, encore moins les querelles. Entre son confesseur qui appuyait le cardinal, et sa femme qui défendait Alberoni, il ne prit pas parti ; la crise n'eut point de dénouement.

Le cardinal eut alors recours aux intrigues de cour pour perdre son rival. Il excita contre lui les Espagnols mécontents des réformes qu'il préparait. Il lia partie avec tous les Italiens de bas étage dont la Reine aimait à s'entourer, les comédiens gens d'intrigue, avides, la nourrice de la Reine, Laura Piscatori, une vraie harpie qui prétendait installer sa famille à Madrid, et s'irritait des résistances d'Alberoni, un maître de musique Sabaldini appelé d'Italie tout exprès pour distraire Élisabeth des affaires.

Le plan était habile et bien dressé. Il s'agissait d'occuper la Reine à des plaisirs dont elle n'avait pas perdu le goût, et

---

1. Coxe, *Histoire des Bourbons d'Espagne*, trad. fr., II, p. 262.
2. Saint-Simon, *Mémoires*, éd. Chéruel, t. XIII, p. 6. — Saint-Aignan à Louis XIV, 14 décembre 1715. — Correspondance d'Alberoni avec le comte Rocca, janvier à mai 1716.

de lui faire oublier la politique, pour en reprendre la direction. A mesure que grandissait le crédit de l'abbé, l'intrigue se développa. Lorsqu'au mois de janvier 1716, Philippe V lui donna un appartement tout auprès de la Reine, pour y instituer des conférences régulières avec les secrétaires des finances, de la guerre et de la marine, del Giudice mit en mouvement les Italiens, les Parmesans et surtout la nourrice. Il s'arrangeait avec le nonce Aldovrandi pour faire refuser par la cour de Rome à l'abbé un chapeau de cardinal qui l'eût fait son égal [1]. Si Alberoni n'eût été alors que le confident de la Reine, sa fortune eût été menacée. Mais il était le ministre des Farnèse, le sujet du duc de Parme trop heureux d'avoir part, grâce à lui, au gouvernement d'une grande monarchie, précieuse à leurs intérêts et à leurs ambitions.

Au moment où dans cette crise va se décider la fortune du diplomate parmesan, plus que jamais se révèlent son rôle véritable et la raison secrète de sa conduite en Espagne. C'est pour les Farnèse et par les Farnèse qu'il y demeure. Qui donc, à sa place, serait auprès de Philippe l'avocat de leurs requêtes, demandes de pension et d'une riche abbaye pour le prince Antoine, d'une ambassade en Hollande pour Beretti-Landi, d'un régiment ou de faveurs pécuniaires pour des membres de leur noblesse, Garimberti, Scotti, Mulazzani? Qui surtout mieux que lui préparerait l'Espagne à former, à soutenir la grandeur du duché de Parme en Italie. « Quelle joie pour nous, écrivait le duc le 31 janvier 1716, de vous voir chargé de toutes les affaires les plus importantes de cette monarchie, et de savoir que vous donnez en échange de cette confiance aux deux souverains votre fidélité, vos efforts et votre zèle ! » « Il faut, ajoutait-il un peu plus tard, que ma nièce se souvienne de tout ce que j'ai fait pour la servir et lui donner cette couronne sans regarder aux périls extrêmes, aux dommages qui pouvaient en résulter pour mes États, sacrifiant à sa grandeur et à sa fortune tout, et presque notre existence même [2]. »

Les caprices suggérés à cette femme encore enfant par de

1. Torcy, *Négociations*, I, 52-54, 196 et 373. — Saint-Simon, XIII, p. 8 à 12.
2. Le duc de Parme à Alberoni, 31 janvier 1716 (ARCH. NAP., *Farnesiana*, fasc. 58).

mauvais conseillers qui exploitaient ses penchants vicieux, rencontrèrent à Parme une résistance qu'Alberoni soutenait de ses avis et de ses plaintes. Les remontrances des Farnèse encouragèrent l'abbé à faire honte à la Reine de ses faiblesses avec une familiarité et une franchise qu'elle avait toujours admises : « Allait-elle se laisser réduire à l'inaction par des intrigants qui la flattaient pour lui faire perdre sa confiance? Qu'adviendrait-il de sa gloire et de son honneur, quand, réduite simplement au rôle de femme, elle n'aurait plus ni crédit dans le monde, ni considération parmi ses sujets, quand elle aurait donné sa confiance à tous ces courtisans qui prétendent gouverner à sa place et la détourner des affaires[1]. » Alberoni réussit.

L'attaque directe contre le cardinal del Giudice se prépara au Pardo, vers le mois de juillet 1716. « Pouvons-nous, disait Alberoni à Philippe V lui-même, pour l'animer contre son premier ministre, tandis que l'Empereur se dispose à de vastes desseins, rester ainsi totalement inactifs, laisser le royaume dans la décadence, sans troupes, sans marine, sans finances, sans commerce, sans crédit, les peuples accablés de contributions, la noblesse réduite-à la mendicité, au désespoir. » Quoique mécontente des refus opposés à ses caprices, la Reine sensible aux reproches de l'homme qui avait fait sa fortune, le Roi toujours disposé à s'éveiller de son inertie quand on lui parlait de sa grandeur, voulurent frapper del Giudice, par une nouvelle procédure d'Inquisition analogue à celle qui avait déterminé en 1714 sa première disgrâce. Alberoni les en détourna : « Il ne faut pas dans ce pays superstitieux faire de ce prêtre un Saint-Pierre-Martyr, un Saint-Thomas de Cantorbéry[2]. » Il suggéra, quelques jours après, un moyen plus subtil. Philippe V adressa au cardinal un billet par son secrétaire Grimaldo pour déclarer, le 13 juillet, la charge de précepteur du prince des Asturies incompatible avec celle de Grand Inquisiteur. Immédiatement, le duc de Popoli, protecteur et ami de l'abbé fut installé auprès du prince héritier.

---

1. Alberoni au duc de Parme. Lettres de mars à mai 1716 (Arch. Nap., *Farnesiana*, fasc. 58). — Saint-Simon, *Mémoires*, XIII, p. 40, 141.

2. Lettre d'Alberoni au duc de Parme, du Pardo, 6 juillet 1716 (Arch. Nap., *Farnesiana*, fasc. 58). — Saint-Simon, p. 141.

Del Giudice avait compris et offrit au Roi de lui-même sa démission de Grand Inquisiteur, aussitôt accepté. On le remplaça par un de ses rivaux, Molinez, qui, depuis longtemps, était à Rome chargé des affaires d'Espagne.

Cette nouvelle révolution de palais, habilement conduite, inspirait, après le succès, à Alberoni des réflexions qu'il confia à son ami Rocca, et qui l'expliquent. « Il est très vrai, comme vous le dites, qu'on n'a pas pensé à donner à cette reine l'éducation nécessaire. Si sa nature n'y avait pas suppléé, que de malheurs ! La vie sédentaire qu'elle a dû mener la première année a permis le noviciat auquel elle s'est prêtée, et qui a tout sauvé. Prions Dieu qu'elle persévère ! Il ne suffit pas de bien commencer, si l'on finit mal. Que Dieu écarte les mauvais instruments, soutienne d'une protection particulière les bien-intentionnés, ou l'on verrait détruire jusqu'en ses fondements cette œuvre réussie en si peu de temps et presque jusqu'à la perfection. Quant au Roi, c'est un bon cœur prêt à vivre bien avec tous : je n'ai qu'à le seconder, à le guérir de ces pointilleries qui jusqu'ici lui ont fait tant d'ennemis. Ce sont là des choses à ne pas confier même à mon père, s'il vivait[1]. » Désormais, comme le disait Torcy, la Reine régnait en plein et en assurance : Alberoni se sentit plus puissant que jamais. L'une était le Roi, l'autre, sans cesser d'être l'envoyé du duc de Parme, disposait de l'Espagne comme Mazarin avait disposé de la France. Par ce qu'il a fait, depuis le jour où son crédit s'est peu à peu substitué à l'autorité de Mme des Ursins ou de del Giudice, on peut déjà juger son œuvre. Car impatient d'employer l'Espagne et les Bourbons au service de ses maîtres et de l'Italie, il n'a pas perdu un instant, dès qu'il s'est emparé du pouvoir, pour forger les instruments nécessaires à l'exécution de ses desseins.

« Dans quelle confusion, écrit-il, j'ai trouvé cette cour ! C'est à faire horreur. Dans quel désordre j'ai vu cette monarchie[2] ! » Son premier objet ne fut pas, comme on l'a cru, une politique d'action et d'aventure, mais un effort très sérieux pour introduire l'ordre, la clarté dans les finances espagnoles. Ce fut par la

---

1. Lettre d'Alberoni à Rocca, 12 juillet 1716, p. 476.
2. Lettre d'Alberoni à Rocca, 9 mars 1716, p. 444.

maison du Roi, où il voyait toutes choses de plus près qu'il commença. Pour supprimer des offices inutiles, pour éviter le gaspillage, il voulut savoir comment s'administrait la maison des Farnèse, et le savoir par le détail : qui faisait la dépense des meubles, qui tenait les écritures, quels étaient les agents responsables et leur nombre ? Intimement lié avec le ministre des finances du duc de Parme, le comte Rocca, il obtint toutes les précisions nécessaires et se mit à l'étude[1].

Il s'attaqua d'abord à la maison militaire de Philippe V : sur quatre compagnies de gardes du corps, il proposa la suppression de deux ; et sur dix bataillons de gardes, il demanda le retour à deux. L'économie portait surtout sur l'état-major, 100.000 francs pour le moins. Quoiqu'Alberoni eût pris soin de faire rédiger par le roi l'arrêt de réforme, écrit de la main même du souverain, ce fut, en janvier 1716, quand l'édit parut, un grand scandale à la cour. Son ami, le duc de Popoli, déclara qu'il ne répondait plus de la personne des souverains. « Je saurai bien me garder moi-même », répliqua Philippe V. Le duc d'Havré, colonel des gardes wallonnes, les officiers de ces gardes, le ministre de la guerre Bedmar protestèrent avec la dernière énergie contre l'ordre royal. L'ambassadeur de France, le jeune duc de Saint-Aignan, qui s'imaginait gouverner l'Espagne, au nom du duc d'Orléans comme au temps de Louis XIV, ne craignit pas de réclamer de Philippe V la suspension de ses arrêts. Et secrètement, il se mit à intriguer avec les courtisans menacés, surtout avec leurs femmes. Il fallut un coup d'autorité pour contenir ces intrigues et cette révolte de cour. Le duc d'Havré perdit sa charge qu'il occupait depuis six ans, donnée au prince de Robeck ; il fut exilé. La démission du lieutenant-colonel, marquis de la Vère, de la famille de Chimay, fut acceptée. Un capitaine Hersent, qui avait réclamé au nom de ses camarades, fut enfermé à Ségovie. La duchesse d'Havré, nièce de Mme des Ursins, dame du Palais de la Reine, suivit son mari dans la disgrâce. Le duc de Saint-Aignan, enfin, fut invité brutalement à ne point se mêler des affaires de l'Espagne.

---

1. Lettres d'Alberoni à Rocca, 20 et 27 janvier 1716, 20 février, 27 avril 1716, p. 436, 438, 440, 454.

Le comte-abbé, comme on le nommait par dérision et par allusion au gouvernement absolu d'Olivarès, avait appris dans cette lutte les difficultés des réformes qu'il méditait. En vain, se préparait-il à soumettre à l'évêque de Cadix, président de l'Azienda ou ministère des finances, un plan de réorganisation du trésor et de la comptabilité dressé sur le modèle de l'administration Farnèse. En vain prétendait-il que « par des économies et avec de l'ordre, un royaume, sans dette parce que sans crédit, pouvait très vite en finir avec un déficit de quelques millions ». Quand il voulut toucher à la maison civile de Philippe V, il se heurta à un vieux serviteur que le souverain avait amené de France, le sieur Hersant, et n'en triompha point.

Les courtisans, les fonctionnaires menacés paraient par l'intrigue et la calomnie les coups qu'il leur assénait. Ils colportèrent le bruit qu'il se vendait à l'Angleterre, et trafiquait des charges en Espagne. Puis ce furent des insinuations plus perfides encore sur l'état de santé de ces pauvres orphelins, enfants de Marie-Louise de Savoie, que l'abbé, pour faire sa cour à la seconde femme, eût, disait-on, laissé et vu dépérir à dessein. « Vraiment, je me demande, écrivait Alberoni, si je pourrai établir ici un système d'ordre et de gouvernement. Tous s'y opposent, et quand bien même il s'établirait, je me demande s'ils ne le détruiront pas, en l'exécutant mal. Car il faudrait trouver des gens pour le bien faire, trois hommes par exemple de votre confrérie capables de débrouiller ce chaos. L'idée de réformer le monde est d'un fou. L'homme habile est celui qui le laisse tel qu'il l'a trouvé. Enfin, j'obéirai aux instances répétées des souverains[1]. » Et en effet, il s'attaqua, au courant de l'année et malgré les résistances, à l'entreprise la plus difficile, la réforme de ces Conseils dont les grands d'Espagne vivaient depuis trois siècles, dont la monarchie avait failli mourir.

Deux hommes d'État espagnols de ce temps, Monteleone et Cellamare, échangeant leurs réflexions sur la nouvelle forme que le Régent avait cru devoir donner alors à l'administration française, s'étonnaient de voir s'établir en France ce que la

---

1. Lettre d'Alberoni à Rocca, 27 avril 1716, p. 433.

royauté de Philippe V songeait à corriger[1]. Alberoni procéda par
degrés à cette réforme capitale. Il commença par faire savoir à
tous les agents du Roi que le maître voulait connaître ses
affaires, directement et sans intermédiaire. Si des ambassadeurs,
comme Beretti-Landi à La Haye, Acquaviva à Rome croyaient
bon de se ménager comme autrefois des appuis auprès des conseillers d'État, l'abbé, auteur et confident des plans d'Élisabeth
Farnèse, délivré de del Giudice, et bientôt premier ministre à
la fin de 1716, leur apprit que c'en était fini « de cet aréopage de
vieillards », et de leur prétention à donner des lois à leurs souverains[2]. Puis, au mois de janvier 1717, la grande réforme s'opéra
dans les services et les serviteurs de la monarchie.

Le Conseil d'État, cette institution vénérable où l'honneur
suprême pour un Espagnol était d'entrer, et qui avait souvent
absorbé et remplacé la royauté, subit le premier assaut. La Présidence, qui faisait presque une royauté, fut supprimée. Par égard
pour le vieux titulaire qui l'occupait depuis plus de vingt ans,
le comte de Frigiliane, les appointements seuls lui en furent
conservés. Puis il fut décidé que toutes dépêches de la monarchie ne passeraient plus par ce Conseil, qu'elles iraient directement au Roi par les soins de son secrétaire Grimaldo. La substi-
tution de la *via reservada* à la *via de Estado*, c'était la fin des
pouvoirs du Conseil d'État qui, n'ayant plus ni le maniement ni
la connaissance des affaires, fut réduit désormais à un ensemble
de fonctions purement honorifiques[3].

L'ordonnance du 20 janvier 1717 atteignit ensuite le Conseil
de Castille, au moins aussi puissant que l'autre pour le dedans,
pourvu d'une compétence presque universelle en matière admi-
nistrative. Elle l'atteignit dans son chef, le gouverneur de Castille dont le traitement fut réduit du tiers, puis dans la situation
des conseillers et des procureurs fiscaux diminuée d'autant[4]. Tous
les revenants-bons dont ils abusaient, indemnités de logements,

---

1. Cellamare à Montelcone, 20 septembre 1715 (A. ÉTR., *Espagne*, t. 248, f° 116).
2. Torcy, *Négociations*, II, f° 81, et Saint-Simon, éd. Chéruel, XIII, p. 312.
3. Lettres d'Alberoni à Rocca, 25 janvier 1717, et surtout 13 juin 1718, p. 585.
— Torcy, *Mémoires*, II, p. 62. — Saint-Simon, XIII, p. 308-309.
4. Torcy et Saint-Simon, *Ibid.*, et en outre Desdevises du Dézert, *Les Institutions*, p. 61 et 62, d'après la *Novissima Recopilacion*, IV, III, 4.

amendes et dispenses, versements à leur compte d'un intérêt de
4 pour 100 sur tous les emprunts contractés par les villes et les
provinces furent supprimés. Désormais les membres, soumis au
contrôle plus rigoureux des gens du Roi, mieux rattachés à la
royauté par l'intérêt et par l'amour-propre durent se plier aux
exigences d'une administration nouvelle dont la Reine disposa [1].

Le Conseil de guerre fut ébranlé plus profondément encore.
Quoique la présidence demeurât au marquis de Bedmar, ses attri-
butions se trouvèrent ramenées à des fonctions de justice et de
contentieux confiées à quatre conseillers de robe qui n'avaient
plus aucune autorité sur l'armée. Encore le Roi se réserva-t-il, à
lui ou à des hommes d'épée choisis par lui, le jugement des officiers généraux [2]. Au Conseil des Indes que l'on ne pouvait de la
même manière annuler, sans ruiner toute l'administration de
l'Empire, ce fut un grand progrès que l'exclusion décisive des
fonctionnaires créoles, un remède opportun à la corruption, au
mal essentiel de ce gouvernement colonial. La direction en fut
d'ailleurs confiée à un homme tout à fait sûr, passionné pour le
relèvement de la marine espagnole dont il était une des gloires,
l'amiral André del Paëz (25 janvier 1717) [3]. Le choix que l'on fit
ensuite pour président des finances, à la place de l'évêque de
Cadix, du prince de Campoflorido, était moins heureux. La faveur
de la Reine pour ce grand seigneur italien, dont la santé était
délabrée, l'avait déterminé, mais ne le justifiait pas.

Après tout, ce qu'on voulut alors, ce fut, faute de pouvoir supprimer d'un coup l'antique organisation des Conseils, l'emploi de
moyens détournés, mais propres à la rendre moins onéreuse à
l'État, moins nuisible aux intérêts généraux de la nation. Une
habile politique, dont l'honneur revient à Alberoni, faisait de ces
Conseils des instruments dociles de la volonté royale qui put se
porter ainsi à des œuvres essentielles, comme la transformation de la bureaucratie espagnole en ministères distincts,

1. Torcy et Saint-Simon, *Ibid.* et pages suivantes.
2. Lettre d'Alberoni à Rocca, p. 587, et Saint-Simon, XIII, p. 308.
3. Même lettre où Alberoni expose la façon dont la suppression du Conseil des Indes a permis les poursuites contre les mauvais fonctionnaires. — Desde-vises du Dézert, *ouv. cité*, p. 95.

affranchis de l'autorité des grands seigneurs, animés d'un réel désir de réformes et capables de les réaliser.

Il faut, pour comprendre ce grand changement, se rappeler ce qu'étaient devenus, en France, du xvie siècle au xviie siècle, les secrétaires d'État, entre le temps où, simples secrétaires et serviteurs du Roi, ils enregistraient les décisions du Conseil, et celui où ministres du royaume, ils réglèrent dans leurs départements respectifs toutes les affaires de la monarchie. La réforme du *Dispacho*, ce Bureau universel dont les commis trop nombreux, occupés de mille besognes obscures, dont les secrétaires, personnages trop modestes, presque scribes encore n'avaient ni rang ni fonctions au-dessous des Conseillers, avait commencé en 1705 et 1714 par l'ébauche de ministères distincts[1]. Elle se confirma au mois d'avril 1717 par une organisation plus méthodique des secrétaireries qui furent données pour l'État et les affaires étrangères à Grimaldo, pour la guerre et la marine à Don Miguel Duran, pour les affaires ecclésiastiques, la justice, la maison du Roi et les finances à Don José Rodrigo y Villalpando[2]. Tous ces hommes associaient résolument leur fortune à celle d'Alberoni. Le premier avait mis au service du confident de la Reine son crédit sur le Roi. Le second lui devait tout, pouvoir, fortune, noblesse. Don Rodrigo s'élevait, grâce à l'abbé dont il allait servir la promotion au Cardinalat, de la place de fiscal de Castille où il remplaçait et continuait Macanaz à de plus hautes destinées. Tous étaient gens de valeur et très laborieux.

Ce qui caractérisait cette réforme, c'était le choix des agents dont elle établissait la fortune. Au département de la guerre et de la marine, Alberoni associait à Don Miguel Duran, l'un des hommes qui devaient faire le plus d'honneur à l'Espagne, Don José Patino, né à Milan en 1666 d'une famille espagnole établie en Italie au xvie siècle, venu en Espagne après avoir renoncé à la Compagnie de Jésus, pour s'y faire remarquer depuis 1708 par ses talents d'administrateur. Quand l'abbé le fit nommer, le

---

1. Desdevises du Dézert, *ouv. cité*, p. 23 ; d'après Saint-Simon, *Mémoires*, t. XIX, p. 96, et la *Novissima Recopilacion*, III, vi, 4.

2. Rodriguez Villa, *Patino*, p. 64. — Torcy, *Négociations*, II, 70. — Saint-Simon, XIII, p. 309.

28 janvier 1717, intendant général de la marine à Cadix et président du tribunal de la Contractacion des Indes, il lui rendit ce témoignage : « C'est un homme fort habile, grand travailleur, les mains nettes surtout[1]. » N'était-ce pas son propre éloge qu'Alberoni faisait ainsi devant la postérité ? Il comptait sur la probité et le travail de ses collaborateurs pour le succès de l'entreprise dont il s'était chargé. La tâche lui paraissait lourde, ainsi entendue : elle aurait dû lui faire honneur.

Il s'agissait en somme de restituer à l'État espagnol les ressources qui se perdaient par la prévarication, les abus et l'inertie et qui empêchaient cet État de remplir sa fonction.

Le premier soin de l'abbé avait été de se procurer une liste des revenus généraux de la couronne qui permît les prévisions d'impôt : il lui fallut six mois pour l'avoir. Quand il l'eut, il demeura effrayé de l'arbitraire et du désordre de cette administration. Pour y mettre de la clarté et de l'ordre, il commença par réunir dans un même palais, à sa portée, près du palais royal les bureaux et les Conseils de finances. Il eût voulu établir une comptabilité sévère, une trésorerie générale, capable de surveiller de près les baux passés avec les fermiers de l'impôt royal, et surtout leur gestion. Car ce qui revenait au Roi de ces impôts, monopole du tabac et de la poste, douanes et sels, n'était rien en proportion de ce qu'il aurait dû recevoir[2]. Alberoni n'eut que le mérite d'esquisser une réforme capitale réalisée trente ans plus tard par Ferdinand VI. « Les finances, disait-il, c'est ici un autre *mare magnum*[3]. » Il y naviguait de son mieux, réduisant en avril 1715 de quinze à trois les recettes et trésoreries (contadurie) qui absorbaient en emplois inutiles les ressources des contribuables, ou installant, à l'exemple d'Orry, des intendants à la tête de chaque province.

Son principal regret fut de ne pouvoir opérer la réforme essentielle des finances espagnoles. Il eût fallu, pour la réaliser, qu'il atteignît le mal dans sa plus grande étendue, dans l'adminis-

---

1. Lettre d'Alberoni à Rocca, 18 mai 1717, p. 540.
2. Lettres d'Alberoni à Rocca, 8 juin 1716, 26 octobre 1716, 7 décembre 1716, p. 466, 499, 508.
3. Lettre d'Alberoni à Rocca, 8 mars 1717, p. 526.

tration des revenus provinciaux. C'était fort bien d'arracher les
revenus de la gabelle à la bande de fermiers malhonnêtes qui
s'en étaient emparés et pressuraient sans scrupule la nation.
Mais surtout les impôts levés dans les provinces, et c'étaient les
plus nombreux, les plus durs au peuple parce qu'ils pesaient sur
tous les fruits de la terre depuis leur production jusqu'à leur
consommation, *alcabala* et rentes annexes, *millones* et aides de
toutes sortes, ordinaires ou extraordinaires sur la soie, le sucre,
l'eau-de-vie, la glace et la neige, se levaient par des fermiers sans
scrupule qui volaient le Roi et épuisaient le contribuable : « Ah ! ces
impôts payés par les provinces, disait l'abbé, tous levés à titre
provisoire, dont pas un, peut-être, ne peut se dire légal, qui mettent
en mouvement une armée de percepteurs, ce maudit tribut des
millones surtout capable de faire qu'il n'y aura bientôt plus d'Espagnols, quel mal ils font au peuple, au Roi ! Le monarque n'en
touche pas la moitié[1]. » D'autres après Alberoni diront même, le
dixième au plus. Il eût voulu, lui, un remède héroïque, la suppression de ces contrats abusifs qui, depuis quinze ans, enrichis-
saient des financiers avides du plus clair des revenus de la
monarchie. Philippe V, par scrupule de conscience et respect de
la parole donnée, lui refusa cette victoire décisive sur les abus
qu'il combattait, disait-il, à armes inégales.

Ce fut donc ailleurs qu'il dut chercher des revenus. La mise
en valeur du domaine espagnol avait toujours paru son principal
souci. Avec la Reine, il se désolait du nombre des couvents qui
absorbaient la main-d'œuvre et diminuaient la population ; il
s'indignait de la paresse, de l'inertie des Espagnols : « Il n'y a
pas à vingt milles autour de Madrid une maison de campagne,
un arbre, un fruit. Voilà, disait-il, une nation qui a gouverné les
plus riches pays d'Europe et prétend vivre à la façon des
nègres[2]. »

Au printemps de 1717, Alberoni fit appel à ses compatriotes
pour donner aux Espagnols l'exemple et la leçon. Il résolut
d'installer à Aranjuez de pauvres cultivateurs du Parmesan,

---

1. Lettre d'Alberoni à Rocca, 26 octobre 1716, p. 499.

2. Lettres d'Alberoni à Rocca, 25 mai 1716, p. 461. — 8 juin 1716 : « quelle nation
fainéante ! » et du 7 décembre 1716, p. 508-509.

habitués au travail et désireux de faire fortune, des jardiniers
formés aux méthodes italiennes[1]. Ce n'était qu'un essai, comme
ceux qu'il fit pour ranimer l'industrie. Si l'essai qui livra ces
malheureux paysans d'Italie aux persécutions des intendants
royaux n'aboutit pas, l'honneur n'en demeure pas moins au
ministre qui l'a entrepris.

Alberoni créait, avec des Hollandais, à Guadalajara, la manu-
facture royale de draps et toiles fines qui pendant tout le
XVIIIe siècle se développa et fit l'orgueil des souverains d'Espagne. S'adressant au baron de Riperda, ambassadeur des Provinces unies à Madrid dont il fit la fortune, à son compatriote
Beretti-Landi qu'il avait installé pour représenter l'Espagne
à La Haye, l'abbé n'hésitait pas à consacrer 150,000 livres
à l'achat des secrets et des ouvriers de l'industrie hollandaise. Son activité intelligente donnait le branle à toutes les
entreprises qui ont réveillé l'Espagne alors de sa torpeur et de
sa misère. Il lança l'idée, pour améliorer la condition du peuple,
de cette organisation de l'annone empruntée à l'État de Parme,
création de magasins à blé et tarif des objets de première nécessité, que Ferdinand VI reprit quarante ans plus tard.

Plus particulièrement, on le vit s'attacher à ce qui avait fait
la force de l'Espagne, puissance commerciale et maritime, la
première de toutes autrefois et capable avec son immense
marché colonial de retrouver plus vite les éléments de cette
prospérité.

En ces matières difficiles, sa curiosité n'étonne pas moins
que son souci du détail et son labeur. Il s'était mis au fait des
monnaies espagnoles dont l'infinie complication égalait l'insuffisance et paralysait toutes les transactions. « C'est une question
bien grave, disait-il à son ami Rocca, et de bien grande
portée[2]. »

Comment se reconnaître dans toutes ces pièces d'argent dont
l'unité était le réal, de valeur simple ou double, suivant qu'il
était de billon ou d'argent nouveau et pour lequel il fallait tou-

---

1. Lettres d'Alberoni à Rocca, des 7 décembre 1716, 1er février 1717, 3 avril
1717, 18 mai 1717, 13 décembre 1717, 21 février 1718, et surtout 11 avril 1718.
2. Lettre à Rocca, 28 décembre 1716, p. 513.

jours faire la distinction entre la monnaie idéale et la monnaie
réelle, entre celles des différentes provinces et celles d'Amérique ou d'Espagne ? L'abbé s'était mis pourtant courageusement
à l'étude, où nous ne le suivrons qu'en partie, des réaux, doubles
réaux, ou demi-réaux, des piastres, pièces de huit ou demi
piastres, des pièces Mexicaines, Péruviennes [1]. Il en remit toute
une collection au marquis Scotti quand celui-ci vint en 1716
féliciter la Reine à Madrid de son accouchement. Il le priait de
solliciter pour lui les avis et l'examen de Rocca, l'homme le plus
compétent de Parme en matière de finances et de monnaies [2].
Il n'eut de cesse qu'il n'eût reçu de réponse, et s'obstina à la
recherche de la solution.

Le problème à ses yeux, si l'on voulait restaurer le commerce
et la richesse de l'Espagne, ne pouvait demeurer en suspens.
Comme la monnaie espagnole était de mauvais aloi et presque
toujours réduite par les rogneurs d'espèces [3], les commerçants
étrangers exigeaient le paiement en pièces récemment arrivées
des Indes avec les galions, si bien que tout le numéraire de bon
aloi ne faisait que passer en Espagne, et qu'on n'y trouvait que
la monnaie défectueuse, peu propice aux échanges, au négoce,
et défavorable au crédit du Roi lui-même [4]. On raconte que les
Français, très nombreux alors dans les affaires d'Espagne, en
tiraient annuellement jusqu'à cinquante millions de numéraire :
« un vrai commerce, et lucratif ».

Le remède eût été peut-être, comme le faisait remarquer le
comte Rocca, que les Espagnols eussent moins acheté à l'étranger, et davantage produit dans leurs propres fabriques, s'ils en
avaient eues, s'ils y avaient travaillé. Faute de pouvoir trans-
former d'un coup cette nation paralysée par l'apport du numéraire américain, Alberoni s'efforça de relever au niveau de ce
numéraire la monnaie d'Espagne aussi mauvaise qu'abondante.

1. Sur la monnaie espagnole consulter l'abbé de Vayrac, *État de l'Espagne*,
III, vi, p. 387, et Desdevises du Dézert, *L'Espagne au XVIII* siècle, Richesse et
civilisation*, p. 118 et suivantes.
2. Lettres d'Alberoni à Rocca, 21 décembre 1716, 28 décembre 1716, p. 512 et 513.
3. Voir ce que dit l'abbé de Vayrac des rogneurs d'espèces qui pullulent en
Espagne, p. 395.
4. La lettre capitale est celle d'Alberoni à Rocca du 8 mars 1717, p. 527.

Il reprit l'essai tenté en 1710 de frapper à Ségovie pour tout le royaume des pièces de deux réaux en grande quantité et de bon aloi, calculées de façon que les étrangers et les négociants voulussent bien les prendre et que le Trésor royal n'y perdît pas.

C'était d'ailleurs sur le commerce des Indes qu'aidé de Patino, le ministre tout-puissant allait porter son effort et particulièrement essayer l'efficacité de son ardeur réformatrice : « Comment comprendre, écrivait-il, qu'un pays comme l'Espagne, puissant par lui-même, si avantageusement situé, avec les ressources infinies d'un vaste monde comme les Indes, demeure sans force[1]?» Dès le mois de mars 1716, il avait réuni en conférence les négociants espagnols et étrangers de Séville, Cadix et Madrid pour étudier la réforme du commerce transatlantique. Au mois de septembre, il faisait paraître des règlements et des avis dont le principe n'était pas encore sans doute la suppression du commerce par flottes royales, mais du moins la régularité absolue de ce commerce, la promesse d'une date certaine, en 1717, pour le départ des flottes et l'accès de tous les étrangers à ce bienfait. « C'est un pas de géant[2] », disait l'abbé. Et l'expression ne paraît pas excessive quand on songe que parfois les départs s'espaçaient sur quatre années, et qu'en 1715, la flotte chargée pour l'Amérique attendit des mois à Cadix le bon plaisir du gouverneur, le prince de Santo Buono, qui voulait emmener sa femme et ne trouvait pour elle, ni ses affaires jamais assez prêtes, ni la saison assez propice. Et cependant c'était un homme de valeur qui, de lui-même, pour mieux gouverner, avait offert un démembrement de sa vice-royauté trop vaste.

L'essentiel fut de tenir parole : sans relâche durant l'année 1716 Alberoni, ses collaborateurs, Patino, André del Paëz travaillèrent à reconstituer la marine de l'Espagne. C'était avec une joie véritable que l'abbé annonçait, redisait à Parme les progrès, les résultats de cet effort. Il avait bien fallu que l'évêque de Cadix,

---

1. Lettre d'Alberoni à Rocca, 28 décembre 1716, p. 518.
2. *Idem, ibid.* Ce fut en septembre qu'Alberoni annonça aux négociants le départ de la flotte en 1717. — Torcy, *Négociations*, I, 704. — Saint-Simon, XIII, p. 162. — Des lumières importantes sur l'esprit de ses réformes commerciales nous sont données par Torcy encore, I, f° 960 à 962 (Saint-Simon, XIII, p. 238).

président du Conseil des finances, trouvât dès le mois de juin 1716 les fonds nécessaires au travail de Patino. Des magasins pour la construction et le grément des flottes s'organisaient au Ferrol et à Cadix. Et bientôt il n'allait plus être nécessaire de se proeurer les bois de construction en Norvège, les agrès en Hollande : on en ferait au Ferrol. Tout ce qu'il fallait se trouverait en Espagne plus vite et à meilleur compte, si bien qu'au mois d'avril, les négociants d'Espagne et d'Europe purent escompter sûrement l'envoi d'une grande flotte de dix vaisseaux aux Indes Occidentales. Alberoni en attendait pour les finances royales, après ce gros effort, un profit de 70 pour 100 [1].

Ce fut un événement encore, lorsqu'au mois de mai 1717, le ministère annonça aux gens et négociants de Séville que leur privilège sur le commerce des Indes avait pris fin. N'était-il pas naturel et utile que la Chambre de commerce des Indes (*Casa de contractacion de Indias*) fût portée à Cadix à qui devait, avec l'effort centralisé dans son port, appartenir la direction de ces grandes expéditions maritimes. Séville se fâcha, mais l'approbation des négociants fut si nette que les colères de la cité dépouillée demeurèrent sans effet [2].

De toutes ces mesures, aucune n'était en elle-même, on l'a noté, une réforme radicale. Le souci d'Alberoni fut visiblement et seulement l'emploi de son autorité absolue au rétablissement de l'ordre. Voici par exemple ce qu'à propos des galions il écrivait à Parme : « Les flottes et les galions partiront régulièrement, et en conséquence, le Roi s'est fait une loi inviolable de ne plus laisser aller aux Indes le moindre vaisseau particulier. Plus d'autre navire qu'un navire royal pour annoncer aux Indes l'arrivée de la flotte, ou pour porter aux Philippines ce qu'on y doit envoyer de Cadix désormais. Suppression des vaisseaux particuliers entre la Chine et le Mexique [3]. »

« Dans trois ans au plus, conclut-il, les négociants enrichis par

1. Lettres d'Alberoni à Rocca, 17 janvier 1717, p. 517, 15 février 1717, p. 521. — 5 avril 1717, « la flotte partira contre vents et marées ».
2. Desdevises du Dézert, l'*Espagne*, *La Richesse*, p. 146; Rodriguez Villa, *Patino*, p. 68 et 185.
3. Lettre d'Alberoni à Rocca, 12 juillet 1717, p. 547.

un trafic bien ordonné ne verront point avec envie les profits que le roi Philippe V recueillera grâce à cette centralisation économique. »

Alberoni se doutait bien cependant qu'un pareil régime avait sa rançon. Dès le mois de novembre 1716 il expédiait spécialement deux vaisseaux à la Havane pour y atteindre la contrebande anglaise supérieurement organisée dans les Antilles. On lui faisait savoir du Pérou en 1718 qu'il ne fallait pas y continuer l'envoi régulier des galions : tant ce pays était inondé de marchandises venues par contrebande[1]! Et pourtant répétait-il à Parme dès le mois d'avril 1716 : « Rien à faire si l'on ne tente pas le coup décisif aux Indes pour être en mesure de compter sur l'abondante richesse de ce grand monde. »

Il n'y a point de doute que le désir de diminuer cette contrebande avait, dès le mois de septembre et d'octobre 1715, déterminé Alberoni à un rapprochement économique avec les États commerçants, avec la Hollande d'abord. Ce fut Riperda, envoyé de Hollande à Madrid qui lui conseilla une entente avec l'Angleterre aussi. Le 9 décembre 1715, Bubb, envoyé anglais à Madrid, informait lord Stanhope de la signature d'un traité de commerce qui annulait les restrictions apportées depuis 1713 au négoce anglais en Espagne, égalisait avec douceur les droits de douane sur mer et sur terre, encourageait enfin les marchands de Londres[2]. L'année suivante s'ouvrit par une autre négociation du même genre entre les ministres anglais et Alberoni dont la Reine approuvait encore les démarches. Il s'agissait de régulariser par un traité le privilège que l'Espagne avait promis à Utrecht de transférer à l'Angleterre, d'importer en Amérique la main-d'œuvre nègre. Le traité ou *assiento* n'était pas plutôt signé qu'on vit

1. Lettre d'Alberoni à Rocca, 16 mai 1718, p. 580.
2. Les dépêches de Bubb à Stanhope, du 26 septembre au 12 décembre 1715, ont été conservées par Coxe, *Bourbons d'Espagne*, II, p. 261 à 265. Celles de Riperda ont été interceptées et conservées par Torcy, I, 150 ; Saint-Simon, XII. Celles de Monteleone également, I, p. 25. — M. Baudrillart, dans son tome II, p. 224, a cité les dépêches tendancieuses de Saint-Aignan au Régent d'après le tome 242 des A. ÉTR., *Espagne*. Les dépêches confidentielles d'Alberoni à la cour de Parme, notamment celle du 20 avril 1716 (Arch. Nap., *Farnesiana*, fasc. 58) marquent nettement dans quelle mesure Alberoni ajoutait des intentions politiques à ses négociations commerciales avec les puissances maritimes.

par les réclamations des marchands anglais à quel point il était urgent d'établir des règles et un code[1].

Tandis qu'on accusait, à Madrid et en France, Alberoni d'avoir touché des Anglais la forte somme pour leur livrer le commerce de l'Espagne et de ses colonies, les négociants de Londres déclaraient que l'on venait de leur retirer ainsi les avantages soi-disant inscrits ou promis depuis les négociations de 1713. Le ministère anglais, qui tenait cependant à ménager Alberoni et Élisabeth Farnèse, à les associer à la cause des whigs et de Georges Ier se voyait obligé d'appuyer les plaintes « *exorbitantes* » de ses nationaux. Pour le maintien de la contrebande qui les enrichissait, qui allait donner naissance à la Compagnie de la Mer du Sud, les Anglais préféraient à tout règlement, si avantageux qu'il parût, la liberté de leurs démarches clandestines et fructueuses. « Ah! si j'avais pu, écrivait l'abbé, me soustraire à l'obligation de prendre parti en ces affaires, un océan, un *mare magnum* qui dépasse mon entendement! Une junte de négociants de Cadix s'y prendrait mieux que moi[2]. »

Dans ces négociations commerciales d'Alberoni avec les puissances maritimes, on n'a cherché et voulu voir avec l'envoyé de France, Saint-Aignan, que des intentions hostiles et des démarches suspectes de Philippe V, de sa femme et de son conseiller contre le duc d'Orléans et presque une trahison à l'endroit de la Régence et des Français. Les apparences y étaient. De l'assiento des nègres, du rapprochement commercial avec l'Angleterre, Alberoni disait dans ses lettres à Rocca et aux Farnèse que c'était « orviétan et préface[3] » propices à une entente d'un autre genre, « altra cosa ». En faveur de ses plans italiens qu'inspiraient à un égal degré sa haine de l'Empereur et des Allemands, son ambition pour la maison de Parme, il escomptait le concours des puissances maritimes, sous leurs auspices la création d'une ligue politique assez forte pour disputer

---

1. Lettre d'Alberoni à Parme, 3 août 1716, (Arch. Nap., *Farnesiana*, fasc. 58). — Voir Armstrong, *Élisabeth Farnèse*, p. 74 à 78.
2. *Ibid.*
3. Lettre d'Alberoni à Rocca, 8 avril 1716, p. 454.

la péninsule à l'Autriche[1]. L'erreur serait d'en conclure, avec le duc d'Orléans, ses serviteurs ou les historiens prévenus en sa faveur, que cette ligue fût alors destinée à servir les ambitions des souverains d'Espagne sur la succession de France.

Ce n'était que la diplomatie pour ainsi dire parallèle aux mesures par lesquelles Alberoni poursuivait avec fièvre la reconstitution des forces militaires de l'Espagne. Les alliances et les sympathies qu'il recherchait étaient destinées au rôle qu'il réservait à Philippe V et aux Farnèse, en Italie, le jour où le trésor, l'armée et la flotte des Bourbons d'Espagne seraient de taille à faire reculer l'Empereur dans la péninsule, au profit de la grandeur et de la sécurité des princes italiens[2].

A mesure que l'ordre se rétablit dans l'administration, dans les finances du roi d'Espagne, Alberoni presse les moyens de défense et d'attaque qui doivent rendre ce souverain redoutable et glorieux. Il lui a fallu en 1716 pratiquer encore l'économie la plus stricte pour éteindre les dettes de la dernière expédition que Philippe V avait dû poursuivre contre les rebelles de Catalogne et des Baléares, près de deux millions d'écus ou de piastres[3]. A partir de 1717, il éveille l'ardeur de Philippe V et d'Élisabeth, le zèle de ses collaborateurs. Le prince de Richebourg reçoit l'argent nécessaire, 300,000 écus, pour hâter les travaux dans l'arsenal, les magasins, la rade du Ferrol qui deviendra le premier port de l'Europe. L'amiral Castagnet a est envoyé en Hollande pour y acquérir des vaisseaux de guerre. Patino se multiplie à Cadix, à la Corogne, à Barcelone.

Lorsqu'on annonça aux ministres espagnols que le Roi avait mis de côté un fonds de 100,000 doublons pour se constituer à Barcelone, dans le courant de l'année 1717, une grande place forte, ils traitèrent l'abbé de *visionnaire*[4]. Dès le mois d'avril,

---

1. Voir la lettre contemporaine d'Alberoni au duc de Parme (ARCH. NAP , *Far-nesiana*, 58) qui partit pour l'Italie par le même ordinaire.

2. Lettre d'Alberoni au duc de Parme, 29 juillet 1716 : « Il ne faut pas provoquer de haines et de querelles, mais se mettre en état, sans bruit, avec prudence, de pouvoir agir quand la nécessité et l'occasion le permettront, d'intéresser et de lier toutes les puissances à soutenir les raisons et les droits de l'Italie. »

3. Lettre très précise d'Alberoni à Rocca, 5 avril 1717, p. 533.

4. *Idem, idem.*

l'œuvre était déjà si avancée que l'Espagne reprenait confiance
dans son avenir et dans ses forces. Les fonderies du royaume
travaillaient sans relâche aux canons réclamés par l'armée et la
flotte, à raison de plus de deux cents pièces par an. On trouvait
l'argent voulu pour acquérir d'un coup au prix de 100,000 écus
le métal nécessaire à l'artillerie de Pampelune. La Havane, au
courant de 1717, fournirait le reste du bronze utile à cette reconstitution de l'artillerie de terre et de mer qui se poursuivait
fiévreusement par les soins d'un Milanais de grande intelligence,
le maréchal et lieutenant général Dom Marco Aracieli, collaborateur et témoin de Vendôme à Villaviciosa.

Avec un autre Milanais, avec Patino, la marine de guerre
espagnole se reconstituait aussi vite. Il n'est pas niable que de
la fin de 1716 au mois de juillet 1717, le roi d'Espagne a trouvé
à sa disposition en Méditerranée une flotte de treize vaisseaux,
dont un de quatre-vingts pièces de canons, le *Principe d'Astu-
rias* avait été construit, armé à Barcelone en quelques mois[1]. Et
bientôt, un plus grand effort se fit, au courant et vers la fin de
1717, dans les chantiers et les arsenaux outillés pour répondre
aux ordres de la cour désormais brouillée par l'invasion de la
Sardaigne, avec l'Autriche.

Ce n'était point forfanterie lorsqu'en 1718, Alberoni annonçait,
en provoquant la jalousie des puissances maritimes, le départ
d'une flotte de trois cents voiles, trente ou quarante navires de
soixante à quatre-vingts pièces et transports ou galères. La force
de cette escadre correspondait à la puissance numérique de
l'armée de terre qui comptait au bout de deux ans plus de
50,000 hommes bien équipés, et appuyés sur une artillerie de cent
vingt pièces de siège ou de campagne. Le tout avec des provisions
de matériel et de munitions qui n'avaient pas épuisé les ressources
d'un trésor de guerre pourvu de près de deux millions de piastres
en réserve. De tels résultats inspiraient à Alberoni un légitime
orgueil[2]. « Comparez seulement, disait-il à Rocca, les forces de

---

1. Torcy, *Négociations*, II, fᵒ 276 et 745. — Saint-Simon, XIV, p. 38 et suivantes.
— Saint-Philippe, *Mémoires*, III, p. 175.

2. Alberoni au duc de Parme, 25 juillet 1718 (Anen Nat., *Farnesiana*, fasc. 59) ; à
Rocca, du 6 juin 1718. — Torcy, *Négociations*, III, 586. — Saint-Simon, XV, p. 131.

l'Espagne il y a deux ans, et à présent. Voyez la différence, depuis six mois particulièrement n'a-t-on pas trouvé l'argent pour vêtir 60,000 hommes, les recruter, les armer? La remonte de la cavalerie seulement a coûté 100,000 doublons. Depuis un an on a fondu cent pièces de canon aux armes du Roi et de la maison Farnèse. Voilà trois cents voiles qui composent l'armée navale. Elles portent des vivres pour la flotte et pour les troupes de terre pendant cinq mois. Toutes les troupes au départ ont reçu leur paie d'avril; elles trouveront sur la flotte un million 200,000 piastres, et le double qui les attend dans les banques de Livourne et de Rome. Tout cela s'est fait avec l'argent du Roi dont on faisait jusqu'ici un usage indigne. Le tout était de le connaître et le bien employer.

« Voilà donc la pierre philosophale trouvée, comme on dit à Paris, par ce fameux cardinal. Le pauvre n'a pourtant pas eu d'argent à fournir de son bien au roi d'Espagne[1]. »

Sans doute, mais Philippe V et sa femme se réjouissaient de cette renaissance du royaume. Ils n'hésitaient pas à en reconnaître la valeur, comme ils récompensaient les mérites d'Alberoni. Élisabeth mit une obstination particulière à procurer à son ministre principal le chapeau qui devait consacrer en Espagne et en Italie son autorité. Le Pape, à la demande de la Reine et des Farnèse avait opposé une longue résistance, malgré les concessions que l'abbé avait faites en traitant avec le nonce Aldovrandi des droits du Roi et du Pape sur le royaume, malgré ses offres et promesses de croisade. Clément XI avait pourtant cédé le 17 juin 1717, par crainte d'une véritable rupture avec l'Espagne. La fortune d'Alberoni dans l'Église s'affirmait, comme son œuvre dans le royaume au service de Philippe V et des Farnèse.

---

1. Lettre d'Alberoni à Rocca, 30 mai 1718, p. 583.

CHAPITRE IV

LE CONFLIT DE LA FRANCE ET DE L'ESPAGNE
ALBERONI ET LE DUC D'ORLÉANS

Quel emploi Alberoni se disposait-il, au début de l'année 1717, à faire en Europe du pouvoir que le roi et la reine d'Espagne venaient de lui donner, quel usage devait-il leur conseiller des ressources que son dévouement leur procurait ? Faute d'avoir connu par ses propres commentaires ses desseins, on les a jugés le plus souvent sur les apparences et d'après les commentaires de ses adversaires.

Le maître que l'abbé servait en Espagne, Philippe V, n'avait jamais pris son parti des traités d'Utrecht, parce qu'ils lui avaient été imposés de Londres et de Versailles, et surtout dans l'intérêt de la France épuisée par la guerre. Le Roi, à qui les Espagnols avaient offert un trône et qui l'avait conservé, se considérait comme un vaincu, victime des Autrichiens, de l'Angleterre. Il aurait plutôt dû se souvenir des malheurs plus grands qui l'avaient frappé au cours de la guerre précédente et tout préférer au risque de les voir revenir. N'était-il pas plus humilié lorsqu'il voyait son rival l'Archiduc occuper l'Italie, la Flandre, régner à Madrid, quand il était réduit à fuir devant lui, abandonné de tous, même un instant de son grand-père ? Si la paix lui avait coûté l'Italie, Gibraltar, Minorque et les Pays-Bas, il conservait du moins avec la royauté son royaume presque tout entier. Pour un petit-fils de France qui n'était pas destiné à régner, c'était encore un sort enviable : « La paix serait glorieuse, lui avait écrit son grand-père le 26 avril 1714, si je vous conservais

l'Espagne et les Indes. Les temps ne sont pas bien éloignés
où l'espérance d'obtenir de pareilles conditions semblait téméraire [1]. »

Mais à cette paix, Philippe V, entêté de ses droits, trouvait
d'autres défauts plus graves encore. Si elle ne lui avait donné
qu'une partie de l'Empire espagnol, elle lui avait fait perdre,
par les Renonciations, la France où la mort de ses frères, puis
de son aïeul, la santé fragile de Louis XV lui avaient brusquement fait entrevoir un avenir inespéré. Devenu en 1715 l'héritier
le plus direct des deux plus vieilles monarchies du monde, il
s'irritait que l'Europe se fût permis en 1713 de limiter ses prétentions légitimes. « Il avait, disait-il encore à Louis XIV qui
s'efforçait de le raisonner, l'honneur des rois à venger. » La
faveur qu'il avait longtemps conservée au cardinal del Giudice,
rival d'Alberoni, venait des efforts que celui-ci avait promis de
faire pour recruter en France un parti capable de lui procurer
la Régence et même, le cas échéant, la couronne. A toutes les
avances du duc d'Orléans, préoccupé de se faire pardonner à
Madrid sa fortune, Philippe avait répondu, depuis 1715, ainsi
que ses ministres, par une attitude mécontente et hostile [2].

Ces dispositions du roi d'Espagne sans doute ne s'étaient pas
traduites par des actes. Paresseux, indolent, enfermé dans la
dévotion et les plaisirs du mariage, Philippe V n'avait pas les
ressources pour jouer le rôle que ses prétentions semblaient
dessiner. L'ambition d'une grande œuvre n'était pas ce qui le
déterminait à disputer l'Italie à l'Empereur, la France au Régent,
mais un sentiment plus étroit et plus fort, une sorte d'instinct
aveugle et irréfléchi des droits de sa naissance et de sa royauté.
Il avait tenté des démarches auprès de Louis XIV pour revenir
en France ; il avait parlé à la mort du Grand Roi de mobiliser
ses troupes et d'en appeler aux Français contre le duc d'Orléans,
mais il s'était jusqu'ici toujours incliné devant le fait accompli
et les conseils de patience que lui donnait son ambassadeur à
Paris, le prince de Cellamare. Mécontent en somme de la paix,
Philippe V ne savait pas se déterminer à la guerre.

---

1. De Courcy, *La coalition de 1701 contre la France*, II, 380 à 393.
2. Voir notre premier Volume, *Le Secret du Régent :* la Succession de France.

Ses ministres et sa femme, à qui de plus en plus il laissait le gouvernement, pouvaient du moins trouver dans ses regrets et ses aspirations, dans les circonstances aussi, l'occasion d'agir et le moyen de lui plaire.

L'occasion, c'était l'état incertain de l'Europe, la guerre en principe toujours ouverte entre l'Espagne et l'Autriche. Malgré les efforts des médiateurs anglais et la bonne volonté de Louis XIV, la paix d'Utrecht et de Rastadt était demeurée incomplète : aussi entêté de ses droits que son rival et résolu comme lui à ne pas accepter la leçon des événements, l'empereur Charles VI s'était refusé, malgré la cession d'une belle part de l'héritage, à consentir à Philippe V, par un traité formel, l'abandon de la monarchie espagnole. La succession d'Espagne ne lui paraissait pas réglée par une usurpation à laquelle il n'avait pas souscrit. Entouré d'un Conseil d'Italiens et d'Espagnols, le Napolitain Stella, Réalp, un Catalan, le baron d'Althan, mari d'une Catalane, qui flattaient son entêtement, l'empereur Charles VI méditait une revanche dans la Méditerranée, en Sicile, dans les Baléares et plus loin.

Au mois de juin 1716, comme pour la préparer, l'Autriche renouvelait avec les whigs anglais, ministres de Georges Ier et ennemis de la paix d'Utrecht cette œuvre des torys, la grande alliance conclue contre les Bourbons. Il s'efforçait avec eux d'y entraîner encore les Hollandais. Grande déception que ce traité pour Élisabeth Farnèse et Alberoni qui depuis six mois s'efforçaient par des échanges d'amitiés et de services d'éloigner de la cour de Vienne les puissances maritimes ! Si, pour les deux rivaux qui s'étaient combattus treize ans, pour le roi d'Espagne et l'archiduc Charles, les traités de 1713 n'étaient ainsi qu'une trêve subie à regret, l'éventualité d'une nouvelle guerre pouvait servir les intérêts et le crédit des Italiens, plus nombreux et plus influents encore à Madrid dans le Conseil de Philippe V qu'à Vienne auprès de l'Empereur.

Au fond, des griefs que le roi d'Espagne et sa femme avaient contre les traités d'Utrecht, des motifs qui les poussaient à souhaiter une guerre européenne, le plus fort, leur dépit des Renonciations, n'était pas ce qui importait le plus à leurs serviteurs italiens. Les Giudice, les Cellamare, les Popoli, les Grimaldo regrettaient surtout la perte de ces provinces italiennes, Naples, Milan, la Sicile, que l'Espagne avait si longtemps gouvernées par eux et pour eux. S'ils flattaient les ambitions de Philippe V à la Succession de France, e ils n'y manquaient point, c'était dans l'espérance de provoquer une crise européenne, favorable à leur propre revanche. Tant que del Giudice parut diriger la politique espagnole, jusqu'au mois d'août 1716, les conseils violents l'emportèrent, à Madrid comme à Vienne, sur l'intérêt véritable qu'auraient eu l'Espagne et l'Empire, et leurs souverains même, à conserver la paix.

Ce fut dans ces conditions qu'Alberoni fut appelé à décider du sort de la monarchie espagnole. Nul doute qu'il eût, comme tous ses compatriotes, déploré la cession de la péninsule italienne aux Autrichiens, les traités d'Utrecht et de Rastadt, mais pour d'autres motifs que les regrets intéressés du cardinal del Giudice et de ses amis. L'abbé considérait l'Italie comme une victime de la diplomatie européenne : « Nostra Italia », ce mot revient sans cesse dans ses lettres à ses amis de Parme[1]. Quelle valeur pouvaient avoir ces arrangements, ces remaniements de territoires et de souverainetés, inventés pour terminer la querelle de Philippe V et de Charles VI, incapables de les satisfaire, « simples palliatifs sans effet durable[2] » ! « Toutes ces nouvelles principautés, disait-il, ne prendront racine qu'arrosées de sang et de carnage : le traité de Rastadt n'a fait que semer des germes de discordes et de querelles. Le système de l'Europe n'est pas fait, la paix n'est pas durable, la guerre reprendra plus tôt qu'on ne le croit. »La péninsule serait-elle donc toujours destinée à demeurer le champ clos des ambitions européennes ? L'occupation autrichienne, présentée comme une œuvre de paix, n'allait-elle pas être la source de nouveaux conflits, une nouvelle forme de ce mal dont l'Italie, disputée par les princes étrangers, souffrait depuis des siècles ?

---

1. Lettres d'Alberoni à Rocca, 1er janvier 1714 et 5 février 1714 : « nostro paese non può lungamente stare in pace ».
2. Lettres d'Alberoni à Rocca, 19 juin 1713, 21 août 1713, 4 décembre 1713.

Depuis qu'Alberoni avait pris place, et une place chaque jour plus grande, malgré les accidents de sa fortune, dans les Conseils des princes, il avait toujours protesté et agi en France, en Espagne auprès de Vendôme comme de Philippe V, contre les ambitions de l'Empereur allemand. Favorable à ces ambitions, la paix de Rastadt ne pouvait le désarmer. C'était sa façon d'entendre les intérêts de l'Italie. Et quand on songe aux luttes que plus tard les Italiens ont soutenues pour se délivrer du joug autrichien au profit d'un de leurs souverains nationaux, comment négliger la lettre écrite alors par Alberoni au ministre du duc de Parme, et qui fait penser aux paroles de l'homme d'État, ouvrier plus récent et plus heureux de l'unité allemande? « L'Italie souffre d'un mal qui ne pourra se guérir que par le fer et le feu. C'est un corps politique dont les os ont été disloqués par la guerre et la paix et doivent être remis en place avant qu'il ne s'y soit formé des calus et des exostoses [1]. » L'homme qui tenait ces propos au lendemain de la paix d'Utrecht n'était pas de ceux qui pouvaient en souhaiter ou en conseiller le maintien. Mais il n'était pas non plus l'ambitieux vulgaire et brouillon, aventurier et chercheur de querelles, qui seul plus tard a paru responsable d'une nouvelle crise européenne.

La faiblesse de son système, qui a été longtemps celle des patriotes italiens, c'était l'insuffisance des ressources matérielles et morales de la péninsule elle-même. « L'Italie, disait tristement l'abbé, est un trop bon pays pour que les Allemands la négligent. Et ils la tiennent, hélas ! avec un caporal. L'amollissement de la nation est arrivée à un degré de paresse noire qui en fait la honte des nations [2]. » Comme à Cavour, plus tard, la politique du *farà da sè* parut alors à Alberoni impraticable, et le concours de l'étranger, des Bourbons et de l'Espagne, indispensable. Ce fut ainsi que toujours il demeura en apparence l'ouvrier d'une politique destinée seulement à restaurer le pouvoir des Espagnols, à servir les ambitions de l'étranger sur la péninsule dont il déplorait le triste sort.

Pour le juger, il faut lui tenir compte des sacrifices qu'il dut

1. Lettres d'Alberoni à Rocca, 8 mai 1713, p. 217 ; 21 août 1713, p. 243.
2. Mêmes lettres et lettre du 26 juin 1713, p. 231.

faire, aux dépens de sa santé et même de ses plus chères espérances, pour s'attacher les souverains d'Espagne, en flattant leurs caprices et leur amour-propre. Il se rendait fort bien compte qu'il n'avait rien à gagner au rêve dont se berçait Philippe V d'un établissement en France. L'Espagne qu'il gouvernait sans obstacle, il l'écrivait au duc de Parme, était pour sa politique, un terrain, un appui autrement solide que la France, difficile à conquérir, à conserver sur le Régent et ses partisans[1]. Mais il n'eût pas disputé à del Giudice et à la faction italienne les faveurs de Philippe V et de sa femme, s'il n'eût paru servir leur colère contre les Renonciations, leur prétention à la couronne de France. Il flattait Élisabeth Farnèse de l'avenir que les querelles des partis en France semblaient réserver à son mari et à elle-même pour jouer un grand rôle dans le monde et se rendre immortelle. Il montrait à Philippe V des lettres reçues de France, pleines de promesses pour le jour où, Louis XV venant à manquer, il se résoudrait à revendiquer le trône de ses pères[2].

Et de même dès le début de 1716, il faisait entrevoir à ce Roi un rôle glorieux contre l'Empereur en Italie, plus prochain peut-être qu'en réalité il ne songeait à le lui donner : c'était, disait-il, le thème des entretiens confidentiels qui assuraient son crédit. S'il déterminait Philippe V à envoyer une escadre au secours du Pape menacé par les Turcs, ce n'était pas dans le seul dessein d'obtenir du Saint-Siège le chapeau de cardinal, mais pour permettre au roi d'Espagne d'escompter le concours des princes italiens, et l'occasion d'une revanche en Italie[3]. Au seul nom de l'Empereur, au seul mot qu'on prononçait sur sa puissance et sur ses convoitises italiennes, Élisabeth Farnèse frémissait de colère et de jalousie. N'était-ce pas en éveillant l'amour-propre susceptible de cette Reine passionnée qu'Alberoni avait pris le pouvoir aux dépens de Mme des Ursins ? Pour disposer de

1. Lettre secrète en chiffres et très précise, du 5 octobre 1716, d'Alberoni à la cour de Parme (ARCH. NAP., *Farnesiana*, fasc. 58). Cette lettre a été connue de Torcy, *Négociations*, I, f° 774 ; Saint-Simon, XIII, p. 176, 177.

2. Alberoni à la cour de Parme, Madrid 31 août (ARCH. NAP., *Farnesiana*, fasc. 58).

3. Lettres du 31 août 1716 ainsi que du 7 septembre 1716 (*Ibid.*).

l'Espagne, le jour venu, il se mettait au ton des ambitions qu'il avait éveillées; il en soignait ét surveillait le cours, de manière à s'en trouver maître à toute heure.

Mais, préoccupé avant tout de réussir, il calculait intimement la nécessité de ne rien brusquer, de ne risquer aucune entreprise que l'Espagne ne fût assurée de ses forces, et de sympathies solides en Europe. C'est en ce sens qu'il faut interpréter son propos au moment de la mort de Louis XIV : « Il faut espérer que le nouveau gouvernement sera tranquille, et s'efforcera de maintenir la paix au dedans et au dehors[1]. » Dans le même esprit, l'abbé, qui avait reçu des avances amicales du duc d'Orléans, y répondait d'abord par des protestations de dévouement. On lui a fait un grief des négociations très actives qu'il poursuivit au début de 1716 avec l'Angleterre et la Hollande, et les historiens décidés à plaider, à gagner contre lui la cause du duc d'Orléans ont cru y trouver la preuve d'entreprises déjà formées contre le Régent et la paix. Il en a trop nettement marqué et indiqué la portée à ses amis de Parme pour que les soupçons du duc d'Orléans prévalent encore contre la réalité de ses intentions. « C'est aux Allemands, écrivait-il, que cet arrangement va déplaire. Je m'efforce de mettre le Roi en paix avec toutes les puissances afin qu'un jour il soit en état de faire la guerre à ceux qui lui refuseront son amitié[2]. » Et au duc de Parme lui-même, il écrivait : « Laissez-moi, pour l'amour de Dieu, faire l'impossible pour ne pas donner aux Allemands le motif de nous chercher querelle. Mes projets ne sont pas encore digérés. Mais soyez sûr que je ne serai pas pris au dépourvu : je compte bien profiter des relations amicales que j'ai établies avec les puissances maritimes. » De toutes parts ainsi, au Portugal, auprès de la Savoie dont il cultivait l'envoyé, Alberoni cherchait, attendait les moyens de gagner du temps, sans laisser prendre d'avance ni d'avantages à l'Empereur.

Ce qu'on n'a point assez noté, pour le juger définitivement, ce furent les entreprises formées à cette époque par la diplomatie autrichienne. Louis XIV n'était pas encore mort que, malgré ses

---

1. Lettre d'Alberoni à Rocca, 7 octobre 1715, p. 424.
2. Lettre d'Alberoni à Rocca, 27 avril 1716, p. 454.

offres d'amitié et les conseils du prince Eugène, Charles VI
avait demandé à l'Angleterre, d'avril à juin 1715, les moyens de
renouveler la güerre, d'occuper les Baléares, la Sicile, et le cas
échéant la Toscane. Bientôt, au début de 1716, il le demanda
au duc d'Orléans lui-même, organisant avec ses ministres
Pentenridter à Paris, Gallas à Rome, Daun à Naples, une entreprise contre la Sicile qu'il convoitait. Le Pape, le roi de Sicile
lui-même tremblaient déjà de ce rapprochement qui eût livré
l'Italie toute entière à l'Empereur.

Contre ces intrigues qui eussent ruiné toutes ses espérances
et ses projets, Alberoni n'avait de recours qu'en Angleterre et
à La Haye. Il savait les Hollandais en rapports très tendus avec
Charles VI, depuis qu'après la paix et pendant les négociations
du traité de la Barrière, il avait essayé tous les moyens de les
chasser des Pays-Bas catholiques, leur seul profit dans la
guerre de Succession d'Espagne. Par l'intermédiaire de leur
envoyé Riperda, si dévoué à l'Espagne qu'il y resta, Alberoni
s'était mis en correspondance directe avec le grand pensionnaire,
lui dépêchait comme ambassadeur d'Espagne son compatriote
Beretti-Landi[1]. A l'envoyé d'Angleterre, Bubb, il prodiguait
les caresses et ménageait la faveur de ses maîtres, tandis qu'à
Londres, un autre Italien dévoué à l'union de l'Espagne et de
Georges Ier, Monteleone, croyait gagner les whigs et Stanhope,
jusqu'alors partisans de la cour de Vienne. Les avantages
commerciaux que Philippe V accorda alors aux Anglais et aux
Hollandais, le renouvellement du contrat d'assiento pendant
l'année 1716, furent calculés de manière à fortifier cette amitié
des puissances maritimes. Qu'importait à Alberoni que ses ennemis l'accusassent de s'être vendu à l'Angleterre aux dépens des
intérêts de l'Espagne? N'était-ce pas un dessein conforme à sa
politique, que d'opposer ainsi les profits du commerce anglais
et hollandais aux ambitions italiennes de l'Empereur?

Il eût peut-être réussi, si l'Angleterre et son roi avaient été
uniquement occupés de développer en paix les intérêts de leur
commerce. Mais Georges Ier, Électeur de Hanovre, attentif surtout

---

1. Torcy, *Négociations*, I, f° 850.

à agrandir ses États allemands, à disputer la couronne d'Angleterre au Prétendant Jacques III que la France n'avait point
encore abandonné, les whigs, ses ministres, dont la fortune
était liée au maintien de la Succession protestante considéraient
l'alliance impériale comme une nécessité, et ne voulurent à
aucun prix l'abandonner [1]. S'ils la renouvelèrent au mois de
juin 1716 sous la forme d'une alliance défensive, ce n'était pas
sans avoir laissé espérer à Charles VI l'acquisition de la Sicile.
L'envoyé du duc de Savoie à Londres, Trivier, en fut presque
aussitôt averti : Stanhope n'hésita pas à lui proposer comme
un avantage l'échange volontaire de l'île la plus riche, qu'il
venait d'acquérir, contre la maigre Sardaigne.

Après, pour ne point se donner le tort d'avoir trahi par cette
double négociation à Madrid et à Vienne les espérances de
l'Espagne, pour garder aussi le profit de ces concessions
commerciales, les Anglais vinrent offrir à Monteleone et Alberoni leur garantie de la paix en Italie. Encore proposaient-ils un
remaniement plus favorable aux ambitions de l'Empereur
qu'à celles d'Élisabeth Farnèse sur la Toscane et l'Italie.
Furieux des concessions accordées par l'Angleterre à son rival,
Philippe V qui avait espéré faire perdre à Charles VI le bénéfice
de l'alliance reconstituée eût rompu net la négociation confiée à
ses ministres. Alberoni fut plus beau joueur, quoiqu'également
déçu [2] : il se contenta de laisser traîner, continua ses avances
à Stanhope et à Bubb, pour se donner le temps de voir les
Hollandais et la France refuser leur concours à l'Angleterre
et à l'Empereur, et pour tâcher peut-être de le leur persuader.

Gagner du temps, telle fut, même après cet échec, sa maxime,
la politique qu'il conseillait à l'Espagne. « L'Angleterre, disait-
il avec une humeur qu'il ne laissait pas voir, offre des traités à
tout le genre humain. Soit! le Roi retiré par la situation de
l'Espagne dans un coin du monde devait demeurer quelque
temps spectateur de ce qui s'y passerait, éviter tout engagement, remettre l'ordre dans le commerce et les finances,

---

1. Voir notre premier Volume, *Le Secret du Régent*, Introduction, p. 50 et suivantes.

2. Torcy, *Négociations*, I, 496, 562 (Saint-Simon, XIII, 71 et 79).

placer quelques millions en réserve pour les occasions[1]. » Et tant mieux après tout si les ambitions de l'Empereur, ainsi encouragées par Georges Ier, qu'on pouvait inquiéter d'ailleurs en Angleterre, précipitaient la crise à laquelle l'Espagne et son ministre italien se préparaient.

Tout ce programme a été exposé par l'abbé très nettement le 29 juillet 1716 à la cour de Parme dont il demeurait le sujet fidèle et avisé : « Je ne crois pas qu'il faille provoquer des haines et des querelles : mais il serait bon de se mettre en état prudemment, doucement, sans bruit, de pouvoir agir quand la nécessité et l'occasion l'exigeront. Il faudrait abandonner alors toutes les vues lointaines, comme la Succession au trône de France et profiter de ce sacrifice pour entraîner les mieux disposés à fournir une compensation à l'Espagne, pour les obliger et les lier par les engagements les plus étroits à soutenir les intérêts et les droits de l'Italie[2]. » Cette lettre écrite par Alberoni au moment où la disgrâce de del Giudice lui assurait la direction absolue de la politique espagnole, est l'exposé le plus clair, le plus certain que l'on puisse donner de ses projets.

Du jour où il devint le maître, ce ne fut pas la Succession de France, ni même la guerre immédiate qu'il conseilla le plus aux souverains espagnols, ce fut l'effort préparé de loin et avec méthode contre la domination autrichienne en Italie. Mais on a trop oublié la difficulté qu'il eut toujours à faire accepter ses conseils à une Reine ambitieuse et impatiente de servir les ambitions de son mari pour le mieux asservir à son joug : « Si jamais le petit roi de France venait à mourir, le génie et la volonté de la Reine sont entièrement portés à réclamer le trône. C'est un point critique, écrivait l'abbé, une matière où il faut se conduire fort secrètement, fort prudemment : n'a-t-on pas le droit de dire qu'elle abandonnerait le certain pour l'incertain[3] ? » Contre ces desseins en partie chimériques, Alberoni n'a jamais cessé de faire appel au beau-père d'Élisabeth Farnèse, intéressé pour

1. Torcy, *Négociations*, I, 431.
2. Dépêche d'Alberoni au duc de Parme (Arch. Nap., *Farnesiana*, fasc. 58), et Saint-Simon, XIII, p. 68, d'après cette dépêche.
3. Ibid., *Ibid.*, lettre d'Alberoni, du 5 octobre 1716.

l'avenir de son duché aux affaires d'Italie plus qu'à la Succession de France.

En revanche, le concours qu'il cherchait ainsi, qu'il sollicitait à Parme n'était pas sans inconvénient : il pesa lourdement sur les projets d'Alberoni et sur la politique de l'Espagne. Soit par gratitude, soit par nécessité Alberoni demeura même alors le serviteur docile et dévoué des Farnèse. Les lettres intimes qu'il échangeait avec leur ministre, le comte Rocca, la correspondance officielle qui s'en allait à chaque ordinaire de Madrid à Plaisance ou qui en revenait, nous découvrent un cardinal premier ministre d'Espagne dans l'attitude d'un envoyé des Farnèse auprès de la cour d'Espagne, obligé de compter avec leurs ordres et de justifier sa conduite, exposé à des reproches ou à des menaces de rappel. L'histoire a longtemps méconnu ce caractère spécial du ministère de l'abbé, l'obligation où il se trouva toujours de servir ainsi à la fois ses maîtres de Madrid et de Plaisance, et ceux de Parme d'abord. Pour comprendre ce que fut entre ses mains la politique espagnole, il faut faire la part, une part très grande, à l'influence des princes faibles et ambitieux dont l'Espagne devait être, depuis le mariage d'Élisabeth, comme l'instrument [1].

Jaloux de la fortune royale qu'avait faite le duc de Savoie, inquiet des progrès et des desseins ambitieux de l'Empereur en Italie, le duc de Parme était, depuis les traités de 1713, partagé entre le désir de s'accroître et la crainte de se voir diminué par les Autrichiens tout-puissants. Pour préserver et satisfaire ses ambitions, dans sa faiblesse, il escomptait les forces de l'Espagne, le dévouement d'Élisabeth Farnèse et d'Alberoni qui, avec le temps, devaient en effet procurer aux Farnèse une couronne royale, avec des domaines arrachés à la maison de Savoie et à l'Autriche [2].

Ce fut le point de départ d'une politique que trente ans plus tard le traité d'Aix-la-Chapelle devait consacrer. Elle ne fut pas

---

1. Torcy, *Négociations*, I, 720 ; Saint-Simon, XIII, p. 166. « Le duc de Parme avait par lui part au gouvernement de cette monarchie. »

2. *Ibid.* : « Son grand objet était de l'engager à des tentatives pour recouvrer quelques parties de ce que l'Espagne avait perdu en Italie. »

plutôt formée que le duc de Parme en voulut toucher le prix. Dès la fin de 1715, il réclamait instamment l'envoi d'une flotte espagnole sur les côtes d'Italie, et même un débarquement de troupes [1]. Si Alberoni faisait observer l'importance des précautions à prendre et l'avantage de la temporisation, on lui répliquait dès le mois de février 1716, de Plaisance : » Bien des fois en retardant les remèdes décisifs, pour donner à la nature le temps de refaire l'organisme, on laisse empirer et s'établir la maladie : les remèdes alors viennent trop tard et n'agissent plus. » Souverain plus exigeant que le Roi lui-même qui avait remis à l'abbé les intérêts de l'Espagne, le duc de Parme poussait Alberoni à l'action dont celui-ci par sagesse se défendait : « N'est-il pas temps pour vous de vous faire un grand nom dans le monde ? Je le répète : je me désole de vous voir si persuadé, si obstiné à croire qu'il faut attendre pour employer l'Espagne au bien de l'Italie. Les usurpations de l'Empereur sont imminentes : elles vont se produire, si l'on n'y met ordre, d'ici quelques mois. Faut-il donc lui abandonner ce pays ? Quel coup fatal pour l'Espagne, quand l'Empereur se trouvera à même de mobiliser une armée navale dans la Méditerranée, et de menacer les îles espagnoles, d'interdire au Roi toute espérance de reprendre la Sardaigne et les domaines anciens en Italie ! Vos idées sont excellentes en ce qui concerne la réorganisation de l'Espagne et de ses finances, mais, je vous en supplie, ne perdez pas de vue que c'est épargner aux souverains le risque de plus fortes dépenses, de dommages et de désastres irréparables, que d'empêcher l'Italie de tomber tout entière aux mains de l'Empereur [2]. »

Pour apprécier à leur valeur ces conseils, il ne faut pas oublier que sous prétexte de combattre la domination autrichienne, les Farnèse demandaient à l'Europe et à l'Espagne l'héritage du duc de Toscane convoité, réclamé par Charles VI. Ils profitaient encore de la naissance d'un fils d'Élisabeth Farnèse pour expédier en 1716 à Madrid un second agent, le

---

1. D'après les lettres du duc de Parme à Alberoni des 17 janvier et 3 février 1716 (Arch. Nap., *Farnesiana*, fasc. 58).

2. Le duc de Parme à Alberoni, 7 février et 31 janvier 1716 (Arch. Nap., *Farnesiana*, fasc. 58).

marquis Scotti, chargé de réchauffer le zèle d'Alberoni et au besoin de lui faire craindre les colères d'Élisabeth Farnèse et de ses parents. L'adroit abbé s'arrangea pour abréger le séjour de Scotti et le renvoyer, son compliment achevé, de Madrid à Plaisance comblé de présents et d'honneur. Il ne prévoyait pas alors qu'un autre jour ce même Scotti viendrait à Madrid par ordre des Farnèse le remplacer quand il aurait pour leur plaire fait la guerre à l'Empereur, et qu'ils se repentiraient de l'y avoir poussé[1].

Toutes les lettres du duc de Parme, comme tous ses conseils pendant l'année 1716 tendaient ainsi à la reprise immédiate de la guerre en Italie. S'il blâmait, comme Alberoni, l'obstination de la reine d'Espagne à poursuivre en France des vues lointaines et chimériques, c'était pour l'inviter à envoyer une flotte à Livourne, à Civita-Vecchia, à lui procurer la Toscane : « Rappelez-lui ce que nous avons fait pour la placer sur ce trône qu'elle voudrait quitter sans égards pour le danger auquel nous nous exposions, par le sacrifice que nous avons fait à sa grandeur et à sa fortune de tout notre être pour ainsi dire. Elle doit spécialement fixer ses regards sur nos intérêts, les mettre sous la protection de son mari, travailler à notre sûreté d'abord et ensuite au progrès de nos avantages[2]. »

En résumé, s'il est toujours malaisé de retrouver les desseins des hommes d'État, d'en mesurer la portée au travers des circonstances qui ont pu les servir ou les contrarier, ceux d'Alberoni présentent cette complication spéciale d'une politique étroitement, fatalement mêlée aux ambitions d'Élisabeth Farnèse et de son mari, comme à la politique des ducs de Parme. Ce qu'il voulait s'est confondu avec les prétentions de ses maîtres d'Espagne, avec les ordres des Farnèse.

L'histoire, négligeant les sources, a trop simplifié et le personnage, et sa carrière, et ses intentions.

---

1. Lettres d'Alberoni à Rocca, 24 février 1716, 9 mars, 16 mars, 30 mars, 13 avril, 4 mai, 11 mai, 1ᵉʳ juin, 15 juin, 29 juin, 3 août 1716, etc. Voir aussi la correspondance des Farnèse avec Scotti aux Arch. Nap. *Farnesiana*, fasc. 55.

2. Lettre du duc de Parme à Alberoni, 30 octobre 1716 (Arch. Nap.. *Farnesiana*, fasc. 58). — Torcy, *Négociations*, I, 945 ; Saint-Simon, XIII, p. 232.

Plébéien parvenu au cardinalat et au gouvernement d'une vieille monarchie, Alberoni a paru uniquement l'homme d'une fortune qui avait étonné, indigné l'aristocratie de son temps, fondée sur des intrigues aussi basses que sa condition, un paysan de génie, peut-être, mais grossier toujours, à la fois obséquieux et violent, qui ne sut point se laver de son péché originel, belle matière à des portraits littéraires présentés de façon à laisser dans l'ombre le point essentiel, sa véritable carrière et ses longs services dans la diplomatie parmesane qui lui a dû en définitive deux couronnes, après avoir fait son autorité, son élévation et sa chute retentissante.

Italien, d'autre part, l'abbé n'a semblé s'élever sur la scène politique que pour y apporter les procédés de la *comedia dell'arte*, avec des allures de Machiavel forain, de mime expert aux fourberies, mais inhabile à distinguer la grande scène classique d'avec les tréteaux de la farce, digne des sifflets et des huées des grands politiques : mais le patriotisme n'a-t-il pas, aussi bien que la farce, et dès le XVIIIᵉ siècle, sa place dans cette Italie qui, à force de souffrir, a déjà commencé de déplorer sa faiblesse, « d'attendre et d'espérer » ? Est-il juste de dire que cette âme d'Italien, parce qu'italienne, n'a pas su s'élever au-dessus de la bouffonnerie, qu'elle n'a pas pu, à la vue de son pays livré aux Allemands, éprouver d'autres sentiments que la joie de faire des dupes, ressentir l'amour de la terre natale, la passion et l'espérance, chimériques peut-être, de sa délivrance.

Enfin un hasard, dont l'abbé, nous le verrons, fut la victime, la coïncidence entre son arrivée au pouvoir en Espagne avec la reprise de la guerre en Italie, a fait établir entre l'une et l'autre, entre sa politique et cette prise d'armes intempestive une relation factice de cause à effet. Sur cette rencontre fortuite, on a pris la mesure des desseins d'Alberoni ; une entreprise formée, poursuivie pendant quinze ans avec obstination et méthode s'est trouvée ramenée aux proportions d'un coup de main déterminé en réalité par des ordres qu'il a combattus et subis, par l'offensive des Allemands qui aurait dû le justifier, et qui l'accabla.

Nul n'a plus contribué à ce résultat et à ce jugement que le duc d'Orléans et sa cour de serviteurs et d'amis, l'abbé Dubois et Saint-Simon. « Prenez garde, écrivait à cette époque, le 6 novembre 1716, le duc de Parme à Alberoni, c'est à vous et à vous seul que le duc d'Orléans et ses ministres en veulent. Tout en servant bien la Reine, efforcez-vous de provoquer à Paris le moins de haine possible. Vous avez assez d'habileté pour y réussir, et vous rendrez service au Roi aussi bien qu'à vous même[1]. » Cet avis prudent et, nous le savons, fondé sur les démarches que le duc d'Orléans avait tentées auprès des Farnèse, sans négliger jusqu'à la menace, pour perdre l'abbé à Plaisance et à Madrid, fut la préface du duel sans merci qui allait s'engager entre Alberoni et la Régence, entre les Bourbons de France et ceux d'Espagne. Cette lutte a véritablement décidé du système et de la fortune de l'abbé : fut-elle un effet de ses desseins, comme on l'a dit, de ses ambitions et de ses intrigues, la dernière preuve et la conclusion d'une politique désordonnée et provocante dont il fut alors et demeura accablé?

C'est une opinion que Saint-Simon a presque imposée à l'histoire, et qui s'est trouvée fortifiée par les études récentes de M. Baudrillart et de M. Wiesener. Il est certain qu'à la mort de Louis XIV la Régence de France fut animée à l'égard de l'Espagne d'intentions amicales. Le Conseil des affaires étrangères qui dirigea la diplomatie française sous la conduite du maréchal d'Huxelles, l'un des négociateurs de la paix d'Utrecht, tout entier attaché à l'œuvre et à la tradition du feu Roi, considérait l'union de la France et de l'Espagne comme un des résultats intangibles du dernier règne : n'était-elle pas aussi une obligation de famille et d'État? Nul à Paris dans les premiers temps de la Régence, pas même le duc d'Orléans malgré les sollicitations de l'Angleterre, ne semblait disposé à s'y soustraire. Les instructions données à l'ambassadeur de France, au jeune duc de Saint-Aignan, lui rappelaient la tendresse du feu Roi pour le roi d'Espagne et l'intérêt commun des deux royaumes à demeurer parfaitement unis. Le même langage fut

---

1. Le duc de Parme à Alberoni, 6 novembre 1716 (Arch. Nap., *Farnesiana*, fasc. 58). — Torcy, *Négociations*, I, 945, 946 ; Saint-Simon, XIII, 232.

tenu au prince de Cellamare par le maréchal d'Huxelles[1].
Aucune différence, d'ailleurs, dans la façon d'envisager la
situation des Bourbons et leur rôle en Europe, en face des
Habsbourg qui demeuraient l'ennemi héréditaire, en faveur
des Stuart dont on favorisait les entreprises contre Georges Ier
et les whigs.

Mais sur cet horizon serein, des brumes bientôt avaient paru,
présages d'orages analogues à ceux que l'autorité de Louis XIV
avait plus d'une fois dissipés. Philippe V eut le tort de ne pas
laisser ignorer à Paris son dépit de n'avoir pas été chargé de la
tutelle de son neveu : point d'intrigues véritables, mais des regrets
de cette usurpation et des propos malveillants à l'adresse de
l'usurpateur qui durent inquiéter le Régent[2]. En retour, les Français avaient pris depuis longtemps l'habitude, quand ils passaient
les Pyrénées, ambassadeurs ou marchands, de commander aux
Espagnols, de traiter ce peuple ombrageux en peuple mineur,
incapable de gouverner ses affaires, trop heureux qu'on voulût
bien les expédier à leur place. Ce rôle de tuteurs arrogants et
intéressés auquel les administrateurs et les commerçants français avaient toujours prétendu en Espagne, sans tenir compte
des amours-propres et des intérêts froissés, avait provoqué du
vivant de Louis XIV plus d'une crise que l'autorité et la puissance du vieux Roi avaient encore dénouée[3]. Les Français ne
parurent pas se douter que la mort de Louis XIV avait renversé
les situations, que la France était représentée par un enfant de
cinq ans, l'Espagne par son oncle, et que c'était peut-être désormais à la cour de Madrid à donner le ton aux relations. Ils
s'aperçurent moins encore de l'effort que faisait alors Alberoni
pour inspirer aux souverains espagnols l'envie de mettre leur
royaume en valeur et leur puissance en relief. Comme si rien
ne s'était passé, ils se montrèrent arrogants, exigeants, mépri-
sants.

---

1. Tout cela a été fort précisément exposé par Baudrillart, *Philippe V et le duc
d'Orléans*, p. 210 et suivantes.

2. *Ibid.*, p. 214.

3. Le maréchal d'Huxelles au duc de Saint-Aignan, 24 février 1716, signale et
blâme très fortement ce travers.

L'exemple d'ailleurs était alors donné de haut par l'ambassadeur de France, le duc de Saint-Aignan. Second fils du fameux duc de Saint-Aignan que Louis XIV consultait en sa jeunesse sur ses poésies et ses amours, frère du duc de Beauvilliers qui plaisait au vieux Roi par sa dévotion, l'ambassadeur de France en Espagne était aussi différent de son frère que semblable à son père. Agé seulement de trente ans, il était comme son père « tout romanesque en galanteries, en belles-lettres et faits d'armes ». Il s'était vaillamment battu à Oudenarde. En 1714, Louis XIV l'avait chargé de porter à la nouvelle reine d'Espagne, Élisabeth Farnèse, les présents et les amitiés de la France, emploi de courtisan qui fut la source de sa fortune dans les deux pays.

Il était le type du courtisan accompli : le visage régulier et fin, le regard gracieux plutôt que sympathique, les lèvres délicates, sensuelles et sceptiques, avec un certain air de suffisance dans l'ensemble [1]. Le duc de Saint-Aignan ne négligeait rien pour plaire aux souverains et aux femmes surtout. Le soin de sa toilette lui importait au moins autant que les missions d'affaires dont il était chargé : il préférait arriver en retard à une audience royale que d'y paraître négligé. Il entretenait gravement le ministre à Paris, comme d'une négociation manquée, d'un bal qu'il se proposait de donner aux dames et que le roi Philippe V l'avait prié de contremander [2]. Cette façon d'entendre la diplomatie lui attirait tout de suite des répliques méritées : le vieux maréchal d'Huxelles le félicitait « de la grande victoire qu'il venait de remporter sur lui-même et eût souhaité d'en avoir de semblables à remporter [3] ».

Trés futile en somme, autant occupé par les petites choses que par les grandes, avec un certain esprit, une plume élégante et facile, le goût des belles-lettres qui lui ouvrit plus tard les portes de l'Académie, le duc de Saint-Aignan, riche, fastueux et toujours gêné par le besoin de paraître, faisait sa cour à tout le monde, sans avoir le moyen de bien servir personne. Avec cela hautain et cassant, il se figurait qu'il gouvernerait l'Espagne. Il

---

1. Musée de Versailles, nᵒ 2974.
2. Saint-Aignan à d'Huxelles, 17 février 1716, A. ÉTR., *Esp.*, t. 249, fᵒ 159.
3. D'Huxelles à Saint-Aignan, 10 mars 1716, *ibid.*, 16, fᵒ 197.

prétendit en un tour de main faire d'Alberoni son instrument.
Comment cet abbé se permettait-il de conseiller à Philippe V des
mesures propres à restaurer ses finances et à se créer des ressources qui atteignaient les intérêts et restreignaient les profits
de ses compatriotes? Dès le mois de novembre, l'ambassadeur
travaillait à détruire une fabrique de draps installée à Valde-
moro au compte du roi d'Espagne « pour que notre commerce
ne perdît pas ce débouché[1] ». Quand le Roi décida de réduire par
mesure d'économie sa garde, Saint-Aignan, que cela regardait
encore moins, se crut permis de faire obstacle à sa volonté.

Puis ce furent d'autres démarches, plus vives encore, lorsque,
pour attirer les commerçants anglais et hollandais et se procurer
à Madrid et à La Haye les bonnes grâces des gouvernements,
Philippe V leur offrit des traités de commerce et des avantages
égaux à ceux de la France. « Va-t-on permettre, s'écria Saint-
Aignan, que les puissances maritimes ruinent le commerce
français[2]? » L'Espagne eût été une colonie française qu'il n'eût
pas parlé autrement.

Au bout de six mois, Saint-Aignan avait perdu tout crédit à
Madrid, et par sa faute. Sa dernière maladresse fut, après avoir
blessé Philippe V de maintes manières, une tentative pour
corrompre Alberoni, qui lui signifia presque un congé brutal et
mérité. Le Régent, au même moment, en commit une autre,
lorsqu'il le chargea de reprocher formellement au roi d'Espagne,
comme une faute et sous la forme d'une leçon, sa négociation
avec l'Angleterre. A un mot dit par Alberoni, le maréchal
d'Huxelles avait reconnu le danger de ces procédés : « Les temps
sont changés de toutes manières, écrivait-il à Saint-Aignan le
24 février 1716 : il faut éviter avec une extrême attention de donner lieu de soupçonner que la France veut gouverner l'Espagne.
Ce reproche n'est pas nouveau et il a servi souvent de prétexte
pour ôter aux ministres du Roi la confiance du roi d'Espagne. »
La leçon venait trop tard, le mal était fait. Déjà indisposé contre

---

1. Le maréchal d'Huxelles à Saint-Aignan, 12 novembre 1715 (A. ÉTR., *Espagne,*
t. 246, f° 71).

2. Saint-Aignan au maréchal d'Huxelles et au Roi, 4 et 9 décembre 1715 (A.
ÉTR., *Espagne,* t. 243, f° 142 et 164).

le Régent, Philippe V s'éloigna des Bourbons de France : il en convenait lui-même au mois de mai.

Ce fut alors que, pour compliquer cette situation tendue, la politique et les ambitions personnelles du duc d'Orléans commencèrent à se manifester en dehors de la diplomatie officielle. Ce fut lui, on l'a trop oublié, qui posa le premier à Philippe V la grave question de la succession au trône de France, non moins décisive pour l'avenir de sa maison, que pour la suite de ses relations avec le roi d'Espagne.

Que Philippe V eût envisagé le cas où la mort du frêle enfant, seul héritier direct de Louis XIV en dehors de lui, pourrait lui procurer l'héritage du royaume de ses pères, qu'il fût prêt à préférer cet héritage, le cas échéant, à son royaume d'adoption, que plus d'un Français fût disposé à seconder alors ses vues et ses vœux, ce n'était un mystère pour personne, ce n'est pas pour l'histoire l'objet du moindre doute. Les Renonciations qui avaient écarté Philippe V pour jamais du trône de France, en le réservant à la branche d'Orléans, considérées par lui et par les royalistes de principe, serviteurs de Louis XIV, comme une victoire de la force sur le droit monarchique, valaient à ses yeux ce que valaient les traités d'Utrecht, ce que vaut l'œuvre des hommes au regard des décrets divins. Le serment seul qu'il avait prêté de les observer pouvait gêner sa conscience : encore avait-il pour s'en dégager, un recours possible dans un confesseur complaisant. Tout indiquait, dans ses entretiens intimes avec sa femme et ses ministres, qu'en présence de l'événement, le roi d'Espagne ne devait pas résister à la tentation. Mais en revanche, on ne saurait trouver, dans les deux premières années de la Régence, la moindre trace d'une démarche, d'une intrigue même destinées à supprimer les obstacles, à préparer les voies pour une entreprise véritable. Nous allons voir qu'il n'en fut pas de même du duc d'Orléans.

Saint-Simon se porte garant que le tuteur de Louis XV, jusqu'à la fin de l'année 1716, se défendit absolument de penser au brillant avenir que les Renonciations et la mort de son pupille lui laissaient entrevoir. « Jamais, dit-il dans sa langue imagée, je ne l'ai surpris en aucun chatouillement là-dessus : aucun air de

joie, aucune échappée flatteuse : jamais en prolonger le raison-
nement. » Cela prouverait simplement que le Régent ne s'ouvrait
point sur cette matière délicate à des courtisans dont il connaissait les intentions et le loyalisme. N'était-ce pas Saint-Simon qui
lui déclarait un jour la triste obligation où il serait, le cas
échéant, de reconnaître et de servir, malgré son amitié et par
devoir, le roi d'Espagne[1] ?

Le jour où l'abbé Dubois reçut, de son maître, en mars 1716,
l'ordre qu'il avait lui-même suggéré de lier ses intérêts à ceux de
Georges Ier, la base de cette diplomatie secrète ne pouvait être
que l'offre faite par les hommes d'État whigs, depuis trois mois,
d'une garantie mutuelle de la succession de France à l'un, de la
succession d'Angleterre à l'autre. Et ce fut le lendemain de cette
première démarche en Angleterre que le duc d'Orléans acheva de
découvrir ses ambitions à l'Espagne même. Il proposait au mois
de mai à Philippe V et à del Giudice une entente avec l'Angleterre
pour la confirmation solennelle des traités d'Utrecht. La proposition, faite sous couleur d'assurer la paix européenne qui
n'était point troublée, parut suspecte à Madrid.

Le prince de Cellamare en devina et en signala aisément
la portée qui ne pouvait échapper à la clairvoyance des
hommes d'État. « Il recouvrait ses desseins particuliers du prétexte spécieux de la paix publique et du bien public. S'il prétendait que la minorité de Louis XV, le désordre des finances
françaises étaient des occasions de revanche pour les prinées
chrétiens sur une monarchie qui leur avait porté de rudes coups
et longtemps inquiété l'Europe, s'il demandait aux Bourbons
d'Espagne leur concours pour l'aider à trouver un remède à ce
mal prochain dans l'œuvre de paix entreprise par Louis XIV,
l'achèvement des traités demeurés à Utrecht inachevés, c'était
en réalité pour donner une base solide à ses espérances de succéder à la couronne de France dont une existence fragile comme un
fil le séparait. S'il conseillait un accord avec l'Angleterre, c'était
en apparence par souci de la paix européenne que seule cette
puissance avait pu régler et pouvait assurer, en réalité pour

1. Voir notre tome Ier, *Le Secret du Régent :* la Succession de France.

renouveler avec elle les Renonciations favorables à ses droits[1]. »

Ce fut alors que la cour de Madrid, ainsi renseignée, fit aux avances intéressées du Régent la réponse qu'elles lui semblaient mériter. Pourquoi ces inquiétudes au sujet de la paix qui n'était pas menacée? L'Empereur Charles VI était occupé par les Turcs, le roi d'Angleterre par le Prétendant. L'Angleterre épuisée par les subsides fournis aux alliés, avide de repos ne se souciait pas d'une nouvelle guerre. Quant à l'Espagne, « elle n'avait pas donné lieu aux puissances maritimes de douter de son amitié et de ses intentions pacifiques, et ne voyait pas la nécessité de leur garantir les traités d'Utrecht ». Et Philippe V achevait cette réplique justifiée par un dernier trait à l'adresse de son oncle : « Ces traités d'Utrecht, il les avait bien examinés avec ses ministres, et ne réussissait pas à voir *quel article particulièrement* exigeait une confirmation nouvelle[2]. » A bon entendeur, salut. Le duc d'Orléans se trouvait désormais et dûment averti que l'Espagne ne soutiendrait pas, le cas échéant, ses droits au trône de France.

Il s'en irrita et s'en prit aux ministres italiens à qui Philippe V avait dicté ses volontés, à del Giudice, à Cellamare, à Alberoni ensuite. « Sachant très certainement, disait le Régent, que les ministres italiens qui gouvernent aujourd'hui l'Espagne veulent éluder l'effet des Renonciations si solennellement jurées, qui seules nous ont procuré la paix, je dois de mon côté faire tous les efforts imaginables pour m'opposer à leurs desseins si pernicieux aux deux couronnes. Le plus grand service à rendre à la France, à l'Espagne *et à moi,* est d'essayer de remettre les Espagnols dans leurs places naturelles, dont la facilité d'une Reine étrangère et l'avidité d'un petit nombre d'Italiens intrus dans la cour d'Espagne par l'ambition de la princesse des Ursins les a fait sortir[3] ! »

1. Cellamare, *Mémoires manuscrits. British Museum*, n° 8756.
2. Ces négociations ont commencé dès février 1716 par un entretien de Bubb avec Alberoni (Coxe, *Bourbons d'Espagne*, II, 271). Elles s'accentuèrent en février 1717 (Alberoni au duc de Parme, 8 février 1717, Arch. Nap., *Farnesiana*, fasc. 59). La contradiction entre les deux politiques se marqua surtout autour d'avril 1717 (Coxe, II, 323. — Arch. Nap., *Farnesiana*, 12 août 1717, fasc. 59).
3. Instruction du marquis de Louville envoyé en Espagne par S. A. R., 4 juin 1716 (A. ÉTR:, *Espagne*, t. 251, f° 145).

Dans son ambition éveillée par ses courtisans, aigrie par le refus de Philippe V, le duc d'Orléans se trompait vraiment de ton, d'époque et d'objet. Le roi d'Espagne n'était pas demeuré l'enfant que les ambassadeurs de Louis XIV ou Mme des Ursins avaient tour à tour gourmandé et gouverné, qui n'avait au lieu de volontés que des caprices. Si, par une sorte d'impuissance maladive et incurable à faire sa fonction royale, il en laissait toujours la charge à Élisabeth Farnèse et à ses ministres italiens, il n'était plus ni d'âge, ni d'humeur à souffrir la moindre discussion de ses droits et de ses prétentions. De la royauté que sa femme exerçait à sa place, et dans le même esprit, cela constituait même l'essentiel et presque le tout. Devant cette volonté, d'autant plus obstinée qu'elle se limitait à deux ou trois idées rares mais fondamentales, l'espérance d'un retour en France, la haine de l'Empereur, le regret de l'Italie perdue, les ministres, italiens ou non, s'inclinaient. Ils n'en disposaient qu'en s'y pliant.

La grande erreur du Régent fut d'écouter les conseils complaisants, et d'accueillir les haines des Français qui se figuraient la cour d'Espagne et les souverains toujours semblables au milieu et aux souverains responsables dix ans plus tôt de leur disgrâce. La colère de d'Estrées qui avait tant intrigué pour établir l'autorité de Louis XIV à Madrid contre Mme des Ursins sans y réussir ni se consoler de son échec, l'influence du duc de Noailles, mécontent de n'avoir pas trouvé auprès de Philippe V la fortune de Vendôme, le cercle des Beauvilliers auquel appartenait le duc de Saint-Aignan, s'unirent pour persuader le duc d'Orléans qu'il fallait se débarrasser des Italiens, serviteurs damnés du roi d'Espagne. Et, avec une ignorance des situations que le désir d'une revanche peut seul expliquer, ils imaginèrent de remettre en faveur à Madrid l'ancien adversaire de la princesse des Ursins, le menin autrefois tout-puissant et complètement oublié du duc d'Anjou, le marquis de Louville.

Très intelligent, avec un excès d'imagination, courageux et hardi, mais sans mesure ni dans l'esprit, ni dans la conduite, Louville attendait une revanche, dévoré d'une ambition à qui la fortune avait souri d'abord et qu'elle avait brisée. Il ne pouvait se consoler, ayant été un instant par la faveur de Philippe V

comme le maître de l'Espagne, d'en avoir été rappelé par
Louis XIV à la demande de Marie-Louise de Savoie, de Mme des
Ursins, protectrice des Italiens. Quoique le roi Philippe l'eût
depuis oublié totalement, il n'avait pas oublié l'Espagne : retiré
dans sa terre de Louville, il composait et adressait aux ministres
de Louis XIV des mémoires sur les affaires et l'administration
espagnoles. Gendre d'un ambassadeur, le marquis de Nointel,
il rêvait toujours de cette ambassade française à Madrid où les
courtisans de Versailles s'obstinaient à voir une sorte de vice-
royauté réservée à leurs talents par l'union des couronnes.

Or le choix de Louville était ce qu'on pouvait trouver de
plus propre à accentuer le malentendu créé depuis longtemps
par ces prétentions des grands seigneurs français. Le plus
significatif fut que chacun, après l'échec, en déclina la responsabilité. Louville lui-même prétendit avoir été arraché à ses
chères études par le duc de Saint-Simon, qui dans ses Mémoires
n'a ménagé le blâme ni à la mission du marquis ni au marquis
lui-même, « le dernier sur lequel le choix dût tomber [1] ». Si on en
croit Saint-Simon, le duc de Noailles « pour tout faire à Paris
comme à Madrid », aurait déterminé le Régent, et il n'est pas
douteux que les instructions de Louville furent rédigées chez le
duc de Noailles par un érudit qui lui servait de secrétaire, et
demeura l'agent principal de cette intrigue secrète, le baron de
Longepierre.

Enfin, Cellamare qui, de bonne heure informé du projet et du
choix, essaya d'éviter au duc d'Orléans cette démarche maladroite
a cru pouvoir avec certitude en attribuer l'initiative aux d'Estrées.
Tous ces courtisans, mauvais conseillers du Régent, s'étaient
concertés à l'insu de la diplomatie officielle, du maréchal
d'Huxelles et de Torcy, pour désigner à son ambition un agent
dont le seul mérite était de réparer par un grand service rendu
au nouveau maître ses disgrâces passées.

---

1. Sur la mission de Louville, outre les *Mémoires* du marquis lui-même et de
Saint-Simon, XIII, p. 136, il faut consulter, d'une part, les documents inédits de
cette mission (A. ÉTR., *Espagne*, t. 251 à 254), ceux que M. Baudrillart a publiés
d'après des Archives privées (tome I, p. 230 et appendice), mais aussi la correspondance d'Alberoni avec la cour de Parme qui forme naturellement la contre-
partie (Arch. Nat., *Farnesiana*, fasc. 58).

Les instructions qu'ils lui firent donner constituaient en outre, du duc d'Orléans vis-à-vis du roi d'Espagne, plus qu'une maladresse. Si la mission de Louville n'avait eu d'autre objet que de rapprocher les Bourbons de France et d'Espagne par un retour de faveur du marquis auprès de son ancien maître et ami, rien à reprendre à l'ordre qu'on lui donnait « d'essayer à s'introduire auprès de Sa Majesté catholique et de la Reine pour entretenir une parfaite intelligence avec ses souverains et détruire tous les sujets de plainte capables de diminuer l'union des deux catholiques ». Mais alors pourquoi dissimuler cette démarche au Conseil de Régence grand partisan de l'entente entre les deux couronnes, et si soigneusement que le duc d'Orléans disait à son agent : « vous ne mettrez rien dans les dépêches qui doivent être lues au Conseil de ce qui peut avoir rapport aux affaires *secrètes qui font la principale partie de ces instructions, et qui me regardent directement* » ?

Sous les apparences d'une négociation commerciale et d'une médiation proposée par le Régent à Philippe V pour compléter la paix d'Utrecht, « les seules dépêches, disait-il à Louville, que je lirai au Conseil », une tâche secrète lui était commandée qui était la principale, la raison d'être de son envoi. Il devait regagner la confiance du roi d'Espagne, surprendre celle d'Alberoni, obtenir d'eux la disgrâce de del Giudice, de Cellamare, et détruire enfin Alberoni lui-même, « ce qui serait facile lorsque tous les autres seraient chassés ». C'était en somme une révolution de palais, de ministère et même de confessionnal que sans se gêner le duc d'Orléans préparait chez son neveu. Car il ajoutait : « Je vous ordonne de faire tous vos efforts pour faire chasser le confesseur », qui n'était pas un Italien celui-là, mais un Français, le père Daubenton. Seulement il s'agissait « de faire ôter le confessionnal aux jésuites pour le rendre aux dominicains qui sont mieux disposés pour moi que les jésuites ». Ce dernier trait à lui seul donne la mesure de l'emploi conféré par le duc d'Orléans à son envoyé[1].

De quel droit, sinon du droit de son ambition qui prétendait

---

1. Instructions de Louville (A. ÉTR., *Espagne*, t. 251) Lemontey. — *Hist. de la Régence*, I, 124.

briser à Madrid les obstacles gênants pour ses vues personnelles, le Régent de France s'autorisait-il, en organisant ce complot autour du roi d'Espagne et contre ses ministres? Philippe V
était-il donc comme Louis XV sous sa tutelle? Pour se justifier,
il affirmait que del Giudice et Cellamare par leurs manèges à
Paris, « faisaient tous leurs efforts pour former un parti qui, si
nous venions à perdre le Roi, replongerait la France et l'Espagne
en de nouveaux malheurs ». Affirmation sans preuve, dont la
correspondance de Cellamare avec son oncle à cette époque est
le démenti le plus formel. Et n'était-ce pas le duc d'Orléans,
au contraire, qui par des manèges, des pratiques comme la mission de Louville donnait l'exemple d'une intervention capable,
sous le prétexte spécieux d'unir les deux cours, de les brouiller à
jamais ?

En ce qui concerne plus particulièrement Alberoni, il suffit
de comparer les instructions de Louville, véritable machine de
guerre dressée contre l'abbé et la lettre de ce dernier au duc de
Parme, écrite pour conseiller à ce prince en juillet 1716
« l'abandon total des vues lointaines et des espérances incer-
taines », une politique italienne plus intéressante qu'une succession douteuse au trône de France. Dans ce duel avec la cour de
France où il succomba, l'offensive ne vint pas de lui. Le Régent,
s'imaginant qu'il était le principal obstacle à ses desseins, l'obligeait dès le mois de juin à se défendre.

Cette première passe ne demanda pas à l'abbé de grands
efforts. Il démasqua très aisément le jeu de son adversaire. Louville prétend qu'il y fut aidé par les avis du maréchal d'Huxelles,
mécontent de cette entreprise secrète, qui ne perdit pas une
minute pour dépêcher à Philippe V un autre envoyé, le marquis
de Caylus, son ancien compagnon d'armes. Quand l'envoyé du
Régent arriva le 24 juillet à Madrid, Alberoni fut mis en mesure
d'écrire au duc de Parme : « Ce n'est qu'un fanfaron de première
classe, un insolent qui a gouverné despotiquement le Roi. Le duc
d'Orléans et le duc de Noailles, en l'envoyant, se sont imaginé
qu'il regagnerait la confiance du Roi et leur servirait d'instrument pour atteindre leurs fins. Et ces fins, elles sont bien
connues ; tous les manèges de ce prince sont pour s'assurer le

trône de France, le cas échéant. C'est l'objet de tous ses plans :
pour les réaliser, il se liguerait avec le Turc [1]. »

Il avait suffi à Philippe V d'être averti de Paris et par ses
ministres de l'objet de cette mission pour fermer immédiatement
sa porte à l'envoyé. Nulle intrigue ne pouvait plus lui déplaire.
Si Louville s'était cru de force à lui faire accepter l'abandon
volontaire de ses droits au trône de France, et le programme
ambitieux du Régent, il le connaissait bien mal. En effet ce fut
le Roi lui-même, et non pas le cardinal del Giudice, disgracié
sur les conseils d'Alberoni depuis le 9 juillet, qui dicta à son
secrétaire Grimaldo l'ordre brutal donné à son ancien confident
de ne pas paraître à la cour : « Sa Majesté me commande expres-
sément de vous ordonner en son nom qu'aussitôt que vous aurez
reçu ce papier vous sortiez de Madrid et retourniez en France
sans venir au Palais, ni en présence de Sa Majesté [2]. »

Cette fin de non-recevoir n'était-elle pas tout ce que méritaient
Louville et ses maîtres? Le marquis feignit pourtant de ne pas
comprendre ce qu'il devait y avoir dans le refus hautain du roi
d'Espagne de dignité justement blessée. Il attribua son échec à la
toute puissance d'Alberoni qui se manifestait alors par la chute de
son rival, le cardinal del Giudice. Et, croyant jouer au plus fin, il
se présenta chez l'abbé, porteur d'une lettre très amicale du duc
de Noailles. Alberoni « à qui tout Français était suspect », dit
Torcy, et qui ce jour-là semble avoir eu raison, reçut pourtant
Louville, lui confirma les ordres du Roi, avec l'espoir de lui arracher dans l'entretien le secret de sa mission. La mèche éventée en
somme avait fait long feu. Le duc d'Orléans avait-il le droit de
prétendre, avec Saint-Simon et plus d'un historien, que le
traitement fait à Louville était « un affront pour la France et
personnel à lui-même et le triomphe de l'insolence et de
l'autorité d'Alberoni [3] » ?

C'étaient les volontés et la dignité de Philippe V qui étaient

---

1. Alberoni au duc de Parme; 27 juillet et 10 août 1716 (ARCH. NAP., *Farne-siana*, fasc. 58).

2. Torcy, *Négociations*, I, 629, 688, 692 ; Saint-Simon, XIII, p. 149 à 152, 160 à 164. — Ordre de Grimaldo à Louville, 25 juillet 1706 (A. ÉTR., *Espagne*, t. 254, f° 279).

3. Saint-Simon, XIII, p. 160.

en jeu. Surtout quand Louville, s'installant malgré ses ordres à Madrid, et pour ne pas avoir le dernier mot, s'entendit avec l'ambassadeur de France pour jeter parmi les Espagnols mécontents et les Grands, jaloux d'Alberoni, les fondements d'une ligue contre les ministres. Il s'en est vanté lui-même dans ses *Mémoires*.

Au lieu d'obéir à l'ordre royal, et de quitter Madrid, le marquis déclarait à Madrid la guerre à Alberoni. Les ministres « cagan en sus calzones », écrivait-il dans son langage imagé au duc de Noailles. Prétextant une indisposition pour rester en Espagne, il dressa son intrigue sur les lieux mêmes et en commença l'exécution.

Le 10 août 1716, au bout de deux semaines, il la crut prête. Il envoya alors une longue dépêche au duc d'Orléans, une autre au duc de Noailles, une troisième à Longepierre [1].

Quelle joie pour le Régent d'apprendre que Philippe V était détesté de ses peuples, et portait de plus en plus la responsabilité des excès qu'on reprochait à la Reine, à Alberoni, à tous les Parmesans en général ! De nombreux Espagnols étaient venus le lui confirmer : « Tous mécontents de se voir soumis à ce petit peuple d'Italiens attendent du duc d'Orléans leur délivrance, « la protection de la famille royale. » On lui jetait des paquets sous sa porte à l'adresse du Régent : « s'il ne les entend pas, ils se donneront à l'Autriche, au premier venu, au prince du Maroc ». Il lui paraissait donc, de la prudence et de l'intérêt du Régent de veiller au plus tôt à la conservation d'un patrimoine qui désormais faisait une partie si considérable de sa maison. Et le moyen très simple, c'était, à tout prix, de renvoyer l'homme méprisable qu'était Alberoni, en obsédant la Reine, en s'adressant même au duc de Parme. « Le Régent ne peut entrer à main armée dans le royaume : on le prendrait pour un ennemi. Mais il peut parler haut à Madrid, faire comprendre que la France entend avoir part au Gouvernement de l'Espagne et ne veut point que la monarchie se perde par l'ambition et l'avarice d'un ministre. Il faut gouverner le Roi et la Reine parce qu'ils veulent

1. A. ÉTR., *Espagne*, t. 252 à ces dates.

être gouvernés, au besoin par d'autres Parmesans dont.on dispo-sera mieux. »

« Mais surtout, ajoutait Louville, il faut se hâter : les jours du roi d'Espagne sont peut-être comptés. Il s'épuise auprès de sa femme, et sa femme, pour conserver son pouvoir, a fait dis-gracier le médecin Burlet qui engageait Philippe V à se ménager. Le prince des Asturies et son frère don Fernand sont d'un si mauvais sang qu'on n'espère pas de les voir vivre. Si le Roi ne laisse après lui que les enfants d'Élisabeth Farnèse, elle se per-pétuera au pouvoir, et les Italiens avec elle, et leur tyrannie. Ce serait une faute impardonnable que de ne pas agir avant ces circonstances, de n'être pas prêt et maître de l'Espagne quand elles se présenteront. »

Tel était l'ensemble du programme que développait Louville, suppliant Longepierre de le faire approuver au duc de Noailles, et le duc de le proposer au Régent. « Il voulait rester à Madrid et faire une belle défense, sans vanité, une bonne besogne. Rien n'était capable d'effrayer un brave comme lui. » Il voulait quand même être utile au Régent. « Je vous avoue, disait-il avec une feinte humilité, que je m'intéresse aux affaires que l'on me confie au point d'en devenir fol. » Tous les défauts de Louville, l'audace excessive, les bravades folles se reconnaissent en ce langage, avec ses qualités aussi, « la lumière et le sens des grandes affaires ». On trouve dans ses lettres des passages prophétiques comme ceux-ci : « Songez-y; Monsei-gneur : en vain on cherchera à regagner un homme qu'on ne regagnera jamais et, après avoir fait toutes sortes de tentatives inutiles, on viendra à l'expédient que l'on propose. »

A ce point, l'intrigue autorisée par le Régent, par l'audace de l'intrigant dépité contre Alberoni qu'il accusait de sa disgrâce, achevait de se découvrir et tournait au complot. Pour y mettre un terme, provisoirement du moins, Philippe V prescrivit une démarche officielle de son ambassadeur à Paris. Sans se troubler, le duc d'Orléans répondit aux reproches de Cellamare que le voyage de Louville n'ayant pas donné ce qu'il en atten-dait, il le rappelait. D'excuses point, et de remords nulle trace. Encore avait-il fallu une intervention énergique du maréchal d'Huxelles, pour décider le duc d'Orléans à satisfaire le roi d'Espagne. Et à peine Louville parti enfin de Madrid le 24 août, fut-il de retour à Paris que le Régent lui fit le meilleur accueil, le remercia de son dévouement mal récompensé, n'hésita point à partager ses ressentiments contre Alberoni et lui donna pour un combat à outrance les moyens de poursuivre les projets ébauchés à Madrid avec le duc de Saint-Aignan et les seigneurs Espagnols[1].

Cette mission provisoire et infructueuse, cette intrigue d'abord instituée à Paris pour renverser del Giudice et Cellamare, par la rancune de Louville et l'ambition du Régent plus mal conseillé que jamais, se transformait aussitôt en une diplomatie régulièrement organisée contre Alberoni. Une entreprise légèrement conçue, plus légèrement conduite déterminait cependant le duc d'Orléans à s'engager davantage dans la voie où il était entré par les conseils de Louville. Il demeura persuadé « qu'on ne pouvait espérer en Espagne de changement favorable à ses ambitions que par la chute d'Alberoni », et dès le mois de septembre 1716, remit ce secret aux mains de l'ambassadeur que la France n'entretenait pas à Madrid assurément pour conspirer contre les ministres, le duc de Saint-Aignan.

Alberoni avait-il donc si tort d'écrire au duc de Parme, à la fin du même mois : « le duc d'Orléans se plaint et me rend responsable du renvoi de M. Louville, de son impuissance à voir le Roi. Il me croit un grand obstacle à toutes ses cabales. Mais j'ai toujours tâché de mériter ses bonnes grâces et de maintenir la bonne intelligence entre les deux couronnes. Tout cela est de la faute de Louville et le résultat de sa mission malencontreuse : au lieu de se laisser séduire par des gens malintentionnés, le Régent aurait dû connaître que le roi d'Espagne n'entend plus être en tutelle et que chacun veut être maître chez soi[2] ». Dépendait-il en vérité

---

1. Le Roi à Saint-Aignan, 8 septembre 1716 (A. ÉTR., *Espagne*, t. 253, f° 278).
2. Lettre d'Alberoni au duc de Parme, 28 septembre 1716 (ARCH. NAP., *Farnesiana*, fasc. 58). — Presque dans les mêmes termes, il écrivait à Rocca le 3 août 1716 : « che cadauna Corona sia padrona in sua casa, nè si demanda altra cosa se non che la Francia facci in Spagna quello che questa fa in Francia », p. 483. La critique était juste et le vœu légitime. — Voir encore Alberoni au duc de Parme, 12 octobre 1716.

de l'abbé seulement que Philippe V se montrât justement blessé, et presque indigné des fausses démarches de son oncle, qu'il repoussât avec hauteur cette prétention presque injurieuse de lui faire accepter ses ambitions, sous la pression d'intrigues formées dans sa propre cour contre ses ministres et ses confesseurs? Quel ministre, à la place de l'abbé, n'aurait considéré comme son devoir d'approuver la légitimité de ces griefs, et de partager ces ressentiments en les exprimant? On ne sait ce qu'on doit trouver le plus surprenant, de la sévérité de l'histoire pour Alberoni en cette occasion, ou de son indulgence pour le Régent, son ennemi juré désormais.

Ce fut au mois de septembre 1716, et le lendemain même du rappel de Louville, satisfaction de pure forme donnée à Philippe V, que le duc d'Orléans installa à Madrid ses agents et disposa ses mines. Rappelons qu'à la même époque l'abbé Dubois était en Hollande, constituant avec les ministres de Georges Ier une autre diplomatie secrète qu'Alberoni connaissait et définissait fort bien ": « Qui décidera de la Succession au trône de France, pour laquelle le duc d'Orléans emploie tous ses manèges, et où tendent tous ses plans? Les Anglais et les Hollandais autant que les Français : La solution est entre leurs mains. »

Quant à l'intrigue ourdie contre l'abbé à Madrid par la Régence, les fils en demeurèrent à Paris aux mains de Louville, de Noailles et de son secrétaire Longepierre. Pour faire passer leurs avis au Régent, les conjurés employèrent le premier valet de chambre, Desbagnet, tandis que Dubois allait se servir d'un second, Imbert. Leur représentant à Madrid fut le duc de Saint-Aignan, le propre représentant de la diplomatie officielle qui dérobait ses manèges et ses lettres à son chef hiérarchique, le maréchal d'Huxelles. Ce pauvre ministre avait cru faire un coup de partie, en obtenant le désaveu et le rappel de Louville : ses propres fonctionnaires, le Régent, ses collègues même du ministère, s'entendirent pour continuer l'intrigue à son insu. Saint-Aignan correspondait avec le Régent par deux intermédiaires, un banquier de Bayonne, M. Moracin, et de Louville, sous trois enveloppes différentes.

Le duc de Saint-Aignan, mécontent d'abord de la mission de

Louville qui diminuait son importance, avait vu dans les suites de l'affaire une occasion de servir le Régent, et s'était offert à lui sans réserve. Il lui écrivit, le 30 août 1716, une lettre secrète pour l'assurer de son attachement à ses intérêts particuliers, « lui demander de correspondre avec lui en droiture par le chiffre de Louville, sans que ces renseignements secrets fassent aucun chemin[1] ». Le Régent, déterminé par ses courtisans, encouragea ces ouvertures, se prêta à cette nouvelle diplomatie secrète dont le chef était son ami, dont le rédacteur resta l'érudit Longepierre, confident de Noailles. Ce fut une autre forme de *son Secret.*

Bientôt, le 21 septembre 1716, Saint-Aignan reçut du Palais-Royal l'autorisation qu'il sollicitait. On l'engageait à continuer d'écrire au maréchal d'Huxelles conformément à son sens et à ses idées, « afin qu'il ne puisse rien soupçonner du commerce que vous avez avec moi sur le secret duquel vous pouvez être en repos, étant très important qu'on ne le puisse pénétrer ». Singulier gouvernement que celui du duc d'Orléans qui, à Londres, à La Haye, à Hanovre, à Madrid séparait ses intérêts de ceux de la France, débauchait les diplomates officiels ou les disgraciait, détournait à son profit ou contrariait leur activité, détruisait l'œuvre, paralysait les efforts du ministre des Affaires étrangères[2] !

Rien de plus contraire à la dignité de la France et du roi d'Espagne, rien de mieux fait pour les brouiller définitivement que les procédés et l'objet à la fois de ce complot formé à Madrid contre Alberoni.

Pour faire accepter directement au roi et à la reine d'Espagne les Renonciations, les confidents du Régent se flattaient de reprendre à Madrid l'influence que la France y avait eue dans les

---

1. A. ÉTR., *Espagne*, t. 252, f° 253, et les *Mémoires* de Louville, II, p. 217 et suivantes. Toute cette correspondance secrète, en grande partie de la main de Longepierre à Paris, n'a pas jusqu'ici été étudiée et jugée à sa valeur.

2. Le Régent à Saint-Aignan, 21 septembre 1716 (de la main de Longepierre, *Espagne*, t. 252, f°° 265-266). — Dans le même tome, un peu avant, au f° 225, *Mémoire qui a servi à dresser l'instruction de M. le duc d'Orléans à Saint-Aignan* (août 1706). — Puis, encore au 28 septembre 1715, le duc d'Orléans à Saint-Aignan (*ibid.*, 270-275) : *Commencement des Instructions secrètes à M. de Saint-Aignan.*

premières années du XVIIIᵉ siècle. L'auteur du projet, Louville,
surtout, se souvenait du temps où l'intimité de Philippe V donnait à ses conseils et à ses services une autorité incontestée.
Malgré son aventure, il ne désespérait pas de la voir renaître, de
retrouver l'accès du palais et du cœur de Philippe V, pour le
diriger alors au gré et selon l'intérêt du duc d'Orléans.

Le principal adversaire de Louville et de ses complices,
c'était Alberoni. Outre le désir très vif de punir le favori italien
de l'affront qu'il lui avait procuré, Louville avait conjecturé que
la présence et l'autorité de l'abbé à la cour de Madrid formaient
la principale difficulté de son entreprise. Le renvoi d'Alberoni lui
parut la première condition du succès.

Saint-Aignan reçut donc, comme instruction, l'ordre d'y
travailler de tout son pouvoir. On lui indiqua avec soin tous
les moyens de créer des ennemis et des embarras à l'abbé, de
détourner ses amis et de ruiner son crédit.

Les ennemis désignés du ministre parmesan, c'étaient les
Espagnols, et particulièrement les grands seigneurs, jaloux de la
fortune d'un parvenu étranger, irrités des réformes qu'il faisait
à leurs dépens dans le gouvernement. Il fallait d'abord gagner
leur confiance, puis leur promettre celle du Régent; enfin les
réunir contre Alberoni : « Assurez-les, écrivait le Régent, de
l'extrême envie que j'ai de leur rendre le gouvernement et d'en
éloigner les Italiens, mais qu'il faut qu'ils y travaillent de leur
côté le plus qu'ils pourront. Promettez-leur un secret inviolable et une sûreté entière. » Le succès du complot dépendait
en effet du secret, de la valeur et de la sûreté des confidents.

Personne ne paraissait plus sûr et plus utile que Tinajero,
Bernardo Tinajero, secrétaire du Conseil des Indes : « l'homme
du royaume le plus capable d'affaires et qui pense le mieux, avec
cela très enclin à l'union des deux monarchies.[1] ». Personnage
modeste, mais actif, porté au premier rang par le crédit d'Orry,
puis retombé avec lui, et attaché à la France, naturellement, par
sa fortune passée comme par ses espérances d'avenir[2]. C'était
autour de lui qu'il fallait grouper les ennemis d'Alberoni,

1. De Bonnac à Louis XIV (Baudrillart, *Philippe V et Louis XIV*, p. 568).
2. Saint-Philippe, *Mémoires*, III, p. 146.

Ronquillo et d'Aguilar. Ronquillo, président du Conseil de Castille, créature de la France au temps du gouvernement de la princesse des Ursins et d'Amelot, avait par une fidélité illimitée, et même farouche, mérité et conservé la confiance de Philippe V : « Le seul bon sujet qui soit en place. » Sa charge lui donnait une fois par semaine l'occasion d'entretenir le Roi en tête à tête et de lui faire parvenir ce qu'il faudrait cacher à Alberoni. On pouvait s'adresser au comte d'Aguilar, quoique avec plus de réserve, et compter sur sa jalousie contre Alberoni plutôt que sur son affection à la France. Avec beaucoup d'esprit, de valeur militaire, et d'expérience en général, ce personnage orgueilleux, ambitieux « et à qui les moyens coûtaient le moins » avait été tour à tour l'ennemi de tous les Français, d'Amelot, de la princesse des Ursins, quand ils gouvernaient l'Espagne et d'Alberoni qui leur avait succédé, espérant la gouverner lui-même. « On ne pouvait pas l'estimer, mais il était si plein de nerf et d'ambition qu'il ne fallait pas le mépriser[1]. »

Beaucoup de grands seigneurs se joindraient aisément à ces chefs pour former à Madrid un parti espagnol : le comte de Las Torrès, maréchal éprouvé, mécontent de n'avoir pas encore la Grandesse[2]; le duc de l'Infantado qui boudait Philippe V, comme toute sa famille, mais en homme d'esprit qui sait cultiver son jardin et lui faire rapporter deux millions de revenus par an, très fier et fort différent de ces Grands qui sollicitaient des places pour soutenir leur orgueil[3]; le marquis de Rivas, cet Ubilla qui avait appelé le duc d'Anjou en Espagne, et, depuis longtemps disgracié, languissait obscurément avec peu de bien et beaucoup de mérite[4]; le marquis d'Ayetone, grand d'Espagne, capitaine général des armées, qui avait sacrifié ses biens en Catalogne, au service de Philippe V, et dont la femme avait aussi marqué son dévouement à la première reine d'Espagne, mal récompensé d'ailleurs par la seconde[5]; le comte de Saint-Estevan de Gormaz, fils aîné

---

1. Saint-Simon, *Mémoires*, XVIII, p. 85. — Gramont, *Tableau de la cour d'Espagne* dans Baudrillart (*Ibid.*. p. 687).
2 Saint-Simon, XVIII, p. 134.
3. Saint-Simon, XVII, p. 428, 430.
4. *Ibid.*, XVIII, p. 190.
5. Saint-Simon, XVIII, p. 62 ; de Vayrac, *État de l'Espagne*, IV, p. 54.

du duc de Villena, majordome du roi d'Espagne, protecteur de
l'Académie espagnole, le représentant peut-être le plus autorisé
de la vieille noblesse espagnole, outré de la fortune d'Alberoni[1] ; le comte de Penaranda, premier gentilhomme de la
Chambre, Grand d'Espagne, les ducs d'Arcos et de Banos, deux
frères, riches, éclairés, d'une grande famille, aimant la France
et les Français, mais dédaignant la cour comme le duc de l'Infantado, se suffisaient en leurs richesses et leur luxe[2] : on pouvait
pourtant les enrôler. Le duc de Montillano n'avait pas non plus
d'ambition, mais sa femme et sa mère, princesses d'Isenghein, à
moitié Françaises, avaient un instant tenu les plus hauts emplois
à la cour, les avaient perdus à l'arrivée d'Élisabeth Farnèse et
voulaient les reprendre[3].

Tous avaient vu avec regret l'invasion des Italiens à la cour,
à la suite de la nouvelle Reine. Ils s'en étaient retirés volontairement ou de force, atteints dans leurs honneurs, leur fortune et
leur amour-propre national : la vengeance, l'ambition, la colère,
pouvaient les y ramener aux dépens d'Alberoni. C'étaient des
complices ou des confidents utiles à employer, quoiqu'il y eût
à mesurer avec chacun d'eux, et sur l'avis de Tinajero, le degré
des confidences à leur faire. A aucun il ne fallait livrer le plan
général et les différents instruments du complot. Quand le
moment serait venu d'attaquer Alberoni en plein, on les aurait
sous la main pour les conduire à l'assaut de ses positions[4].

Jusque-là, le plus sûr était, par un siège en règle et des
approches serrées, de priver l'abbé de tous ses moyens de
défense, de reconnaître la place, de s'y faire des amis ou des
espions. Le pouvoir d'Alberoni tenait « à ce qu'il enfermait le
Roi par la Reine » ; il y avait pourtant un moyen de pénétrer
malgré lui jusqu'à Philippe V.

On sait l'autorité que donnaient au confesseur les scrupules
religieux du Roi. Il l'entretenait seul ; ce prince le faisait appeler à
toute heure du jour et de la nuit : le confesseur était alors un

1. Saint-Simon, XVIII, p. 81.
2. Saint-Simon, XVIII, p. 11 et 32.
3. Saint-Simon, XVIII, p. 33, 34.
4: *Instruction secrète de Saint-Aignan* (A. ÉTR., *Espagne*, t. 252, f⁰ˢ 270 à 275).

Français, un jésuite agréé par Louis XIV, le père Daubenton, poli et respectueux, attentif à tout, se désintéressant en apparence de toutes les affaires politiques, en réalité très désireux de jouer un rôle considérable à la cour, au profit de lui-même et de son ordre. Daubenton avait jusque-là ménagé Alberoni pour garder sa place, que la Reine, excitée et consultée par lui, aurait pu lui enlever. Alberoni, de son côté, l'avait épargné pour ne pas pousser le Roi à des extrémités fâcheuses. Ils s'étaient alliés l'un à l'autre pour ruiner del Giudice : Daubenton avait obtenu pour le pape, qui l'honorait d'un commerce familier de lettres, des secours contre les Turcs, et le règlement des affaires ecclésiastiques en Espagne. Il avait sollicité en revanche à Rome le chapeau pour Alberoni. C'était entre les deux prêtres, une alliance fondée non sur des sympathies ou des intérêts communs, mais sur la crainte réciproque de leur puissance[1]. C'était cette amitié que Louville conseillait de rompre avant tout, pour reconquérir le roi d'Espagne, en acquérant son confesseur. Mais s'assurer du confesseur, ce n'était pas se livrer à lui : on devait avec adresse pénétrer ses vues, et paraître au besoin sa dupe, mais ne pas l'être et le rendre suspect à Alberoni, afin de les perdre en définitive l'un par l'autre, comme on avait voulu d'abord ruiner del Giudice par Alberoni. C'était un jeu dangereux, qui demandait à la fois beaucoup de prudence et de dextérité ; l'ambassadeur ne pouvait rendre de service plus grand que celui-là : c'était le premier article de son programme et le point essentiel du plan.

Le reste consistait à se procurer des intelligences auprès d'Alberoni lui-même, de corrompre à quelque prix que ce fût son secrétaire, les Italiens qu'il admettait dans sa confidence, les caméristes de la Reine, et son médecin, le Français Langlade. On ferait en même temps le vide autour des Parmesans, en débauchant ou en observant les Grands attachés à leur fortune, les ducs de Popoli, de Veragua, le marquis de Los Balbazès, le ministre Grimaldo, les ambassadeurs étrangers, particulièrement celui

---

1. *Instruction de Saint-Aignan*, et Torcy, *Négociations*, I, 184, 552, 604, 716, 717, 777, que Saint-Simon a reproduit textuellement, XIII, p. 7, 76, 141, 142, 164, 165, 204, 207.

d'Angleterre, Bubb, le nonce du pape Aldovrandi, confident et allié d'Alberoni.

Tous ces projets furent ingénieusement combinés par Louville : il en reconnaissait d'ailleurs les difficultés, l'indifférence des Espagnols, l'union intime d'Alberoni et de Daubenton, l'influence de la Reine, la clairvoyance du premier ministre. Le principal reproche surtout qu'on pût faire à ce plan, c'est qu'il était fondé tout entier sur des espérances plutôt que sur des faits, comme la précédente mission de Louville. Il fallait un politique bien fin pour réussir avec de pareils moyens.

L'ambassadeur auquel il fut confié suffisait-il pour toute cette politique machiavélique? Jeune, ingénu même, était-il de taille à se mesurer avec des adversaires italiens, passés maîtres en cet art d'intrigues et de manèges, et de nature à inspirer confiance aux seigneurs espagnols sur qui l'on comptait? Sa bonne volonté était certaine : ses talents et son autorité beaucoup plus discutables.

Saint-Aignan se mit à l'œuvre aussitôt, encouragé par la promesse d'une bonne récompense. Le Régent la lui faisait espérer pour les services qu'il lui rendait « à lui et à la France », avait-il ajouté, par un scrupule tardif de conscience. En cette affaire, le duc d'Orléans et ses serviteurs, comme toujours se payaient de belles paroles et d'honnêtes excuses. Ils invoquaient la nécessité de conserver l'Espagne à la maison de Bourbon, d'apaiser les haines qu'elle s'y était attirées par la faute d'Alberoni. On s'entendait pourtant à demi-mot : il ne s'agissait pas de conserver l'Espagne à Philippe V, mais d'arracher le Roi aux conseils d'Alberoni et de sa femme, pour qu'il cédât la France à la maison d'Orléans.

Les premières démarches de Saint-Aignan furent mesurées et calculées sur les instructions de Louville. Il entra en commerce fréquent avec les Espagnols, sans trahir ses desseins contre Alberoni. Il se lia d'abord avec le confesseur. Il s'appliqua à gagner tous les familiers de l'envoyé d'Angleterre Bubb, jeune homme de vingt-deux ans qui ne savait pas, disait-il, l'art de dissimuler. Ses premières dépêches, longues et circonstanciées, trahissaient le désir de bien jouer le rôle qu'on lui avait donné, comme la crainte de s'engager mal et d'échouer[1].

De Paris, d'ailleurs, Louville impatient de réussir et de se venger gourmandait la prudence de Saint-Aignan : « Ne craignez rien ; n'ayez plus de faiblesses. Suivez vos instructions secrètes, même quand elles seraient contraires à vos instructions officielles. » Il allait jusqu'à lui reprocher même un manque d'intelligence et conseillait au Régent de joindre l'exemple au précepte, de diriger de Paris les premières manœuvres. Elles faisaient plus d'honneur à son esprit fertile qu'à sa franchise et à sa dignité[2].

A la fin de septembre 1716, le Régent écrivit personnellement au roi d'Espagne pour lui dire que c'était à sa considération qu'il avait rappelé Louville ; mais qu'il ne pardonnait pas à Alberoni sa conduite avec son envoyé, la suppression de toutes les lettres adressées par lui au roi et à la reine d'Espagne. Le duc d'Orléans chargea ensuite son confesseur, le père Trévoux, de faire parvenir ses doléances directement au père Daubenton. Le même jour il adressa à Alberoni un avis anonyme sur les nouvelles relations du père Daubenton et du duc d'Orléans, sur les desseins qu'ils tramaient ensemble contre lui[3]. L'arme si ingénieusement forgée était à deux tranchants : elle pouvait frapper Alberoni, ébranler son crédit sur le Roi et atteindre à la fois Daubenton, ou le forcer à rompre avec le ministre tout-puissant : « Un des deux athlètes renversera l'autre », disait Louville dans son langage imagé[4].

Ce premier coup ne porta point. Daubenton échappa au piège d'une manière bien simple : il remit la lettre au Roi et à la Reine. Le premier ministre averti se plaignit vivement au Régent de sa conduite, lui déclarant nettement « qu'on le croyait en Angleterre et à Madrid uniquement préoccupé de s'assurer

1. Outre les volumes de *Correspondance d'Espagne* conservés aux A. ÉTR., t. 252, où l'on trouve les premières lettres de Saint-Aignan, 14 octobre 1716, f° 291, outre les lettres du même à Louville, 5 et 14 octobre 1716 (*Mémoires de Louville*, II, p. 220-221), il se trouve aux A. ÉTR. dans le fonds *Espagne* un volume de *Mémoires et Documents*, t. 144, qui, à partir du f° 277 contient la correspondance secrète de Saint-Aignan. Elle se continue au tome 145.

2. Louville, *Mémoires*, II, p. 219, 220.

3. Les deux pièces sont aux A. ÉTR., *Espagne*, t. 252, f° 287 et 289.

4. *Mémoire pour le duc de Saint-Aignan* (A. ÉTR., *Espagne*, t. 252, f° 225).

la couronne[1] ». Les deux athlètes, au lieu de se tomber, se conduisaient en fins politiques : le duc d'Orléans et Louville en furent pour leurs frais.

Ils ne se découragèrent pas, et continuèrent à stimuler le zèle de Saint-Aignan : « N'oubliez pas que vous ne sauriez rien faire de plus important pour le bien de l'État et pour mon service que de travailler à les mettre mal ensemble, afin de tâcher de les perdre l'un par l'autre. » « Il faut détruire ce bon père, il n'y a plus de ménagements à garder avec cet abbé[2]. »

Pressé, désireux de réussir et de plaire, Saint-Aignan crut enfin avoir découvert un joint. Le père Daubenton ne ménageait Alberoni que par crainte de voir passer sa place à un franc-comtois, plus espagnol que lui, le père Malboan. Une première fois l'influence de Mme des Ursins lui avait enlevé le Roi. La reine Élisabeth le lui avait rendu : elle pouvait le lui reprendre. « L'expérience lui avait appris à quel point la haine des femmes devait lui être redoutable[3]. » Daubenton crut prudent de faire avec les Français ce qu'il faisait avec Alberoni. Pour ménager le Régent et pour le désarmer, il fit à Saint-Aignan toutes sortes d'avances et protesta « de ses sentiments bien français ». L'ambassadeur y répondit, feignant d'être sa dupe, pour le perdre à force de familiarité dans l'esprit d'Alberoni. Le jeu réussit assez bien d'abord ; la défiance, dès cette époque, se glissa entre le ministre et le confesseur : « Il y a eu de vives brouilleries entre eux. Je me suis donné accès auprès du dernier pour qu'il place nos sujets dans les changements projetés[4]. »

Tout heureux de ce premier résultat qu'il raconta au Régent, à Louville, à Longepierre, Saint-Aignan en escomptait déjà la récompense : la Toison d'or qui serait pour lui le prix de la victoire. Le Régent calma son enthousiasme et

1. Torcy, *Négociations*, I, 812, 818 ; Saint-Simon, XIII, 207, 208. Les lettres d'Alberoni au Régent ont été conservées, pour 1716 et 1717 aux; A. ÉTR., *Espagne*, tome 253.

2. De Noailles, *Mémoires*, p. 269. Le Régent à Saint-Aignan, 2 novembre 1716 (A. ÉTR., *Espagne*, t. 253, f° 63).

3. Torcy, *Négociations*, I, f° 716 ; Saint-Simon, XIII, 164.

4. Saint-Aignan au duc d'Orléans, 3 octobre et 25 novembre 1716 (A. ÉTR., *Espagne*, t. 253, f° 254) ; Saint-Aignan à Louville, 1ᵉʳ et 2 décembre 1716 (Louville, *Mémoires*, II, 226).

l'engagea à demeurer dans l'ombre jusqu'à la certitude du succès. Louville, toujours brutal, le tançait comme un écolier de ses illusions, de ses ambitions : « Vous nous écrivez par trop maintenant. Il n'est festin que de gens chiches. Vous nous faisiez jeûner, et aujourd'hui vous nous faites crever. Vous pouvez demander la Toison, M. le Régent ne s'y opposera pas, si vous y tenez si fort. Mais il se moquera de vous. Permettez-moi de vous dire que c'est une pure enfance, et qui sent le lait dont vous faites votre principale nourriture [1]. »

Malgré ces rebuffades, Saint-Aignan continua d'instruire le Régent et de travailler pour lui. Il poursuivit son jeu entre Alberoni et Daubenton. Pour perdre l'abbé, il essaya de corrompre son entourage et celui de la Reine. S'il dut renoncer à gagner le secrétaire du ministre dont les intérêts étaient plus forts que leurs dissentiments passagers, en revanche, il reçut les confidences du secrétaire du nonce, Aldovrandi, qui confondait alors sa politique avec celle d'Alberoni : c'était un ecclésiastique français. Saint-Aignan intrigua encore dans l'entourage de la Reine ; à défaut de la nourrice, Laura Piscatori, « créature d'ailleurs sans jugement et sans esprit », par un manège bizarre, il acquit une camériste influente, une Irlandaise, la Kilmaloke. Un Français, le baron d'Autressal, avait été du dernier bien avec elle, avant qu'elle ne convolât en secondes noces. Pour regagner ses bonnes grâces, il offrit, si on voulait lui assurer une pension et la croix de Saint-Lazare, de faire semblant de vouloir épouser sa fille. Enfin Saint-Aignan s'insinuait dans les ministères, au palais « par un bon espionnage [2] » !

Le parti franco-espagnol achevait en même temps de se constituer avec le concours de Tinajero disgracié pour son amitié avec la France, qui demandait une indemnité et une pension de 2,000 écus. Le duc de Veragua, membre du Despacho et ministre de la marine, l'un des hommes les plus instruits et des plus actifs recherchait Saint-Aignan : recrue d'autant plus précieuse

---

1. Louville à Saint-Aignan, novembre 1716 (*Mémoires*, II, 225).
2. Saint-Aignan au Régent, 22 décembre 1716 (A. ÉTR., *Espagne*, t. 253, f° 272). Saint-Aignan à Louville, 14 octobre 1716 (Louville, II, p. 221).

qu'on l'avait compté jusque-là parmi les soutiens et les collaborateurs d'Alberoni.

On commençait même à croire que l'on pourrait détacher de la
même manière le duc de Popoli, Grand d'Espagne, chevalier de
la Toison d'or, grand maître de l'artillerie, gouverneur du
prince des Asturies, Italien, mais de Naples, très mal avec
Alberoni depuis que celui-ci avait supprimé la garde italienne
et voulu la remplacer par une garde irlandaise [1]. Le duc
d'Orléans applaudissait Saint-Aignan très franchement cette fois :
« Ramenez tous ces mécontents à leur Roi et détournez-les de la
maison d'Autriche. Je ferai tout ce qui dépendra de moi pour
détourner un mal aussi grand que serait celui-là pour les deux
monarchies [2]. »

Au moment où Saint-Aignan, enhardi, gourmandé, stylé et
félicité dressait ainsi à Madrid toutes ses batteries, un feu tout
opposé, également nourri à Paris, vint subitement les déranger.
Le chef de la diplomatie officielle, le maréchal d'Huxelles, inquiet
de l'influence que les Anglais avaient à Madrid, songeait à cette
époque à se rapprocher d'Alberoni, pour rendre aux Français
l'autorité qu'ils y avaient perdue. Il s'agissait de réconcilier le
tout-puissant cardinal et sa victime, la princesse des Ursins
retirée à Gênes, par l'intermédiaire de Grimaldo, ancienne
créature d'Orry et de la princesse des Ursins, devenu, après la
disgrâce des Français, le confident et l'agent d'Alberoni [3].

Le projet était ingénieux et hardi : peut-être avait-il été formé
dans ce parti de la vieille cour, groupé autour de la nièce de
Mme de Maintenon, de Mme de Caylus, « par ces honnêtes gens
bons à rien, avec lequel d'Huxelles avait beaucoup d'attaches et
qui en avait en Espagne [4]. » A Madrid le marquis de Caylus,
aimé et estimé de tous, et du Roi surtout son compagnon
d'armes, en fut l'âme : pour regagner le cœur de Philippe V, la
vieille cour lui laissait espérer son retour en France en cas de

1. Saint-Aignan à Louville, 5 octobre 1716 (*Ibid.*, II, p. 220) ; Saint-Aignan au
Régent, 30 novembre (A. ÉTR., *Espagne*, t. 253, f° 206).

2. Le Régent à Saint-Aignan, 14 décembre 1716 (A. ÉTR., *Espagne*, t. 253,
f° 247).

3. Saint-Simon, XIII, p. 312 ; Louville, *Mémoires*, II, p. 226 à 228.

4. Saint-Aignan à Louville, 22 décembre 1716 (Louville, *Mémoires*, II, p. 227).

mort de Louis XV, le droit d'opter alors entre les deux couronnes[1]. D'Huxelles s'entendit avec Caylus; il lui envoya un auxiliaire, le chevalier d'Espennes, créature de Mme des Ursins, placé par elle auprès de Philippe V comme Louville autrefois, et disgracié en même temps qu'elle[2]. D'Espennes revint à Madrid au mois d'août 1716 sous prétexte de réclamer ses pensions et celles de sa protectrice, en réalité pour négocier avec le Roi et Alberoni : le Roi ne le reçut pas, mais le traita moins sévèrement que Louville. Tous les agents de Mme des Ursins étaient dans le complot : Bournonville, baron de Capres, resté après la disgrâce de sa protectrice très en faveur auprès de Philippe V, chevalier de la Toison d'or, grand d'Espagne, capitaine des gardes wallonnes, gentilhomme de la Chambre; le chevalier de Bourgk, Irlandais, aussi bien avec Alberoni qu'avec la princesse des Ursins, chargé de missions confidentielles par l'un et par l'autre, souple et audacieux à la fois[3]. Encore une nouvelle intrigue qui venait compliquer tous les secrets de la diplomatie française !

Au mois d'août 1716 ce parti s'était mis en branle : le chevalier de Bourgk avait pris la route de France, tandis que le chevalier d'Espennes prenait celle d'Espagne[4]. Le maréchal d'Huxelles présidait secrètement à ces liaisons. Il chargeait à cette époque l'intendant de Pau, Legendre, de s'entendre avec M. de Macanaz, célèbre par ses ouvrages et ses disgrâces, pour en tirer des lumières sur l'Espagne[5]. Macanaz était ce docteur espagnol qui, avec Amelot et Orry, avait essayé d'introduire malgré l'Inquisition au delà des Pyrénées les maximes de l'Église gallicane, exilé par le cardinal del Giudice, mais resté cher dans l'exil au Roi dont il avait flatté le pouvoir et soutenu l'autorité. Ami de Mme des Ursins et d'Alberoni, depuis qu'il avait travaillé à renverser del Giudice, il recevait sans cesse des lettres d'Espagne et même de Philippe V[6]. Il entra volontiers en

---

1. Saint-Aignan à Louville, du 1er juin 1717 (Louville, *Mémoires*, II, p. 237).

2. Saint-Simon, éd. Chéruel, IV, p. 93.

3. Saint-Simon, *Mémoires*, XVIII, p. 13 à 93 ; Saint-Aignan à Louville, 14 octobre 1718 (Louville, *Mémoires*, II, p. 221).

4. Le chevalier de Bourgk, 29 août 1716 (A. ÉTR., *Espagne*, t. 255, f° 54).

5. D'Huxelles à Legendre, 18 août 1716 (*Ibid.*, t. 252, f° 115).

6. Sur Macanaz, voir Saint-Simon, XIII, p. 141, 142 ; Baudrillart, *Philippe V et Louis XIV*, et surtout de Courcy, *L'Espagne après la paix d'Utrecht*, à la fin.

relations avec l'intendant de France et le chevalier de Bourgk, mais refusa d'aller à Paris comme on l'en priait[1].

Macanaz et ses amis désapprouvaient la conduite et les projets de l'ambassadeur de France à Madrid : « Il y faudrait une personne plus expérimentée. » Tous déploraient la ruine de l'Espagne, les démarches des Français qui *savent mieux conquérir que garder*, et proposaient en conclusion comme remède souverain le retour d'Amelot, « le seul Français qui eût jamais connu l'esprit de la cour et de l'Espagne[2] ». D'Huxelles n'était pas partisan du rappel d'Amelot, mais avec tous ses amis et ceux de la princesse des Ursins il espérait déterminer Philippe V, Alberoni lui-même au rappel d'Orry. Il soupçonnait les projets de Louville, les intrigues de Saint-Aignan, et, quoiqu'il travaillât comme eux à rapprocher l'Espagne et la France, c'était par d'autres moyens, en laissant à Philippe V ses espérances à la Succession de France, à Alberoni son autorité au delà des Pyrénées.

Les deux diplomates s'observaient ainsi, se surveillaient, se combattaient à Paris, à Madrid. Le Régent écrivait à Saint-Aignan : « Il n'y a aucun fond à faire sur Grimaldo qui intrigue avec la princesse des Ursins et d'Orry pour rétablir leur autorité. Redoublez d'activité. J'empêcherai Orry d'aller en ce pays[3]. » Il attachait à ces mouvements une importance capitale : n'étaient-ils pas contraires à ses propres espérances ? Louville, avec ses habitudes de franchise brutale, disait : « Écoutez bien ceci ; les jésuites se lient avec Orry, Mme des Ursins et les bâtards contre M. le Régent[4]· » Saint-Aignan, écoutait, observait. Il signalait les agissements du marquis d'Espennes, du baron de Capres, de Caylus, liés avec le maréchal d'Huxelles, Alberoni et Daubenton. Il dévoilait une politique de mariages qui devait appuyer et fortifier ces intrigues secrètes, une alliance du baron de Capres avec une sœur du duc d'Harcourt, du fils de Popoli avec

1. Legendre à d'Huxelles, 28 août 1716 (A. ÉTR., *Espagne*, t. 255, f° 68), et la réponse du 8 octobre (*Ibid.*, f° 70).
2. Macanaz à de Bourgk, 1ᵉʳ septembre 1716 (A. ÉTR., *Espagne*, t. 252, f° 229).
3. Le Régent à Saint-Aignan, 11 janvier 1717 (A. ÉTR., *Espagne*, t. 257, f°ˢ 27 à 30)·
4. Louville à Saint-Aignan, 8 janvier 1717 (Louville, *Mémoires*, II, p. 228), et le Régent à Saint-Aignan (A. ÉTR., *Espagne*, t. 144, f° 200).

Mlle de Boufflers. Il entendait et transmettait les confidences du marquis de Caylus qui s'efforçait de le débaucher, et « parlait *du Régent en de fort vilains termes* ».

L'ambassadeur n'était pas assez fort pourtant pour déjouer ses projets : ce fut Alberoni qui s'en chargea. Il n'avait paru accepter les desseins de la faction des Ursins, de Macanaz et du maréchal d'Huxelles, que pour achever par leurs rancunes la défaite du cardinal del Giudice. Quand le 22 janvier 1717 cette défaite parut définitive, et son pouvoir assuré, l'abbé n'eut point de peine à décourager ces intrigues qu'il n'avait jamais prises au sérieux [1].

Au milieu de tous ces complots formés par la France à Madrid, ce fut d'abord la très grande force d'Alberoni de ne s'en point émouvoir et de poursuivre sa route « pour se moquer après, comme dit Torcy, des ennemis de sa fortune [2] ». Si pour détourner ses soupçons le Régent lui faisait passer par des amis communs, par d'Effiat et Monti, anciens familiers de Vendôme, des assurances amicales, l'abbé lui répondait par d'égales protestations de dévouement, le payant de la même monnaie, insinuant seulement qu'il « connaissait à ses côtés certains serviteurs brouillons, intrigants et hostiles ».

Toute l'attention de l'abbé consistait à conserver alors par ses propres moyens son crédit auprès du Roi qu'une grave maladie, causée par son genre de vie, avait menacé au mois d'octobre, ou à retenir par les offices des Farnèse son autorité sur la Reine toujours prête à se livrer à des Parmesans intrigants, capables de la distraire et de l'amuser, à des comédiens, un maître de musique, à la famille de sa nourrice [3]. Ces dangers lui parurent toujours plus sérieux que les manèges des Français auprès des mécontents de Madrid et des Espagnols impuissants. Les efforts d'ailleurs qu'il faisait chaque jour avec plus de succès pour

---

1. Louville, *Memoires*, II, p. 219, 225.
2. Torcy *Négociations*, I, 722 dans Saint-Simon, XIII, p. 366.
3. Ces questions forment une partie importante de la correspondance entre Alberoni et la cour de Parme pendant la fin de 1716 et 1717 (Arch. Nat., *Farnesiana*, 58 et 59). On en trouve la trace dans les *Négociations* de Torcy et les *Mémoires* de Saint-Simon, tomes XIII et XIV.

centraliser entre ses mains le gouvernement de la monarchie, pour lui donner plus de prospérité et plus de puissance lui paraissaient justement sa meilleure défense à Madrid et à Parme, même contre les intrigues dont la France le menaçait.

Pouvait-il à ce moment prévoir le contre-coup inattendu que devait produire sur les décisions du roi d'Espagne et de la cour de Parme, la diplomatie secrète instituée à La Haye et à Hanovre par l'abbé Dubois ? Il poursuivait en Espagne son œuvre, sans songer qu'elle serait atteinte bientôt par le *Secret du Régent*, par les efforts de ce prince pour se procurer à Londres la satisfaction de ses ambitions, la garantie des Renonciations, et la Succession éventuelle au trône de France. « Je m'efforce, écrivait-il le 21 septembre 1716 à son ami Rocca, de détourner de la Reine toutes les haines et je ne me plains pas de les voir s'attacher à moi. C'est le devoir de tout bon serviteur. Il est certain que la Reine et moi nous portons le poids de l'injustice, sans l'avoir commise. » Il ne demandait que trois ans pour rétablir en paix le commerce et les finances de l'Espagne et restituer à Philippe V et à sa femme leur autorité en Europe. « Trois ans, ajoutait-il, ce n'est pas une éternité. Pourvu qu'un accident inopiné ne vienne pas bouleverser nos mesures ! »

LIVRE III

———

CHAPITRE PREMIER

HANOVRE, ORLÉANS ET FARNÈSE

LA GUERRE A L'EMPEREUR EN SARDAIGNE

Dans la lutte engagée, vers la fin de 1716, sourdement et sous forme de complot, entre le duc d'Orléans et l'abbé Albe-roni, le ministre de Philippe V n'eut point l'initiative. Son unique tort avait été de refuser son concours à Louville, à la diplomatie secrète formée au Palais-Royal dans l'espoir chimé-rique d'obtenir le consentement du roi d'Espagne aux vues ambitieuses de son oncle sur la Succession de France. On conçoit que le duc d'Orléans et ses confidents lui en fissent un grief. Le roi d'Espagne, si discutables que fussent ses ambi-tions au trône de France, ne devait pas attendre en revanche, d'un ministre investi de confiance, une autre conduite. Et le grief qu'à son tour il eût été mieux fondé à faire valoir à la cour de France, c'était cette persistance du Régent à vouloir débau-cher ses sujets ou renverser ses ministres.

N'était-ce point assez que pour assurer ses droits au trône de France, le duc d'Orléans laissât un autre de ses confidents, l'abbé Dubois, engager à Hanovre, à La Haye et à Londres, avec l'Angleterre et les Provinces-Unies une suite de négocia-tions secrètes, aussi actives et plus solides que la diplomatie de Louville et de Saint-Aignan [1] ?

———

1. Voir notre tome Ier, *Le Secret du Régent*, livre Ier.

Lorsqu'au mois de juillet 1716 le duc d'Orléans, longtemps hésitant à se prononcer entre les Hanovre et les Stuart comme beaucoup de Français même après les traités d'Utrecht, avait décidé d'envoyer l'abbé Dubois son ancien précepteur au ministre de Georges Ier, Stanhope, et bientôt au roi hanovrien lui-même, il cédait à des conseils qui flattaient son ambition : il espérait se procurer le concours de l'Europe, à défaut du consentement de Philippe V. Cette espérance devait faire la fortune de l'abbé, aussi obscur qu'Alberoni, préoccupé en secret de percer par l'Angleterre, les whigs et le roi Georges Ier, de former une ligue européenne qui promît au duc d'Orléans le trône de France, qui enfin l'élevât lui-même au premier rang dans la politique du Royaume. En apparence l'œuvre ébauchée à Hanovre en 1716 n'avait d'autre objet que de procurer à la France, par des concessions aux puissances maritimes, une paix dont elle avait assurément besoin. En réalité la négociation préparée à Hanovre sous forme de convention secrète, conclue à La Haye par une triple alliance était tout autre. L'auteur l'a définie lui-même : « Elle assure si fort les droits de S. A. R., écrivait Dubois le 2 octobre 1716, qu'il ne sera plus possible d'y donner atteinte. Cette alliance me paraît sans prix. Si j'étais le maître de la France, j'aimerais mieux donner trente millions que de la manquer. »

Ainsi s'était formé dans l'intimité du Palais-Royal un autre Secret du Régent, réglé toujours par ses prétentions au trône de France, servi par d'autres confidents que l'intrigue espagnole, une intrigue anglaise ou plutôt hanovrienne, destinée à se développer à l'abri de la diplomatie officielle.

Les intrigues de la diplomatie secrète ressemblent aux intrigues de théâtre. Elles se croisent dans la coulisse, et se contrarient par l'âpreté des confidents ou des comédiens à s'y disputer les premiers rôles.

Tandis que pendant l'été de 1716 l'abbé Dubois négocie l'alliance anglaise avec les ministres de l'Électeur, qu'il en vante les mérites à son maître, et l'exalte « comme l'unique fondement de sa politique », Saint-Aignan de Madrid la blâme énergiquement, exagère le mécontentement des Espagnols, les progrès du parti

autrichien auprès de Philippe V pour déterminer le duc d'Orléans à ne s'occuper que de l'Espagne. Il s'indigne avec les
Grands d'Espagne enrôlés déjà dans son parti de ce rapprochement entre l'Angleterre et la France qui paraît une menace pour
les revendications du patriotisme espagnol dans la Méditerranée : « Je sais que vous traitez avec l'Angleterre, ne vous
laissez pas amuser par elle[1]. » L'émoi n'était pas moins grand à
Hanovre pour l'abbé Dubois, s'il apprenait tout d'un coup, en
septembre 1716, les pourparlers secrets entamés par Stair, l'envoyé d'Angleterre avec le duc de Noailles, avec Louville et les
confidents du Secret espagnol. Du Secret encore inachevé qu'il
avait formé avec les whigs, ministres de Georges Ier, le profit
ne lui échapperait-il pas ?

L'histoire a longtemps ignoré ces trames obscures formées
autour d'un prince ambitieux, irrésolu et sceptique, qui paralysèrent et finirent par remplacer à son profit, au préjudice de ses
confidents, la diplomatie officielle de la France. L'ambassadeur
d'Espagne à Paris, informé par les grands seigneurs qu'il fré-
quentait, en avait découvert de bonne heure à sa cour l'existence et la portée. « Les projets du duc d'Orléans et les
manèges en vue des éventualités futures, écrivait, au début de
1717, Alberoni au duc de Parme, sont trop publics pour que
Votre Altesse les ignore[2]. » Dès le mois de septembre 1716 il
avait signalé les démarches du Régent auprès des puissances maritimes aux Farnèse qui s'étaient hâtés d'envoyer à Hanovre un
agent, Claudio Ré, pour les suivre, s'en garder et en tirer peut-
être avantage[3]. Mais tout entier à l'œuvre de réorganisation
qu'il avait entreprise en Espagne, à la poursuite du chapeau de
cardinal qui devait consacrer son autorité et ses projets, Alberoni ne paraît pas alors s'être plus troublé des intrigues de
Dubois avec Stanhope que de celles de Saint-Aignan avec les
Grands d'Espagne.

---

1. Saint-Aignan à Louville, 14 octobre 1716, juin 1717 (Louville, *Mémoires*, II,
p. 220, 230 à 237).
2. Lettre d'Alberoni au duc de Parme, 1er février 1717 (Arch. Nap., *Farnesiana*,
fasc. 59).
3. Lettre d'Alberoni au duc de Parme, 4 janvier 1717 (Ibid., *ibid.*, fasc. 59).

À Plaisance, les Farnèse ne gardaient point la même indifférence. Comme le supposait Alberoni, ils avaient très vite ouvert les yeux sur l'intrigue et les voyages de l'abbé Dubois. Dès le 7 août 1716, ils savaient que le duc d'Orléans insistait pour se faire garantir par les puissances maritimes la Succession de France et promettait en retour sa garantie à la dynastie protestante en Angleterre, et aux Hollandais le maintien de la Barrière[1]. « Continuez, disaient-ils encore à l'abbé le 13 novembre 1716, à recueillir toutes les indications possibles sur la personne, les idées et les manèges du duc d'Orléans : elles nous serviront de lumière pour nous permettre de mieux prendre toutes nos mesures[2]. » Ils attendaient et observaient, se méfiant que la ligue, où pour ses intérêts le Régent venait d'entrer, ne servît en fin de compte les ambitions de l'Empereur sur l'Italie, ne fît tort à leurs espérances. Qu'adviendrait-il de la paix de l'Italie et, en cas de guerre, des destinées de leur Duché, le jour où les alliés de La Haye, whigs depuis longtemps attachés aux intérêts de Charles VI, hommes d'État hollandais et français décideraient l'Europe en faveur des Habsbourg. L'Empereur ne venait-il pas de fermer encore sa porte brutalement au diplomate Passerini que la cour de Parme avait tenté d'accréditer à Vienne? (août 1716)[3]. « Il ne faudrait pas tarder davantage à prendre des mesures pour la péninsule, pour le duché de Toscane surtout. Prenons garde, écrivait le duc à l'abbé le 12 mars 1717, qu'une surprise nous enlève les moyens de défendre les intérêts de notre État. Je crains quelque traité secret[4]. »

Les craintes des Farnèse n'étaient point chimériques. Au moment où le roi d'Angleterre allait s'engager avec le duc d'Orléans, où certains de ses ministres l'y poussaient, au mois de septembre 1716, Georges Ier n'oubliait pas les égards qu'il devait, électeur de Hanovre, à l'Empereur, ni Stanhope, chef d'un cabinet whig, les engagements anciens, renouvelés en 1716, de son parti avec la cour de Vienne. Ils avaient cherché le moyen de

1. Le duc de Parme à Alberoni, 7 août, de Colorno (ARCH. NAP., *Farnesiana*, 58).
2. Le duc de Parme à Alberoni (IBID., *Ibid.*, 58).
3. Lettre d'Alberoni à Rocca, 3 août 1716, p. 483.
4. Le duc de Parme à Alberoni, 12 mars 1717 (ARCH. NAP., *Farnesiana*, 59).

procurer la paix entre Philippe V (son ancien rival. Pour ne pas éveiller les susceptibilités du roi d'Ispagne, on ne devait lui parler ni de la Succession au trône de Fince, ni des avantages promis à l'Empereur en Italie. « Il para d'une extrême importance, avait même ajouté Dubois, que l'o ne puisse pas supposer que l'on soit disposé de ce côté-ci à dı ɔger à la moindre chose sur ce qui a été stipulé à Utrecht. Il srait très important que le roi d'Angleterre parût agir de son pr ɔre mouvement à Madrid et à Vienne : la négociation souffr ı beaucoup moins de diffi- culté du côté de l'Espagne, lorsqul paraîtra que la France n'y a point de part[1]. »

Les Bourbons d'Espagne étaientılors représentés à La Haye par un diplomate parmesan qu'Aleroni avait, pour plaire au duc de Parme, fait envoyer en H lande, Beretti-Landi. Actif et intelligent, cet homme d'État ıvait pas ménagé sa peine pour procurer à l'Espagne l'amit. des puissances maritimes. Et jamais, malgré le rapprocheme qui s'était opéré entre les puissances et l'Empereur, il n'avit voulu désespérer d'une entente entre la monarchie de Phi ɔpe V, l'Angleterre et sur- tout les Provinces-Unies[2]. En vaiı Alberoni lui avait-il intimé l'ordre de faire savoir au grand ɔnsionnaire (janvier 1717), qu'à lɔ moindre négociation des Pıvinces-Unies avec l'Empe- reɪ ɔnnemi, le roi d'Espagne anifesterait son indignation eı ɔnt aussitôt. Beretti avt atténué à dessein le mes- sag les mɔ ɔ négcıer avec les hommes d'État anglaı

Lorsu ɔ, revenant de Hanovre ɔn Angleı ɔeut garde de taire à ɔretti-Lanɔ ɔıuɔ ɔion que les alliés nt adressɔ eı ɔne. Pour entrer

ɔ du Régo roni à li avaı avec ɔre 17 ıs le ɔnt iɔ ɔmet daıɔ ɔɔ eı ɔ ɔ ires servir les Habsbourg en se rapprochant des Bourbons : l'offre préparée dès le mois de septembre 1716, présentée en décembre aux Impériaux, de leur donner la Sicile au lieu de la Sardaigne, pourvu que Charles VI laissât l'Espagne à Philippe V et qu'il promît la France au duc d'Orléans. Combinaison à coup sûr ingénieuse et susceptible de réussir, puisqu'elle pouvait satisfaire les puissances qui disposaient de l'Europe, la France, l'Angleterre, l'Empereur, et même l'Espagne tentée peut-être par la promesse faite au fils d'Élisabeth Farnèse de l'héritage de Parme et de Plaisance.

Ce remaniement de territoires italiens ne devait après tout faire de victimes qu'en Italie : le duc de Savoie averti dès le 5 décembre 1716 du plan formé contre lui à La Haye, les Farnèse inquiets des progrès menaçants de la puissance impériale. Pour juger ce programme qui devait avoir sur les destinés de l'Europe et de l'Espagne une influence décisive, il ne faut point oublier qu'il a précédé la convention de Hanovre et l'alliance de La Haye. L'échange de la Sardaigne et de la Sicile figurait déjà secrètement parmi les articles de la coalition renouvelée à Westminster, en juin 1716, par les ministres whigs avec l'Empereur. Quand ces mêmes ministres négocièrent à Hanovre avec l'abbé Dubois, soi-disant pour le bien de la paix, ils se réservaient d'avance le droit de régler cette paix sur les prétentions ambitieuses de l'Autriche, et de modifier, deux ans à peine après les traités d'Utrecht, les conditions territoriales péniblement imposées à l'Italie par ces traités.

Singulière confirmation, on doit l'avouer, de la paix d'Utrecht qu'un plan formé pour arracher le consentement de l'Europe aux conditions renouvelées de la Grande Alliance de 1701 entre les Habsbourg, les whigs et la Hollande ! Et ce n'était rien moins cependant que ce qui se préparait au printemps de 1717, à la suite de l'entente établie par le Régent de France et l'Électeur de Hanovre pour le succès de leurs ambitions particulières [1].

L'Espagne et les Farnèse ne furent officiellement informés par les auteurs du complot d'abord que des offres destinées à

1. Voir notre tome Ier, *Le Secret du Régent*, p. 195 et suivantes.

procurer la paix entre Philippe V et son ancien rival. Pour ne pas
éveiller les susceptibilités du roi d'Espagne, on ne devait lui parler
ni de la Succession au trône de France, ni des avantages promis
à l'Empereur en Italie. « Il paraît d'une extrême importance,
avait même ajouté Dubois, que l'on ne puisse pas supposer que
l'on soit disposé de ce côté-ci à déroger à la moindre chose sur
ce qui a été stipulé à Utrecht. Il serait très important que le roi
d'Angleterre parût agir de son propre mouvement à Madrid et
à Vienne : la négociation souffrira beaucoup moins de difficulté du côté de l'Espagne, lorsqu'il paraîtra que la France n'y
a point de part[1]. »

Les Bourbons d'Espagne étaient alors représentés à La Haye
par un diplomate parmesan qu'Alberoni avait, pour plaire au
duc de Parme, fait envoyer en Hollande, Beretti-Landi. Actif
et intelligent, cet homme d'État n'avait pas ménagé sa peine
pour procurer à l'Espagne l'amitié des puissances maritimes.
Et jamais, malgré le rapprochement qui s'était opéré entre les
puissances et l'Empereur, il n'avait voulu désespérer d'une
entente entre la monarchie de Philippe V, l'Angleterre et surtout les Provinces-Unies[2]. En vain Alberoni lui avait-il intimé
l'ordre de faire savoir au grand pensionnaire (janvier 1717),
qu'à la moindre négociation des Provinces-Unies avec l'Empereur, son ennemi, le roi d'Espagne manifesterait son indignation
en le rappelant aussitôt. Beretti avait atténué à dessein le message, et gardé les moyens de négocier avec les hommes d'État
anglais et hollandais[3].

Lorsque le 15 janvier 1717 Stanhope, revenant de Hanovre
en Angleterre, passa par La Haye, il n'eut garde de taire à
Beretti-Landi les propositions de médiation que les alliés
allaient adresser à l'Empereur et au roi d'Espagne. Pour entrer

1. *Le Secret du Régent*, p. 196.
2. Beretti-Landi avait été nommé à La Haye en mai 1716 (lettres d'Alberoni à
Rocca, 18 novembre 1715, 18 mai 1716). Sa correspondance de Hollande avec
Alberoni régulièrement interceptée par les postes françaises et passée dans le
Recueil de Torcy, puis dans les *Mémoires* de Saint-Simon, t. XIII et XIV permet
de connaître sa politique et ses jugements.
3. Torcy, *Négociations*, I, f⁰ˢ 819 à 822; 855 à 857. — Saint-Simon, *Mémoires*
(éd. Chéruel), XIII p 210 et p. 21.

en matière et lancer son projet, il avait pris prétexte du bruit qui courait dans les chancelleries d'une médiation déjà offerte aux souverains catholiques par le Pape et acceptée, disait-on, par l'Espagne : « On prendrait, avait-il ajouté, des mesures pour les États de Parme et la Toscane[1]. » Ce premier entretien fut confirmé la semaine suivante par une lettre que Stanhope écrivit directement à l'abbé, par de nouvelles ouvertures adressées à l'envoyé d'Espagne en Angleterre, le comte de Monteleone. C'était évidemment de Beretti-Landi que Stanhope attendait le succès de sa négociation[2]. Avant la fin de janvier 1717, il l'invita à une conférence qu'il voulait instituer le plus tôt possible à Londres avec l'abbé Dubois, Pentenridter, ministre de Charles VI, pour le règlement des dernières difficultés pendantes entre l'Espagne et l'Empereur. Malgré tout son désir de jouer le grand rôle qui lui était offert, le ministre d'Espagne prit les ordres d'Alberoni, souverain maître en vérité, depuis la retraite de del Giudice, de la politique espagnole.

Pour la première fois ainsi, les desseins d'Alberoni se rencontrèrent avec l'intrigue formée à Hanovre par l'abbé Dubois. Les offres de Stanhope étaient sans doute inférieures à celles que le duc d'Orléans et son conseiller auraient voulu présenter à Madrid, pour gagner le roi d'Espagne à leurs projets. Ils avaient l'un et l'autre insisté auprès de l'Angleterre pour procurer à Philippe V mieux que l'héritage de Parme, la Sardaigne, si l'Empereur obtenait la Sicile[3]. La politique du moins qui avait déterminé ces offres, le remaniement des traités d'Utrecht, conforme aux ambitions de l'Empereur sur l'Italie et capable d'entraîner son adhésion aux ambitions du duc d'Orléans, l'extension du pacte de Hanovre aux cabinets de Vienne et de Madrid, constituaient bien déjà le programme d'action du Palais-Royal. Si par prudence Dubois se taisait encore, c'était en son

---

1. Torcy, *Négociations*, II, fᵒˢ 9 à 11. — Saint-Simon, XIII, 299, d'après des dépêches de Beretti. — Lettre d'Alberoni à Rocca, février 1717, p. 520.

2. Torcy, *Négociations*, II, fᵒˢ 185 à 188. — Saint Simon, *Mémoires*, XIII, p. 333. — Lettre d'Alberoni au duc de Parme, 8 février 1717 (Arch Nap., *Farnesiana*, 59).

3. A. Étr., *Ang.*, t. 300, fᵒ 323. — Voir notre premier volume, *Le Secret du Régent*, p. 184 et suivantes.

nom et d'accord avec lui que les ministres anglais avaient pris la parole, en Autriche, en Espagne.

Il importe, pour juger la suite de cette première rencontre entre ces deux hommes, l'un et l'autre parvenus, à la grande colère de Saint-Simon, par des moyens obscurs aux premiers emplois de France et d'Espagne, d'examiner au printemps de 1717 la politique, de rechercher même, s'il est possible, les intentions d'Alberoni. De négociations d'Alberoni, à cette époque il n'y en eut pour ainsi dire pas [1]. S'il continuait volontiers ses prévenances envers les envoyés d'Angleterre et de Hollande à Madrid, Bubb et Riperda, ces témoignages d'amitié ne préparaient alors aucune entente précise. L'abbé accueillait avec sympathie l'abbé del Maro, l'envoyé que le roi de Sicile, ému des menaces de l'Empereur, lui adressait pour solliciter son concours ; mais il était bien résolu à ne pas écouter les sollicitations d'un prince « habitué à tirer les marrons du feu avec la patte du chat [2] ». Le pape Clément XI avait-il manifesté le désir de réconcilier Philippe V et l'Empereur : pour plaire au pape et marquer ses intentions pacifiques, Alberoni, qui briguait d'ailleurs le chapeau de cardinal, permit une tentative d'un grand seigneur romain, frère du nonce à Madrid, le comte Aldovrandi, auprès de la cour de Vienne, mais sans y croire et sans y tenir. La seule entreprise que l'on suivît alors à Madrid avec la cour de Parme, le seul désir qu'on y eût, c'était de soustraire à l'Empereur l'alliance et le concours des Hollandais.

Toutes les lettres écrites par Alberoni à la cour de Parme, à ses collaborateurs de Londres et de La Haye, à ses amis de Plaisance nous ont été conservées. Pas une ne contient la moindre trace d'un programme d'action extérieure. Et toutes nous montrent le premier ministre espagnol passionnément occupé à réorganiser les finances, les flottes de la monarchie,

---

1. Voir la lettre d'Alberoni au duc de Parme, 15 décembre 1716. « Sa Majesté est fort calme en présence des ligues qui se forment. Le roi catholique fait des galanteries comme une jolie femme. Il promet à chacun, bien décidé à ne rien accorder à personne. Cette conduite est nécessaire pour tendre au mieux et le conserver (Arch. Nap., *Farnesiana*, fasc. 58).

2. Torcy, *Négociations*, II, f°ˢ 202, 204. — Saint-Simon, XIII, p. 339, 340, d'après une lettre d'Alberoni à Monteleone.

indifférent en proportion aux manèges des cabinets européens, exclusivement dévoué à la tâche écrasante qu'il s'était imposée et déjà trop lourde pour ses seules forces, au relèvement de l'Espagne. « Il n'y a que trois ou quatre années de paix à désirer pour donner à la nation le loisir de respirer », écrivait-il alors, aussi bien à Beretti-Landi qu'à son ami le comte Rocca.

Si les auteurs de la Convention de La Haye avaient eu le même souci qu'Alberoni de la paix européenne, ils n'auraient point songé à mettre en discussion des questions qui, sans leur intervention, ne se fussent point posées. Alberoni parut surpris d'abord des offres de Stanhope : pourquoi demandait-on au roi d'Espagne une confirmation des traités d'Utrecht? Philippe V était tout disposé à concourir à ce qui pouvait maintenir l'équilibre en Europe. Il l'avait toujours dit et le prouvait par les soins qu'il donnait à la réorganisation pacifique de son royaume. Mais il avait le droit de demander aux négociateurs de la Triple Alliance plus de franchise et plus de précision. L'ordre fut donné à Beretti-Landi de répondre à des propositions vagues par des déclarations générales et des protestations sans portée : « Vedremo che dirà milord Stanhope », écrivait Alberoni au duc de Parme. Il attendait sans s'émouvoir [1].

Mais déjà plus que lui, les Farnèse à Plaisance, comme le roi de Sicile à Turin, s'inquiétaient des encouragements donnés par les puissances maritimes et le Régent aux Habsbourg et à leurs ambitions. Quel serait le sort des princes italiens, si l'Europe s'accordait plus que jamais à mettre la péninsule à la discrétion de l'Autriche [2]? Demain alors, on verrait la Sicile, après-demain la Toscane et le duché de Parme même abandonnés aux Allemands. Etait-ce donc pour se voir réduits à cet état misérable que les Farnèse avaient recherché, ménagé l'amitié des Bourbons et fait de leur nièce une reine d'Espagne? Ils reprochèrent à l'abbé, leur créature jusque-là docile, son indifférence ; le

---

1. Lettre de Bubb à Methuen, 12 avril 1717, dans Coxe, *Bourbons d'Espagne*, II, p. 323. — Lettre d'Alberoni au duc de Parme, 12 avril (Arch. Nap., *Farnesiana*, 59). — Torcy, *Négociations*, II, f° 107, et Saint-Simon (éd. Chéruel), XIII, p. 316.

2. Lettres du duc de Parme à Alberoni et réponses d'Alberoni (Arch. Nap., *Farnesiana*, 59).

5 février 1717 ils l'accusèrent presque d'infidélité : « Jamais, leur répondait Alberoni, le 4 mars 1717, la cour d'Espagne n'entrera dans des ligues avec l'Empereur sans que le duc en soit aussi averti. C'est un bruit que font courir les Français sans qu'on sache pourquoi. » Cette lettre d'excuses, précieuse à plus d'un titre, laisse juger dans quelle dépendance étroite la politique espagnole et son chef demeuraient, à cette heure décisive, de la diplomatie parmesane. Lorsque un peu plus tard, en mars 1717, Stanhope fit connaître à Madrid par Beretti-Landi et par Bubb les intentions des médiateurs, quand Alberoni alors s'expliqua, quoi d'étonnant à ce que les sûretés exigées par les Farnèse en Italie fissent le thème essentiel de sa réponse? « Point de réconciliation avec l'Empereur, tant que la succession de la Toscane ne lui sera pas interdite, tant que Charles VI restera le maître de l'Italie et de Mantoue[1]. » Comme préliminaire il chargeait Beretti-Landi d'exiger formellement le départ de la garnison autrichienne de Mantoue, et le droit réciproque pour Philippe V d'établir à Plaisance une garnison espagnole, capable de veiller sur les duchés et la Toscane. Sans rompre la négociation, Alberoni fit savoir à la fois à Londres et à Parme le prix que Philippe V entendait mettre à son accommodement avec Charles VI en Italie. Les intérêts et la politique des Farnèse ne devaient pas plus que l'indépendance de la péninsule être sacrifiés, par l'Europe aux Habsbourg.

On a pu discuter, et les contemporains ne s'en sont pas fait faute, si pour Philippe V et pour l'Espagne il n'eût pas mieux valu se résigner à l'inévitable et obtenir au moins la Renonciation définitive de Charles VI au trône de ses ancêtres, avec une paix durable. Mais faut-il s'étonner que les princes italiens, livrés par l'Europe aux desseins et aux entreprises de Charles VI, que les Farnèse surtout menacés dans leur indépendance et leurs espérances aient cherché leur défense auprès d'une Reine et d'un ministre qui disposaient à leur profit de la puissance à Madrid? Ce qu'on néglige trop, pour juger Alberoni et les Far-

1. Voir la précédente note et Torcy, *Négociations*, II, 200, dans Saint-Simon (éd. Chéruel), XIII, p. 338, d'après la dépêche d'Alberoni à la cour de Parme d'avril 1717.

nèse eux-mêmes, c'est la portée réelle de la politique impériale, ce sont ses provocations constantes, aux Pays-Bas, en Italie, en Allemagne, ses allures conquérantes et hautaines, ses prétentions intransigeantes, encouragées par les victoires du prince Eugène sur les Turcs et par les complaisances de l'Électeur de Hanovre et du Régent. Alberoni n'avait-il pas raison de demander « qu'il y eût une balance en Europe » ?

Le 27 mai 1717, un fonctionnaire de la cour d'Espagne, Don José Molinez, nommé grand inquisiteur d'Espagne après del Giudice, était subitement arrêté à Milan par le gouverneur impérial Lœwenstein, malgré son âge et sa dignité. S'il avait fait route par le Milanais, c'était pour éviter un voyage par mer, pénible pour un vieillard de quatre-vingts ans, et sans autre dessein que de venir à Madrid exercer sa fonction. C'était aussi avec toutes les précautions voulues : le cardinal Paulucci lui avait remis un sauf-conduit pontifical visé et confirmé par le chargé d'affaires autrichien, le cardinal de Schulembourg. De toutes manières, Molinez se trouvait en règle, quand le lieutenant de l'Empereur le fit jeter à la prison de Colmenero, où bientôt il mourut. Cette mesure brutale demeura sans excuse, comme elle paraissait sans motif. Les Impériaux avaient-ils cherché une revanche sur le prélat qui, longtemps chargé des affaires d'Espagne à Rome, n'avait jamais désarmé devant leurs prétentions et leurs menaces? Ou bien leur convenait-il de traiter l'Italie en pays conquis[1]?

En tout cas, si l'injure n'était pas voulue, elle n'atteignait pas moins directement le roi d'Espagne. Et l'on comprend, à la première nouvelle de l'incident, l'emportement de sa colère. Il communiqua à Alberoni la lettre qu'il avait reçue à l'Escurial de son envoyé de Gênes, le marquis de Saint-Philippe, plus chatouilleux encore sur l'honneur du Roi et de l'Espagne. Une telle insulte pouvait-elle être tolérée?

« Il le faudrait bien, répliqua froidement Alberoni, si l'on ne

---

1. Pour l'incident de Molinez, l'un des récits les plus sûrs et impartiaux est celui de Torcy, *Négociations*, II, 415 (Saint-Simon, XIII, p. 69). — On a douté de la modération d'Alberoni que Torcy, mieux renseigné, affirmait alors déjà (Torcy, II, 415, 419, 426 ; Saint-Simon, XIII). — Voir Lemontey, I, 135 et Weber, *Die Quadrupel Allianz*, p. 90.

jugeait pas opportune une guerre avec l'Empereur. » Et son avis immédiat fut qu'elle ne l'était point. L'avis déplut au Roi, qui décida de consulter le duc de Popoli, gouverneur de Madrid. Un exprès partit de l'Escurial sur-le-champ : et le 10 juin, il rapportait la réponse de Popoli conforme aux désirs de vengeance de Philippe V. Courtisan et général, l'ancien ami d'Alberoni n'hésitait pas à lui donner tort quand il s'agissait de l'honneur du Roi : la guerre, et la guerre tout de suite, en Sardaigne, en Sicile, à Naples : des hommes, des vaisseaux, on en avait, on en trouverait. « Qu'on se mît entre les mains de la Providence dont les voies dépassent l'entendement humain. »

« Je n'ai pas le courage, écrivait Alberoni, le 12 juin, de l'Escurial dans une lettre à Popoli qui nous a été conservée, de dire ni de penser avec Votre Excellence qu'il faille s'abandonner nonobstant à la Providence. Il ne me paraît pas que nous soyons en état d'opposer la force à la force. J'ai dit tout cela à leurs Majestés dès les premiers mots qu'elles me firent l'honneur de m'adresser sur cette matière, et je serais très content, quand même l'affaire réussirait de la manière la plus heureuse, que tout le monde sût que mon très court entendement ne l'avait pas approuvée [1]. »

Contre les provocations de l'Empereur, contre les colères de Philippe V et les suggestions intéressées des courtisans, l'abbé, surpris en plein travail de réorganisation, défendait son œuvre pied à pied. Le bon sens, la raillerie, le calcul et l'éloquence même, il employa toutes ses ressources à convaincre Popoli ; il l'adjura comme aux heures décisives où le grand seigneur avait rétabli après la mort de Vendôme sa fortune ébranlée : « Allait-on faire croire aux gens qu'une poignée d'Italiens follement passionnés pour leur pays avaient poussé ces souverains, jeunes, innocents, au dernier degré de leur ruine, et l'Espagne à sa perte totale. » Le 13 juin, Popoli était revenu à des idées pacifiques.

---

1. La lettre à Popoli a été publiée en appendice par Rousset, *Storia del Cardinale Alberoni*, Amsterdam 1720 (Appendice, p. 131) et déjà discutée par Saint-Philippe (*Mémoires*, III, p. 197), qui prétend qu'Alberoni a voulu donner le change à l'opinion.

Par malheur, il y avait auprès du Roi des courtisans intéressés à lui plaire, en desservant Alberoni. Le secrétaire d'État Grimaldo, le confesseur Daubenton révélèrent à Philippe V l'influence exercée par l'abbé sur le duc de Popoli à son insu, contre ses ordres. Ils lui montrèrent la lettre authentique d'Alberoni, et ce fut de Daubenton lui-même envoyé et autorisé par le Roi que le premier ministre apprit, le 12 juin, les reproches du maître, comme sa décision obstinée de faire la guerre, avec ou sans lui, s'il résistait.

Ce récit de la crise déterminée dans l'entourage du roi d'Espagne par la violence imprévue des Autrichiens est celui qu'Alberoni, la mémoire toute fraîche encore des incidents funestes à sa politique et à sa fortune, les mains pleines des documents de cette histoire, fit le 28 mars 1720 aux cardinaux Paulucci et Gualterio[1].

S'il a paru véridique à certains historiens, il ne s'est point cependant imposé à l'histoire prévenue d'une manière générale contre la sincérité de l'abbé italien. Lemontey après Saint-Simon, et M. Baudrillart après Lemontey l'ont jugé et écarté comme une apologie intéressée, inventée par le cardinal pour les besoins de sa cause, quand cette cause eut été perdue par sa faute, par cette guerre maladroitement engagée. Les griefs et l'explication formulés par les adversaires d'Alberoni ont prévalu :

« Chez Philippe V, les saillies d'un esprit malade n'étaient que les inspirations d'Alberoni... Des négociations incohérentes entamées par ses agents à la fois avec tous les cabinets étaient destinées à masquer un plan diffus et gigantesque. Alberoni croyait aussi facile de créer le chaos en Europe que l'ordre en Espagne... La guerre se forgeait à Madrid : un prétexte manquait pour rompre la trêve d'Utrecht avec décence. Le gouvernement autrichien le fournit[2]...

---

1. Ce document a été plusieurs fois indiqué par Rousset au xviiiᵉ siècle, réédité par l'abbé Bersani, *Storia del Cardinal Alberoni*. Les documents les plus complets d'ailleurs sont ceux que M. Wiesener a publiés en partie, le recueil des papiers justificatifs d'Alberoni ajoutés au mémoire qu'il avait rédigé pour le pape Clément XI et pour ses avocats auprès de lui (BRITISH MUSEUM : *Gualterio's Papers : Additional Manuscripts*, n° 20495). — Voir Wiesener, *Le Régent, l'abbé Dubois*, II, p. 92, qui conclut qu'Alberoni ne voulut pas cette entreprise.

2. Lemontey, *Histoire de la Régence*, I, p. 126 et 134.

« La flotte préparée avec fièvre par l'abbé dans les ports espagnols, sous les apparences d'une croisade contre les Turcs agréable au pape Clément XI dont il attendait son chapeau de cardinal, n'avait jamais été en réalité destinée qu'à une entreprise sur l'Italie. Il suffit, le moment venu, de l'employer à son véritable objet. Mais l'habile Italien attendit pour se démasquer le jour où Clément XI, satisfait des avantages accordés en Espagne le 14 juin au Saint-Siège, trompé par les préparatifs de l'expédition prochaine eût tenu le consistoire désiré. Jusque-là, il parut insensible aux provocations de l'Autriche et résolument pacifique. Le chapeau de cardinal fut accordé le 12 juillet aux vœux de la cour d'Espagne, aux instances des Farnèse. L'ancien sonneur de la cathédrale de Plaisance devenait prince de l'Église romaine. Le lendemain, il ordonnait contre l'Autriche le branle-bas de combat. La flotte espagnole cinglait vers la Sardaigne. »

De ces manèges, soi-disant concertés par Alberoni pour renouveler la guerre dans la Méditerranée, Torcy, l'ancien ministre de Louis XIV, dont les informations dérobées par le secret des postes ont inspiré largement Saint-Simon, a cru trouver la preuve dans les lettres échangées alors entre Alberoni et la cour de Parme. « Il y a lieu de croire que le duc de Parme était instruit fidèlement par Alberoni de l'usage que le roi d'Espagne voulait faire de sa flotte. Il y avait alors de fréquents courriers entre Parme et Madrid [1]. » L'espionnage de Torcy, sur ce point essentiel, l'a mal servi. Loin de justifier les soupçons et les accusations de duplicité, familières aux adversaires d'Alberoni, la correspondance de l'abbé avec les Farnèse, intégralement conservée aux Archives de Naples, éclaire sa conduite et ses intentions au lendemain de l'attentat autrichien, établit les responsabilités de ses maîtres et les siennes, confirme sa justification et son récit.

Ce fut de Plaisance que la nouvelle de l'arrestation de Molinez parvint à Alberoni et par une lettre du duc de Parme, du 27 mai, arrivée dans la nuit du 7 juin à l'Escurial. Cette lettre était en

---

1. Torcy, *Négociations*, II, f° 466. — Saint-Simon, *Mémoires*, XIV, p. 80, fin avril 1717.

deux parties, l'une ostensible et l'autre chiffrée et secrète :
« Vous savez, disait d'abord le duc à son fidèle serviteur, de
façon à tromper le public sur ses desseins, par quels motifs que
vous-même êtes en mesure d'apprécier, nous n'avons pas cru
convenable d'employer cet incident à une entreprise directe sur
l'Italie. » Son langage intime, secret, était tout différent : « Cet
incident de Mgr Molinez doit vous faire comprendre comment
se pratique la neutralité de l'Italie et quelles peuvent être les
intentions secrètes de l'Empereur. A vous de considérer s'il n'y
aurait pas là une occasion bien opportune de faire partir pour
Gênes la flotte et de répondre à ces provocations par des
marques effectives de ressentiment. Sans doute une telle affaire
demande bien des réflexions : nous nous en remettons à votre
prudence[1]. »

Quand cette lettre partit de Gênes par les soins du marquis
de Saint-Philippe, gagné sans doute avant tout autre à la politique agressive des Farnèse, personne à Madrid, ni le Roi, ni
la Reine, ni Alberoni ne soupçonnaient l'incident Molinez. Déjà
cependant le plan d'action dont il fut le prétexte était arrêté,
escompté à la cour de Parme. Les précautions même que le duc
prit dès ce moment pour détourner les soupçons, pour s'épargner
les responsabilités, devaient servir cette diplomatie dont l'Espagne en définitive ne fut avec Alberoni que l'instrument. Le
Secret des Farnèse, en cette crise décisive, a échappé à l'histoire.

Alberoni en a porté le poids, sans avoir eu l'initiative. Il
n'avait point encore envisagé avec les souverains espagnols ni
l'incident à peine connu à Madrid, ni ses suites, que le 8 juin il
adressait à Parme sa réponse, expression sûrement fidèle
celle-là, parce que spontanée, de ses véritables sentiments. Le
ton n'était pas d'un homme d'État servi dans ses calculs et ses
ambitions par l'attentat de l'Autriche ou par la perspective d'une
guerre. « J'ai reçu de Gênes au milieu de la nuit le courrier
de Saint-Philippe et votre lettre. L'attentat est barbare, mais

---

1. Le duc de Parme à Alberoni, 27 mai 1717 Ancn. Nar., *Farnesiana*, 591.
Dans les *Négociations* de Torcy. II, 498 Saint-Simon. XIV, 133) on trouve une
allusion à la partie ouverte de la dépêche, toute différente de la partie chiffrée.
— Lettre d'Alberoni à Rocca, 12 juillet 1717, p. 547.

aussi quelle folie, cette conduite de ce misérable Molinez,
d'aller traverser l'État de Milan ! Le voilà bien cet homme qui a
passé auprès de ce peuple pour un oracle, alors que dans tout
son ministère il s'était fait remarquer par des extravagances de
ce genre et des fautes absolues contre la règle, le bon sens et
l'ordre [1] ! » Le premier cri de l'abbé, c'est un cri de surprise et de
colère : « Que diable allait faire Molinez dans cette galère ? »
Comme le personnage de la comédie, le premier ministre se
refuse d'abord énergiquement à payer les frais de l'aventure.

Aux sollicitations des Farnèse il réplique, en des termes qui
ne peuvent laisser aucun doute sur sa volonté d'abord arrêtée
d'employer la flotte à une croisade, et non à une entreprise
italienne : « Qu'on en vienne à l'idée que vous suggérez de
marquer par l'envoi d'une escadre le ressentiment du Roi, il
faudra donc abandonner l'entreprise du Levant. Cela ferait un
bien vilain effet dans le monde : nous aurions l'air d'avoir fait
cet armement comme un prétexte [2]. »

Et six jours plus tard, le 14 juin, après tous les débats de l'incident dans les conseils du Roi, malgré l'insistance de Philippe V, de ses ministres, du confesseur, voici ce qu'Alberoni,
réflexion faite, à bout de résistance et d'arguments écrivait à
Parme : « Pour l'amour de Dieu, que Votre Altesse Sérénissime se
garde bien de donner à l'Empereur la moindre ombre de prétexte
à querelles et le plus léger motif de mal faire. Car je le sais de
source sûre : il s'ingénie à en trouver [3]. »

Le 9 juillet enfin, l'abbé se décidait à la guerre : trois jours
avant sa promotion au cardinalat et quinze jours au moins avant
d'avoir pu en recevoir la nouvelle. Il avait résisté un mois à la
pression de la cour d'Espagne. Il n'avait pu fléchir les exigences
des Farnèse. Pour le duc de Parme, la première lettre du 27 mai
n'avait été qu'une entrée en matière, celle qui suivit bien vite,
allait être, le 2 juillet, plus explicite et plus formelle : « Vous ne

---

1. Lettre d'Alberoni au duc de Parme, 8 juin 1717 (Arch. Nap., Farnesiana, 59).
Le texte de cette lettre a été très certainement connu de Torcy, Négociations,
II, f° 477, dans Saint-Simon, XIV, p. 125.

2. Ibid.

3. Lettre d'Alberoni au duc de Parme, Escurial, 14 juin 1717 (Arch. Nap., Farnesiana, 59).

devez pas abandonner l'Italie à vos ennemis : elle leur servirait à mettre en branle une guerre trop longue, trop périlleuse pour la monarchie espagnole qui ne connaîtra plus aucune tranquillité si l'on ne prend à temps les remèdes les plus énergiques. Un remords tardif ne servira de rien : des ordres étroits sont arrivés de Vienne au sujet de la Toscane et il se pourrait que la famille du Pape fût intéressée par l'Autriche à un règlement où figurerait pour les Albani la promesse d'une principauté en Toscane [1]. » Il n'est pas difficile de présumer l'effet produit à Madrid, par ces appels et ces menaces, sur l'esprit ambitieux d'Élisabeth Farnèse, sur l'orgueil de Philippe V.

Mais c'était Alberoni, qu'il fallait convaincre et décider : « Vous n'avez pas tort de penser qu'il ne faut pas détourner de l'entreprise du Levant l'escadre destinée au secours de la flotte chrétienne, que le monde catholique vous en ferait un trop grave reproche. Et pourtant il nous semble qu'on ne peut laisser passer, sans protestations, l'injuste arrestation de Mgr Molinez contraire à la neutralité de l'Italie, au droit des gens, faite pour ne point laisser ignorer les prétentions de l'Empereur à la domination de l'Italie. Le voilà qui se prépare à occuper la Toscane, un autre domaine, et si considérable, de l'Italie, à se rendre maître de Livourne dont il tirera une puissance invincible dans la Méditerranée. Vous savez assez les autres conséquences, et vous pouvez comprendre ce qu'une entreprise si importante exige de fortes et urgentes précautions [2]. »

Après ce plaidoyer pressant, le duc de Parme avait dû être satisfait, cette fois, de la docilité de son envoyé à Madrid.

Premier ministre d'Espagne et bientôt cardinal, Alberoni n'oublia pas qu'il avait grandi par les Farnèse et pour eux. Ni ses convictions personnelles, ni le souci de son œuvre menacée, ni la crainte d'une lourde entreprise ne devaient prévaloir sur les avis de la cour de Parme, sur ses appels et ses ordres : « Je n'ai rien à ajouter, écrivait-il le 9 juillet, avec une certaine tristesse,

---

1. Lettre du duc de Parme à Alberoni, 2 juillet (Arch. Nap., *Farnesiana*, 59).

2. Ibid., *ibid*. Le texte a été connu par Torcy, incomplètement, *Négociations*, II, f** 498 à 500; dans Saint-Simon, XIV, 133.

à mes lettres précédentes : j'obéirai à ce que Votre Altesse Sérénissime m'ordonne [1]. »

Et le même jour, le 9 juillet, un billet chiffré sans signature, qui parvint à Parme le 23 juillet, y porta la nouvelle de la décision prise enfin au Pardo entre Alberoni, Élisabeth Farnèse et Philippe V : « l'escadre que vous savez partira le 17 courant de Barcelone pour la conquête de Sardaigne : on a jugé cette île plus facile à conserver. C'est l'unique motif pour lequel on a renoncé à l'entreprise de Naples. Ce sera un prétexte pour l'Empereur de faire la paix avec les Turcs et de porter toutes ses forces en Italie. On vous recommande le secret [2] ». Le même courrier passant par Gênes portait au marquis de Saint-Philippe les instructions du Roi, la même nouvelle et la même consigne de secret absolu. Saint-Philippe était originaire de Sardaigne; il connaissait le pays et ses habitants; il avait conseillé hardiment l'entreprise : à lui d'être le guide des armées espagnoles et l'organisateur de la conquête. Alberoni et l'Espagne agissaient.

Ainsi, le duc de Parme n'était point encore au terme de ses vœux, ni de ses instances. Dès qu'il reçut l'avis de l'expédition de Sardaigne, il n'y voulut voir qu'un demi-succès pour sa politique, une première étape de la grande entreprise espagnole. Dès le 23 juillet il demandait mieux ; il ordonnait plus à Alberoni dont la docilité l'encourageait : après la Sardaigne, la Sicile et Naples. « Je vais vous donner écrivait-il, des lumières qui me viennent sur ce pays. » Aussi habile d'ailleurs à dissimuler ses avis qu'impatient de les imposer, il ajoutait : « Je vous les enverrai par la voie de Gênes et dès mardi matin, dans une lettre qui partira datée de Naples et signée d'un nom emprunté. Le nom sera *Gennaro Felicioni* [3]. » Il n'est pas étonnant que tant de précautions aient détourné de la cour de Parme sur Alberoni les soupçons de l'Europe.

1. Lettre d'Alberoni au duc de Parme, 9 juillet, du Pardo (ARCH. NAP., *Farnesiana*, fasc. 59).

2. Billet sans signature, mais d'Alberoni, conservé dans la minute d'une lettre du duc écrite le 23 juillet 1717 (ARCH. NAP., *Farnesiana*, fasc. 59).

3. Lettre du duc de Parme à Alberoni, 23 juillet 1717. La première lettre de *Gennaro Felicioni* est du 25 juillet.

Un dernier détail de cette correspondance, plus que tout autre peut-être, me paraît de nature à établir la docilité de l'abbé envers ses anciens maîtres. Au moment où l'Europe se déchaîna contre l'entreprise de Sardaigne et contre le cardinal, le duc de Parme n'hésita point à solliciter de Madrid une lettre ostensible, destinée à prouver que les Farnèse n'avaient eu aucun avis de « l'affaire, avant son éclat, qu'on devait l'attribuer à l'Espagne seule irritée des infractions à la neutralité de l'Italie. » Dix jours après, le duc avait en mains et pouvait montrer fièrement aux cabinets européens, au Pape surtout le certificat d'innocence délivré par son fidèle serviteur [1]. « Nous sommes plus que sûrs que le changement de résolution pris par Sa Majesté d'employer contre l'Archiduc l'armée destinée au Levant aura surpris Votre Altesse Sérénissime empressée comme le Saint-Siège à solliciter l'intervention de l'Espagne contre les Turcs. »

Si l'entreprise dirigée par Alberoni contre l'Autriche a paru aussi inexplicable que sa fortune, c'est que l'une et l'autre s'expliquent par le même motif ignoré et négligé : son rôle au service de la diplomatie des Farnèse, dont il fut toujours l'agent heureux, complaisant, empressé, et définitivement malheureux. Dans le plus grand éclat de son ministère, son pouvoir et son œuvre en Espagne demeurèrent, subordonnés aux ordres et à la politique de la cour de Parme. De toutes les preuves qu'il a données à ses maîtres italiens de sa reconnaissance et de son zèle, il n'en est pas de plus éloquente.

Sans doute la présence et l'autorité d'Élisabeth Farnèse à Madrid répondaient au duc de Parme du dévouement, de la docilité de l'homme que sa volonté avait placé à la tête de la monarchie espagnole. Mais toute une existence comme celle d'Alberoni, obstinément fidèle à l'Etat qui l'employait depuis trente ans, à l'Italie, aux amis et aux maîtres qu'à Parme il avait appris à aimer et à servir, suffisaient à répondre de lui à l'heure des sacrifices décisifs. Sous les apparences d'une vie singulièrement vagabonde et agitée, faite de prodigieux succès et de revers retentissants, la trame très simple de cette carrière qui étonne

---

1. Lettre d'Alberoni au duc de Parme, du Pardo, 27 août 1717 (Arch. Nap., *Farnesiana*, fasc. 59).

se trouva au demeurant formée par les entreprises, les espérances et les ordres des princes de Parme. Depuis que pour
défendre ou agrandir leurs États, les Farnèse avaient résolu
d'opposer l'Espagne et les Bourbons aux prétentions des Habsbourg et des Allemands, depuis que dans ce dessein ils avaient
marié leur nièce à Philippe V et fait d'Alberoni un premier
ministre à Madrid, un cardinal à Rome, l'agression de l'Autriche,
la riposte de l'Espagne entraient dans leurs calculs. Deux ans
plus tard, le cardinal écrivait au ministre des Finances de
Parme, son ami Rocca. « Je viens d'apprendre la mort de
Mgr Molinez : ah! s'il était mort trois ans plus tôt, que de
maux évités à l'Europe! Après tout, puisque la guerre est un
châtiment de Dieu, si la Providence n'avait pas eu ce prélat
à sa disposition, d'autres moyens lui auraient servi[1]. »

Toujours résigné depuis ses débuts à ce qu'il ne pouvait
empêcher, fataliste comme les gens du peuple, Alberoni fit cette
guerre comme s'il ne l'avait point déconseillée, avec résolution,
avec méthode. Il ne lui déplaisait pas, d'ailleurs, de prouver au
moins à Philippe V, à l'Europe, que ses efforts, concertés avec
Patino, son homme de confiance, pour réorganiser les flottes et
les forces de l'Espagne, n'étaient point propos en l'air et fanfaronnades. En trois semaines à la flotte de douze vaisseaux préparés pour la croisade s'adjoignirent cent transports qui embar-
quèrent 8.000 hommes et 600 chevaux, soixante canons de
siège et de campagne, des vivres et des munitions pour trois
mois. Un amiral génois, le marquis Mari que sur les conseils
d'Alberoni, Philippe V avait engagé en 1713 pour se créer une
bonne marine, prit avec Balthazar de Guevara la direction de la
flotte. Le marquis de Leyde s'embarqua avec eux pour commander l'armée. Sauf les chefs d'escadre qui se dirigèrent l'un
par les Baléares, l'autre par les côtes de France et de Corse sur
la Sardaigne, personne en Espagne, en Europe, pas même le
marquis de Leyde ne connut l'objet de l'entreprise qu'au moment
de l'exécution.

Le 20 août, les deux escadres, dont l'une avait été retardée

---

1. Lettre d'Alberoni à Rocca, 13 février 1719, p. 624.

par le défaut de vent dans les parages des Baléares, se réunirent en face de Cagliari. Le vice-roi autrichien, le marquis de Rubi, petit gentilhomme catalan qui avait fait fortune auprès de l'Empereur en excitant les Catalans contre Philippe V, venait à peine d'arriver dans l'île pour y assurer les droits des Habsbourg. Il avait trouvé la forteresse de Saint-Michel et le château de Cagliari sans défense, sans canons. Du mieux qu'il put, il arma les 800 hommes de la garnison, une compagnie de rebelles de Valence et de Catalogne exilés depuis 1715 ; il leva quelques milices dans le pays, commandées et instruites à la hâte par de vieux soldats[1].

Son seul profit fut de forcer les Espagnols à un siège régulier de Cagliari, que quinze jours plus tôt ils eussent occupé sans résistance. Mais l'île elle-même, à l'appel du marquis de Saint-Philippe presque aussitôt débarqué le 13 septembre, accepta d'emblée le retour du gouvernement espagnol. On vit même un gentilhomme du pays, ennemi des Habsbourg, le marquis de Montenegre enrôler les Sardes contre les troupes de l'Autriche. Serré et menacé par des forces supérieures, le marquis de Rubi jugea prudent, dès le 16 septembre, de se réfugier dans une ville plus forte, à Alguer. Quinze jours après, la garnison de Cagliari se rendait au vainqueur. Le gouverneur autrichien avait escompté, pour prolonger la résistance, l'arrivée de 600 soldats de Milan, de 500 autres de Naples. Du Milanais, il ne vint presque aucun renfort; les troupes napolitaines débarquées le 11 octobre à Terra Nova capitulèrent quelques jours après en masse.

Découragé, le vice-roi autrichien s'enfuit d'Alguer la nuit et passa en Corse. Le 25 octobre, Alguer et la place plus forte encore de Castel Arragonès se rendirent au marquis de Leyde. Il ne lui avait pas fallu deux mois, et deux mois presque sans combat, pour restituer la Sardaigne au roi d'Espagne. Les Habsbourg eussent été plus en peine encore de la reprendre que de la défendre.

« L'Empereur, écrivait l'un des vainqueurs, Saint-Philippe, ne

---

1. Saint-Philippe, *Mémoires*, III, p. 235, et Torcy, *Négociations*, II, 635, dans Saint-Simon, *Mémoires*, XIV, p. 158.

perdit rien en perdant la Sardaigne. » C'était la réalité : la guerre
même que lui avait déclarée l'Espagne n'était point pour lui
déplaire, mais à la condition que la perte de la Sardaigne et le
défi de Philippe V servissent ses ambitions en Europe et en
Italie. Pour cela seulement il était bon, indispensable que
Charles VI demandât vengeance de l'invasion de ses domaines,
de l'agression des Espagnols, se posât en victime et réclamât
justice.

Il n'y manqua point : comment un roi catholique, un cardinal
de l'Église romaine avaient-ils osé détourner et employer une
flotte destinée à la croisade, contre l'Autriche occupée à défendre
la chrétienté contre les Turcs? Heureusement que lui, l'Empereur avait mieux entendu et pratiqué ses devoirs : la victoire
que le prince Eugène remportait sur les infidèles à Belgrade
le 22 août faisait un singulier contraste avec les trahisons
de l'Espagne. Elle permettrait aussi la paix en Orient et les
justes représailles des Habsbourg dans la Méditerranée et en
Italie [1]. Dans ces menaces et ces plaintes adressées au Saint-Siège
perçait surtout le plan formé par les Impériaux de s'indemniser
largement dans la péninsule, de réduire à leur discrétion les
princes de Parme, de Savoie, de Toscane, la Papauté et Venise,
en occupant la Sicile, Florence, Mantoue, les Légations. C'était
aussi l'objet de l'appel que, le 10 août, la conférence des ministres
viennois fit entendre aux cours alliées de France et d'Angleterre,
à la République des Provinces-Unies, et sur le même ton [2].

Alberoni s'y attendait : après avoir gardé un silence absolu
jusqu'à l'arrivée de la flotte en Sardaigne, il s'expliqua de toutes
les manières, le 23 août. Naturellement il rejetait la responsabilité
de la rupture sur l'Autriche qui n'avait jamais sincèrement
consenti à la paix, ni respecté les traités et la neutralité de
l'Italie. Par une lettre circulaire envoyée à tous les ambassadeurs
d'Espagne [3], dans des entretiens avec les ministres étrangers,

---

1. D'Arneth, *Prinz Eugen von Savoyen* (II, p. 448, n. 8). Protocole de la conférence de Vienne du 8 août (WIEN STAATSARCHIV), cité par Weber, *Die Quadrupel
Allianz*, p. 48.

2. Grimani, *Relazioni*, 18 août 1717, dans le *Recueil des Dépêches des ambassadeurs vénitiens* recueillies aux Archives de Vienne.

3. La lettre a été publiée par Lamberty, *Mémoires du XVIIIe siècle*, X, p. 226.

Bubb, Riperda, Saint-Aignan, il prétendit en fournir les preuves : avec quelle mauvaise grâce, et contraint par Louis XIV, Charles VI avait restitué la Catalogne et les Baléares ! Comme il avait recueilli les Espagnols rebelles, écouté leurs suggestions perfides ! L'attentat contre Molinez était présenté comme l'acte décisif, l'injure dernière et voulue au roi d'Espagne, l'infraction préméditée à la neutralité de l'Italie. Ce qu'Alberoni ne disait pas, c'est qu'averti des projets d'échange de la Sardaigne contre la Sicile défavorables à Philippe V, favorables à son maître, obligé à la guerre, il saisit l'occasion de prendre un gage, « une part facile à conserver ».

En somme, plus tôt qu'il ne l'avait souhaité, par l'obstination ambitieuse de l'Empereur, l'orgueil de Philippe V et les intrigues des Farnèse, le conflit entre les Bourbons d'Espagne et les Habsbourg que Louis XIV avait séparés sans les réconcilier se rouvrait, comme un mal périodique : « Le fourreau, où l'épée des adversaires n'était jamais rentrée à fond, était jeté. »

Au moment où le sort des Italiens se jouait, trop tôt sans doute, mais conformément au vœu et au dessein de toute sa vie, le cardinal eut une heure d'espérance, d'illusion même. « La résolution que vous savez, d'autres qui suivront, arracheront peut-être certains princes à leur indolence et feront distinguer au roi d'Espagne le juif du samaritain. Les mesures, j'en suis sûr, qui se prendront au printemps prochain, donneront cet hiver de l'occupation aux cabinets européens. Puissent-elles procurer un équilibre qui donnera la sûreté à l'Italie, et empêcher l'Empereur de commander au genre humain : échéance fatale le jour où on le laissera maître de cette fertile province ! Voilà ce que je viens de dire à la France, à la Hollande et l'Angleterre [1]. »

C'était à qui, en Europe, en face des risques d'une guerre générale, se hâtait d'en décliner la responsabilité. Le Régent fit savoir aux ministres de Georges Ier, à l'ambassadeur d'Autriche Kœnigsegg qu'il ne participait ni directement, ni indirectement à cette équipée. Saint-Aignan fut chargé, dès le mois d'août, de

---

1. Lettre d'Alberoni au duc de Parme, du Pardo, 16 août 1717 (Arch. Nap., *Farnesiana*, fasc. 59).

porter à Madrid un blâme et un désaveu officiels. Le roi d'Angleterre et ses ministres, Saint-Saphorin à Vienne, Stair à Paris, Bubb à Madrid, tinrent le même langage indigné et énergique [1]. Le Pape Clément XI, intimidé par l'Empereur, n'hésita point à publier un bref de protestation et de blâme contre le roi d'Espagne et son principal ministre. Le roi de Sicile déclarait à Paris et à Vienne sa résolution bien arrêtée de ne point troubler la neutralité de l'Italie. Les princes italiens menacés de représailles par les Habsbourg rivalisaient d'ardeur à persuader l'Autriche qu'ils n'avaient aucune part dans l'entreprise du roi d'Espagne : « C'est un vrai divertissement de voir ici les mouvements de leurs ministres », écrivait le 8 septembre l'ambassadeur anglais. Le plus empressé à détourner les colères de l'Autriche, ce fut le duc de Parme ; il implorait le Pape, le duc d'Orléans, l'Angleterre : « pauvres Farnèse inoffensifs, innocents et débiles, exposés entre l'enclume et le marteau aux coups que se portaient les rois en délire ! »

Ces protestations pacifiques n'étaient point de nature à détruire les illusions d'Alberoni. La supériorité de l'Espagne sur les Habsbourg dans la Méditerranée était telle que le concours des puissances européennes ne lui était pas nécessaire. Leur neutralité, que la crainte des ambitions impériales habilement exploitée pouvait déterminer, devait suffire. L'entreprise de Sardaigne était à peine achevée, qu'encouragé par l'impuissance des Autrichiens, Alberoni se préparait aussitôt à demander de nouveaux sacrifices à l'Espagne [2]. Les finances royales réorganisées lui fournirent les ressources d'un vaste armement. De nouveaux vaisseaux de guerre furent mis à flot, à Cadix et au Ferrol, par les soins de Patino dont l'activité étonnait les Espagnols ; d'autres achetés à l'étranger par l'intermédiaire de Riperda. On faisait des recrues en Espagne, à Livourne et à Gênes. Les fonderies royales installées à Pampelune livraient sans relâche les canons, les bombes et les boulets qui s'accumulaient dans l'arsenal de Barcelone. Les armes et les habillements remplissaient les magasins. Jamais depuis longtemps l'Espagne n'avait donné

1. Torcy, *Négociations*, II, f° 667 ; dans Saint-Simon, XIV, p. 163.
2. Torcy, *Négociations*, II, f°⁸ 681 à 683 ; Saint-Simon, XIV, p. 167, 168.

un pareil spectacle à l'Europe, étonnée que ce royaume dévasté par une guerre récente et habitué à une inertie séculaire fût encore capable de cet effort. N'était-ce point la justification d'Alberoni, le résultat de son administration, la preuve de son énergie ? Un témoin aussi bien informé que malveillant, le marquis de Saint-Philippe a dû le reconnaître et le proclamer. « Alberoni, alors, fit voir jusqu'où pouvaient aller les forces de la monarchie espagnole, lorsque ses finances seraient bien administrées et il est hors de doute qu'aucun roi d'Espagne n'a pu faire en aussi peu de temps une dépense aussi excessive, sans charger les peuples d'aucun impôt. Le Roi dut à la direction du cardinal cette montre de sa puissance [1]. »

Alberoni n'avait certes pas souhaité que l'occasion se présentât si vite d'employer, avant l'achèvement total de son œuvre, les ressources préparées avec une rare énergie depuis quatre ans pour le succès final. Il rêvait depuis vingt ans la réduction totale de la puissance impériale. Il l'avait poursuivie auprès de Vendôme, de Marie-Louise de Savoie, des Bourbons d'Espagne et d'Élisabeth Farnèse. Il se l'était promise, il l'avait promise à ses maîtres, à ses amis de Parme. S'il avait donné tout son cœur, toutes ses forces de travail et de pensée à la reconstitution de la monarchie de Philippe V, c'était avec l'intention de l'opposer victorieusement un jour à l'Empereur, en Italie. Faut-il s'étonner qu'en présence de l'événement si longtemps escompté, devant le conflit désormais inévitable des Bourbons et des Habsbourg, Alberoni cardinal et premier ministre n'ait pas résisté à la tentation de réaliser le rêve d'émancipation italienne qui était la raison d'être de sa carrière d'homme d'État ?

A Beretti-Landi, son agent à La Haye, par qui il espérait toujours détourner la Hollande de l'Empereur, il développait ses desseins dans toute leur étendue.

L'heure lui paraissait venue, quoiqu'il ne fût pas l'auteur des remaniements prochains de l'Italie, de procéder à un nouvel équilibre des forces, contraire aux prétentions allemandes, favorable au repos durable de la péninsule. La restitution de Naples

----

1. Saint-Philippe, *Mémoires*, III, p. 236.

et de la Sicile au roi d'Espagne, déjà disposé à rétrocéder au
duc de Savoie, la Sardaigne, sa conquête nouvelle, devait être
la condition de ce plan, que la puissance et la bonne volonté de
Philippe V offraient aux Italiens. Alors la Toscane avec la succession de Parme serait assurée aux fils d'Élisabeth, c'est-à-
dire aux Farnèse ; une partie du Mantouan enlevé aux Habsbourg
reviendrait au duc de Guastalla, la ville de Mantoue aux Vénitiens, et le pays de Commachio au Saint-Siège. Le Milanais
seulement, laissé en dehors des pays italiens, demeurerait à
l'Empereur contre lequel les princes, délivrés de sa pesante
tutelle, pourraient constituer une confédération italienne, sur le
modèle de la ligue germanique et sous la haute protection de
l'Espagne [1].

Ce programme sans doute n'était pas tel qu'eût pu le souhaiter un patriote italien un siècle plus tard, la promesse
d'une Italie affranchie par elle-même et totalement de l'étranger.
Mais, même au xixe siècle, l'indépendance italienne s'est-elle
faite d'un coup, et surtout sans le concours d'une force étrangère que les princes de Savoie aient dû appeler et récompenser ?
Le « farà da se » n'a pas réussi un siècle et demi plus tard à
Charles-Albert. Et pour leur coup d'essai, les hommes d'État
de Parme, moins logiques dans leur patriotisme, étaient moins
chimériques aussi, quoique la tentative d'Alberoni ait paru une
aventure.

Car il ne faut pas l'oublier, c'était entre deux serviteurs des
Farnèse, et en secret, que s'ébauchaient au mois d'août 1717 ces
confidences et ces projets. Et toujours, dans l'effort qu'ils allaient
demander à l'Espagne et à l'Europe, ils dissimulaient, pour les
mieux servir, les intérêts, les ambitions du duc de Parme. Dès
qu'il avait vu les flottes espagnoles dans la Méditerranée, le
prince Farnèse avait réclamé, sous le nom de guerre qu'il se
donna, en bon Napolitain partisan intéressé de Philippe V, une
entreprise sur Naples : « Si vous voyiez comme moi, écrivait-il

---

1. Cette dépêche d'Alberoni à Beretti-Landi a été conservée par Torcy, *Négo-
ciations*, II, fº 689 (Saint-Simon, XIV, p. 170). C'est peut-être ce programme que
Voltaire a connu quand il a rappelé les projets de ligue italienne conçus par
Alberoni, et lui en a fait un mérite.

le 25 juillet, le trouble et l'inquiétude de ce gouvernement exposé à la vengeance du roi d'Espagne qui a tant à se plaindre de la mauvaise foi allemande, vous ne trouveriez pas plus difficile l'entreprise de Naples que celle de Sardaigne. En fait, ministres et officiers de l'Empereur sentent déjà sur leurs épaules tomber le coup de fouet vengeur : l'un des principaux m'a fait confidence que le vice-roi en cas d'attaque n'a aucun moyen de défense, que toutes les populations sont prêtes à secouer le joug très lourd des Allemands, à se ranger sous les glorieux étendards de l'Espagne ; on a fait partir des ordres pressants qu'on s'efforce de tenir secrets pour renforcer les garnisons de Pescara, de Capua, de Reggio. A la nouvelle que des Espagnols pourraient être entrés dans le royaume sans passeport, on a donné pour perquisitionner des commissions aux gouverneurs de province dont le vice-roi se défie d'ailleurs et auxquels on a envoyé des officiers allemands comme adjoints. La défense ne pourra compter que sur les troupes allemandes. Le général Wedel, chef de l'infanterie affirme ne pouvoir mettre en ligne que 2,000 hommes, en dégarnissant à peu près les forteresses. Le général de la cavalerie, Caraffa parle de 600 chevaux. Voilà l'état vrai des forces du royaume, d'après des sources sûres. Quant à l'esprit des populations, ce ne sont que murmures publics contre le gouvernement, reproches de la justice abolie dans les tribunaux, des affaires désorganisées. Pourquoi, après la conquête de la Sardaigne, ne profiterait-on pas du temps qui restera pour s'emparer dans la même campagne du royaume de Naples ? L'essentiel est de ne pas donner aux Allemands le temps d'organiser la défense, de ne pas leur laisser l'hiver. Soyez sûr, concluait-il, que les princes d'Italie qui tous gémissent et frémissent sous le joug de la férocité allemande qui sans trêve les rudoie, prendront courage en voyant cette lueur d'espérance, à l'approche des armées valeureuses de l'Espagne, et s'uniront de bon cœur pour l'aider ? J'espère que la claire intelligence de Votre Eminence verra là une occasion à ne point laisser passer, à n'en retrouver jamais une pareille. Dieu a voulu son élévation à la pourpre pour l'employer à la libération de ce malheureux royaume, au salut de l'Italie opprimée. Vienne donc sans retard l'armée d'Espagne, qu'elle vienne et qu'elle soit victorieuse [1] ! »

Ce ne fut pas la faute du duc de Parme, on le voit, si l'invasion de l'Italie ne suivit pas immédiatement l'occupation de la
Sardaigne ; son impatience n'avait d'égale que son habileté à
dissimuler ses provocations. Que n'aurait-on pas dit de la tur-
bulence et de la témérité d'Alberoni s'il avait cédé tout de suite à
l'impulsion des Farnèse ? Il entretenait leurs espérances, il se
préparait à servir leurs desseins, mais avec plus de mesure et
moins de précipitation. Pour s'engager davantage et à fond en
Italie, le consentement de l'Europe surprise et mécontente de
son premier effort lui parut nécessaire. Il ne désespérait pas de
l'obtenir, lorsque le 15 septembre il s'expliqua avec les cabinets
de Londres et de Paris. Les Anglais sacrifieraient-ils aux ambitions de l'Empereur les avantages que l'Espagne avait faits à
leur commerce ? En France, le Roi, le Régent et leurs ministres
ne se souviendraient-ils pas qu'un Bourbon, installé à Madrid au
prix de grands efforts avait droit de compter sur leur assistance
contre l'Autriche, l'ennemi héréditaire. Sans doute, l'Europe,
Georges Ier et le duc d'Orléans offraient à Philippe V la paix.
Mais au nom de ses maîtres, Alberoni leur déclara que les conditions de cette paix ne pouvaient pas être *la promesse* seulement
des successions de Parme et de Toscane aux fils d'Élisabeth
Farnèse. Il demanda une satisfaction réelle, indispensable à
Philippe V offensé, et surtout un meilleur équilibre des forces en
Italie, l'abandon et la ruine enfin des projets ambitieux de
l'Autriche dans la Méditerranée. A l'Europe de pourvoir, avec
le roi d'Espagne qui lui en donnait l'exemple et le temps sans
précipiter les effets de sa juste vengeance, aux intérêts de la
cause commune. Et sur cette déclaration qui, malgré l'avis des
Farnèse, laissait six mois de réflexion et de trêve à la diplomatie européenne, Alberoni retourna à ses préparatifs de
combat, si le combat devait, au printemps, se poursuivre dans
la Méditerranée [2].

---

1. Gennaro Felicioni, de Naples, au cardinal Alberoni, 25 juillet 1717 (Arch.
Nap., *Farnesiana*, fasc. 59).

2. Lettres d'Alberoni à Cellamare et AcquaViva, conservées par Torcy, *Négociations*, II, f° 684 ; Saint-Simon, XIV, p. 168.

Une occasion, sur ces entrefaites, parut s'offrir d'entraîner la France au secours de l'Espagne. Et ce fut un Anglais qui la fit surgir, personnage singulier, toujours en quête d'intrigues et d'aventures, Peterborough, « le chevalier errant » comme l'appelle Voltaire. Ce whig passionné et turbulent, tout dévoué à la cause de l'archiduc Charles qu'il avait servi sans se lasser dans la guerre de Succession, ne lui pardonnait pas l'ingratitude et l'abandon dont il en avait été payé à la paix. Quoiqu'il eût reçu de Georges Ier et de ses ministres des marques de faveur éclatantes, il ne respirait que vengeance contre l'Empereur : c'était son unique pensée, toute sa passion. « Il ne pouvait durer en place. » On le vit en décembre 1714 à Paris se rapprocher des Bourbons qui lui firent bon accueil, se lier avec les ministres du vieux Roi, Torcy, le duc d'Aumont désigné par Louis XIV pour lui faire honneur. On le revit au Palais-Royal en 1716 négocier avec Stair une alliance de l'Angleterre et de la France contre l'Empereur et les Stuart. Le traité qu'il proposait n'eut plus d'objet quand les whigs renouvelèrent en juin 1716 leur alliance avec la cour de Vienne, quand l'alliance franco-anglaise passa avec Dubois en d'autres mains [1].

Peterborough ne se tint pas pour battu : à la nouvelle du conflit qui venait de se rouvrir en 1717 entre les Habsbourg et les Bourbons, il crut tenir sa vengeance. Il avait fréquenté à Londres l'envoyé de Parme, ami et protecteur d'Alberoni, Jean-Ange Gazzola que le duc de Parme venait de rappeler et de nommer gouverneur de Plaisance. Il imagina de s'adresser à lui pour intéresser les Farnèse à un projet de ligue entre les Bourbons de France et d'Espagne réconciliés, unis aux princes italiens contre l'Empereur. Une correspondance secrète, ébauchée dans les premiers jours de juillet avec ce ministre sous le couvert d'un marchand de Plaisance, l'informa des bonnes dispositions de la cour de Parme. Il vint à Paris, vit le Régent, les ducs

---

1. Sur Peterborough, consulter d'abord [Saint-Simon, *Mémoires*, XIV, 123, 132, 142, 143, 241. 264, 457, et les ouvrages publiés sur lui que j'ai cités dans ma Bibliographie du tome Ier du *Secret du Régent*. Mais ces ouvrages n'ont pas mis en œuvre les documents curieux du fonds *Parme* aux Archives des A. ÉTR. et les documents secrets des ARCH. DE NAPLES, *Farnesiana*, liasses 55, 57 et 64.

d'Huxelles et d'Aumont partisans d'une réconciliation avec l'Espagne, hostiles aux Habsbourg et put avertir les Farnèse dès
le 20 juillet qu'il avait trouvé la Régence disposée à une amitié
sincère avec le roi d'Espagne, et prête à confier à la cour de
Parme le soin de la négociation.

Tout à l'idée de sa vengeance qu'il croyait tenir cette fois,
Peterborough partit pour l'Italie. Il s'arrêta d'abord à Turin, et
acquit la conviction que le duc de Savoie, inquiet pour la Sicile,
accepterait qui s'offrirait à le défendre contre l'Autriche : au
début de septembre, il visitait le duc de Parme. Il n'eut pas de
peine à « le convaincre que la sûreté de l'Espagne, la liberté des
Italiens et sa propre conservation dépendaient de l'amitié à
établir entre Philippe V et le Régent ». Ensemble, ils jetèrent les
bases de cette réconciliation entre les Bourbons, séparés par la
seule question de la Succession de France. Le 10 septembre, le
duc de Parme adressait à Alberoni, à Madrid cette lettre curieuse
conservée dans les archives Farnèse :

« J'ai reçu un confident du duc d'Orléans qui s'offre à faire
recouvrer au roi d'Espagne ses États d'Italie usurpés par l'Empereur à condition que Sa Majesté consente à renouveler de
la manière la plus ample sa précédente Renonciation, son engagement déjà pris de ne pas disputer à ce prince la Succession
au trône de France. Je n'ai pas sans doute d'avis à donner à Sa
Majesté, mais je me crois cependant permis de lui soumettre très
respectueusement mon sentiment. Je considère la susdite Renonciation formulée d'une manière assez solennelle pour qu'inscrite
dans le traité d'Utrecht sous la garantie des principales puissances d'Europe, elle doive avoir toute sa valeur. Peu importe
donc qu'on fasse ce plaisir au duc d'Orléans d'un nouvel engagement qui ne créerait aucune obligation nouvelle ! La même opposition s'y pourrait faire qu'au premier, avec les forces nécessaires
pour la soutenir. Et, en échange d'une concession sans importance sur un événement incertain qui peut arriver ou n'arriver
que dans un délai fort éloigné, on obligerait le Régent à des
engagements précis envers le roi d'Espagne. Ce serait tout
profit : si le roi d'Espagne veut bien donner les mains à ces
arrangements, il faudrait employer l'hiver à négocier et on se

Une occasion, sur ces entrefaites, parut s'offrir d'entraîner la
France au secours de l'Espagne. Et ce fut un Anglais qui la fit
surgir, personnage singulier, toujours en quête d'intrigues et
d'aventures, Peterborough « le chevalier errant » comme l'appelle
Voltaire. Ce whig passionné et turbulent, tout dévoué à la cause
de l'archiduc Charles qu'avait servi sans se lasser dans la
guerre de Succession, ne lui pardonnait pas l'ingratitude et l'abandon dont il en avait été payé à la paix. Quoiqu'il eût reçu de
Georges Ier et de ses ministres des marques de faveur éclatantes,
il ne respirait que vengeance contre l'Empereur : c'était son
unique pensée, toute sa passion. « Il ne pouvait durer en place. »
On le vit en décembre 17 à Paris se rapprocher des Bourbons
qui lui firent bon accueil, et lier avec les ministres du vieux Roi,
Torcy, le duc d'Aumont signé par Louis XIV pour lui faire
honneur. On le revit au Palais-Royal en 1716 négocier avec
Stair une alliance de l'Angleterre et de la France contre l'Empereur et les Stuart. Le traité qu'il proposait n'eut plus d'objet
quand les whigs renouvelèrent en juin 1716 leur alliance avec
la cour de Vienne, quand l'alliance franco-anglaise passa avec
Dubois en d'autres mains

Peterborough ne se tint pas pour battu : à la nouvelle du
conflit qui venait de se rouvrir en 1717 entre les Habsbourg et les
Bourbons, il crut tenir sa vengeance. Il avait fréquenté à Londres
l'envoyé de Parme, ami et protecteur d'Alberoni, Jean-Ar
Gazzola que le duc de Parme venait de rappeler et de nommer
gouverneur de Plaisance. Il imagina de s'adresser à lui pour
intéresser les Farnèse à un projet de ligue entre les Bourbons
de France et d'Espagne réconciliés, unis aux princes italiens
contre l'Empereur. Une correspondance secrète, ébauchée
les premiers jours de juillet avec ce ministre sous le couvert
d'un marchand de Plaisance, l'informa des bonnes dispositions
de la cour de Parme. vint à Paris, vit le Régent, les

---

1. Sur Peterborough, consulter d'abord (Saint-Simon, *Mémoires*, XIV,
142, 143, 241. 264, 457. et les ouvrages publiés sur lui que j'ai cités
Bibliographie du tome Ier du *Secret du Régent*. Mais ces ouvrages n'ont
en œuvre les documents curieux du fonds *Parme* aux Archives des A.
les documents secrets des ARC DE NAPLES, *Farnesiana*, liasses 55, 57 et

d'Huxelles et d'Aumont partisans d'une réconciliation
pagne, hostiles aux Habsbourg
le 20 juillet qu'il avait trouvé le roi
sincère avec le roi d'Espagne, et prête à confier à la
Parme le soin de la négociation

Tout à l'idée de sa vengeance
Peterborough partit pour l'Ita
acquit la conviction que le duc de
accepterait qui s'offrirait à lui
début de septembre, il visitait
peine à « le convaincre que la sû
Italiens et sa propre conservat
établir entre Philippe V et le Régent
bases de cette réconciliation en
seule question de la Succession
duc de Parme adressait à Alberoni
conservée dans les archives

« J'ai reçu un confident du
recouvrer au roi d'Espagne ses
pereur à condition que Sa Ma
la manière la plus ample sa pro
gement déjà pris de ne pas dis
au trône de France. Je n'ai pas
Majesté, mais je me crois cepe
respectueusement mon sentiment
ciation formulée d'une manière
dans le traité d'Utrecht sous la g
sances d'Europe, elle doive av
donc qu'on lasse ce plaisir au d
ment qui ne créerait aucune obl
sition s'y pourrait faire qu'au prem
pour la soutenir. Et, en échange d'une
tance sur un événement incertain
que dans un délai fort éloigné, en obligeant le Régent à
engagements précis envers le r
profit : si le roi d'Espagne veut bien donner les ordres
arrangements, il faudrait employer l'hiver

trouverait prêt au printemps à soulager les princes d'Italie des charges lourdes et intolérables que les Allemands leur imposent en ce moment. A l'occasion je vous en donnerai plus de détails; j'implorerai de la grâce et de la clémence de leurs Majestés une assistance plus efficace en ce qui regarde mes intérêts, mon intégrité menacée. J'attends avec impatience la réponse de votre Eminence sur cette matière si importante [1]. »

Le plaidoyer de la cour de Parme ne manquait ni d'habileté, ni de chaleur. Peterborough, s'il vit cette lettre, dut être satisfait. Il le fut moins de ce qui lui arriva le 11 septembre à Bologne, lorsque le Pape le fit jeter en prison pour plaire à l'Empereur. Tandis que le duc de Parme s'employait à lui rendre sa liberté, Alberoni attendait avec impatience le résultat de ses efforts.

On s'explique que le cardinal eût suivi avec empressement ces ouvertures : c'était le triomphe de sa propre politique, que la formation d'une ligue italienne, sous la direction des Bourbons et des Farnèse contre les Allemands. Le roi de Sicile allait se joindre au duc de Parme : menacé d'être dépouillé ou par l'Empereur ou par l'Espagne, toujours soupçonné par les deux partis, persuadé d'ailleurs, plus que qui que ce fût, que la défiance était une partie essentielle de la politique, il redoutait au même degré la négociation de Londres et les flottes espagnoles. Alberoni s'était servi d'un de ses amis, l'ambassadeur de Hollande Riperda pour entrer alors en pourparlers avec l'abbé Del Maro, envoyé de Sicile à Madrid ; il le chargea de prévenir son maître que l'Espagne attaquerait sans doute le royaume de Naples au printemps et l'associerait volontiers à l'entreprise [2]. Il s'était décidé à cette démarche sur les conseils du duc de Parme qui lui écrivait, le 30 novembre : « Sa V. E. che io sempre ho stimato chè si debba guadagnare il duca di Savoia, la di cui unione sola può bastare a porre in mano della Spagna in pochi

1. Le duc de Parme à Alberoni, 10 septembre 1717 (Arch. Nap., *Farnesiana*, fasc. 59). J'ai déjà indiqué cette lettre ainsi que celle, toute contemporaine, qui est conservée dans la liasse 57 du même fonds adressée par le duc Farnèse à Peterborough, le 10 août (*Le Secret du Régent*, I, p. 234).

2. Carutti, Relazione sulla Cortè di Spagna, *Mémoires de l'Académie de Turin*, 1861, p. 151.

giorni tutto li stato di Milano[1]. » Le duc se réjouissait du traité qui se préparait, et engageait en outre Alberoni à lui assurer « qualche buona e considerabile piazza del detto stato » : une feuille de l'artichaut milanais.

Le roi de Sicile, convaincu, envoya au Régent un ambassadeur extraordinaire, le comte de Provana qui s'entendit aussitôt avec Cellamare à Paris[2]. Le Régent donnait les mains à ces négociations; il avait fait rendre la liberté à Peterborough ; il remettait au duc de Parme, le 30 octobre 1717, le soin de négocier avec lui, au mieux de ses intérêts, cette ligue italienne, lui annonçait l'envoi d'une personne de confiance, munie de ses instructions, « par rapport aux dispositions dont vous n'ignorez pas sans doute les ouvertures, et qui n'ont pour objet que le bien public et la sécurité commune ». Il faisait à la même date partir Monti pour l'Espagne, annonçait à Alberoni qu'il laissait à dessein traîner la négociation d'Angleterre, sans l'abandonner tout à fait, « car elle pourrait encore à un moment donné servir leurs desseins communs[3] ».

C'était on le voit, un changement de front complet : « Tout est à votre disposition en Italie, écrivait l'Anglais le 14 octobre, je m'en rends responsable. Jamais il n'y a eu une situation si heureuse pour votre gloire, pour votre intérêt. Vous pouvez tout régler, tout faire sans paraître. Dieu, que donnerais-je pour une heure d'entretien avec Votre Altesse Royale. Et il concluait : « en Espagne tout va à souhait[4] ».

On conçoit donc pourquoi, dès le 22 septembre en effet, et tandis que Peterborough se morfondait dans sa prison, Alberoni avait accueilli le moyen que lui offrait la cour de Parme de se rapprocher du duc d'Orléans pour soutenir ses entreprises contre les Habsbourg. « La démarche du duc d'Orléans, écrivait-il, n'est pas moins inattendue qu'audacieuse, mais il peut être très utile

---

1. Lettre du duc de Parme à Alberoni, 30 novembre 1717 (ARCH. NAP., *Farnesiana*, 59),

2. Cellamare, *Mémoires Inédits*, BRITISH MUSEUM, IIe partie, f° 172, et une dépêche de Cellamare à Alberoni que l'on retrouve dans Torcy, *Négociations*, III, 423 ; Saint-Simon, XV, f° 446.

3. Lettres du duc d'Orléans au duc de Parme, 30 octobre 1717; à Alberoni, 26 octobre (A. ÉTR., *Esp.*, t. 263, f°s 48 et 58).

4. Lettre du duc de Parme au duc d'Orléans (A. ÉTR., *Parme*, t. 6, f° 60).

pour leurs Majestés d'en faire usage dans une occasion favorable.
Vous pouvez donc lui faire savoir qu'en plaçant sa confiance dans
ma personne, elle sera servie au gré de son désir. Le marquis
Monti viendra me voir et sera ici à la fin d'octobre. C'est un
cavalier prudent, de grande habileté et sur qui je peux faire
entièrement fonds. Si le duc veut m'envoyer quelque projet à
présenter à leurs Majestés, je me concerterai avec le marquis qui
instruira le duc minutieusement de toutes les mesures à prendre
pour conduire l'affaire. Et comme le Régent a déjà fait une telle
proposition, que Votre Altesse lui recommande bien la nécessité
du plus grand secret : une fois assurés de l'Italie par l'Espagne, les intérêts du Régent seront assurés, ainsi qu'une union
parfaite d'intérêts et de convenances entre les deux couronnes.
Et maintenant puisse le Régent dire vrai! » — « Je vous assure
que Sa Majesté sera en état de donner à penser aux Allemands,
et plus d'une puissance l'y aidera [1] » (22 septembre).

Peterborough n'avait donc pas tort d'écrire à Paris « Le comte
de Gazzola, ministre du duc de Parme est avec moi : il peut assurer
que les pleins pouvoirs du roi d'Espagne sont venus de la manière
la plus ample. Jamais traité n'a été commencé sur des bases plus
solides. On me prie de demander si Votre Altesse Royale veut
que l'envoyé du duc de Parme à Paris soit chargé de la négociation, ou s'il veut adresser à Madrid une personne de confiance
avec des lettres intimes comme vous avez résolu [2] ».

Quand cet avis lui vint de Parme, le duc d'Orléans avait déjà
été informé des bonnes dispositions d'Alberoni par Alberoni lui-
même. Il l'eût été plus tôt, sans l'état de fatigue et de maladie où
les exigences d'une charge trop lourde avaient réduit le premier
ministre impotent jusqu'à la fin de septembre. « Le trésorier
général, écrivait-il à son ami Rocca, qui a été esclave, dit qu'il
aimerait mieux retourner esclave à Mequinez que de mener la vie
que je mène [3]. » Le 4 octobre 1717 seulement il écrivait une lettre
au Régent : « j'ai ressenti une véritable joie à l'avis donné par

---

1. Lettre d'Alberoni au duc de Parme, 22 septembre (Arch. Nap., *Farnesiana*, fasc. 59).
2. A. Étr., *Parme*, t. 6, f° 68.
3. Lettre d'Alberoni à Rocca, 13 septembre 1717, p. 553.

la personne que l'on sait que Votre Altesse Royale a pris le vrai
chemin pour assurer ses intérêts présents et à venir ». Et, dési-
gnant pour interprète le marquis de Monti son ami, « il faisait
savoir que si Son Altesse Royale voulait entrer dans la ligue, le
roi de Sicile se déclarerait contre l'Autriche. Ce serait un bon
moyen de rendre votre nom glorieux et immortel [1] ».

Cette lettre aimable et confiante d'Alberoni au duc d'Orléans,
cette tentative de rapprochement qui semblait venir de Madrid
a paru une preuve nouvelle de duplicité, à la charge du ministre
espagnol. « Ce fut alors le temps, dit M. Baudrillart, qu'Alberoni choisit pour se rapprocher du Régent. Dubois démêla l'artifice, fit sentir à son maître combien était suspecte l'amitié d'un
ennemi qui venait se jeter brusquement dans ses bras, quel
piège cachait cette manœuvre, dont le but se démasquerait
sitôt qu'on aurait séparé la France de l'Angleterre [2]. »

Explication aisée, mais fausse qui ne résiste pas mieux que
les précédentes à l'examen des Archives de Parme. C'étaient
encore les Farnèse qui avaient décidé Alberoni à cette réconciliation avec le Régent, et sur une offre venue du Palais-Royal,
apportée de Paris à Parme par Peterborough. Et le cardinal plus
que le duc d'Orléans se trouvait en droit de dire : « La démarche
du duc d'Orléans n'est pas moins inattendue que dépourvue de
vergogne. » Et s'il ne la repoussait pas, n'avait-il pas plus de
motifs de se défier du Régent que le Régent de lui, et de
conclure : « le duc d'Orléans est-il sincère ? »

Quand le duc d'Orléans manifestait ainsi le désir de s'entendre
avec Alberoni, il faut savoir ce qu'il était advenu des intrigues
formées par les soins du duc de Saint-Aignan et sur son ordre.
Elles continuaient sous la direction de Louville, et d'une étrange
façon. Le crédit de l'ambassadeur français sur les Grands
d'Espagne avait baissé, depuis que l'expédition de Sardaigne
était venue flatter leur amour-propre et leurs espérances patriotiques. Louville imagina de lui donner un auxiliaire et un guide,
un sieur de Boissimène, aventurier né à Bidache qui, après

1. Lettre d'Alberoni au duc d'Orléans, 4 octobre 1717 (A. ÉTR., *Esp.*, t. 260,
f°° 126 et 127).

2. Baudrillart, *Philippe V et le duc d'Orléans*, II, p. 312.

avoir servi dans l'armée d'Espagne et obtenu la croix de Saint-
Louis, avait quitté Bayonne, sans y payer ses dettes d'hôtel,
emmenant sa femme accusée d'un vol de nuit. Dès la fin de 1716
le personnage s'était offert au Régent, « pour qu'il fût sûr de son
fait du côté de Spagne, en promettant de s'introduire auprès de
Riperda, et de mieux réussir que l'ambassadeur de France ».
Louville, qui le connaissait par Berwick et Caylus, le fit partir
pour Madrid en septembre, et organisa avec lui et Longepierre
une correspondance secrète toujours dirigée contre les Italiens,
dont un banquier de Bayonne, Moracin, était l'intermédiaire [1].
Singulier confident qui n'eut rien de plus pressé au delà des
Pyrénées, que de passer au service d'Alberoni à 18,000 livres
d'appointement : dès le mois d'octobre le cardinal l'expédiait
à Rakoczi, en Hongrie et en Turquie pour former une coalition
contre les Habsbourg en Orient (30 novembre 1717) [2].

Les manèges de Louville en Espagne se poursuivaient donc
parallèlement à l'intrigue formée en Angleterre par le Régent.
A la nouvelle de l'entreprise de Philippe V, l'abbé Dubois était
parti pour Londres, sous le prétexte d'une négociation pacifique
qui avait pour objet la réconciliation de l'Empereur et de
Philippe V. Il s'y rencontrait avec l'envoyé de Charles VI en
septembre 1717, et son objet demeurait le même : intéresser
l'Empereur aux droits du Régent sur le trône de France, par
des avantages qu'on lui ferait en Italie ; puis obliger Philippe V,
gagné par d'autres concessions telles que l'espérance de
Parme et de la Toscane et désarmé, à consentir lui-même
ces avantages à son rival. Comme c'était le point délicat de
cette intrigue, plus favorable à l'Empereur qu'à Philippe V,
réglée par les sympathies des whigs pour l'Autriche et
comme la guerre se trouvait déjà ouverte en Italie, Dubois et
Stanhope y procédaient avec douceur [3]. Ils avaient décidé

1. Lettres de Longepierre à Saint-Aignan, à Boissimène, 11 et 23 octobre
1717 (A. ÉTR., *Esp.*, Supplém. t. 144, f° 295, et t. 260).
2. Lettre d'Alberoni au duc de Parme, dépêche chiffrée du 29 novembre 1717
(Arch. Nap., *Farnesiana*, fasc. 59).
3. Voir notre tome Iᵉʳ, *Le Secret du Régent ;* Wiesener, *Le Régent, l'abbé Dubois,*
II, p. 109, qui a publié à ce sujet la lettre décisive de Stanhope à Stair du
16 septembre 1717.

d'offrir à Alberoni un million pour le mettre dans leur jeu.

Faut-il s'étonner qu'Alberoni ait mal reçu le colonel Stanhope, cousin du ministre, chargé de cette commission maladroite et venu jusqu'à Madrid, tout exprès pour le corrompre? Le plan qu'on lui apportait de Londres lui était présenté sous les espèces d'une trahison. Il fut brutalement rejeté, et naturellement ce refus parut le défi d'un ministre outrecuidant et obstiné[1]. L'explication qu'en a donnée Alberoni vaut mieux : « J'ai fait ce que devait faire un honnête homme pour bien servir mon prince. Si alors je m'efforce de lui procurer des avantages, cela doit m'être compté plutôt comme un mérite et un honneur[2]. » Le malheur, pour lui, voulut que cette conduite fît trop directement obstacle au programme d'action que l'abbé Dubois, servant aussi son maître à sa façon, avait dressé et réglé sur l'alliance des whigs et de l'Empereur.

Ce n'étaient pas seulement les appétits du Régent au trône de France qu'Alberoni contrariait, presque sans le vouloir : c'étaient ses prétentions même à disposer de l'Espagne. Cela parut de toute évidence, et au moment même où les confidents du duc d'Orléans sollicitaient Alberoni de favoriser sa candidature à la succession de Louis XV.

Au mois d'octobre 1717, Philippe V subit une atteinte brusque et profonde, provoquée par son genre de vie, du mal étrange qui allait désormais s'accentuer par crises périodiques, redoutables pour sa volonté et sa raison, pour sa vie même. Toujours en éveil, le confident du ménage royal avait prévu et signalé l'effet des excès du Roi : Philippe V s'épuisait auprès de la Reine qui, à peine accouchée le 22 mars 1717 d'un infant mort, presque aussitôt se trouvait enceinte dès le mois de juillet « pour réparer cette perte et peupler l'univers de princes espagnols[3] ». Les chasses royales enfin que, pour lui plaire, Élisabeth Farnèse et l'abbé lui-même ne devaient jamais manquer, au Pardo, à San

1, Lettre du colonel Stanhope à Stanhope, 1ᵉʳ novembre 1717 ; Coxe, *Bourbons d'Espagne*, II, 174.

2. Lettre d'Alberoni au duc de Parme, 26 novembre 1717 (ARCH. NAP., *Farnesiana*, fasc. 59).

3. Lettres d'Alberoni à Rocca, 26 avril 1717, p. 537 ; 12 juillet 1717, p. 548.

Lorenzo, achevaient de ruiner la santé délabrée de Philippe V.
La fièvre le prit en septembre, et plutôt que de renoncer à son
exercice favori, de rentrer à Madrid pour se soigner, il s'était
installé dans un pavillon de chasse, à une demi-lieue du Pardo.
« Ni le Roi ni la Reine, écrivait Alberoni, le 6 septembre, n'ont
voulu écouter leurs meilleurs serviteurs qui leur conseillent de
se ménager[1]. » Philippe V ne voulut pas même manquer, au
milieu d'octobre, la grande chasse annuelle de San Lorenzo prés
de l'Escurial : déjà la crise avait commencé.

  « Dèpuis huit mois ce pauvre Seigneur donne des signes de
trouble d'esprit. Sa conviction est qu'il va mourir au premier
jour, tantôt d'un mal, tantôt d'un autre Le 4 octobre, il y a
huit jours, il fut pris d'une si noire mélancolie qu'on crut qu'il
allait mourir d'un moment à l'autre. Les instances du confesseur,
du médecin, les miennes ne furent d'aucun effet. Il s'imaginait,
et il n'est pas aujourd'hui désabusé, que sortant à cheval, il avait
été atteint par le soleil à cette partie de la tête où il se croit
malade. A toutes les raisons qu'on lui opposait, il répliquait qu'il
était triste de n'être pas cru, mais que sa mort prochaine le justi-
fierait. Et le fait est que le médecin le voyant maigrir à vue d'œil
est venu me conseiller de ne pas perdre de temps et de prendre
les mesures nécessaires[2]. »

  Et la chasse de continuer toujours, jusqu'au 24 octobre, malgré
l'avis des médecins. Le lendemain, l'accès de mélancolie redou-
blait, et Philippe V se crut pour tout de bon mourant, le 26. Il fit
appeler le confesseur et déclara qu'il voulait faire son testament.
Depuis quatre mois c'était sa pensée fixe, « par l'amour de la
Reine qui l'avait mis en cet état ». Cette fois Alberoni et la Reine
ne s'y opposèrent point. Avertis par les médecins et inquiétés
par leurs avis, ils s'étaient procuré les testaments des rois précédents. Ils avaient écrit à Parme comme toujours, ne cachant
point leur intention d'assurer à Élisabeth Farnèse la tutelle
et la Régence[3]. Et dès le 27 octobre, le duc de Parme avait

  1. Lettre d'Alberoni au duc de Parme. du Pardo, 6 septembre (Arch. Nap.,
Farnesiana, fasc. 59).
  2. Lettre d'Alberoni du 12 octobre, de San Lorenzo (Inid., ibid.).
  3. Lettres d'Alberoni au duc de Parme des 1er et 22 novembre 1717 (Ibid.,
ibid.).

en grande hâte conseillé à Madrid qu'on fît faire à Philippe V
un testament pour parer au cas de folie ou de mort et dans les
deux cas conserver à la Reine le plus d'autorité possible sur
le royaume[1]. Le jour même où cette lettre partait de Parme à
deux heures du matin, le testament était fait, de manière à rassurer
Élisabeth Farnèse sur son avenir, Alberoni sur son œuvre. Bien
qu'ils essayassent en effet de garder leur sang-froid dans la crise,
que l'appétit du Roi demeurât un signe favorable, Alberoni et
sa protectrice avaient eu sérieusement peur : « J'ai besoin,
écrivait-il, d'une assistance spéciale de Dieu pour vivre en présence des circonstances actuelles. »

S'il eût su ce qui se préparait alors au Palais-Royal, d'où on
lui prodiguait les témoignages d'amitié, quelle justification de
ses alarmes! Saint-Aignan, toujours à l'affût de ce qui pouvait le
perdre, avait, dès le 20 octobre, informé le Régent de la crise et
pressé ce prince ambitieux de répondre aux vœux des Espagnols, de toute une nation qui l'appelait à la Régence des deux
monarchies. Il lui apprit, le 27 octobre, la signature du testament
qui semblait présager l'agonie royale. Le duc d'Orléans n'hésita
pas un instant. « Il faut à tout prix exclure la Reine de la Régence
et du gouvernement. La Reine, envers qui je suis bien aise
d'ailleurs de ne manquer en rien à ce que je lui dois, comprendra
qu'il ne serait ni bienséant, ni raisonnable pour elle de se mêler
de l'administration d'un royaume qui appartient à des princes
dont elle est la belle-mère. » Il marqua même l'intention d'en
appeler au roi de Sicile, « dont ces princes sont les petits-fils,
tandis qu'ils sont mes neveux[2] ». Et pour plus de sûreté, quel
que fût le testament arraché à la faiblesse de Philippe V, il
s'apprêta à faire appel aux Grands d'Espagne pour se mettre en
mesure de ruiner la tyrannie italienne, et pour faire des plus
dévoués, les ducs de Veragua et de Las Torrès, l'âme de ce gouvernement national constitué à son profit : « C'est l'avantage des
princes mes neveux aussi bien que le mien. » Le duc d'Orléans

---

1. Lettre du duc de Parme à Alberoni, du 27 octobre (ARCH. NAP., *Farnesiana*,
fasc. 59).

2. Lettres de Saint-Aignan au Régent, 20 et 27 octobre (A. ÉTR., *Esp.*, Supplément, t. 144, f⁰ˢ 294 et 299). — Lettre du duc d'Orléans à Saint-Aignan,
8 novembre 1717 (IBID., f° 301).

avait déjà prouvé à la mort de Louis XIV qu'un testament n'était point un obstacle à ce qu'il estimait de son intérêt.

En ces moments qui pouvaient être décisifs l'ambassadeur de France, serviteur du Régent, fut un véritable chef de parti allant d'un seigneur à l'autre, négociant pour l'un un mariage, pour l'autre une fonction dans la junte où il devait lui-même représenter les Bourbons de France, excitant le peuple comme les autorités de Madrid et les archevêques contre la Reine et les Italiens, désespérant du confesseur, mais embauchant le valet de chambre du Roi. L'armée, comme la diplomatie officielle de la France, devait être employée, sans retard ni réserve, au succès de cette intrigue que le duc d'Orléans aurait eu peine à justifier par l'intérêt de la nation ou le souci de sa propre défense, véritable tentative de guerre civile en Espagne, œuvre toute personnelle de ruse et de force. « J'ai fait avancer, écrivait-il le 29 novembre 1717, 30 bataillons et 50 escadrons du côté de la frontière, à portée d'entrer en Espagne à la moindre réquisition des Espagnols en telle quantité qu'il leur plaira[1]. »

Le premier ministre d'Élisabeth Farnèse, contre qui ce complot s'ourdissait et se poursuivit pendant toute la maladie de Philippe V, écrivait à Parme, le 22 octobre : « Je m'imagine qu'informé de l'état de l'ami (le Roi) le duc Régent pourrait bien changer d'opinion s'il était sincère dans son désir de réconciliation : quel embarras pour les Anglais ! » Le 30 novembre, on lui répondait de Parme : « Le duc d'Orléans n'a pas jusqu'ici changé de sentiment. Il m'a fait savoir dernièrement qu'il m'enverra bientôt un confident qui me fera connaître ses sentiments, et je les ferai parvenir aussitôt à Votre Éminence[2]. »

Vers le milieu de novembre, la cour de Parme avait, en effet, reçu du Régent une lettre datée du 30 octobre, très amicale, très confiante, et propre à confirmer ses espérances. Et quelques jours avant, le premier ministre espagnol recevait de Paris même, et du duc d'Orléans, les mêmes assurances. On le

---

1. Le duc d'Orléans à Saint-Aignan, 18 et 29 novembre (A. ÉTR., *Esp.*, Supplément, t. 144, f° 34 ; t. 145, f° 3).

2. Lettre d'Alberoni au duc de Parme du 22 octobre, et réponse du duc de Parme du 30 novembre (ARCH. NAP., *Farnesiana*, 59).

remerciait, on l'encourageait : « La voie que j'ai prise, lui disait
le Régent, est la marque assurée de la sincérité de mes intentions et je ne puis vous en donner une meilleure preuve qu'en
approuvant, comme je fais, que le marquis de Monti soit chargé
de la relation secrète qu'il est nécessaire d'établir dans la vue
que vous proposez. Je le presserai de partir incessamment pour
se rendre auprès de vous [1]. » Et Monti, en effet, l'ancien lieutenant de Vendôme, un ami pour Alberoni des bons et des
mauvais jours, partit de France au début de novembre 1717.

L'histoire a vraiment peine à se reconnaître au milieu de ces
intrigues, formées dans l'entourage du Régent pour la satisfaction, par des moyens divers et contraires, de ses ambitions en
France, en Espagne. Laquelle de ces brigues prévaudrait auprès
de ce prince accessible à tous les intrigants, incapable jusque-là
d'en suivre ou d'en écarter aucune ? Qui devait l'emporter, de
Peterborough appuyé en secret par les gens de la vieille cour,
la coterie des familles hostiles aux Habsbourg, favorables à
l'alliance espagnole, par d'Huxelles, le duc d'Aumont, par
Monti, l'ami de Vendôme et d'Alberoni ; ou bien de Louville et de
Saint-Aignan, sans compter Boissimène et Longepierre, ligués
à Madrid avec les Grands d'Espagne contre Élisabeth Farnèse et
ses ministres italiens, ou enfin de l'abbé Dubois inclinant avec
les whigs et Stanhope à l'alliance impériale pour assurer avec
les roués du Palais-Royal, Nancré, Nocé et le duc de Saint-
Simon, le trône de France à son ancien élève ? Comment un
contemporain eût-il pu se reconnaître lui-même dans toutes ces
trames mystérieuses, sans le secours des pièces d'archives qui
nous en livrent à peine le secret, un étranger surtout, un ministre
dont on avait intérêt à dérouter la clairvoyance. Les alternatives de soupçon, de défiance, d'illusions et d'espérances que
trahit alors la correspondance d'Alberoni enfiévré par la lutte
commencée contre les Habsbourg, par l'incertitude du sort
réservé à ses projets, à la Reine et à lui-même dans la crise
maladive de Philippe V, ne venaient pas du motif que ses adversaires et les historiens en ont donné. Loin de révéler les dessous

<hr>

[1]. Le duc d'Orléans à Alberoni, 26 octobre 1717 (A. ÉTR., *Esp.*, t. 203, f° 48).

d'une âme double et d'une politique tortueuse, elles furent les hésitations sincères d'un homme d'État aux prises avec une tâche redoutable dont il portait seul le poids, incertain de sa route au travers des brumes que la diplomatie secrète des d'Orléans, des Farnèse et des Hanovre poussait de toutes parts sur l'horizon politique de l'Europe.

Et pourtant, Alberoni ne fut qu'à deux doigts du succès. Le 10 novembre, les hommes de la vieille cour, le maréchal d'Huxelles, le duc de Villeroy, membres du Conseil de Régence, obstinés à détourner le Régent des Habsbourg pour le rapprocher du roi d'Espagne, assez influents pour lui faire peur de l'opinion anti-autrichienne du public français, résolus à ruiner l'œuvre contraire concertée à Londres par l'abbé Dubois, profitant de son éloignement, livraient à l'esprit irrésolu du maître un assaut décisif. Bien qu'ils se défendissent de vouloir la guerre, interdite par l'épuisement des finances de l'État, ils réclamaient avec instance une entente avec l'Espagne, l'abandon des négociations avec l'Autriche, dans l'intérêt même du Régent exposé d'un côté au blâme de la nation, mieux assuré de ses droits pour l'avenir par les promesses du duc de Parme, garant des offres du roi d'Espagne, que par celles de l'Angleterre et des Habsbourg. Le plaidoyer, répandu du Conseil dans le public où l'on commençait de s'échauffer contre l'Autriche, dans les cercles de courtisans toujours attachés au duc d'Anjou fit une grande impression sur le Régent. Quatre jours après, le maréchal d'Huxelles était autorisé à donner la permission de départ à l'ami d'Alberoni, à Monti : n'était-ce point le signe que le duc d'Orléans, abandonnant la négociation de Londres avec l'Autriche, préférait demander à Philippe V et à son ministre, contre la satisfaction plus ou moins étendue de leurs espérances italiennes, le succès de ses droits et de ses prétentions ?

L'abbé Dubois en eut, du moins, à Londres où il se préparait à négocier avec Pentenridter arrivé de Vienne après un long retard, le pressentiment ou l'avis. Ses affidés, attentifs à le renseigner sur les gestes du Régent et les décisions du Conseil, Nancré, Nocé, Torcy lui-même, à Paris, avaient suivi pas à pas la campagne menée depuis un mois par la coterie espagnole. L'inquiétude de l'abbé, au début de novembre, permet de mesurer les chances de succès de ses adversaires et d'Alberoni. Le 11 novembre, il écrivait de Londres au duc d'Orléans, pour le ramener à son intrigue, à ses desseins, une lettre indignée, pressante, à la fois éloquente et familière [1]. Il lui faisait peur des prétentions du roi Philippe V à la Succession de France, des manèges et de la mauvaise foi d'Alberoni, des trahisons de la cour qui conspirait avec les Bourbons de Madrid contre ses intérêts et ses espérances : « En vérité, Votre Altesse Royale est trop trahie... Monseigneur pleurera des larmes de sang, s'il perd cette occasion qui est la seule qui pouvait le rendre indépendant et sauver le royaume... Ce serait une gloire mal placée que de vouloir être le libérateur de l'Italie... Vous perdrez vos alliés, et si la Succession de France s'ouvre pendant cette guerre, vous vous trouverez sans ressources, au dedans, au dehors, au dehors parce que vous n'aurez plus d'alliés et que vous n'oserez appeler vos amis nouveaux qui prétendent avoir plus de droits que vous et que l'on invitera et forcera de l'accepter. Préparez un ton suppliant, car vous aurez bientôt à demander la paix au cardinal Alberoni [2]. »

En face de ce plaidoyer véhément qui trahit les angoisses de son auteur, il faut placer la lettre écrite presque simultanément, le 8 novembre, par Alberoni au duc d'Orléans, appel non moins passionné, non moins pressant. « Il faut faire ses efforts et prendre toutes ses résolutions avec la supériorité d'âme néces-saire et considérer que la conjecture présente peut assurer le repos de l'Europe, les convenances de la France, celle de Votre Altesse Royale, points si importants qu'ils méritent la plus grande attention, et surtout cette réflexion que l'on est sûr de remporter l'applaudissement de tout le monde, particulièrement celui de la nation française que Votre Altesse Royale connaît mieux que moi.

« Si Votre Altesse Royale ne prend pas actuellement ce parti, le

1. Voir notre tome Ier, *Le Secret du Régent*, p. 257 à 260.
2. Lettre de Dubois au Régent, le 17 novembre 1717 (A. ÉTR., *Ang.*, t. 302, f° 195).

sèul honorable et avantageux, il peut arriver qu'elle soit obligée
par les engagements qui se préparent d'en prendre d'autres très
périlleux, déshonorants, et de mettre en risque l'honneur, la
gloire et les propres intérêts de Votre Altesse Royale. Je la
supplie de me pardonner cette liberté de parole et de croire, s'il
lui plaît, qu'elle ne vient que d'un cœur dévoué[1]. »

A partir de ce moment, critique pour la fortune d'Alberoni
comme pour l'œuvre de Dubois, le duc d'Orléans fut en définitive
le maître de décider entre les deux hommes, entre les deux
systèmes, entre le secret des Farnèse qui le rapprochait de
l'Espagne, entre les intrigues du Hanovre qui l'associaient aux
ambitions de l'Empereur. Quand l'abbé Dubois, le 24 novembre,
résolut de quitter Londres, pour venir plaider en personne, au
Palais-Royal, une cause qu'il ne sentait pas encore gagnée par
ses lettres les plus vives, le duc d'Orléans avait pris sa décision, et avait conclu, à la demande de l'Angleterre, en faveur
des Habsbourg.

Le cardinal, désigné désormais comme la victime du système
qui triomphait à Paris, avait alors très bien aperçu les
motifs de la conduite du Régent. En annonçant l'arrivée prochaine de son ami Monti, il écrivait à Parme le 29 novembre :
« Je crains bien qu'il y ait peu à espérer de sa négociation par
l'idée que le duc d'Orléans se sera faite de la santé précaire du
Roi[2]. »

Depuis le début de novembre, la maladie de Philippe V
se prolongeait : ce fut une crise de six mois. Le Roi s'était
repris à vivre physiquement d'une manière normale. Il accomplissait à peu près ses fonctions royales, il chassait. Mais
l'esprit chancelait : toutes les nuits renouvelaient ses terreurs de
la mort. Le confesseur avait plus à faire que le médecin. Le duc
d'Orléans pouvait-il, contre l'Europe favorable à l'Empereur,
contre la puissance même des Habsbourg, s'appuyer sur un
souverain misérable, impuissant à gouverner son royaume et

---

1. Lettre d'Alberoni au duc d'Orléans, 8 novembre 1717 (A. ÉTR., *Esp.*, t. 263,
f° 85).
, 2. Lettre d'Alberoni au duc de Parme, 29 novembre 1717 (Arch. Nap., *Farnesiana*, 59).

sa raison, et régler ses ambitions sur les promesses fragiles de
la Reine et du ministre, dont l'autorité demeurait précaire? « La
personne du Roi, écrivait à cette époque Alberoni, m'a donné
plus de mal que ses intérêts. La Reine souffre le martyre[1]. »

L'instrument que depuis quatre ans les politiques et les princes
de Parme avaient aiguisé, s'émoussait au moment de l'opération
décisive : au service de leurs ambitions et de l'Italie, ils avaient
pensé employer un roi d'Espagne, capable d'en imposer aux
Habsbourg et à l'Europe. L'Espagne par leurs soins avait
retrouvé alors des forces : elle n'avait plus de Roi. « Nous pour-
suivons, écrivit Alberoni à Parme le 8 janvier 1718, le projet que
connaît Votre Altesse. Espérons, puisqu'il n'y a plus à compter sur
le duc Régent, que Dieu fera surgir quelque accident de nature à
ramener les Puissances à la défense du bien public. J'ai fait le
métier de la guerre : j'y ai vu le succès favoriser la hardiesse, et
qu'il faut laisser place au hasard[2]. »

En frappant d'impuissance le roi d'Espagne, la Providence ou
le sort, que l'abbé plébéien, fils de paysans, habitué aux orages et
toujours résigné, n'a jamais distingués, s'étaient prononcé contre
l'entreprise de l'Espagne, contre les projets qu'il avait formés
pour la soutenir après l'avoir déconseillée. Tant de fois déjà, dans
sa longue carrière accidentée, Alberoni avait reçu de ces coups
imprévus ! Ils ne l'avaient jamais empêché de reprendre la tâche
interrompue, avec sa devise habituelle « tempo è patienzia ».
L'espoir lui restait de venir en aide avec l'aide du roi d'Espagne
à l'Italie et aux Farnèse, de les délivrer des Allemands. Il écrivit à son ami Rocca : « Le système établi par la paix d'Utrecht
ne permettait pas à l'Italie d'espérer un long repos. Elle souffre
de maux, contre lesquels des palliatifs sont insuffisants : il y fallait
des remèdes spécifiques, le fer et le feu. Prions Dieu que le mal
ne soit pas incurable et préparons-nous à souffrir, avec l'espoir
probable d'obtenir la guérison nécessaire[3]. »

1. Même lettre d'Alberoni, du 8 janvier 1718 (ARCH. NAP., *Farnesiana*, 59).
2. Lettre d'Alberoni au duc de Parme, 8 janvier 1718 (IBID., *ibid.*).
3. Lettre d'Alberoni à Rocca, janvier 1718.

CHAPITRE II

LES FARNÈSE ET L'EUROPE : LA GUERRE OU LA PAIX

A MADRID ET A PARME

La guerre, allumée dans la Méditerranée par l'expédition de Sardaigne en 1717, menaçait de s'étendre, au printemps de 1718, en Italie où devaient fatalement se régler la rivalité toujours ouverte des Habsbourg et des Bourbons d'Espagne, le conflit de leurs rancunes et de leurs ambitions.

Nul prince ne souhaitait plus cette guerre dans la péninsule que le souverain de Parme. Chaque lettre qu'il envoyait à Madrid pendant l'hiver de 1717 fut un appel pressant à Philippe V, à son ministre, presque un ordre d'agir sur tous les points de l'Italie à la fois. Il signalait les mesures offensives des Impériaux, l'envoi incessant de troupes allemandes dans la vallée du Pô, les contributions levées sur les petits États, les alliances de l'Autriche avec le duc de Modène et Lucques, l'occupation de l'Apennin et des Présides, et particulièrement à Naples, la saisie des bénéfices pontificaux destinée à l'entretien d'un corps d'occupation. Dès la fin de novembre 1717, les Farnèse auraient voulu que l'Espagne s'emparât à la fois de Naples, de Livourne, de Gênes. Ils réclamèrent à Philippe V de l'argent et des troupes pour résister à l'Autriche et l'invitaient à s'assurer le concours du roi de Sicile qui seul pouvait permettre une entreprise en Lombardie. « Aucune négociation, aucun accommodement ne sera acceptable si l'on ne permet pas au roi d'Espagne, tout de suite et sans délai, de reprendre pied en Italie : c'est le seul moyen de rendre le repos à la péninsule et l'équilibre à l'Europe. C'est le point essentiel sur lequel on ne doit jamais céder [1]. »

1. Lettres du duc de Parme à Alberoni, *passim*. (Arch. Nat., *Farnesiana*, 59).

Serviteur des Farnèse avant tout et toujours, le cardinal employait donc l'hiver moins en négociations qu'en préparatifs de guerre. Dès le mois de décembre, il déclarait que l'Espagne disposerait d'une escadre de trente bons vaisseaux, d'un corps expéditionnaire de 20,000 hommes avec un train d'artillerie de cent cinquante canons. « Votre Altesse me presse, disait-il le 31 janvier 1718, d'entrer en campagne de bonne heure. Elle sera contente de moi, et l'Empereur obligé, au risque de perdre la péninsule, de faire passer des armées en Italie[1]. »

Ce n'étaient point de vaines paroles. « Véritable roi d'Espagne, absolu et seul », dit Saint-Simon, il avait du moins toute la tâche et obtenait de ses collaborateurs bien choisis, de Patino et de ses trois secrétaires entraînés par son énergie, des efforts qui étonnaient. Cette activité plaisait à Philippe V plus que jamais incapable, à Élisabeth Farnèse obligée de défendre sa situation menacée par la maladie de son mari. Ce fut le moment et la cause des faveurs les plus grandes qu'Alberoni ait reçues à Madrid, après le chapeau l'évêché de Malaga, le 13 novembre; l'archevêché de Séville, le 21 novembre; l'administration de l'évêché de Tarragone, le 3 janvier 1718, dont les riches revenus devaient lui servir à établir ses neveux et nièces, à se procurer dans son pays un domaine seigneurial.

Cette fortune prodigieuse n'aveuglait point, comme on l'a dit, l'homme d'État italien sur les risques de l'entreprise où il se savait, depuis le début et malgré lui, engagé. Aux Farnèse, il ne cachait pas ses inquiétudes. Depuis que le duc d'Orléans avait repoussé l'entente avec l'Espagne négociée par la cour de Parme, il savait ce prince à la veille de s'engager davantage avec Georges Ier de Hanovre et les whigs, amis de l'Empereur. Il n'ignorait plus que le roi de Sicile, instruit de l'isolement de l'Espagne, ne prendrait pas son parti contre les grandes puissances de l'Europe. Déjà, l'Angleterre menaçait de mettre sa marine au service des Habsbourg; elle avait rappelé de la Baltique en octobre 1717 sa flotte et son principal chef d'escadre, le chevalier Byng, et se disposait à des armements qui, dès le

---

1. Lettre d'Alberoni au duc de Parme, 31 janvier 1718 (ARCH. NAP., *Farnesiana*, 59).

mois de février 1718, n'échappaient pas à la vigilance d'Alberoni.
Si la Turquie consentait après ses défaites en Hongrie à une paix
dont les Vénitiens, moins heureux que l'Empereur, lui conseil-
laient la prompte conclusion, Charles VI, libre de faire descendre
ses armées des plaines du Danube, soutenu par l'Angleterre,
approuvé par la France, pouvait chercher à reprendre sans trop
d'efforts en Italie, sur l'Espagne isolée, une revanche décisive
de la perte de la Sardaigne.

Le cardinal ne se faisait donc aucune illusion sur les conditions de la guerre prochaine. Docile aux désirs de la cour de
Parme, il lui promettait, le 22 mars 1718, une action vive et
prompte, mais il ajoutait : « Pour votre gouverne, sachez que l'Espagne entrera seule en danse : car il est sûr que l'Empereur
sera appuyé d'une flotte anglaise dans la Méditerranée. Et voilà
le Roi repris de ses vapeurs et de ses malheureux scrupules[1]. »
Il pressentait déjà, par moments, que l'Espagne et lui-même
paieraient seuls les frais de cette guerre italienne réclamée
par les Farnèse.

Les Habsbourg, en effet, se préparaient à en tirer tout le
profit possible. Depuis que leurs insolences en Italie et leurs
provocations avaient poussé Philippe V et les Farnèse à l'attaque, la fortune souriait à leurs généraux vainqueurs des Turcs,
à leurs hommes d'État maîtres désormais de la paix en Orient,
fondés à se promettre l'appui du Hanovre, de l'Angleterre et de
la France avec le Régent. « Le naturel des Allemands, écrivait
Alberoni en septembre, est d'être insolents et insupportables
dans la prospérité : ils devraient pourtant réfléchir que la fortune est par nature même capricieuse et qu'il n'y a rien d'assuré
dans les choses sublunaires[2]. » A voir les exigences apportées à
Londres par l'ambassadeur impérial Pentenridter, au mois de
novembre, il semblait que l'Europe dut être à leurs ordres et
l'Italie à leur merci, par droit de conquête. L'Empereur annonçait la prétention d'occuper, sans même garantir l'Espagne à
Philippe V, les îles de Majorque et de Sicile, de se réserver la
Toscane, d'agrandir aisément ses domaines italiens, de se tout

---

1. Lettre d'Alberoni au duc de Parme, 22 mars 1718 (ARCH. NAP., *Farnesiana*, 59).
2. Lettre d'Alberoni à Rocca, 20 septembre 1717, p. 554.

faire donner par l'Angleterre et par la France. Le 31 décembre 1717, la conférence des ministres à Vienne escomptait tran-
quillement la complaisance des whigs et de l'abbé Dubois. Elle
poussait les alliés de Charles VI à humilier, dépouiller le roi
d'Espagne[1]. Il est certain que les ambitions et les conditions de
l'Autriche alors justifiaient les craintes et les résistances des
princes italiens et d'Alberoni.

En principe, les ministres de Georges Ier et le confident du
duc d'Orléans, l'abbé Dubois, avaient admis la nécessité de
satisfaire d'abord les Habsbourg. Leur intention n'avait pas
changé d'y obliger Philippe V. Mais la question délicate était
pour eux de savoir si on l'y obligerait par persuasion ou de force.
Outre que ni en Angleterre ni en France, on ne souhaitait le
renouvellement et les charges d'une guerre européenne, Sunderland et Stanhope craignaient un engagement avec l'Espagne
où ne participeraient pas les autres puissances maritimes, parce
que le commerce anglais en souffrirait, et qu'elles en profiteraient.
Ils devaient aussi savoir combien la France aurait de répu-
gnance, et le duc d'Orléans de peine à s'engager contre Philippe V au profit de l'Empereur. Ces motifs avaient déterminé
les cabinets de Londres et de Paris à préférer, encore après
l'entreprise de Sardaigne, les voies pacifiques, à offrir à Madrid
leur médiation, à se faire persuasifs, aimables plutôt que
menaçants. A aucun prix ils n'auraient rompu avec l'Empereur :
ils préféraient ne pas rompre ouvertement avec l'Espagne.

La résistance de Philippe V à leurs offres malgré tout intéressées avait dérangé ces calculs. Il n'avait servi de rien à
Stanhope d'envoyer à Madrid son parent et son confident, le
colonel Stanhope, d'offrir à Élisabeth Farnèse les successions de
Parme et de la Toscane pour ses enfants. Le représentant de
Georges Ier n'avait fait ce long voyage que pour entendre Alberoni
lui reprocher des traités contraires au bien public, aux intérêts
de l'Angleterre, réglés par l'amitié servile de son Roi allemand
envers l'Empereur, amitié inutile aux Anglais et qui pouvait leur
devenir funeste par la ruine de leur commerce dans la péninsule.

---

1. Referat von 11 Januar 1718, über die Conferenz Sitzung vom 31 dezember
1717 (WIEN STAATSARCH., dans Weber, *Die Quadrupel Allianz*, p. 56).

Les reproches d'Alberoni ne pouvaient convaincre des ministres qui, comme les whigs et Stanhope, avaient établi leur fortune politique sur les ambitions du prince hanovrien, subordonnées en partie aux exigences de l'Empereur. Stanhope avait négligé toute objection : le 22 novembre 1717, il offrit aux Habsbourg le projet d'une alliance favorable à leurs ambitions italiennes, ébauche de la coalition anti-espagnole qu'ils espéraient[1]. Le 17 décembre, l'abbé Dubois avait emporté du Palais-Royal et rapporté à Londres l'adhésion du duc d'Orléans au projet d'accord avec l'Empereur[2].

Au début de 1718, tandis que le roi d'Espagne excité et poussé par les Farnèse, seul en Europe et malade se disposait à poursuivre ses entreprises, son rival Charles VI s'assurait la paix en Orient, le concours des princes qui disposaient de l'Angleterre et de la France, au prix d'une Renonciation à la couronne d'Espagne onéreuse uniquement à sa vanité, et avec la promesse d'acquisitions nouvelles et fructueuses en Italie. Fallait-il que la cour de Vienne fût entêtée de ses droits, sûre de sa force et de son crédit pour avoir délibéré trois mois, de février en avril 1718, sur l'opportunité de la paix avec le Sultan, sur les conditions d'une alliance offerte de Londres par les ministres de Georges et les serviteurs du duc d'Orléans? C'est ce que l'abbé Dubois appelait dans son impatience le préjugé autrichien, politique hautaine et maladroite de défis et de marchandages qui faillit faire tout perdre à l'Empereur obstiné à vouloir tout gagner et tout exiger.

Comme elles avaient provoqué la guerre en 1717, les exigences de l'Autriche fournirent en effet à l'Espagne la dernière occasion de l'éviter. Si le duc d'Orléans s'était décidé, pour assurer ses droits, à prendre ses sûretés de préférence à Vienne et à Londres, il avait envisagé toutes les conséquences de sa décision, les inconvénients comme les avantages. Chef d'une nation qui avait lutté deux siècles pour arracher aux Habsbourg l'héritage de Charles-Quint et installer un Bourbon en Espagne, il se voyait exposé

---

1. Dépêche de Pentenridter adressée à Vienne, le 23 novembre 1717 (WIEN STAATSARCH., Weber, *Die Quadrupel Allianz*, p. 51).
2. Voir notre premier volume, *Le Secret du Régent*, p. 264 à 267.

au reproche d'une alliance qui allait démentir brutalement une
longue tradition d'efforts, de sacrifices et d'espérances. Si
l'intérêt de la France n'était plus une fidélité aveugle à cette
tradition, il n'était pas davantage dans le consentement que le
duc d'Orléans donnait pour elle, sans l'avertir, aux entreprises
ambitieuses, à l'offensive de la cour de Vienne. Ses propres
aveux ont conservé à l'histoire les preuves de l'embarras, du
remords qu'il éprouvait à servir, pour son intérêt seulement, les
Habsbourg. « Toute difficulté serait levée s'il paraissait plus
d'égalité : on commence à prendre à l'Espagne de force la Sardaigne, et elle pourra dire qu'on ne lui offre rien que ce qu'elle
a naturellement par le traité d'Utrecht. Faudra-t-il en venir à des
hostilités contre le roi d'Espagne pour lui faire rendre la Sardaigne ? Je sais bien que mon intérêt personnel ne s'oppose
point à cette inégalité. Mais je suis Régent de France, et je dois
me conduire de façon qu'on ne puisse pas me reprocher de
n'avoir songé qu'à moi[1]. »

La diplomatie secrète du Régent, dès qu'elle prit contact avec
les Habsbourg, devait s'efforcer de cacher aux Français les
concessions réclamées de Londres et de Hanovre en faveur de
l'Empereur, échange avantageux en Italie, et contrainte morale
ou réelle sur Philippe V. Elle avait présenté son œuvre comme
une intervention pacifique, un règlement impartial où les souverains d'Espagne auraient leur compte aussi. Et ce fut d'abord
la Sardaigne, puis l'expectative, à défaut d'une cession immédiate, des duchés de Parme et de Toscane que le duc d'Orléans
avait exigées des alliés de Westminster en faveur de Philippe V
et d'Élisabeth Farnèse. Les ministres de Georges Ier s'étaient
prêtés d'assez bonne grâce, pour garantir à leur maître la
Succession d'Angleterre, à cette tactique. Les Habsbourg, au
contraire, refusaient tout au roi d'Espagne, la Sardaigne bien
entendu, mais aussi la Toscane. En vain, pour leur faire entendre
raison, Stanhope et l'abbé Dubois, plus que jamais unis et auto-
risés par leurs maîtres, avaient-ils expédié à Vienne un agent
sûr et adroit, le chevalier Schaub, en février 1718. « Ce que je

---

1. Le Régent à Dubois, 17 et 24 janvier 1718 (A. ÉTR., *Ang.*, t. 314, f°s 88 et
181).

crains, écrivait Dubois, c'est l'article de la Toscane. » La cour de Vienne se montrait intraitable. « Après tout, disait le Régent à ce moment, il me tournerait mieux à compte de ne point m'allier à l'Empereur que de me perdre parmi tout le général de la nation française, sans lequel je n'aurais pas le royaume malgré tous les traités passés avec les puissances étrangères [1]. »

Plus l'Empereur maintenait ses exigences, plus à Londres et à Paris l'obligation se fit sentir de ménager et de bien traiter le roi d'Espagne. Stanhope se laissa arracher par l'abbé Dubois, en novembre, l'offre de restituer Gibraltar à Philippe V, l'une des meilleures preuves que le Régent pût donner, au delà et en deçà des Pyrénées, de ses efforts inlassables pour le bien de la paix, de sa sollicitude pour les Bourbons d'Espagne [2]. En outre, pour porter cette offre à Madrid, le duc d'Orléans choisissait, en janvier 1718, un de ses familiers, capitaine des gardes suisses, parent de Chamillart, le marquis de Nancré. L'intransigeance de l'Autriche semblait encore une fois rapprocher le Régent et l'Espagne. « On dirait, notait Alberoni le 24 janvier, qu'il se prépare à nous satisfaire. Il faut le presser du côté qui l'intéresse le plus [3]. » La mission de Nancré parut d'abord à Madrid une promesse : c'était tout au moins une dernière trêve avant l'engagement décisif.

La tâche confiée à Nancré par le duc d'Orléans au printemps de 1718 était vraiment une besogne délicate. L'ambassadeur d'Espagne, Cellamare, le lui disait sans détours, et l'on comprend qu'il ait retardé son départ jusqu'au mois de mars 1718, pour prendre toutes ses mesures et s'éclairer à loisir. Serviteur depuis six mois de la diplomatie secrète qui peu à peu entraînait la France à l'alliance des Habsbourg, et complice de l'abbé Dubois qui avait détourné le Régent d'une entente avec Alberoni, Nancré devait avant tout, en abusant Philippe V et son ministre sur les progrès de la coalition formée contre eux, leur faire croire au zèle du Régent pour les intérêts de l'Espagne et

---

1. Voir notre premier volume, *Le Secret du Régent*, p. 274 et 275.
2. Wiesener, *Le Régent, l'abbé Dubois*, II, p. 123 et 124.
3. Lettre d'Alberoni au duc de Parme, 24 janvier 1718 (Arch. Nat., *Farnesiana*, fasc. 59).

d'Élisabeth Farnèse[1]. Il lui fallait une véritable adresse pour présenter à Madrid, comme les effets d'une amitié active et désintéressée, les offres d'avantages qui, en réalité, masquaient et préparaient des exigences pénibles à l'orgueil de Philippe V et réglées par les ambitions des maisons d'Orléans, de Hanovre et de Habsbourg. Les instructions du diplomate avaient été rédigées par Dubois sous deux formes différentes, l'une destinée à être montrée aux Anglais et connue de l'Empereur, l'autre trop favorable à l'Espagne pour qu'on la leur montrât. Elles lui prescrivaient d'autre part de ne révéler à Philippe V qu'à la dernière extrémité les articles secrets de la négociation engagée à Vienne, et l'alliance anglaise. Jamais encore le duc d'Orléans, aussi pressé d'assurer son avenir qu'inquiet de le compromettre, n'avait demandé à ses confidents autant en fait de manèges, d'intrigues et même de mensonges[2].

Dès que Nancré parut à Madrid, le 23 mars, la tâche et le mensonge parurent plus difficiles encore. Ses amis l'avaient averti qu'il trouverait dans le cardinal un interlocuteur vif et emporté. Les souverains espagnols attendaient la délivrance prochaine de la Reine et ne purent le recevoir. Le premier contact entre Nancré et Alberoni eut lieu le 25 mars, et il fut violent : « Son Éminence a des emportements jusqu'à la fureur qui ne se peuvent dépeindre, surtout en ce qui concerne la garantie des traités d'Utrecht[3]. » On comprend que le cardinal se révoltât aux premières paroles de Nancré. S'il n'avait pas connu la longue intrigue formée par le Régent avec la cour de Vienne, il aurait pu, comme au mois de décembre et de janvier, accueillir, avec doute mais avec sympathie, ses protestations d'amitié et ses déclarations pacifiques. On avait compté, au Palais-Royal, sur le secret et le mystère pour se garder le droit et le moyen d'engager la conversation avec Madrid. Le mystère était dévoilé quand l'entretien commença.

1. Instructions pour M. de Nancré, 25 février 1718 (A. ÉTR., *Esp.*, t. 268, f° 23).
2. Les deux textes aux A. ÉTR., la pièce secrète, *Angleterre*, t. 315, f°ˢ 38 à 53, et l'autre au fonds *Espagne*, t. 268, f° 23-71 — dans Morel Fatio et Léonardon, *Instructions d'Espagne*, II, p. 283 et suivantes
3. Lettre de Nancré au Régent, 28 mars 1718 (A. ÉTR., *Esp.*, t. 268, f° 203).

Par ses agents de Londres, par Monteleone et Cellamare, Alberoni se trouvait renseigné depuis un grand mois sur la diplomatie
du souverain de Hanovre et du duc d'Orléans, sur leurs concessions et leurs offres à l'Empereur. « Votre ministère, disait alors
Alberoni à l'envoyé d'Angleterre, son ancien ami, n'est plus
anglais, mais allemand. Il s'est donné à la cour de Vienne[1]. » Il
allait faire honte à Nancré d'avoir accepté une commission qui
tendait, au profit des Habsbourg, à brouiller jusqu'à une guerre
possible la France et l'Espagne. Est-ce que l'agent anglais
chargé de porter à Vienne le projet élaboré à Londres, est-ce que
Stair, l'ambassadeur anglais à Paris, ne se vantaient point en
public de mettre prochainement à la raison le roi d'Espagne?
N'expliquaient-ils pas l'envoi de Nancré à Madrid par la nécessité d'y porter l'ultimatum des alliés de l'Empereur? Et le confident de Dubois, Chavigny, n'écrivait-il pas alors : « Il faut agir
sur l'Espagne, la foudre dans une main, la Toscane et Gibraltar
dans l'autre ? » Dissimulée par des assurances d'amitié, la
contrainte prenait des apparences de trahison. Elle devait provoquer à Madrid des résistances et des colères.

La colère d'Alberoni fit place bientôt aux explications qui du
moins purent être franches, et naturellement furent longues :
trois jours, à dix heures par jour. L'impression générale en a été
conservée dans les témoignages des deux interlocuteurs, qui
concordent. « Le marquis de Nancré, écrivait Alberoni le
28 mars, m'a enfin exposé le grand projet qui consiste en
une promesse pour l'avenir, de Parme avec la garantie, la caution
de l'Angleterre et de la France et l'installation, si Votre Altesse
y consent, de garnisons espagnoles dans ses places. Même
promesse pour la Toscane, avec cette réserve que les Anglais
prétendent restaurer à Livourne et à Pise l'état républicain indépendant. Votre Altesse avouera que ce projet est fou, chimé-
rique. Il m'a suffi de l'entendre pour dire que le duc se trompait, s'il croyait la Reine capable d'une telle perfidie que de
consentir à déposséder son père de ses États[2]. » Nancré écrivait le

---

1. Coxe, *Bourbons d'Espagne*, II, p. 410.
2. Lettre d'Alberoni au duc de Parme, 28 mars 1718, Arch. Nap., *Farnesiana*, 59,
dépêche qui a été interceptée par Torcy et reproduite dans Saint-Simon (XV, p. 41).

même jour au Régent, qu'après avoir dissuadé le cardinal dans les termes les plus forts de toute espérance de désunion entre la France et les Anglais, il lui avait offert la totalité des successions italiennes et des garnisons de sûreté, le moyen le meilleur de brouiller l'Empereur et les Anglais, principal objet que le duc eût en vue. « Projet de visionnaire, avantages illusoires, avait répliqué Alberoni. Le prince de Parme avait quarante-deux ans, son frère le prince Antoine, trente-sept. Ils pouvaient se remarier : un projet de mariage était sur le tapis pour le dernier. Le grand-duc de Toscane était vieux, mais le prince Gaston était de l'âge du duc de Parme. Et puis ces souverains accepteraient-ils des garnisons? Était-il convenable et délicat pour la Reine d'escompter ces successions? C'est le cas horrible du *votum captandæ successionis*[1]. » Alberoni avait conclu par l'essentiel : « et la Sardaigne, qu'en ferait-on? » Nancré aussi : « Gibraltar restitué à Philippe V, la Régence assurée à Élisabeth Farnèse, ne seraient-ce pas de belles compensations[2]? »

Entre adversaires comme entre amis, il est toujours utile de s'expliquer. La franchise, même brutale, du cardinal, et les bonnes grâces de Nancré parurent très vite rapprocher les deux confidents de Philippe V et du Régent. Soit qu'il eût été avant son départ circonvenu à Paris par le parti de la cour favorable à l'Espagne, par le maréchal d'Huxelles et sa coterie, soit qu'il fût disposé aux concessions exigées par le succès de sa mission, le marquis de Nancré ne tarda pas à reconnaître et à excuser les justes susceptibilités de Philippe V. « Je vois bien, lui disait Alberoni, la différence de langage entre les Anglais et vous. » On la voit aussi bien dans la lettre envoyée par Nancré au Régent, dès le début d'avril[3] : « Le comte de Stair répondrait en deux mots, que je ne suis venu ici que pour user de contrainte. J'aurais pourtant cru qu'il eût mieux valu pour Son Altesse

---

1. Lettre de Nancré au duc d'Orléans, 23 mars 1718 (A. ÉTR., *Ang.*, t. 316, f° 150).

2. Lettres de Nancré au duc d'Orléans du 23 et du 28 mars 1718 (A. ÉTR., *Esp.*, t. 268, f° 203).

3. Lettre de Nancré au Régent, 2 avril 1718 (A. ÉTR., *Esp.*, t. 269, f° 2.

Royale, de toutes façons, que l'Espagne eût accédé volontairement. Et si les conditions favorables à l'Empereur n'avaient eu une apparence trop partiale de la part des médiateurs, l'Espagne ne se fût pas fait tirer à quatre pour accepter. » Nancré ne laissait pas espérer à Philippe V, quand il le vit, que le Régent pût jamais se séparer des Anglais; il ne lui refusait pas non plus d'être l'interprète de ses griefs et de ses désirs. Grande colère de l'abbé Dubois qui l'accusa de patricotage, après lui avoir reproché seulement de s'être laissé jeter de la poudre aux yeux par Alberoni. Le fait est que très vite Nancré parut prendre fait et cause pour le roi d'Espagne, et se disposer, à la grande joie des Farnèse et de Peterborough, à reprendre l'essai d'entente entre les Bourbons, interrompu par les négociations de Londres et de Vienne.

Inversement, Alberoni subit très vite son influence et ses conseils pacifiques. Dès le 28 mars l'envoyé du duc d'Orléans constatait avec le nonce que le cardinal était beaucoup moins entêté de la guerre qu'on ne le disait. Il répétait, le 18 avril : « au risque de passer pour un innocent, je crois le cardinal sincèrement disposé à la paix[1] ». La valeur du témoignage de Nancré a été contestée par Dubois et ses amis qui ne l'accusaient plus de naïveté, mais de trahison. Peut-on récuser de même les lettres écrites à ce moment par Alberoni à ses maîtres de Parme? N'oublions pas qu'il parlait à des princes impatients de la reprise des opérations militaires en Italie, que de Parme ils lui écrivaient à l'approche du printemps, le 28 février : « Il est temps désormais que l'action commence. Je me confie à votre prudence et à votre activité[2]. » Après ses entretiens avec Nancré, en présence de l'offre ferme qu'il apporta de laisser des garnisons espagnoles à Parme et à Florence, le serviteur des Farnèse compta sur cette garantie qui dépendait d'eux pour les désarmer, et pour désarmer. « J'ai peur, écrivait-il le 28 mars, si nous commençons les hostilités, d'attirer sur Votre Altesse une vengeance de l'Empereur, dont elle se préservera difficilement. » Il ajoutait : « Si l'Espagne est obligée de subir ces dures lois, que Votre

---

1. Lettre de Nancré au Régent, 18 avril 1718 (A. ÉTR., *Esp.*, t. 269, f⁰ˢ 117-135).
2. Lettre du duc de Parme à Alberoni, 28 février 1718 (ARCH. NAP., *Farnesiana*, 59).

Altesse me tasse savoir s'il lui convient de recevoir en ses États une garnison espagnole. »

Il lui montrait les avantages supérieurs aux inconvénients, pour obtenir son consentement qui eût assuré la paix. Voici enfin sa lettre décisive du 5 avril : « Dieu sait mon désir de servir Votre Altesse, mais quel conseil donner dans des conjonctures aussi délicates, aussi scabreuses ? J'ai déjà dit à Votre Altesse que la France ne veut pas entrer dans la danse. Il me paraît difficile d'y faire entrer l'Espagne seule pour la conquête du royaume de Naples impossible à conserver. Par conséquent se plier à la nécessité me semble le seul parti à prendre, en inclinant à quelque accommodement que proposent les médiateurs. Mais leurs Majestés encouragées par nos vastes préparatifs, par les dispositions favorables des peuples et leurs adresses venues de toutes parts considéreraient comme un acte de lâcheté ou de faiblesse l'abandon d'une entreprise si notoire, de sorte que mes réflexions n'ont pas trouvé jusqu'ici la moindre approbation [1]. » Est-il besoin d'ajouter à cette déclaration si nette le commentaire que l'envoyé de Victor-Amédée adressait à la même date à la cour de Turin sur les dispositions d'Alberoni favorables à la paix, défavorables à son maître [2] ?

Cette rencontre d'Alberoni et du marquis de Nancré associés dans un dernier effort pour la paix et la réconciliation des Bourbons n'a point paru digne aux historiens d'un examen attentif. Et pourtant elle fut, au début du mois d'avril 1718, le moment critique où se réglèrent les destinées de l'Europe, où se décida la fortune du cardinal avec l'offensive espagnole, et d'autre part celle de l'abbé Dubois avec l'adhésion de l'Empereur à ses projets de médiation concertés à Londres auprès de Stanhope. Une dernière occasion s'était offerte à Alberoni d'abandonner des entreprises engagées contre son avis. Il ne l'avait point négligée : elle lui échappa, quand il s'efforçait encore de se rattacher à cette suprême ressource.

---

1. Lettres d'Alberoni à Parme des 28 mars et 5 avril 1718 (ARCH. NAP., *Farnesiana*, 59).

2. *Relazione sulla Corte di Spagna*, dans Carutti, *Mémoires de l'Académie de Turin*, 1861, p. 151.

Le 4 avril 1718, l'empereur Charles VI avait réuni ses ministres en une conférence solennelle, appelée à décider de l'alliance offerte par Georges Ier et le duc d'Orléans. A Vienne jusque-là on s'était montré hautain et opiniâtre, opposé à toute concession. Et pendant tout le mois de mars les ministres impériaux avaient résisté aux demandes des whigs et de l'abbé Dubois. Les arguments des Alliés, leurs sollicitations pressantes au prince Eugène n'avaient point eu raison de leurs exigences. La crainte pourtant de perdre la Sicile, un bel échange, quand la Sardaigne était déjà perdue, et de rejeter dans l'alliance espagnole le duc d'Orléans, la Hollande peut-être à sa suite avait fini par triompher à Vienne des hésitations et des résistances : le 4 avril, le comte de Sinzendorff l'annonça au nom de son maître à l'envoyé d'Angleterre, Saint-Saphorin. Quelques jours après à Paris Kœnigsegg, à Londres Pentenridter le répétaient officiellement au Régent de France, au roi d'Angleterre. Ce ne fut pas sans réserve d'ailleurs, comme ça n'avait pas été sans résistance, que les Habsbourg toujours attentifs à maintenir les droits de leur orgueil, avaient cédé. Ils n'avaient consenti à Élisabeth Farnèse la promesse de Parme et de la Toscane que si les Farnèse déclaraient les duchés fiefs impériaux ; leur refus d'y laisser venir des garnisons espagnoles trahissait leur arrière-pensée [1].

La joie fut grande à Londres, malgré cela, de l'acceptation impériale. L'abbé Dubois se félicitait avec Stanhope de la paix assurée, au bénéfice de leurs maîtres communs. Le Régent et son ministre reçurent les compliments de tous les hommes d'État anglais, de Stanhope, Stair, Saint-Saphorin qui trouvaient leur compte à ce rapprochement malaisé des Bourbons de France et des Habsbourg. Georges Ier fut félicité par les Français « d'avoir, en faisant le bien de l'Europe, joué le plus grand rôle qu'aucun prince pût tenir ». A aucun prix désormais les auteurs du projet si difficilement accepté par la cour de Vienne ne devaient risquer les résultats et les bénéfices acquis.

L'Espagne s'en aperçut aussitôt : « Le parti que l'Empereur

---

1. Protocole de la conférence de Vienne, 4 avril 1718, WIEN STAATSARCHIV. : Saint-Saphorin et Schaub à Stair, 5 avril 1718 (ARCH HAN.). Voir Weber, *Die Quadrupel Allianz*, p. 62-63, et mon livre *Le Secret du Régent*, p. 310.

a pris, écrivait l'abbé Dubois au diplomate anglais Stair, lui sera un puissant motif, je l'espère, d'être raisonnable. Si Elle l'est, notre joie sera parfaite [1]. » A Madrid, le marquis de Nancré n'eut plus en effet la liberté de prolonger une discussion qui pût remettre en question les articles du programme réglé à Londres, consenti à Vienne. L'ordre qu'il reçut du Régent, vers le 20 avril, de faire connaître au roi d'Espagne ce programme et l'adhésion de l'Empereur, eut cette fois les apparences d'un ultimatum [2]. La bonne grâce fit place à la contrainte. Et cette contrainte, la seule ressource laissée désormais à Nancré, n'était pas le bon moyen de fléchir un Roi tel que Philippe V, entêté de ses droits, glorieux, et de toute façon opiniâtre : « l'idée seule qu'on pouvait le forcer suffirait pour l'empêcher de se rendre jamais ». Il y avait peu de chances de lui faire accepter les conditions d'une coalition, « un complot odieux » formé à son insu pour livrer l'Italie aux Impériaux, pour l'en exclure [3].

Tandis que cette coalition achevait de se former à Vienne, les princes italiens d'autre part, les plus directement intéressés, mirent tout en œuvre, au printemps de 1718, pour la contrarier. Les Farnèse, les Médicis, les princes de Savoie que l'Europe traitait en quantités négligeables, s'efforcèrent d'empêcher une paix réglée entre Londres et Vienne sans leur consentement, et à leurs dépens. L'appareil des traités qui se négociaient leur semblait aussi funeste que les préparatifs militaires de l'Espagne, de l'Angleterre et de l'Autriche. Car la guerre encore a ses hasards, tandis que les arrêts de la diplomatie européenne seraient sans appel. De quel droit enlevait-on à la Savoie la Sicile, pour lui donner un équivalent qui n'en était point un, la maigre Sardaigne ? Quel motif pouvait justifier le démembrement proje té de la Toscane, l'assujettissement des États de Parme à la suprématie impériale, et l'installation dans ces États de garnisons espagnoles ?

Les princes italiens, menacés par ces prétendues combinai-

---

1. Dubois à Stair, 1ᵉʳ mai 1718. *The Stair's Annals*, II, p. 356.
2. L'ordre partit de Paris, le 14 avril, par une dépêche de d'Huxelles à Nancré du 14 avril 1718 (A. ÉTR., *Esp.*, t. 268, fᵒ 232).
3. Lettre de Nancré au Régent, 26 avril (IBID., *ibid.*, fᵒ 177).

sons pacifiques qui ruinaient la neutralité proclamée en 1713, firent d'abord entendre par toute l'Europe leurs protestations. Les Médicis en chargèrent à Paris et à Londres le marquis Corsini : il s'indignèrent des promesses faites par les Alliés, à Philippe V de leur héritage garanti par une occupation espagnole de leur État, à Charles VI d'une suzeraineté toujours discutée, d'un partage même qui leur ferait perdre Pise et Livourne. Les véritables héritiers des Médicis, n'étaient-ce pas les Florentins, le peuple toscan qui avaient le droit de protester contre ces projets d'occupation étrangère et de démembrement, contre ces trocs de souverainetés[1] ? L'agent de Victor-Amédée à Paris, Provana, disait hautement que « son maître ne se laisserait pas conduire en agneau au sacrifice. C'était un lion généreux à qui on pourrait rogner les ongles et les dents avant de le faire céder[2] ». La Pérouse tenait les mêmes propos à Londres où le duc de Parme avait bien vite fait passer son envoyé Claudio Ré, pour repousser comme une injure et un tort grave la suzeraineté impériale et l'envoi de garnisons espagnoles[3].

Toutes ces réclamations étaient inutiles : « Ah! si l'Etat de Parme pouvait entretenir 30,000 hommes de troupes », disait Alberoni. Les princes italiens n'avaient que la ressource des faibles contre la force, l'intrigue et les relations de famille.

La maison de Savoie avait à Vienne un représentant tout désigné, un avocat autorisé, le prince Eugène. Victor-Amédée lui avait envoyé le chanoine Coppin, puis un prélat Mgr Cini et enfin le comte d'Ussol pour esquiver par une négociation le coup qui de Vienne le menaçait : « si Charles VI tenait tellement à la Sicile, que le prince Eugène voulût bien en ménager l'abandon dans des conditions moins défavorables à sa maison[4]. Ne pourrait-ce point être par exemple la dot du prince royal pour lequel le Roi demandait la main d'une archiduchesse, avec l'espoir de voir par ce mariage son fils hériter, à défaut d'héritier mâle de

1. Torcy, *Négociations*, III, 180, dans Saint-Simon, XIV, 446, et XV, 20, 21, d'après les Instructions mêmes de Corsini.
2. Cellamare, *Mémoires inédits* (British Museum), 2° partie, f° 172.
3. Torcy, *Négociations*, III, f° 179, dans Saint-Simon, XV, p. 20.
4. Carutti, *Storia della diplomazia della Corte di Savoia*, III, 521, 522.

l'Empereur, de la monarchie autrichienne? Le prince Eugène avait pris l'affaire en mains au mois de mars, intéressé Charles VI à ce moyen d'obtenir la Sicile sans violence, et pendant quelque temps l'influence de la maison de Savoie tint en échec la négociation de Vienne [1] ». Il semblait plus agréable aux Habsbourg de s'entendre avec Victor-Amédée qu'avec Philippe V, et d'éviter aussi les concessions que le Régent et Georges Ier réclamaient avec obstination pour l'Espagne. En vain les médiateurs avaient-ils, pour intéresser le prince Eugène à leur œuvre, inscrit dans leur projet une promesse formelle de retour de la couronne espagnole à la Savoie, en cas de déshérence. Les intrigues continuèrent au mois d'avril et de mai, soutenues à Vienne par le prince Eugène, en vue d'une entente secrète qui eût fait échouer, même après le consentement de l'Empereur, la médiation intéressée des Anglais et de la France [2].

A défaut de parents, le grand-duc de Toscane avait aussi à Vienne des alliés secrets parmi les fonctionnaires de la cour qu'on appelait la faction italienne. Il les opposa sans trêve, pendant tout le mois de mars 1718, aux ministres qui décidaient l'Empereur à faire à l'Espagne les concessions exigées de Londres. Et ce fut par son influence que Charles VI déclara que des garnisons espagnoles ne viendraient pas occuper les places italiennes promises à Élisabeth Farnèse. Ce refus devait contribuer et contribua au renouvellement des hostilités. Mais les princes italiens préférèrent alors la guerre à une entente pacifique entre l'Espagne et l'Autriche, réglée à leurs dépens [3].

Nuls ne pratiquèrent davantage cette politique que les Farnèse, sur un autre terrain, il est vrai, mais avec plus de succès. Leurs intrigues à Madrid avaient tenu depuis longtemps en échec les intrigues formées de Londres par Stanhope et l'abbé Dubois avec la cour de Vienne, la politique pacifique des maisons d'Orléans et de Hanovre. Ils voulaient une guerre des Bourbons en Italie

---

1. Lettres de Dubois à Nancré, 23 mars 1718, ainsi qu'à Dubourg, 25 mars 1718 (A. ÉTR., *Ang.*, t. 316, f° 142 et 168).

2. Carutti, *ouv. cité*, III, p. 520.

3. Cela est très nettement indiqué dans les *Mémoires* du ministre hanovrien Bothmar, publiés dans les *Deutsche Forschungen*, 1886, p. 252.

contre l'Empereur, tandis qu'à Paris et à Londres on voulait la paix, de façon à lier les Habsbourg aux ambitions de Georges Ier et du Régent. Ce furent eux, qui le 3 avril 1718, engageaient les souverains d'Espagne à opposer le Prétendant Stuart au roi d'Angleterre, qui, le 8 avril, se firent envoyer des subsides pour mettre leur duché en état de défense [1]. A la fin du même mois, ils pressaient Philippe V de rejeter une médiation que le roi d'Angleterre pour ses intérêts allemands, le Régent pour ses intérêts en France avaient réglée à l'avantage seul de l'Empereur : « on ne doit pas conclure, si l'Espagne n'obtient pas dès maintenant un établissement durable et fort, qui, à tous les points de vue, me paraît nécessaire absolument, capital ». Le duc de Parme, renseigné très exactement sur les progrès de l'entente des cours européennes, fit tous ses efforts alors pour en détourner l'Espagne. Dans la mission de Nancré, il avait surtout aperçu une dernière occasion de désabuser le duc d'Orléans, de rompre ses alliances autrichiennes et anglaises, de l'intéresser aux entreprises où il voulait pousser l'Espagne contre les Habsbourg [2].

Qu'un si petit prince ait réussi alors à tenir en échec à Madrid les représentants des plus grandes puissances, que dépourvu de toutes forces pour la soutenir, il ait souhaité la guerre et l'ait décidée, on ne l'a même pas supposé. Il eût fallu savoir que sa puissance était, quoique secrète, plus grande que l'étendue restreinte de ses domaines et de ses ressources. Depuis le jour où les Farnèse avaient fait de leur nièce une reine d'Espagne et de leur envoyé à Madrid un premier ministre et un cardinal, ils disposaient au gré de leurs intérêts et de leurs ambitions, d'une des plus vieilles monarchies d'Europe, rajeunie et restaurée par l'administration d'Alberoni. Par le crédit absolu qu'Élisabeth avait sur son mari, qui lui livrait les destinées et les forces de l'Espagne, par le fait qu'à Madrid et depuis très longtemps, la Reine était le Roi, ils avaient auprès de Philippe V un conseiller, à la tête de la monarchie un lieutenant, au service de leurs intérêts un avocat dévoué de la grandeur de leur maison.

---

1. Lettres du duc de Parme à Alberoni, 3 et 8 avril 1718 (Arch. Nap., *Farnesiana*, fasc. 59).

2. Lettre du duc de Parme à Alberoni, 30 avril 1718 (Ibid., *ibid.*).

Orgueilleuse, emportée, et toujours attentive pour plaire à son mari à entretenir ses rancunes et ses prétentions, Élisabeth Farnèse repoussa du premier coup les propositions du duc d'Orléans et même l'idée d'un accommodement favorable à l'Empereur, défavorable aux Farnèse.

Tandis que Nancré en douceur amenait Alberoni à une solution pacifique, le nonce du Pape le prévenait, dès le 28 mars, que la Reine faisait une opposition invincible à toute espèce d'entente. « Trois jours après, la naissance d'une petite princesse, qui devait être la fiancée de Louis XV, l'empêchait de se prononcer définitivement. Et personne n'eût osé à Madrid décider sans son avis « la sachant surtout, comme elle était, entêtée à la continuation de la guerre ». Nancré l'écrivit à Paris, ainsi qu'Alberoni le faisait avec tristesse savoir à Parme [1]. Dès qu'elle fut relevée, et en mesure de faire connaître sa volonté, les conseils d'Alberoni échouèrent contre son entêtement. Le 19 avril, quand on n'avait pas encore à la cour d'Espagne l'avis officiel des résolutions impériales, quand le Régent n'avait pas encore chargé Nancré de l'ultimatum capable d'irriter les souverains espagnols, Élisabeth Farnèse avait déclaré son intention de n'écouter aucune proposition pacifique ni de son ministre, ni de personne. « Depuis deux jours, écrivait Nancré, le 27 avril, tout ce que nous avions reconnu de bonnes dispositions pour le succès de l'affaire est renversé, cela uniquement par le caprice de la Reine qui ne veut entendre d'autre mot que celui de la guerre. Et au point que, depuis deux ou trois jours, le cardinal ne parle plus à la Reine: s'il n'avait tenu qu'à ce ministre, mon voyage n'eût pas été infructueux. Je traiterai cependant avec lui comme si je le regardais comme un mobile aussi puissant que peut être la Reine. Il y a ici je ne sais quel air qui marque de l'agitation dans le ministère et dans la Cour [2]. »

Nancré a été le témoin attentif et autorisé de la crise décisive

---

1. Lettre de Nancré au duc d'Orléans, 4 avril 1718 (A. ÉTR., *Esp.*, t. 269, f° 20). — Lettre d'Alberoni au duc de Parme, 8 avril 1718 (ARCH. NAP., *Farnesiana*, fasc. 59).

2. Lettres de Nancré à d'Huxelles et au duc d'Orléans, 25 et 26 avril (A. ÉTR., *Esp.*, t. 269, f°ˢ 175-177).

provoquée à Madrid le 20 avril par la volonté du duc de Parme, par son influence sur Élisabeth Farnèse. Une fois de plus. et malgré une plus grande résistance, Alberoni était obligé de s'incliner devant des ordres qu'il désapprouvait, de subir et de servir une politique contraire aux intérêts de l'Espagne. « Par le crédit, écrit Torcy bien informé, que le duc de Parme avait sur l'esprit de la Reine et celui qu'il devait avoir sur celui d'Alberoni, on commençait à regarder en Italie ce prince comme l'auteur de la guerre que l'Espagne méditait. » Quand huit jours après Philippe V fut mis en demeure de choisir entre la paix aux conditions qu'on lui faisait de Londres ou de Vienne, et la guerre sans alliances, son choix était fait, et sa réponse, qu'il adressa par écrit le 25 avril aux médiateurs, prévue. Les Farnèse à Madrid, comme les Habsbourg à Londres, pour leurs entreprises rivales en Italie entraînaient les puissances européennes à une lutte que les hommes d'État s'étaient efforcés de prévenir à Utrecht par la neutralité de l'Italie.

« Par déférence pour le Roi mon grand-père et pour le bien de la paix et le repos général de l'Europe, j'ai acquiescé, disait Philippe V, aux traités d'Utrecht où quelques particuliers ont fait la loi. Je ne veux pas la recevoir d'eux une seconde fois, puisque Dieu m'a mis dans un état d'indépendance et de force à ne pas subir le joug de mes ennemis avec honte et scandale et à la dernière indignation de mes sujets[1]. » Le roi d'Espagne protestait contre le complot formé pour donner la Sicile à l'Empereur, rejetait l'offre de Gibraltar comme l'abandon sans valeur d'une conquête onéreuse aux conquérants, celle des successions italiennes comme trop lointaine, accusait enfin le duc d'Orléans de s'être livré à l'Angleterre et à l'Empereur pour des vues et des ambitions particulières. C'était plus qu'un refus, c'était un défi.

Obligé de le porter à Nancré, et de le soutenir par des préparatifs de guerre immédiats, le ministre de Philippe V escomptait encore l'hésitation du Régent à relever ce défi, son embarras d'un conflit armé entre Bourbons. Il lui demanda le dernier moyen de le conjurer, l'abandon de la Sardaigne à son maître.

---

1. Lettre de Nancré au duc d'Orléans, 26 avril (A. ÉTR., *Esp.*, t. 269, f⁰ 177).

Et la demande parut après tout à Paris si raisonnable et si utile que les conseillers de la Régence, et le Régent lui-même insistèrent à Londres pour la faire accepter des Anglais et de l'Empereur. « La conservation de la Sardaigne est regardée ici comme une affaire *de punto* », disait Nancré le 2 mai, et d'Huxelles lui répondait le 16 mai : « Pourvu que Sa Majesté le Roi de la Grande-Bretagne y consente; ce que je n'ose espérer. » Georges Ier avait refusé formellement, la veille même, cette concession qui risquait de remettre en question la négociation laborieusement conclue à Vienne. Il n'en reste pas moins acquis, que, s'en chargeant, le duc d'Orléans et ses ministres avaient reconnu au cardinal le mérite de cette dernière tentative pacifique.

Et pourtant ce devait être désormais, au Palais-Royal, un mot d'ordre qui s'est imposé par la suite à l'histoire, de rejeter sur Alberoni seul la responsabilité de la rupture. De bonne heure, c'était l'abbé Dubois qui, en prévision de cette rupture, difficile à justifier dans un pays invité à lutter treize années pour établir une dynastie française à Madrid, avait préparé de longue main cette justification et donné le mot d'ordre. Depuis 1717, il avait dressé ses batteries de manière que la guerre, venant à éclater entre le Régent et Philippe V, prît tout de suite le caractère d'une entreprise légitime non contre l'Espagne, mais contre Alberoni, ce brouillon occupé à troubler l'Europe et toujours hostile aux droits incontestables de la maison d'Orléans. « Si l'Espagne ne se rendait pas aux avantages qu'on lui impose, disait-il à son maître le 19 janvier 1718, il serait heureux que Votre Altesse eût ainsi une occasion de se déclarer contre Alberoni de concert avec les grandes puissances [2]. »

La nécessité pour l'abbé Dubois de faire accepter au Régent une guerre possible contre Philippe V, et le besoin plus pressant encore de la justifier devant les Français, devaient donner à cette guerre, quand elle éclata, le caractère d'une entreprise

---

1. Lettre de Nancré au duc d'Orléans, 2 mai 1718 (A. ÉTR., *Esp.*, t. 270, f° 36).
— Lettre de d'Huxelles à Nancré, 16 mai (t. 269, f° 200).
2. Lettre de l'abbé Dubois au Régent, 19 janvier 1718 (A. ÉTR., *Ang.*, t. 314, f° 191).

formée par le duc d'Orléans pour sa légitime défense. Si le prince n'était pas l'agresseur, il fallait qu'Alberoni le parût. Rien n'était moins juste en réalité que de le traiter en courtisan de Philippe V, uniquement soucieux de procurer le trône de France à son maître, au mépris des Renonciations et capable, pour s'acquérir ce mérite, de mettre le feu à l'Europe. Tous les actes, les lettres intimes du cardinal, comme ses déclarations publiques, démentent cette explication trop manifestement utile à ses auteurs pour être vraie. Les confidences même de ses adversaires la condamnent. Quand incertain encore des décisions de la cour de Vienne, l'abbé Dubois envoyait Nancré à Madrid, il lui disait : « Il faut tâcher de savoir ce que le cardinal serait disposé à faire pour affermir les droits de Son Altesse Royale au cas qu'elle pût se joindre à l'Espagne, si l'Empereur refuse d'accéder pour continuer la guerre. Cette découverte donnerait lieu de demander au cardinal, et de lui faire demander par l'Angleterre les mêmes choses pour la confirmation de la Succession de France qu'il aurait faites, si on s'était joint à lui pour la guerre[1]. »

Ce n'étaient donc point les desseins d'Alberoni contre le Régent qui avaient déterminé la guerre provoquée par les négociations de Londres et de Vienne. Alberoni disait plus vrai, quand de nouveau obligé à cette guerre il écrivait à Parme le 24 mai 1718 : « Ni le roi Georges, ni le duc Régent, ne pensent à établir l'équilibre de l'Europe, la sûreté de l'Italie. L'un pense à se maintenir comme Roi, l'autre à le devenir. Et comme l'un et l'autre croient l'alliance de l'Empereur nécessaire à leurs fins, ils sont prêts à sacrifier le tiers et le quart. » Il savait d'ailleurs depuis longtemps le risque qu'il courait d'être condamné plus tard devant l'histoire même. Et l'on serait tenté de voir une riposte plaisante au portrait « du nouveau Briarée, victime de la foudre des dieux », qu'a tracé un de ses derniers juges, dans cette lettre de lui conservée par les Farnèse : « Quel langage, mon Dieu ! Vouloir ou prétendre faire d'un cardinal une sorte d'Empereur, l'égal d'un roi d'Espagne[2] ! »

---

1. Lettre de Dubois à Nancré, février 1718 (A. ÉTR., Esp., t. 268, f° 5).
2. Lettre d'Alberoni au duc de Parme (ARCH. NAP., Farnesiana, fasc. 59). — C'est la riposte au portrait vraiment outré de Wiesener, II, p. 161 et III, passim.

CHAPITRE III

L'EXPÉDITION DE SICILE ET LA DÉFAITE DE L'ESPAGNE

Ce fut avec satisfaction que les Farnèse reçurent à Parme, vers la fin de juin 1718, l'avis du nouvel effort qu'à leur service et pour obéir aux souverains d'Espagne, Alberoni allait tenter dans la Méditerranée avec les flottes espagnoles. Le cardinal s'y était préparé en négociant jusqu'à la fin.

Aux premiers jours d'avril, il avait déjà donné l'ordre aux officiers de rejoindre leurs corps à Barcelone où se prenaient les mesures nécessaires à l'embarquement d'un corps expéditionnaire. Le marquis de Lède, de nouveau appelé à le commander, Don José Patino, infatigable ouvrier de l'entreprise, avaient alors été mandés à Madrid pour recevoir les instructions royales et se tenir prêts à tout événement [1].

Dès que, le 9 mai, le cardinal vit le Roi et la Reine repousser les conditions de l'Europe, il communiqua au duc de Parme les suites nécessaires de leurs résolutions, « trois cents voiles qui se verraient dans la Méditerranée, 33,000 hommes de troupe, cent pièces de vingt-quatre et vingt-quatre canons de campagne, vingt mille quintaux de poudre, cent mille balles, soixante-six mille instruments à remuer la terre, des bombes, des grenades et tout ce que comportait une pareille expédition largement fournie de 33,000 combattants sans compter 6,000 chevaux ; un convoi d'un million et demi de pièces de huit, auquel s'ajouterait pour

---

1. Torcy, *Négociations,* III, f⁰ˢ 587, 625, 651 ; Saint-Simon, *Mémoires,* XV, 131. — Lascaris, *Relation sur la cour d'Espagne,* 149, 170 (*Mémoires de l'Académie de Turin,* 1861, p. 110).

la solde.des troupes, une somme portée déjà de Gênes en Sardaigne et remplacée aussitôt par un dépôt d'argent formé des sommes destinées à l'achat de vaisseaux en Hollande, et non employées [1]. » Ces chiffres que les contemporains ont accusé le ministre d'avoir enflés pour faire croire à sa puissance sont précisément ceux que le marquis de Saint-Philippe, son adversaire et son juge très sévère, a consignés dans ses *Mémoires* [2].

Plusieurs motifs retardèrent pourtant d'un bon mois l'ordre de départ : la nécessité de mettre la main aux derniers détails de l'entreprise quand elle fut décidée, une nouvelle crise maladive de Philippe V déterminée par ses excès de table, fièvre, vomissements, qui, jusqu'au 13 juin, inquiétèrent vivement son entourage [3]. Enfin, les lettres de Nancré font foi qu'Alberoni attendit jusqu'à la fin de mai, exactement jusqu'au 26, l'échec de sa dernière tentative pacifique, le refus formel des Anglais relativement à la Sardaigne. Ce fut le 6 juin, après un entretien avec Nancré qui ne lui laissait plus d'espérance, qu'il annonça à son ami Rocca l'action prochaine [4]. Mais ce fut seulement le 15 juin, sur la déclaration formelle de l'envoyé anglais Stanhope venu tout exprès à Balsain pour apporter une réponse négative de son gouvernement que le cardinal donna à ses collaborateurs l'ordre décisif. La flotte espagnole qui tenait six lieues de mer avec ses cinq cents voiles, ou pour mieux dire, la nouvelle Armada des Bourbons d'Espagne appareilla le 17 juin 1718 [5].

A ce moment seulement et par un billet d'Alberoni, la cour de Parme avait connu la destination de l'entreprise, dissimulée à toute l'Europe, aux généraux et aux amiraux espagnols eux-mêmes qui reçurent après leur départ leurs lettres de service, et en mer seulement. Le 22 juin, Alberoni dévoilait ses projets : « La foudre va frapper la Sicile, conquête indispensable à nous donner à Naples les garanties nécessaires, et à

---

1. Lettre d'Alberoni au duc de Parme, 9 mai 1718 (Arch. Nap., *Farnesiana*, fasc. 59).

2. Saint-Philippe, *Mémoires*, III, p. 260.

3. Lettres d'Alberoni au duc de Parme, 30 mai, 13 juin 1718 ; de Balsain : « La persona del Re mi da più fastidio che tutti i suoi interessi » (Arch. Nap., *Farnesiana*, 59).

4. Lettre d'Alberoni à Rocca, 6 juin 1718 ; de Balsain, p. 584.

5. Lettre d'Alberoni au duc de Parme, 22 juin (Arch. Nap., *Farnesiana*, 59).

empêcher le duc de Savoie de nous jouer un tour. Votre Altesse dira que me voilà un ennemi de plus : il n'en est pas moins vrai que voilà aussi une conquête facile à conserver et le moyen de gagner le temps nécessaire à semer les discordes en France et en Angleterre où j'espère trouver des bonnes dispositions pour des intrigues que ces deux nations préparent actuellement contre le duc Régent et le roi Georges. Que Votre Altesse demeure donc en repos et se persuade que, moi demeurant ici, elle ne sera jamais lésée de la moindre chose, qu'en temps et lieu seront soutenues ses prétentions au duché de Castro, et que jamais elle n'aura à accepter les Successions futures avec d'autres conditions que la garantie anticipée de grands États, pour procéder avec le temps à l'expulsion totale des Allemands, condition nécessaire du repos et de la sûreté de l'Italie[1]. »

Ce programme n'était pas exactement celui des Farnèse qui avaient souhaité la guerre immédiate et à fond, et dans la péninsule même. Leur réponse du 8 juillet marqua leurs regrets et leur déception, leur volonté tenace aussi, leur impatience de la conquête de Naples par les Espagnols. La différence entre le programme d'Alberoni et leurs exigences fait une fois de plus comprendre leur influence sur les démarches du cardinal, leur sujet, leur envoyé, obligé en somme à ces entreprises par leur politique, ou à des excuses, quand il s'efforce de limiter dans le temps, dans l'espace les risques de l'aventure. « La conquête de Naples, écrivait-il à son ami Rocca, ministre des Farnèse, interprète de leurs regrets, ne se pouvait essayer sans l'occupation préalable de la Sicile. *Tempo è patienza*, et tout ira bien[2]. » Pour la cour de Parme, c'était la guerre qu'elle réclamait depuis six mois, le conflit toujours ouvert entre les Habsbourg et les Bourbons. Elle tenait l'essentiel.

A Vienne la satisfaction ne fut pas moindre, quand la nouvelle arriva, transmise par le baron Pentenridter, de l'envoi d'une flotte anglaise dans la Méditerranée.

Depuis six mois, comme celle d'Espagne, cette flotte se

---

1. Même lettre que celle de la page 306, note 5. Cette lettre a été interceptée par Torcy, *Négociations*, III, f⁰ˢ 711, 712 (Saint-Simon, XV, 190).
2. Lettre d'Alberoni à Rocca, 25 juillet 1718, p. 594.

préparait sous la direction de l'amiral Byng rappelé de la Baltique, mais avec lenteur. Et ce fut seulement le 27 mars, que
le roi Georges Ier, poussé par ses ministres allemands à satisfaire
l'Empereur, s'était décidé à réclamer au Parlement le droit
d'augmenter la flotte et les équipages[1]. Mais craignant de se voir
reprocher par les Anglais la rupture de leur commerce avec
l'Espagne, le chef du ministère anglais, Stanhope considérait
en avril encore cette mesure comme une démonstration, plutôt
que comme un acte d'hostilité. Si Alberoni le prenait comme
tel, et si sur son ordre son ministre Monteleone à Londres
déposait une protestation par écrit, le cabinet anglais esquivait
une explication capable de brouiller les deux cours. Monteleone, inquiet d'une guerre inégale entre les deux marines et de
la coalition formée contre l'Espagne, n'avait point insisté,
s'exposant au reproche qu'il reçut de Madrid, le 15 mai, d'avoir
par son silence favorisé cet armement.

En réalité les armements de l'Angleterre n'avaient pas cessé
plus que ceux de l'Espagne, quoiqu'au fond, à Londres et à
Madrid, les ministres eussent préféré ne les pas employer. « La
nation à Londres, à la fin de mai encore, voyait avec peine et
murmure les apprêts d'une guerre prochaine avec l'Espagne.
Les négociants uniquement touchés de l'intérêt du commerce
ne dissimulaient pas à quel point leur déplaisait une rupture sans
prétexte, sans avantages pour les Iles Britanniques, uniquement
utile à l'Empereur[2]. » Ces négociants disaient vrai. Stanhope
le sentait, il l'écrivait à son cousin à Madrid.

Pourtant, au lendemain du jour où Philippe V fit de la cession
de la Sardaigne la condition de la paix, persuadé que la contrainte seule pouvait l'y faire renoncer, Stanhope déclara à
l'ambassadeur d'Espagne ses intentions : « c'était réellement
servir le roi d'Espagne que de traverser et faire échouer toutes les
entreprises capables de rallumer la guerre en Italie[3] ». Sur ce
mauvais prétexte, insuffisant à faire oublier que la promesse de

---

1. Pentenridter à la cour d'Autriche, 15 aVril 1718. — Wien Staatsarchiv, Weber,
Die Quadrupel Allianz, p. 72.
2. Saint-Simon, XV, 154, d'après Torcy. *Négociations*, III, f° 632.
3. *Id.*, p. 171, d'après Torcy, III, f° 650.

la Sicile à l'Empereur était la véritable cause de l'incendie, le ministère anglais avait donné l'ordre à l'amiral Byng d'appareiller le 12 juin [1].

De même cependant que la flotte espagnole, en attaquant le roi de Sicile, ne semblait pas diriger son attaque contre l'Empereur, la flotte anglaise n'était pas, disait-on, destinée à combattre l'escadre de Philippe V. L'amiral qui la commandait avait reçu l'ordre de protéger seulement les États italiens de l'Empereur et de s'arrêter en route, à Cadix, pour y solliciter une dernière fois le roi d'Espagne, d'accepter la médiation de l'Angleterre [2]. Les Impériaux, qui eussent souhaité davantage, se félicitèrent malgré tout d'avoir obtenu de Georges Ier cet acte de médiation armée. Sous cette forme atténuée, c'était déjà beaucoup que l'Angleterre eût pris parti dans leur querelle. Les ambitions des Habsbourg, comme celles des Farnèse, en reçurent un encouragement précieux.

L'Europe, en se laissant entraîner dans cette nouvelle guerre d'Italie, subissait leur loi et le déplorait. Le roi de Sicile, Victor-Amédée ne savait plus à quel saint se vouer, pour esquiver le sort que ce conflit fatalement lui réservait. Il avait renforcé de son mieux ses garnisons de l'île qu'on voulait des deux côtés lui prendre, 5,000 hommes au plus, et envoyé au gouverneur, le marquis d'Andorre, les deux ou trois seuls vaisseaux qu'il possédât. « Pour de l'agitation, de la perplexité et de l'inquiétude, on peut assurer qu'il y en a beaucoup dans la tête et le cabinet du Roi », écrivait dès 1717 le marquis de Prié. C'était bien pire un an après, au mois de juin 1718 : Victor-Amédée négocia désespérément à Vienne et à Madrid, promettant son alliance aux deux adversaires, dont chacun voulait « diviser ses vêtements » avec la seule ressource d'obtenir la meilleure indemnité, et la crainte de n'en obtenir aucune [3].

La France ne résistait pas moins à cette guerre où elle se sentit peu à peu entraînée. Les anciens serviteurs de Louis XIV,

. 1. Saint-Simon, XV, p. 183, d'après Torcy, III, f°s 690, 691.

2. Instructions du 4 juin citées par Wiesener, *Le Régent, l'abbé Dubois*, II, p. 227.

3. Carútti, *Storia della Diplomazia di Savoia*, III, p. 313.

conseillers officiels de la Régence, persuadés de leur impuissance à décider désormais le duc d'Orléans en faveur de l'Espagne, portaient tout leur effort à empêcher du moins qu'il ne
se déclarât contre elle. Et comme, en cette crise, ils représentaient la tradition nationale d'hostilité aux Habsbourg, leur
opposition faisait redouter au duc d'Orléans les partis décisifs.
Il fallut qu'au mois de juin 1718, l'abbé Dubois, moins craintif,
envoyât à son maître le ministre anglais Stanhope, pour le
pousser dans la voie où l'Angleterre s'était déjà engagée.
Stanhope trouva le Régent « ébranlé par les représentations de
la plupart de ses conseillers et, pour ainsi dire, de presque tout
le royaume contre le traité ». Le traité de Londres ne devait
être signé avec la Régence que par la volonté du duc d'Orléans,
sous l'influence des Anglais et de Dubois « contre l'inclination
de quasi toute la nation [1] ».

Les États généraux de Hollande, plus fidèles que la Régence
française aux vœux de leur nation, avaient trouvé le moyen, dès
le mois de mai, de ne point se joindre aux ennemis de l'Espagne,
sans se déclarer pour elle. Les chefs de la République, le pensionnaire d'Amsterdam, Buys, et son collègue Duywenworden,
bien décidés à ne pas servir l'Empereur détesté des Hollandais,
à ne pas risquer une guerre contre l'Angleterre, écoutaient avec
une patience inlassable les offres des agents de l'Espagne et de
Georges Ier, de Beretti-Landi et Cadogan, sans leur donner tort
ni raison, avec un dessein formé d'embrouiller des traités dont
ils redoutaient les suites.

« Ainsi, selon le mot de Torcy, l'esprit de paix eût régné dans
les principaux États de l'Europe après avoir essuyé de longues
guerres, sans l'ambition et la défiance réciproque des princes [2]. »

Alberoni, dont l'administration avait seule permis l'entreprise
inattendue de l'Espagne, ne parut que davantage le conseiller et
l'auteur de cette prise d'armes intempestive. A Londres, où on
allait faire la guerre qu'un peu plus de complaisance et moins

---

1. Voir notre tome Ier, *Le Secret du Régent*, I, p. 330 et suivantes.
2. Sur la diplomatie hollandaise, et cette citation en particulier, Torcy, *Négociations*, d'après les dépêches de Beretti-Landi, III, fᵒˢ 900 à 915 et particulièrement fᵒ 912 (Saint-Simon, XV, 287).

d'emportement de Philippe V eût évitée au cabinet anglais, à Paris, dans l'entourage officiel ou intime du Régent encore plus gêné par le conflit prochain, ces apparences servirent à rejeter sur le cardinal l'initiative et la responsabilité d'une rupture, préparée en réalité depuis l'origine par les intérêts de l'Électeur de Hanovre, par ceux des princes d'Orléans ou des Farnèse.

Le ministre de Philippe V n'ignorait ni ces ambitions, ni cette tactique; dans l'isolement où se trouvait l'Espagne réduite à porter avec lui le poids de l'entreprise, il fit front résolument à ses adversaires qui lui déclaraient une guerre pour ainsi dire personnelle. « On nous accuse, écrivait-il à Rocca, de nous préparer un royaume par des menées secrètes[1]. » Puisque l'Angleterre et la France avaient été enchaînées aux ambitions des Habsbourg par les intérêts particuliers de leurs souverains, le roi Georges Ier ou le Régent, c'étaient ces intérêts qu'il était logique et qu'Alberoni se proposa d'atteindre, pour rompre et affaiblir la coalition.

On considère généralement les alliances que le ministre d'Espagne s'efforça de former alors avec les puissances du Nord, la Suède, Pierre le Grand et les Stuart contre l'Angleterre dont la flotte le menaçait dans la Méditerranée, comme les rêves d'une ambition malade, les ressources désespérées d'une politique aux abois. « Il avait cru, dit Lemontey, tout réchauffer par son génie et donner une vie réelle à ces chimères[2]. »

Mais ce n'étaient point des chimères, que la lutte engagée par l'Électeur de Hanovre avec le concours de l'Empereur et des whigs, pour agrandir son électorat, des dépouilles de Charles XII, pour lui reprendre les conquêtes de Gustave-Adolphe dans la basse Allemagne. Et ce n'était point un hasard non plus si le ministre de Charles XII, le baron de Gœrtz, soucieux de sauver la Suède menacée par les convoitises des princes allemands, avait cherché des ennemis à Georges Ier dans son royaume d'Angleterre, lié partie avec les Stuart et offert aux conférences d'Aland la paix à Pierre le Grand, pour l'opposer aux Allemands, trop habiles vraiment

---

1. Lettre d'Alberoni à Rocca, p. 600.
2. Lemontey, *Histoire de la Régence*, I, p. 130.

à exploiter les victoires du Tsar et à lui en refuser le profit.

On oublie toujours les motifs qui avaient déterminé Georges Ier à soutenir de ses flottes les ambitions impériales, à rechercher et à garder l'amitié du Régent, ses ambitions électorales, son désir de garder ses conquêtes, contre la Suède et la Russie, dans l'Allemagne du Nord. La guerre qui venait d'éclater dans la Méditerranée, n'était pas seulement l'effet des intrigues des princes italiens : elle était à l'origine la conséquence de la politique personnelle de Georges Ier, de ses liaisons avec l'Empereur et le duc d'Orléans, pour la satisfaction de ses ambitions hanovriennes, le contre-coup des événements du Nord [1].

En réalité, lorsque l'ambition des princes allemands rallumait la guerre en Italie à l'été de 1718, leurs convoitises la prolongeaient depuis 1709 en Allemagne, et l'Europe se trouvait divisée de leur fait et non par la faute d'Alberoni en deux ligues, dont l'Électeur de Hanovre, roi d'Angleterre, était ou le centre ou la cible : l'une formée par l'Angleterre et le Régent qui flattaient les espérances de l'empereur Charles sur l'Italie pour obtenir son appui en Allemagne ou en France, l'autre préparée par Gœrtz, la Suède, la Russie, les Stuart pour combattre Georges Ier dans son électorat ou dans son royaume. Il devint fatal qu'Alberoni et l'Espagne, menacés par la première comme Gœrtz et la Suède l'étaient par la seconde, joignissent leurs moyens d'attaque ou de défense.

Depuis plus de six mois déjà Gœrtz négociait avec Pierre le Grand pour procurer à la Suède épuisée le secours de son vainqueur; il décidait Charles XII à dépouiller le Danemark de la Norvège, le Hanovre de ses conquêtes au prix de ce qu'il abandonnerait dans la Baltique aux Russes. Au moment où Charles XII, laissant au Tsar le soin de refréner les ambitions allemandes, envahissait la Norvège, les Stuart s'adressaient à Pierre le Grand (janvier 1718). Les agents du Prétendant, le duc d'Ormond et de Marr, introduits par le médecin de la cour, Areskin, négociaient son mariage à Mitau avec la duchesse de Cour-

1. Voir sur cette influence de la politique hanovrienne notre tome Ier, Le Secret du Régent et le livre de Wiesener, Le Régent, l'abbé Dubois qui a mis ces considérations déjà en valeur.

lande et une alliance contre la dynastie des Hanovre. Les relations du parti jacobite avec les agents de la Suède, le comte de Sparre à Paris, en Hollande Gyllenborg, étaient plus anciennes encore : elles avaient attiré sur eux des mésaventures comme l'arrestation de Gœrtz en Hollande, au printemps de 1717. Elles s'étaient cependant poursuivies, mais, pour plus de sûreté, à La Haye où Charles XII avait deux agents, son secrétaire Preiss, et un de ses officiers, le Polonais Poniatowski toujours en intrigues avec l'envoyé de Pierre le Grand, Golovkin, et en pourparlers au sujet d'une descente en Angleterre.

La diplomatie espagnole s'y mêla, très activement, à partir du moment où elle perdit l'espoir de détacher Georges Ier et le Régent de l'Empereur. Ce fut vers le début d'avril 1718 que Beretti-Landi reçut l'ordre d'entrer dans la ligue secrète de la Suède et du Tsar. Il put faire connaître à Madrid l'accueil favorable des agents de la Suède et de Pierre le Grand. La Suède, besogneuse plus que jamais, ne pouvait être indifférente à l'offre d'un demi-million que lui faisait Alberoni pour « faire peur à l'Empereur et à l'Électeur de Hanovre ». Elle en profita même pour se montrer plus exigeante [1].

A la même époque, Alberoni entrait en relations plus étroites avec le chevalier de Saint-Georges. Depuis le milieu de l'année précédente, la petite cour des Stuart réfugiée à Urbino, pour réparer l'échec de l'entreprise avortée en 1716, avait mis ses espérances dans les Bourbons d'Espagne et leur ministre. Jacques III et son conseiller, le cardinal Gualterio avaient contribué à la promotion d'Alberoni et six mois après (janvier 1718) lui proposaient un programme d'alliance et d'action contre Georges Ier. Ils l'invitèrent surtout à entrer dans la coalition formée par les princes du Nord. « Dites à l'ami, avait répondu Alberoni au cardinal Acquaviva porteur de ces offres, *che nondum advenit plenitudo temporis.* » On n'était qu'au début de mars ; le ministre de Philippe V retardait encore l'heure des engagements décisifs. Un mois plus tard, il chargea son agent en Hollande de s'assurer de la coalition que les

---

1. Toutes ces négociations ont été soupçonnées et même découvertes par Torcy, III, f°s 297, 327, 417, 695 ; Saint-Simon, *Mémoires*, XV, p. 27, 40, 63.

Stuart lui recommandaient. Et tandis qu'au milieu d'avril, il apprenait de Parme les mouvements du Prétendant, parti d'Urbino pour une destination inconnue, qu'on lui donnait le conseil de l'appeler en Espagne, il commença de reprendre le projet, en mai 1718, d'une alliance avec les cours du Nord pour la restauration du Prétendant.

Cette diplomatie, plus naturelle à coup sûr, et moins aventureuse qu'on ne l'a dit, ne prit corps qu'à l'heure où, après l'entente établie le 4 avril 1718, à Vienne, entre Georges Ier et les Habsbourg, Alberoni constata la résolution prise par les Anglais de le combattre, lui et l'Espagne, au profit de leurs alliés. Comme il n'avait pas d'alliance et qu'il en cherchait, il pensa en trouver parmi leurs adversaires. Il fut ainsi conduit à des intrigues en France contre le Régent, rattachées par un lien étroit à ses intrigues avec les Stuart.

La cour du duc et de la duchesse du Maine, écartée de la Régence par le duc d'Orléans comme les héritiers de Jacques II l'avaient été du trône par l'Électeur de Hanovre, nourrissait à Paris les mêmes rancunes, le même désir de revanche : liée d'ailleurs aux Jacobites par la politique romaine, elle s'offrait à l'intrigue et surtout aux intrigants en quête de manœuvres fructueuses et de complots séduisants.

Jusqu'en mai 1718, Cellamare comme tous les envoyés de l'Espagne, jugeait une querelle entre les Bourbons, une rupture de son maître avec les Anglais préjudiciable et plutôt dangereuse. Il s'était contenté de grouper dans son hôtel les mécontents de la vieille cour qui résistaient, dans les Conseils et les salons, à la diplomatie de l'abbé Dubois. Il encourageait et recueillait leurs propos ; il les répétait dans Paris ou les faisait passer à Madrid. « La Reine a fort agréé la satire que vous savez, lui disait Alberoni dès le 15 mars 1717, Leurs Majestés s'en sont diverties deux jours entiers[1]. » De conspiration d'ailleurs nulle trace, mais des entretiens fréquents pour réchauffer le zèle et soutenir, à force d'arguments et de rhétorique même, le courage des hommes d'État français hostiles

---

1. Lettre d'Alberoni à Cellamare, 15 mars 1717 (A. ÉTR., *Esp.*, 135), publiée par Lemontey, *Histoire de la Régence*, I, 200 à 208.

aux suggestions de l'Angleterre et des Habsbourg. « J'entends, moi qui habite à la place des Victoires les cris par lesquels la statue de Louis le Grand blâme ses anciens ministres devenus les adulateurs d'une mauvaise Régence. » « *Bellissima parlata* », disait Alberoni, rien de plus jusqu'au moment où le cardinal demanda au neveu de del Giudice des actes.

Avisé le 6 juin 1718, que le marquis de Pompadour, gendre du maréchal de Navailles, avait apporté à Cellamare les doléances et les offres concertées dans l'entourage de la duchesse du Maine, Alberoni lui donna ordre d'entrer dans le complot qui s'ébauchait. Désormais l'Espagne conspira à Paris contre le Régent : son envoyé rencontra la duchesse à l'Arsenal et commença une campagne de pamphlets pour préparer les esprits à l'action prochaine [1]. Cette intrigue formée contre le Régent devait servir d'appoint à toute la diplomatie organisée surtout contre Georges Ier, son allié, avec les puissances du Nord et les Jacobites.

Et ce fut alors à Paris qu'à la veille de la lutte décisive, Alberoni concentra et remit aux mains de Cellamare la direction de l'entreprise. L'entente avec la Suède et le tsar en demeurait le fondement essentiel. Par l'intermédiaire d'un marchand suisse, Cellamare correspondait avec l'agent de Charles XII, Poniatowski qui laissait espérer le concours de la Russie et même de la Prusse. Son ami, le maréchal de Tessé le mit en relations avec l'ambassadeur de Moscovie, le baron de Schleinitz, qui vint le voir en son hôtel de la place des Victoires, plusieurs fois. Les Jacobites appuyaient auprès des cours du Nord les démarches de l'Espagne, et définitivement lui rapportaient leurs espérances. Un émissaire de Cellamare, Posso Buono partit pour Stockholm. Il n'y eut pas jusqu'au roi de Sicile, sollicité le 22 mai par Alberoni, qui n'autorisât alors son ministre à Paris, le comte de Provana à participer aux efforts de la diplomatie espagnole.

Quand, au début de juillet 1718, le négociateur de la Quadruple Alliance, Stanhope vint à Paris pour assurer son œuvre

---

1. Cellamare, *Mémoires inédits* (BRITISH MUSEUM, II, 264) ; Saint-Simon, XIII, 418, d'après Torcy qui a intercepté la correspondance d'Espagne.

par un dernier effort auprès du Régent contre la vieille cour, Cellamare travailla non seulement auprès des ministres étrangers, mais dans l'intérieur du Royaume pour « traverser la consommation des projets du Régent et du roi d'Angleterre[1] ». Ligue contre ligue : la Russie, cette force récente que le duc d'Orléans avait négligée avec le dédain ordinaire des Français pour les choses nouvelles et lointaines, constituait l'élément principal de la coalition qu'Alberoni opposait au Régent, aux Hanovre. Le baron de Schleinitz, stylé par Cellamare, partisan d'une réconciliation avec la Suède s'en allait au Palais-Royal porter ses conseils et ses menaces[2]. Il offrait une fois encore au duc d'Orléans le choix entre l'alliance du tsar et celle des princes allemands. « Les représentations inutiles furent éludées par une réponse douce et honnête du Régent, dont l'envoyé de Moscovie, dit Torcy, ne fut pas content », Schleinitz, irrité de ces dédains persistants, demanda à Cellamare des ordres positifs pour former une ligue capable de tenir tête aux gouvernements de France et d'Angleterre[3].

A cette nouvelle, Alberoni écrivait à Parme le 25 juillet : « Votre Altesse a sans doute connu les instances pressantes de l'envoyé du tsar au duc d'Orléans, ses reproches de la Quadruple Alliance dirigée contre le Roi catholique, l'équilibre et la paix de l'Europe. N'est-ce pas chose bizarre qu'on voie de nos jours un prince barbare du Septentrion prêcher l Évangile à Paris[4] ? »

Ministre des Bourbons qui continuaient à Madrid la vieille tradition de leur famille en disputant l'Italie aux Habsbourg, Alberoni recourait encore à cette diversion qui, depuis François Ier, formait la ressource classique des entreprises contre l'Empire, à des négociations en Turquie et en Transylvanie. « Si les Turcs ne font pas la paix ! » écrivait à son ami Rocca,

---

1. Saint-Simon. XV, 210 ; d'après Torcy, *Négociations*, III, f⁰ˢ 739-740.
2. Cellamare, *Mémoires inédits* (BRITISH MUSEUM, II, f⁰ 175).
3. Outre les renseignements de Torcy, la correspondance d'Alberoni avec la cour de Parme, 29 août, 5 octobre et 11 octobre renseigne avec beaucoup de précision sur l'importance que le cardinal donnait à ces alliances (ARCH. NAP., *Farnesiana*, 59).
4. IBID., *ibid.*

le 25 juillet, le cardinal ignorant encore de la capitulation que firent les Ottomans à Passarowitz, le 21 juillet 1718[1]. Il avait escompté l'influence sur le Divan du prince transylvain, Rakoczi pour détourner de la paix le Sultan qui disposait d'une armée de 100,000 hommes réunie à Andrinople par le grand vizir Ibrahim. Il attendait l'effet de la mission qu'il avait confiée à la fin de 1717 au colonel Boissimène, arrivé aux Dardanelles le 9 mars 1718, et tout de suite accueilli avec faveur par Rakoczi[2]. Le résultat de cette négociation venue trop tard, au moment où les Turcs allaient sacrifier les Hongrois à leur désir d'une paix immédiate, ne devait être qu'une lettre de blâme adressée par le Pape, sous la pression de l'Autriche, au cardinal coupable d'une intrigue avec le Sultan contre l'Empereur.

D'ailleurs, Alberoni n'avait jamais pensé que cette diplomatie, destinée seulement à diminuer les forces de la coalition favorable aux Habsbourg, dût suppléer à celles qu'il avait préparées en Espagne, pour les combattre et pour la vaincre. Il savait qu'on ne s'allie qu'aux forts. Il travaillait surtout à donner de l'Espagne l'impression d'une puissance « vigoureuse, robuste », capable de succès inattendus. « N'est-ce pas une merveille, disait-il à ses confidents de Parme, qu'une flotte de cinq cents voiles, partie le 17 juin, ait débarqué son chargement à Palerme, le 5 juillet, en moins de trois semaines[3]. »

A cette heure critique, ses lettres, toutes sur ce ton vivant, passionné, lettres intimes ou officielles, le peignent, croyons-nous, au naturel. Tantôt c'est un cri de guerre du ministre qui a organisé l'attaque et se souvient de ses campagnes d'Italie, de Flandre et d'Espagne : « le système de l'Europe n'est pas réglé : il faut la guerre. Il y a de belles machines, et de belles tourmentes dans l'air[4] ». Tantôt c'est un appel

---

1. Lettre d'Alberoni à Rocca, 29 juillet 1718, p. 594.
2. Boissimène a trahi pour Saint-Aignan et Longepierre le secret de sa mission et l'a racontée (A. ÉTR., *Esp.*, t. 267, f° 125 ; t. 269, f° 86). — Consulter aussi les lettres de Bonnac, ambassadeur de France à Constantinople à d'Huxelles, avril 1718 (A. ÉTR., *Turquie*, t. 60, f°s 88, 107, 122).
3. Lettres à Rocca des 6 et 13 juin, 11 et 18 juillet, p. 590 à 593.
4. Lettre du 8 août 1718, p. 595.

inquiet de l'homme d'État aux alliés dont le concours ferait triompher l'Espagne : « à défaut des Turcs, une ligue des princes du Nord, et l'Archiduc aura de l'occupation[1]. » « Un seul allié à l'Espagne et les Allemands seront chassés d'Italie. » Tantôt, c'est un chant de triomphe de l'administrateur satisfait du résultat de ses efforts, ou même un exposé, destiné à l'édification de ses amis et peut-être du monde politique, des difficultés rencontrées et vaincues : « au temps de Charles II, cette monarchie n'était qu'un misérable cadavre. Le monde va voir ce que fait l'Espagne : je vois de plus ce qu'elle peut faire[2]. » C'est aussi, dans l'attente des nouvelles de Sicile, la parole attristée par le doute, et déjà le découragement : « si j'avais un peu d'aide, si j'avais un peu de bonheur, je ne désespérerais pas de voir se réaliser mon intention, qui était bonne. Le mal est que je suis vieux et lassé : la consolation sera pour d'autres. » Et toujours la pensée de l'Italie qui souffre et dont il voulait la délivrance. « Aux États de Parme, où je suis né, comme à toute l'Italie je m'efforce d'être salutaire et ne serai jamais nuisible. Tant que je serai à la tête des affaires de l'Espagne, je dirai à mon Roi d'employer toutes ses ressources à la sécurité, à la défense de cette belle province[3]. »

Partie le 18 juin, sous la conduite de l'amiral Castañeta, et de ses lieutenants le Gènois Mari, homme de confiance du cardinal, de Balthazar de Guevara, sa créature, la flotte d'Espagne emportait 30,000 hommes de guerre commandés par le marquis de Lède, toutes vieilles troupes choisies, telles qu'aucun prince n'en avait alors de meilleures. « Jamais escadres, dit le marquis de Saint-Philippe, ne furent mieux munies. » L'organisateur de l'entreprise, José Patino allait la suivre, porteur des fonds et des ordres du Roi. Après avoir touché et pris des renforts à Cagliari, le 26 juin, l'amiral Castañeta atteignit la Sicile le 1er juillet. Le débarquement eut lieu sans effort deux jours après au cap Solanto, à quatre lieues de Palerme. Alberoni avait été bien inspiré de diriger son entreprise sur la Sicile, que les

1. Lettre du 8 août 1718, p. 595.
2. Lettre d'Alberoni à Rocca, 15 août 1718, p. 597.
3. *Idem, ibid.*, 27 juin 1718, p. 590.

princes de Savoie réduits à leurs forces ne pouvaient défendre. A Naples, les Espagnols eussent trouvé une autre résistance, déjà préparée par le maréchal autrichien Daun[1].

Là, point d'obstacles : le gouverneur de Palerme, le comte Maffei, se retira avec 1,500 hommes précipitamment à Syracuse. Une petite garnison de Piémontais demeura cernée dans Castellamare, tandis que le gros de l'armée espagnole marchait sans inquiétude sur Messine, et que la flotte portait l'infanterie auprès de Melazzo pour l'attaque prochaine. Il avait suffi au marquis de Lède, vainqueur sans combat, de montrer ses pouvoirs de vice-roi pour obtenir la soumission de l'île : « Nous n'avions reconnu, dirent les Palermitains, Victor-Amédée pour Roi que sur l'ordre du roi d'Espagne. Le prince a changé d'avis et repris l'île : nous n'avons encore qu'à lui obéir. » Les gens de Catane n'attendirent même pas l'arrivée des Espagnols pour se soulever. Trapani se rendit le 14 juillet.

La domination récente des princes de Savoie était des plus impopulaires : les Italiens du Nord avaient fait regretter aux Siciliens les Espagnols par leurs sévérités. Il n'y eut plus de résistance à la fin de juillet que dans la citadelle de Messine où le marquis d'Andorno se réfugia avec 3,000 Piémontais, à Syracuse où le comte Maffei avait rallié les débris du corps d'occupation et frété deux vaisseaux anglais. La capitulation de l'île toute entière n'était plus qu'une affaire de jours. Philippe V semblait aussi assuré de sa conquête que depuis un an Victor-Amédée l'était peu. C'était l'espoir et le calcul d'Alberoni. « Si on peut jeter des racines en Sicile, y garder 30,000 hommes, l'affaire deviendra vraiment sérieuse[2] », écrivait-il le 8 août.

Non pas que, selon le vœu des Farnèse, Alberoni se laissât aller à la tentation d'attaquer par un nouveau coup d'audace l'Empereur immédiatement à Naples. Dans ses projets d'alors on ne reconnaît point la fougue de ce caractère opiniâtre que Lemontey lui attribue à plusieurs reprises. Il résiste au contraire au tentateur, à ce Gennaro Felicioni, au duc de Parme déguisé en Napolitain, qui ne se lasse pas de l'inviter à franchir le détroit

---

1. Pour ce récit consulter Saint-Philippe, *Mémoires*, III, p. 231.
2. Lettre d'Alberoni à Rocca, 8 août 1718, p. 595.

de Messine[1]. « Rien à faire, lui répond-il, sans la ligue du Nord à laquelle je travaille depuis plus de huit mois, remuant ciel et terre, mais ces gens-là sont nés sous un climat froid et indécis[2]. »

La vérité, était que, nanti des deux gages de l'échange préparé par les Anglais depuis deux ans pour les Habsbourg, Alberoni se disposait encore à offrir la paix au prix de l'un ou de l'autre. Pour un brouillon tel qu'on le dépeint, l'opération était ingénieuse : « Le roi d'Espagne, disait-il, a cédé la Sicile sous la condition expresse qu'elle ne passerait pas à d'autres mains. Quand elle a su que les médiateurs la destinaient à son ennemi ; quand ils le lui ont dit, Sa Majesté a cru devoir les prévenir et s'en assurer. » La conquête de la Sicile, après celle de la Sardaigne, donnait au cardinal le moyen de réclamer sa part de l'échange concerté à Londres sans le consentement de l'Espagne. Son projet n'était point de poursuivre la guerre, mais d'offrir aux négociateurs de la Quadruple Alliance de nouveaux accommodements, afin de reprendre les pourparlers sur de nouvelles bases : « ce sera pour l'hiver », écrivait-il le 18 août[3].

S'il avait pu d'ailleurs hésiter, l'arrivée de la flotte anglaise dans la Méditerranée devait le confirmer dans ses intentions pacifiques. L'amiral Byng avait touché Port-Mahon le 23 juillet. Le 1er août, il abordait à Naples, à la grande joie du vice-roi autrichien qui désormais se sentit à la fois assuré de sa défensive et capable de prendre l'offensive en Sicile, d'après les ordres reçus de Vienne. Le ministère anglais avait redit sans cesse à Madrid son intention de protéger les États de l'Empereur, sans attaquer l'Espagne, si elle ne les attaquait point de nouveau. Il devenait urgent que Philippe V, en face de l'escadre anglaise prête à l'action, limitât son entreprise à la Sicile ; à cette condition, le cardinal était en droit d'espérer qu'on éviterait un conflit plus redoutable encore avec les puissances maritimes qu'avec l'Empereur. S'il ménageait l'Angleterre menaçante, ne pouvait-il

1. Lettres du duc de Parme à Alberoni, 29 juillet et 5 août aussitôt qu'il apprend la nouvelle du débarquement à Palerme, 15 juillet 1718 (Arch. Nap., Farnesiana, 59).

2. Réponses d'Alberoni, 8 et 15 août, 29 août 1718 (Ibid., ibid.).

3. Lettre d'Alberoni au duc de Parme, 18 août 1718 (Arch. Nap., Farnesiana, fasc. 59).

encore escompter la médiation de l'Angleterre pacifique? A ce moment même, le principal auteur de la Quadruple Alliance, Stanhope en personne, assuré définitivement du Régent, passait les Pyrénées, venait à Madrid, s'imposait un long et pénible voyage pour offrir une dernière fois la paix à Philippe V. Alberoni était fondé à dire plus tard à l'envoyé anglais, cousin du ministre : « Je n'aurais jamais cru que l'amiral Byng attaquât la flotte espagnole au moment où lord Stanhope venait en Espagne traiter de la paix[1]. »

La veille cependant du jour où le ministre de Georges Ier demandait audience à Philippe V, avant toute guerre déclarée par conséquent, son amiral détruisait devant Messine au cap Passaro l'escadre espagnole. Dès son arrivée à Naples, Byng avait pris tout de suite ses dispositions, non seulement pour protéger le royaume de l'Empereur, mais pour délivrer les dernières places de Sicile menacées par les Espagnols. Son rôle concerté avec le vice-roi impérial avait été celui non d'un médiateur armé, mais d'un allié, décidé à disputer aux Espagnols l'île que l'Angleterre avait promise à l'Empereur. Dès le 5 août, il avait mis son escadre à la disposition du maréchal Daun, pour protéger le débarquement à Messine de 2,000 Autrichiens commandés par le général Wedel. Le 9 août, laissant à Reggio les transports, il fit voile sur Messine et détacha un de ses officiers, Saunders au camp du marquis de Lède, qui l'invitait à suspendre ses opérations de siège. Le motif allégué par l'amiral anglais pour passer à l'offensive laissait à désirer : « Sa Majesté catholique faisait des préparatifs de guerre pour attaquer l'Italie et s'était emparée de la Sicile, ce qui *donne lieu de croire qu'il a formé le projet d'envahir le royaume de Naples.* » C'était en réalité un ultimatum : « les circonstances présentes ne souffrent pas de délai ». Le marquis de Lède le repoussa : « il voulait suivre ses ordres qui étaient d'occuper la Sicile[2] ».

---

1. Col. Stanhope à Craggs, 13 novembre 1718 (Weber, *Die Quadrupel Allianz*, p. 81).
2. Le récit de l'expédition avait déjà été fait au xviiie siècle d'après certains rapports d'amirauté, par Lediard, *Histoire navale de l'Angleterre*, trad. fr., 1752, t. III. — Mais le récit le plus authentique est établi par les lettres de Byng, à Stair et à Craggs, écrites le 18 août au large de Syracuse, *The Stair's Annals*, vol. II, p. 79, p. 378. — Lemontey, *Hist. de la Régence*, I, p. 150.

Alors, la flotte espagnole mouillée dans le détroit reçut de Patino l'ordre de rejoindre au plus vite sur la côte de Spartivento une partie de l'escadre qui, sans aucun doute, croisait au large dans la mer Ionienne. L'amiral Castañeta exécuta la manœuvre lentement, suivi d'assez loin dans la journée du 10 par l'amiral Byng dont les démarches ne lui inspiraient pas encore de défiance. Le 11 au matin, brusquement, les premiers vaisseaux de l'escadre anglaise forte de vingt-deux vaisseaux de premier rang atteignaient les derniers navires restés en arrière de la flotte espagnole. Ils sommaient sans autre déclaration l'amiral Mari de se rendre. La réponse avait été une bordée tirée du *Royal*, et ce fut le signal du combat.

Après avoir donné l'ordre à ses lieutenants de se rallier à Syracuse, l'amiral Byng engagea résolument l'affaire : le soir, douze vaisseaux de l'Espagne et des plus grands, trois amiraux, près de 4,000 hommes étaient en son pouvoir, avec les provisions, les munitions. La petite escadre de l'amiral Guevara avait seule échappé, et regagné Cadix où elle détruisit par vengeance tous les navires de commerce anglais qui s'y trouvaient encore. La marine qui avait fait l'orgueil d'Alberoni, n'existait plus ; les îles conquises par Philippe V, malgré la capitulation de Messine, se trouvèrent désormais coupées de toute communication avec l'Espagne, privées de tout renfort. Les Anglais affirmèrent que c'était un simple accident, l'effet d'un coup de canon malencontreux tiré par un vaisseau espagnol. Ils n'avaient pas voulu rompre, ils n'avaient pas rompu la paix : simple opération de police qui, par la faute des marins espagnols, s'était changée en désastre, le jour où le ministre anglais, Stanhope apportait à Madrid les moyens de le prévenir.

Cette justification, après coup, d'une entreprise évidemment concertée pour permettre à une armée autrichienne forte de 16,000 hommes de passer le détroit et d'enlever la Sicile aux Espagnols valait ce qu'elle valait. Elle autorise à douter de la sincérité des dernières offres proposées par lord Stanhope aux souverains espagnols. L'auteur d'une brochure anglaise contemporaine, écrite pour justifier le ministère de Georges Ier, a depuis longtemps revendiqué pour Stanhope l'honneur d'une complicité certaine avec l'amiral Byng : « Ce prudent ministre avait lieu de se douter en Espagne de ce qui était arrivé sur mer. »

A la veille de partir pour l'Espagne, le 21 juillet 1718, et trois jours après le consentement donné par le duc d'Orléans aux plans de l'Angleterre, Stanhope, appuyé par Stair, avait porté au Régent le programme d'action qu'il lui paraissait utile désormais et naturel de dicter à l'amiral Byng : l'entreprise d'Alberoni sur la Sicile pouvant être considérée comme une violation de la neutralité de l'Italie garantie par les traités d'Utrecht, la flotte anglaise gardienne de ces traités, et non plus seulement des domaines impériaux, devait s'opposer aux conquêtes de Philippe V, offrir au vice-roi de Naples son concours, et introduire les Autrichiens dans l'île [1].

Ce fut à tel point le langage et la conduite de l'amiral Byng, trois semaines plus tard, que l'initiative de l'attaque ne paraît pas pouvoir lui être attribuée. Cependant, si l'on en croit Stair, le duc d'Orléans, d'accord sur le principe, aurait demandé à ses alliés de ne point expédier ces ordres d'attaque que le traité ne fût définitivement signé [2]. Les instructions officielles envoyées au chevalier Byng au nom du roi Georges, et encore alors dissimulées au Régent ne partirent de Paris que le 10 août. Mais Stair qui expédiait ainsi en cachette les ordres du 10 août, avait dû faire de même pour ceux du 21 juillet : le marquis de Saint-Philippe, très informé de ce qui se passait à Naples, affirme que l'amiral Byng les reçut le 7 août. Ce fut donc, comme toujours, un plan concerté en secret entre Stanhope, Stair et l'abbé Dubois : « la France est dès à présent engagée », disaient-ils [3]. Et Dubois, lui-même, n'écrivait-il pas au duc d'Orléans, de Londres, « si le chevalier Byng avait quelque occasion prématurée dont il profitât et qui eût du succès, il n'y a aucune circonstance où elle ne dût être ravie dans le cœur que les forces maritimes de l'Espagne fussent ruinées, et j'avoue à Votre Altesse Royale que

1. Lettres de Stair à Craggs, 11 août 1718 ; à Byng, 9 août ; à Stanhope, 10 août (Rec. Office, *France*, 352).

2. Lettre de Stair à Byng, 9 août 1718 (Ibid., *ibid.*).

3. M. Wiesener a très bien précisé ces secrets et ces dates : *Le Régent, l'abbé Dubois et les Anglais*, II, p. 246, 247.

j'agirai ici secrètement dans cette vue [1] ». Le complot qui ruina
la flotte de Philippe V au cap Passaro avait été réglé à Londres
entre les Anglais et Dubois, aussitôt après l'adhésion de la
France à la politique de Stanhope.

Qu'allait donc faire ce ministre à Madrid, au lendemain de
tels ordres donnés aux flottes anglaises, sinon abuser par une
dernière démarche Philippe V, son ministre et l'opinion publique,
endormir les défiances et prévenir les reproches ? Alberoni
essaya de pénétrer les raisons de l'envoi d'un ministre si qualifié : « Son séjour à la cour dépendra des nouvelles d'Italie [2]. »
Sans s'attendre encore à l'événement qui se préparait à l'abri de
cette négociation trompeuse, il en eut cependant le pressentiment, quand il dut accorder le sauf-conduit sollicité par Nancré
pour Stanhope : « Demande bizarre, disait-il, au moment où les
flottes pourraient se combattre dans la Méditerranée. Ce serait
vouloir faire jouer au roi d'Espagne le rôle de Polichinelle à
qui l'on fait des révérences en lui donnant des nasardes et des
coups de bâton [3]. »

Les révérences de Stanhope, du moment où il n'avait à offrir
que des conditions déjà plusieurs fois refusées par Philippe V,
devaient le mettre en contradiction avec les coups de bâton,
la volée de bois vert que les Anglais préparaient au cardinal.
Dès le 14 août, comme il l'avait prévu sans doute, l'Anglais
trouvait Alberoni froidement résolu *à la négative absolue de
consentir aux traités*, « moins de son chef encore que par la
volonté de ses maîtres [4] ». Quand il fut conduit après deux jours
d'entretiens stériles, à l'audience d'Élisabeth Farnèse et de
Philippe V, il constata, probablement sans regret, qu'Alberoni
à la rigueur se fût prêté à un accommodement, mais que
Philippe V demeurait intraitable, et la Reine plus irritée que
personne. Il connaissait trop bien l'opiniâtreté des deux souverains, pour risquer, en parlant à cette heure encore de paix

1. Lettre de Dubois au Régent, 2 août 1718 (A. ÉTR., *Ang.*, t. 321, f° 15).
2. Lettre d'Alberoni au duc de Parme, 15 août 1718 (Arch. Nap., *Farnesiana,*
fasc. 59).
3. Lettre de Nancré à d'Huxelles, 1er août (A. ÉTR., *Esp.*, t. 272, f°° 155 à 166).
4. Lettre de Nancré au même, 15 août 1718 (A. ÉTR., *Esp.*, t. 272, f° 209).

même au prix de Gibraltar qu'il offrit, d'être pris au mot[1]. « S'il réussissait, avait dit Nancré dès le début, je croirais aux miracles auxquels je ne croyais guère. » Les politesses mutuelles que les hommes d'État se firent à l'Escurial pendant onze jours, réceptions, dîners, audiences royales et protestations de bons offices durables donnèrent à l'Angleterre et à la France qu'il fallait persuader, à l'Espagne même, l'illusion d'un effort suprême des médiateurs en faveur du droit, de la justice et de la paix. Après cela, le cabinet anglais n'aurait plus qu'un geste à faire, moins malaisé sûrement et plus bref que cette comédie de quinze jours pour rejeter sur l'Espagne et sur Alberoni la responsabilité de la rupture prévue, escomptée. Quand la mission de Stanhope toucha à son terme, le 23 août, il fit craindre au cardinal « qu'il n'arrivât un engagement entre les flottes[2] ». Le 27 août, il quittait Madrid juste à temps pour éviter les colères du roi d'Espagne.

Ce fut, en effet, le 8 septembre que Philippe V apprit par un courrier de son nonce à Rome, le cardinal Acquaviva, la nouvelle de l'attaque imprévue des Anglais contre sa flotte[3]. Dès le 2 septembre, lord Stanhope, se retrouvant à Bayonne en terre française et en sûreté, faisait passer à l'amiral Byng qui n'en avait plus besoin le billet que voici : « Si vous trouvez un moment favorable pour attaquer la flotte espagnole, je suis persuadé que vous ne laisserez pas échapper l'occasion. Les deux grands objets que, selon moi, vous devez avoir en vue, sont de détruire leur flotte, si cela se peut, et d'avoir un pied en Sicile, de manière à pouvoir y débarquer une armée[4]. »

En arrivant à Paris où la nouvelle qu'il attendait était arrivée le 30 août, Stanhope apprit du même coup le succès de l'amiral Byng et le triomphe de l'abbé Dubois appelé, depuis le 26 août et par la suppression des Conseils, à la direction des Affaires

1. Lettres de Nancré à d'Huxelles, 15 et 22 août 1718 (A. ÉTR.. Esp., t. 272, fº 236).
2. Lettre de Nancré au Régent, de l'Escurial, 23 août 1718 (A. ÉTR., Esp., t. 272, fº 294) ; et 28 août (IBID., ibid.).
3. Lettre de Saint-Aignan au Régent, 12 septembre 1718 (A. ÉTR., Esp., t. 273, fº 79).
4. Mahon, History of England, I, 330.

Étrangères en France. Par la diplomatie et par la force, le roi d'Angleterre, Électeur de Hanovre avait réussi à imposer à l'Europe la loi de son alliance avec l'Empereur : l'Espagne était vaincue, la France docile. « Sans la victoire, écrivait confidentiellement, le 31 août, lord Stair à Craggs, secrétaire de Stanhope, nous aurions été bien embarrassés [1]. »

Bien entendu, ni les ministres anglais, ni ceux du Régent leurs complices n'avouèrent jamais que cette victoire, remportée sans guerre déclarée, au moment où l'envoyé de Georges se laissait traiter à Madrid en ami, avait toutes les apparences d'un guet-apens. Tandis qu'entre eux, ils se félicitaient sans réserve et sans vergogne de la destruction de la marine espagnole et de la ruine de la vieille cour, ils rejetaient d'un commun accord sur l'Espagne et les factieux de France, la responsabilité de tous ces coups de main, ils se présentaient en anges de la paix aux Anglais, aux Français, aux Espagnols. « Les bonnes intentions de Votre Majesté, disait Dubois à Georges Ier, pour le repos public, méritent que le ciel favorise les soins qu'elle prend pour le procurer. » C'était le cas de dire : aide-toi, le ciel t'aidera !

Et comme toujours, à cette heure décisive, la tactique des Alliés qui commençaient la guerre pour enlever la Sicile à son Roi et la donner à l'Empereur, consistait à représenter Alberoni comme le démon de la guerre, le mauvais génie de l'Europe. « La défaite de la flotte d'Espagne disait le Régent le 5 septembre, ou plutôt du cardinal Alberoni, qui, par des vues particulières et personnelles, a voulu rallumer la guerre en Europe, a dû ouvrir les yeux aux Espagnols les plus aveugles, les plus prévenus. Je n'ai pas besoin, auprès d'eux, d'autres justifications [2]. » A ce langage calculé on eût pu croire, et l'histoire l'a cru trop aisément, qu'il n'y avait plus de souverain en Espagne.

C'était pourtant Philippe V que les humiliations successives infligées par l'Angleterre et le duc d'Orléans à sa dignité, à sa marine atteignaient le plus directement. Le Roi et la reine

1. Lettre de Stair à Craggs (REC. OFFICE, France, 352).
2. Lettre du Régent à Saint-Aignan, 5 septembre 1718 (A. ÉTR., Esp., t. 145, Supplément, f⁰ˢ 238-239).

Élisabeth avaient fait toutes sortes de difficultés au mois d'août
pour recevoir encore lord Stanhope, pour entendre son projet
« injuste, préjudiciable, offensant pour leur honneur ». Jamais
le roi d'Espagne n'avait pardonné aux médiateurs leurs préférences pour son ancien rival injurieuses à son égard, et leurs exigences, qui ne l'étaient pas moins. Quand la Quadruple Alliance
aboutit à l'attaque perfide et brutale de l'escadre anglaise, le
coup fut plus sensible à un prince à qui faisait défaut la volonté,
mais non pas le courage et le sentiment de ses droits et de
ses prérogatives. Son entourage, la Reine, Alberoni avaient
dû, pour le ménager, lui cacher pendant les premiers jours, la
fatale nouvelle. Philippe V était, en effet, toujours malade, et
plus que jamais, d'esprit et de corps. Dès qu'il fut informé, le
procédé et les mauvaises raisons de l'Angleterre le mirent hors
de lui. Il retrouva des forces pour marquer son ressentiment,
avec irritation, avec rage [1].

Auprès de lui le cardinal, à qui les historiens ont bien voulu
reconnaître en cette occasion une force d'âme extraordinaire,
garda tout son sang-froid. S'il écrivait à son ami Rocca, le
12 septembre : « infamie plus noire ne se pouvait voir que celle
des Anglais » [2], il ne fit paraître, le même jour, ni chagrin ni
colère à l'envoyé de Georges Ier, Stanhope, quand il vint une
dernière fois avec Nancré, l'engager à se rendre : Stanhope lui-
même en a porté témoignage. C'eût été pourtant bien excusable :
la politique anglaise venait de détruire en quelques heures et par
ruse l'œuvre de plusieurs années, cette marine dont il était si
fier, engagée trop tôt dans une lutte inégale et maladroitement
conduite.

Ce fut à Parme seulement, à ses princes, à leurs ministres,
qu'Alberoni laissa voir ses regrets et sa tristesse. Il déplora, mais
dans cette intimité seulement, que l'amiral Castañeta ou ses
lieutenants eussent risqué un combat interdit par leurs instruc-

---

1. Lettre de Nancré à d'Huxelles, 26 septembre 1718 (A. ÉTR., *Esp.*, t. 273,
f° 118). — Lettre d'Alberoni au duc de Parme, 29 août 1718 (ARCH. NAP., *Farnesiana*, fasc. 59).

2. Lettre d'Alberoni à Rocca, 12 septembre 1718. Déjà au duc de Parme il se
plaignait, le 22 août, d'une politique dont la seule règle était le « *Stat pro ratione
voluntas* » (ARCH. NAP., *Farnesiana*, 59).

tions, et exposé la gloire du Roi et sa propre réputation. Il
reprocha au marquis de Lède de s'être attardé à la citadelle de
Palerme, au lieu de s'assurer en quinze jours de Messine où
la flotte espagnole aurait trouvé un refuge et le salut : « non
habemus hominem ». « Et dire, concluait-il, que voilà tant
d'années de fatigues et d'effort perdues, condamnées en un
instant [1]. » Pour la puissance de l'Espagne dans la Méditerranée,
pour les projets qu'Alberoni avait fondés sur cette puissance, le
désastre du cap Passaro était un accident fatal, presque irré-
parable.

La première pensée du cardinal, jamais abattu, jamais découragé, fut pourtant de se mettre à l'œuvre pour le réparer. « Prenons
courage et respirons d'abord et recommençons, comme si de
rien n'était, notre besogne : pourvu pourtant qu'il nous vienne
quelque concours. » Il acceptait avec Philippe V, qui l'exigeait,
le défi de l'Angleterre, à cette heure où l'Espagne n'avait plus de
marine, avec la volonté, et l'espoir de lui en refaire une. Il ordonna
la saisie des marchandises et des vaisseaux anglais dans les
ports d'Espagne, expulsa les consuls anglais, et délivra des
lettres de marque aux corsaires. Puis il envoya à son ministre à
Londres, Monteleone, une lettre de rappel violente, destinée à
exciter contre Georges Ier les négociants anglais exposés aux
conséquences immédiates de la rupture. Le ministère anglais
allait lui reprocher d'avoir méconnu la clause des traités qui
obligeaient l'Espagne et l'Angleterre à donner, en cas de rupture,
six mois de délai à leurs négociants. L'oubli des traités n'était-il
pas justifié, de Philippe V à un souverain qui, comme Georges Ier,
venait de détruire sa flotte sans déclaration d'hostilité ?

Ce n'était pas d'ailleurs une question de droit, mais de force.
Français, Philippe V ne put croire, en relevant l'injure, que la
Régence s'associerait jusqu'au bout à l'Angleterre. Et si elle le
faisait, il avait préparé, dès le 20 août, deux lettres destinées au
Parlement et à Louis XV que Cellamare fit voir aux ennemis du
duc d'Orléans, pour entretenir leur zèle à l'occasion, sans d'ailleurs s'en dessaisir ni se compromettre. En travaillant à dis-

---

1. Lettre d'Alberoni à Rocca, 12 septembre 1718, p. 602-603.

joindre la coalition formée par la diplomatie hanovrienne, Alberoni mettait tout son espoir dans la contre-ligue constituée par les princes du Nord. « Le vent du Nord, disait-il dès le 7 septembre, pourrait bien faire tomber les actions de l'Angleterre et nous venger de leur entreprise, de leur liaison avec ceux qui ne nous aiment pas. » Ce n'était point sa faute en vérité si ces intrigues en France et avec des puissances lointaines, considérées comme un appoint utile avant la ruine des forces espagnoles, se présentaient depuis comme les ressources suprêmes, en attendant le printemps où le Roi, maître encore de la Sicile, pourrait avec l'or des galions récemment arrivé, faire sortir de son royaume une nouvelle flotte dans la Méditerranée [1].

Malgré son courage, Alberoni ne pouvait pas se relever du coup que l'Angleterre lui avait porté avec l'attaque de Byng. Le duc d'Orléans avait raison de dire que l'affaire du cap Passaro « fut sa défaite ». Sa politique italienne fut condamnée du jour où la flotte espagnole, l'instrument essentiel de cette politique eut disparu. Tout ses efforts pour la ranimer, en dépit de cet arrêt, ressemblèrent aux derniers bonds d'un ballon qui s'abat en se dégonflant [2]. « Le roi d'Espagne a jusqu'ici travaillé contre ses propres intérêts en dépensant plus de cinq millions de pièces de huit pour la conquête de la péninsule, inutile et ruineuse pour l'Espagne. Sa générosité après tout n'était qu'un moyen, le seul moyen efficace, d'affranchir l'Italie de la servitude des Barbares. Chacun, dans cette province aurait dû y concourir : c'est le contraire qui est arrivé. » Après l'échec de ses projets, Alberoni n'a dû moins pas laissé à l'histoire l'embarras de la conclusion. L'instrument qu'avait dû être l'Espagne au service de ses intentions patriotiques et des ambitions Farnèse était brisé : le cardinal n'avait plus qu'une consolation, redire une dernière fois à ses compatriotes d'Italie, « homines ad servitutem paratos », ses espérances, ses projets condamnés par leur indifférence et leur lâcheté. Le Pape, docile avec la famille des Albani, aux ordres de Vienne, fulminait contre Philippe V comme s'il se fût agi d'un nouvel Attila. Gênes,

1. Lettre d'Alberoni à Rocca, 19 septembre 1718, p. 604.
2. Le même au même, 26 septembre 1718, p. 605.

envahie par l'esprit germanique, interdisait sur son territoire les recrues des Espagnols. Le Grand-Duc faisait de même, Venise pire encore. Enfin le duc de Savoie, après avoir longtemps marchandé son adhésion à une coalition qui lui prenait la Sicile, impuissant et craintif la donnait, le 24 octobre 1718, à Charles VI. Depuis la victoire de l'Angleterre, l'Empereur allemand, de Milan à Messine, disposait en maître de l'Italie.

Au début d'octobre 1718, Alberoni dut commencer donc à n'avoir plus guère d'illusions sur une lutte qu'il ne soutenait qu'avec l'espoir d'une diversion dans le Nord et pour satisfaire les justes ressentiments de Philippe V. La paix de Passarowitz, concordant avec le désastre de Passaro, livrait aux Habsbourg les presqu'îles méditerranéennes, les Balkans avec l'Italie. Les Anglais, leurs alliés, occupaient la mer.

Ce fut alors qu'on apprit à Madrid et à Paris la nouvelle d'une brusque évolution dans la politique de Pierre le Grand. A peine venait-il d'envoyer à Madrid le fils du prince Kourakin pour négocier avec Alberoni, qu'il se ravisa et renoua les relations avec les cours de Vienne et de Hanovre. Georges Ier donnait l'ordre à l'amiral Norris de conduire à Pétersbourg un ministre d'Angleterre, Jeffries. L'agent du Tsar à Paris, si violent en juillet contre la Quadruple Alliance, le baron de Schleinitz, avait reçu l'ordre aussi d'une réconciliation avec le duc d'Orléans, à laquelle l'abbé Dubois fut loin de refuser son concours. N'ayant pas obtenu assez vite, aux conférences d'Aland, du roi de Suède parti pour guerroyer en Norvège, toutes les concessions voulues, Pierre le Grand se rapprochait de ses ennemis, sans rompre d'ailleurs tout à fait, et se réservant de vendre son alliance au meilleur compte[1]. Cette politique de marchandage ne ressemblait guère à l'appui ferme, décisif qu'avait espéré et escompté Alberoni, pour intimider, arrêter même Georges Ier dans ses entreprises.

Visiblement, à cette époque, le cardinal se jugea, lui et l'Espagne, impuissants, condamnés. Nancré, qui avait pris sur lui de rester à Madrid, sans espoir de fléchir la résistance de

---

1. Torcy, *Négociations*, III, f°s 778, 779 ; Saint-Simon, XV, p. 229 ; Torcy, III, 813 ; Saint-Simon, XV, p. 246.

Philippe V, avertit aussitôt Dubois de ces dispositions du premier ministre, qui l'y autorisa. Les Anglais à leur tour en furent informés par Dubois, et n'ajoutèrent pas foi d'abord à une capitulation qui eût dérangé leur plan. Leurs doutes ne valent point contre le cri de détresse que le cardinal fit pour la première fois entendre à Parme le 10 octobre : « Si, comme il paraît, le Roi et le Tsar, la Suède et la Prusse ne forment pas une ligue contre l'Archiduc, nous serons obligés d'accepter l'infâme projet[1]. »

Quand il écrivait cette lettre, Alberoni savait qu'il ne restait plus à son maître qu'un court délai, jusqu'à la fin du mois, pour éviter la guerre, en acceptant les conditions de l'Angleterre. Le même jour, et plus intimement il confiait à son ami Rocca : « Croire que l'Espagne peut continuer la guerre en Italie, dans un pays si éloigné, avec une telle dépense, c'est pure folie même de le penser : il va falloir que le roi d'Espagne se résolve à un accommodement qui remettra les Italiens dans une servitude cruelle, éternelle. Nos ennemis ne nous accorderont pas une trêve provisoire, trop persuadés que j'emploierais cette trêve. » Seule l'ignorance de ces documents a pu excuser l'erreur des historiens. Devaient-ils encore faire grief au cardinal, sur la foi de témoignages plutôt suspects, d'avoir voulu légèrement, sans marine, sans alliés, la poursuite d'une guerre insensée, désapprouvée par ses auxiliaires plus clairvoyants, par Monteleone ou Cellamare? Si ses adversaires éprouvèrent à Paris et à Londres le besoin de justifier leurs torts envers le roi d'Espagne, et, pour les masquer, de rejeter toujours sur son ministre « ce boute-feu de l'Europe », la responsabilité de la rupture avec l'Empereur en 1717, avec l'Angleterre en 1718, les efforts d'Alberoni pour l'éviter ne sauraient être niés plus longtemps.

Il fit appel au confesseur du Roi, et Daubenton supplia Nancré de rester jusqu'au 15 octobre, d'attendre le retour de Philippe V de ses chasses de Balsain pour les aider à vaincre le ressentiment opiniâtre du maître. Tous les jours, cinq heures durant, le ministre, le confesseur du Roi, l'envoyé de France examinèrent les possibilités, les moyens de fléchir le Roi,

---

1. Lettres d'Alberoni au duc de Parme, 10 octobre 1718 (ARCH. NAP., *Farnesiana*, 59), et à Rocca, même jour, p. 607.

mauvaises nouvelles qui pouvaient arriver de Sicile, offres fermes de donner Gibraltar, garanties à la Reine en cas de mort de son mari. « Il ne faut pas se leurrer, le cardinal ne tourne pas le Roi comme il veut [1]. »

Le 17 octobre Daubenton appela Nancré à l'Escurial où le Roi venait d'arriver, dans un état à se laisser peut-être convaincre. Alberoni avait repris quelque espoir, et le lui dit. La journée du 19 parut décisive : la colère de Philippe V pliait sous le nombre et la force des arguments que ses confidents lui opposèrent. Si bien que Daubenton commença de rédiger un billet pour informer Nancré de la victoire pacifique qu'avec Alberoni déjà il croyait tenir. Il n'y avait plus à tarder pour notifier aux puissances, avant l'expiration du terme prescrit, l'adhésion de l'Espagne à la Quadruple Alliance. « C'est moi, disait Alberoni conscient de l'avenir qui se décidait alors pour lui, qui serais la première victime de l'opiniâtreté de Leurs Majestés. » Le 20 octobre 1718 Philippe V avait décidé, contre l'avis du cardinal, de son sort et de l'Espagne [2].

Quand il rencontra Nancré, le matin, à son départ pour une chasse que les plus graves décisions ne devaient pas retarder, il l'aborda de l'air d'un homme qui a peine à se modérer. Il lui fit des déclarations personnellement agréables pour lui, très violentes sur la conduite du duc d'Orléans qui avait lié partie avec ses ennemis. C'était trop clair : Nancré n'avait plus qu'à se retirer et à quitter l'Espagne. Élisabeth Farnèse, qui assistait à l'entretien, eut pendant toute sa durée un sourire, « que je qualifierais de malin si le respect me le permettait » écrivait l'ambassadeur à son maître. A bon entendeur salut : ce sourire disait assez le motif de la décision définitive et grave à laquelle Philippe V s'arrêtait.

« La nuit a porté mauvais conseil » avoua aussitôt Daubenton. « Le prie-Dieu n'avait pas été cette fois de force contre l'alcôve. » Élisabeth seule avait détourné son mari de la capitulation qui la

---

1. Lettre de Nancré au duc d'Orléans, 5 octobre 1718 (A. ÉTR., *Esp.*, t. 273, f° 162).

2. Lettre de Saint-Aignan au Roi, 17 octobre 1718 ; lettres de Nancré au duc d'Orléans, surtout celle du 24 octobre 1718 (A. ÉTR., *Esp.*, t. 273, f° 262).

veille semblait probable ; elle s'en applaudissait, ne fût-ce que pour le plaisir d'avoir triomphé si pleinement du ministre et du confesseur, mais aussi par l'espoir de mieux assurer ainsi, avec son influence, ses intérêts. Ce ne fut pas en effet pour servir la maison de Parme qu'elle retint alors Philippe V dans la voie des hostilités, après l'y avoir engagé par ce motif : ce fut pour se procurer à elle-même une ressource contre les risques de l'avenir. Elle avait fait la fortune d'Alberoni : elle ne voulut pas alors lui sacrifier la sienne.

Sans doute, le cardinal aurait pu lui rappeler l'histoire de son mariage. C'était bien par lui qu'elle était reine d'Espagne. Mais Reine, pour combien de temps ? A force de croire et de dire sa fin prochaine, Philippe V tourmenté par la crainte de la mort et ses scrupules religieux, inspirait à sa femme des inquiétudes réelles. « La santé du Roi me donne, écrivait le 27 août Alberoni, de bien mauvais moments. Elle inquiète si fort la Reine qu'elle en est malade : il est important, et il faut qu'on croie dans le monde que le Roi est en bonne santé. Et cela nous met dans une fâcheuse contrainte[1]. » Sous l'action de cette maladie nerveuse qui le déprimait, et par un régime détestable, Philippe V dépérissait. C'étaient sans cesse des crises de vomissements qui le laissaient après pâle et abattu : son corps était bouffi, ses jambes enflaient. Pour le présenter à la Cour on devait lui mettre du rouge et dissimuler par des artifices de costume sa difformité. Mais le sang lui-même se corrompait : des ulcères parurent aux jambes[2]. « Je commence à craindre, notait Alberoni en novembre 1718, qu'il ne vive pas vieux. Et voilà deux ans que, si la Reine avait la force de suivre les avis que je lui ai renouvelés les larmes aux yeux, nous ne serions pas dans l'état où nous sommes. Le Roi a besoin d'être gouverné, comme la feue Reine le gouvernait. Gardez-moi la plus inviolable confidence[3]. » Au moment où le sort de l'Espagne se

---

1. Lettre d'Alberoni au duc de Parme, 27 août 1718 (ARCH. NAP., *Farnesiana,* fasc. 59).

2. Lettre de Saint-Aignan à Dubois, 25 novembre 1718 (A. ÉTR., *Esp.*, t. 274, f° 40).

3. Lettre d'Alberoni au duc de Parme, 21 novembre 1718 (ARCH. NAP., *Farnesiana*, fasc. 59).

décidait, Élisabeth Farnèse se préoccupa surtout de son propre sort, qui n'était point assuré en cas de veuvage.

Les médiateurs, l'Angleterre, la France offraient Gibraltar à son mari, à ses enfants des successions en Italie. Que lui offraient-ils, à elle qui se voyait à la veille de perdre un royaume, quel refuge, quelle retraite ? L'existence misérable que, depuis vingt ans bientôt, la veuve de Charles II menait, à court de ressources, dans sa petite cour de Bayonne la guettait : « On aurait mieux fait de penser à la Reine qu'aux infants » disait Nancré [1]. Lord Stanhope, avait entrevu en quittant Madrid au mois d'août la véritable raison de la résistance intéressée d'Élisabeth à cette paix sans garantie, sans promesse pour elle. Il avait compris pourquoi, à l'audience de congé, le dernier mot de la Reine, cette femme si fière, avait été presque une prière, un recours à son amitié dans l'avenir. Si elle s'obstina, si au risque d'une lutte inégale, elle empêcha Philippe V, d'abandonner ou la Sicile ou la Sardaigne, ce fut pour se réserver un de ces domaines comme douaire, et comme asile. Cette princesse altière ne put se résigner à la perspective de n'être plus souveraine. Madame des Ursins n'avait-elle pas donné l'exemple, lorsqu'en 1713 pour se ménager une souveraineté aux Pays-Bas, elle avait conseillé à Philippe V la guerre à outrance?

Alberoni, en 1718, subit cette loi. Ce n'était plus cette fois la loi des Farnèse, mais celle de leur nièce. Les princes de Parme, plus sages qu'Élisabeth, reconnaissaient l'impossibilité de poursuivre la lutte contre l'Empereur. Ils voyaient leurs États occupés par la cavalerie autrichienne, l'Italie toute entière ruinée par le passage des troupes allemandes, troupes de larrons et de brigands : « juste châtiment pour les Italiens », écrivait Alberoni, mais grave souci pour le trésorier de Parme qui réclamait la paix, pour le duc qui tendait la main à Madrid, sans vergogne. « Il ne faut que trop prévoir, écrivait-il, la nécessité où sera l'Espagne, seule avec une guerre sur les bras, d'accepter ou de faire des propositions de paix. » De Plaisance on conseillait vivement à Philippe V une réconciliation avec le

1. Lettre de Nancré à Dubois, 31 octobre 1718 (A. ÉTR., *Esp.*, t. 273, f° 204).

Régent, et déjà on adressait au duc d'Orléans un envoyé spécial, Landi, pour implorer ses bons offices et ceux de la cour d'Angleterre. Victimes d'une guerre qu'ils avaient déchaînée et qui, par le malheur de l'Espagne, avait tourné contre leurs espérances, les Farnèse avaient hâte de se mettre à l'abri [1]. L'1eure était proche où ils allaient se résoudre, suprême ressource pour se faire pardonner leur entreprise téméraire, à sacrifier le ministre, coupable aux yeux des Anglais d'avoir poussé Philippe V à la guerre, et aux leurs de ne l'avoir pas à temps converti à la paix.

Au moment où s'éloignaient les envoyés de Georges Ier et du duc d'Orléans, lord Stanhope le 17 et Nancré le 2 novembre, ce dernier avec des lettres d'adieu très chaudes du cardinal et du confesseur [2], Alberoni confiait à son ami Rocca le secret de sa conduite : « Je prie Dieu qu'il me trouve en état de contribuer à la paix, et on la verra sans tarder. Ce monarque s'estime profondément offensé malgré toutes les représentations que je lui ai faites, il a toujours pensé que le point d'honneur et le respect de lui-même devaient passer avant tout intérêt et faire oublier les malheurs que pourrait causer la guerre ; avec ses maîtres, il n'y a qu'à dire son avis, puis à obéir ; c'est ce que j'ai fait en m'opposant de vive voix et par écrit depuis le début, en déconseillant cette rupture. Mais quand il s'est agi d'obéir, toute mon opposition à la guerre ne m'a pas empêché de fournir l'attention, le zèle, l'activité que je devais au service du Roi mon maître et mon bienfaiteur [3]. » Ce fut jusqu'à la fin de son ministère la règle unique du cadinal.

L'hiver suspendait encore la guerre menaçante. Dans l'espoir que la Providence viendrait en aide au roi d'Espagne, ou lui susciterait un défenseur inattendu « contre ces brigands anglais qui divisaient le monde à leur fantaisie [4] », il se remettait à la tâche, travaillant de corps et d'esprit pour reconstituer les forces

---

1. Lettres du duc de Parme à Alberoni, 28 octobre 1718, 11 novembre et 23 décembre 1718 (ARCH. NAP., *Farnesiana*, fasc. 59).
2. Les lettres du 27 octobre sont conservées aux A. ÉTR., *Esp.*, t. 273, f°s 282 et 283.
3. Lettre d'Alberoni à Rocca, de Tudela, 8 juin 1719, p. 631.
4. Lettre d'Alberoni à Rocca, du Pardo, 3 novembre 1718, p. 611.

de la monarchie. Avec sang-froid, il calculait les chances et les ressources de l'Espagne.

A Melazzo, en Sicile, le marquis de Lède qui avait eu l'honneur de prendre, le 30 septembre, la citadelle de Messine, infligeait au général Caraffa une véritable défaite : 4,000 tués ou blessés, 1,000 prisonniers. La conquête espagnole s'affirmait dans l'île : le gouvernement faisait passer des recrues et de l'argent en abondance pour la solde des troupes. Alberoni ne désespérait pas de faire reparaître en face du royaume de Naples une flotte qui se reconstituait à Cadix. « Mon ministère, par son intrépidité et sa constance, sera à la hauteur des difficultés : le malheur n'abattra pas notre courage. La perte d'une bataille ne décide pas cette guerre[1]. » Des étrangers, des adversaires même comme l'envoyé de Savoie ont rendu hommage à l'énergie du cardinal : « c'est un homme sorti de la lie du peuple, notait le comte Lascaris, embouché comme un voiturier, mais ferme et intrépide et plus il a intérieurement de motifs d'être abattu, plus sa vigueur d'âme s'affirme[2]. »

A voir en cette crise décisive, l'activité du ministre, également soucieux de poursuivre son œuvre de réforme intérieure, de réaliser des économies, et d'organiser la guerre, on n'eût pas dit qu'il faisait contre mauvaise fortune bon cœur. Parfois des accès d'indignation contre ces Italiens à qui il s'était dévoué et qui l'abandonnaient, plus rarement un aveu de fatigue. « Quelle vie pour un vieux qui a tant fatigué et qui fatigue encore[3] ! »

C'était l'heure du dernier effort. Toute l'Europe, lui déclara alors, la guerre, à lui seul, bien nettement et personnellement. Le 9 novembre 1718, après avoir chassé les marchands anglais pour intimider le commerce de Londres, Philippe V avisait les négociants français du profit qu'ils trouveraient dans cette rupture entre les nations voisines, auprès d'un souverain né au sein

---

1. Lettre du duc de Parme à Alberoni, 10 décembre 1718 ; lettre d'Alberoni au duc de Parme, 31 octobre 1718 (Arch. Nap., Farnesiana, fasc. 59).

2. Le comte Lascaris, *Relazione sulla Corte di Spagna* (Académie de Turin, 1861, p. 110 et suivantes.

3. Voir notamment les lettres de colère du 19 décembre et 2 janvier 1719 à Rocca, p. 618, 620.

de la France [1]. A ce défi, Georges Ier répondit le 22 novembre, en ouvrant son Parlement, que le Régent de France entrerait avec lui dans les mesures les plus rigoureuses, représailles nécessaires de la violence faite par Alberoni au commerce d'Angleterre. Depuis la victoire du cap Passaro, la nation anglaise s'était brusquement convertie, après l'avoir longtemps redoutée, à l'idée d'une guerre contre l'Espagne. Dans le ministre qui avait restauré une marine condamnée depuis un siècle, et prétendu remettre en valeur les ressources commerciales et coloniales d'une rivale négligeable, le peuple anglais vit désormais un adversaire dangereux. Pour l'abattre, il répondit avec enthousiasme à l'appel de son Roi [2].

En France, pour soulever l'opinion contre l'Espagne et son ministre, il fallait d'autres prétextes que les réclamations, plus ou moins justifiées, du commerce anglais. Le cabinet de Londres réclamait et annonçait l'action prochaine de ses alliés. La résolution de l'abbé Dubois était prise de déclarer la guerre au cardinal, « qui a juré la perte du Roi de la Grande-Bretagne et de Son Altesse Royale pour bien montrer qu'on ne la faisait pas au Roi catholique et à la nation espagnole, mais à ce ministre turbulent. Il s'agissait de lui faire personnellement tout le mal que l'on pourrait [3]. » Encore fallait-il justifier auprès du Conseil de Régence et de la France le châtiment que le duc d'Orléans, pour le triomphe de la Quadruple Alliance, garantie de ses ambitions personnelles, prétendait administrer, sur le dos de l'Espagne, au cardinal. « L'abbé Dubois avait appris, dit Saint-Simon, en Angleterre l'art de faire paraître une conspiration prête à éclater pour tirer du Parlement plus de subsides. » La découverte, au bon moment, de la conspiration de Cellamare, l'éclat que le Régent fit avec cette découverte, servirent à persuader aux peuples du Royaume que la guerre « était devenue nécessaire pour arrêter les desseins du ministre d'Espagne ».

---

1. A. ÉTR., *Esp.*, Mémoires et Documents, t. 142.
2. Wiesener, *Le Régent, l'abbé Dubois*, II, p. 285.
3. Lettre de Dubois à Stanhope, 19 janvier 1719 (A. ÉTR, *Esp.*, Mémoires et Documents); lettre de Dubois à Destouches, 7 et 14 décembre 1718 (A. ÉTR., *Ang.*, t. 311, f°s 130 et 140).

« Je crois, écrivait encore Alberoni à Nancré, que Son Altesse Royale est plus que jamais persuadée que je suis l'auteur de cette guerre et qu'elle m'impute le refus de Sa Majesté Catholique de n'avoir pas accepté le projet. Son Altesse Royale croira tout ce qu'elle voudra et je laisserai au temps qu'il la détrompe sur mon sujet [1]. » L'erreur calculée du Régent a perdu celui qui en fut l'objet, et deux siècles n'ont pas suffi à rétablir auprès de l'histoire la vérité sur les motifs d'une guerre civile, le mot est de Dubois, dont la personne d'Alberoni ne fut que le prétexte, dont les prétentions du duc d'Orléans à la couronne de France, les ambitions des Farnèse et de leur nièce, celles du prince de Hanovre demeuraient les raisons secrètes et essentielles.

1. Lettre d'Alberoni à Nancré, 28 janvier 1719 (A. ÉTR., *Esp.*, Mémoires et Documents, t. 142, f° 67).

CHAPITRE IV

LA GUERRE FRANCO-ESPAGNOLE ET LA DÉFAITE D'ALBERONI

Le 9 décembre 1718, deux jeunes Espagnols de grande famille, l'abbé Porto Carrero et le marquis de Monteleone, qui retournaient de Paris à Madrid en voyage d'agrément, étaient arrêtés à Poitiers par un officier, Dumesnil, mis à leurs trousses par le ministre de la guerre du Régent, Le Blant. Après avoir saisi leurs paquets, et retenu des papiers secrets confiés à leur soin par le prince de Cellamare, on les laissa poursuivre leur route. Trois jours plus tard, l'ambassadeur d'Espagne vint au nom du droit des gens réclamer, avec ses papiers, satisfaction au ministre des Affaires Étrangères. Dubois l'accueillit avec la plus grande courtoisie et promit de faire droit. Le lendemain, rassuré, le prince revint à l'Hôtel du Ministère de la Guerre, où l'attendaient Dubois et Le Blant. Ce jour-là l'accueil fut bien différent : de la bouche de l'abbé fort en colère, Cellamare apprit que pour avoir voulu bouleverser l'ordre du gouvernement et du Royaume « on avait résolu de garder les papiers de son ambassade et de le reconduire sous bonne escorte à la frontière ». Le ministre de la guerre, lui mit aussitôt la main au collet, le fit ramener à l'hôtel Colbert, comme un prisonnier, par des mousquetaires. Tandis qu'on le gardait à vue, ses papiers étaient pris, scellés, inventoriés et portés dans quatre grandes caisses au dépôt des Affaires Étrangères qui était alors au vieux Louvre et qui depuis les a toujours conservés [1].

1. Sur la découverte de la conspiration, consulter surtout Saint-Simon, *Mémoires*, éd. Chéruel, XVI, 131 et 133 ; Lemontey, *Histoire de la Régence*, I, p. 216.

L'opération faite, l'ambassadeur d'Espagne fut alors remis à la garde d'un gentilhomme de la maison du Roi, Dulybois. Le bruit de son arrestation s'était répandu sur la route qu'ils devaient parcourir ensemble. Et le peuple s'apprêtait à la vengeance, sans savoir la nature du crime reproché au prince, mais avec la conviction que, pour un pareil châtiment contraire au droit des gens, la faute devait être bien grave. A Orléans, le gardien du prisonnier sut éviter les violences populaires; à Poitiers, il ne put empêcher deux gentilhommes espagnols d'être blessés par la foule irritée. Bien traité et reconnaissant des égards et de la protection qu'il trouvait auprès de son escorte, Cellamare demanda le pardon des coupables et ne montra, jusqu'à la prison de Blois où on le garda deux mois, que « des traits pacifiques et un cœur bienveillant ». Quand il se sépara de Dulybois, aux Pyrénées, ils étaient les meilleurs amis du monde et vers la fin de mars s'employèrent de concert à réconcilier les deux cours. Sur un seul point, ils ne s'étaient pas mis d'accord[1]. Cellamare se défendait énergiquement d'avoir conspiré. Et comme Dulybois lui montrait une lettre d'Alberoni trouvée dans ses papiers, un « ordre de mettre le feu aux mines », le prince haussait les épaules : « mines sans poudre ».

Très vite informé de l'incident, Alberoni ne dit qu'à ses intimes son sentiment (26 décembre) : « Vous avez entendu les nouveautés arrivées à Paris au prince de Cellamare. Qui veut faire la guerre s'en va dénicher des querelles d'Allemands Nous sommes dans un temps, seigneur comte, où il n'y a plus entre les princes, ni foi, ni loi. On viole le droit des gens. On foule aux pieds ce qu'il y a de plus sacré, de mieux observé même dans des nations barbares[2]. » Le cardinal avait-il raison d'invoquer le droit des gens? Ce droit pouvait-il couvrir un agent pris en flagrant délit de complot contre le gouvernement auprès duquel on l'accréditait? Toute la question se ramène aujourd'hui encore au point de savoir si « la gravité de la conspiration de Cellamare », le mot est d'un de ses derniers

---

1. Les instructions de Dulybois aux A. ÉTR., t. 274, f° 90, et sa correspondance dans le même tome ont été employées par Lemontey, I, p. 228 et suivantes.
2. Lettre fort importante d'Alberoni à Rocca, du 26 décembre 1718, p. 619.

historiens, « justifiait cette violation retentissante du droit ».

Elle devrait être depuis longtemps résolue, cette question, si les passions excitées contre le cardinal par le Régent et ses ministres, il y a bientôt deux siècles, n'avaient trouvé encore de l'écho dans certains livres d'histoire même récents. Toutes les pièces du procès, les papiers même de Cellamare, tels qu'ils ont été saisis en son hôtel, peuvent être examinés dans nos archives.

L'historien de la Régence le plus connu, Lemontey en a fait un dépouillement méthodique et, dans la forme brillante et spirituelle dont il abuse souvent, il a donné la formule du complot, tel qu'il lui apparut à la lecture des documents, de « ces trames futiles qu'on n'a pas sans dessein honorées du nom de conspiration [1] ».

Que trouve-t-on en effet dans ces fameux papiers saisis chez l'ambassadeur, quel appareil de guerre civile, quelles redoutables machines dressées contre le Régent ? Les lettres échangées entre Alberoni et Cellamare qui contiennent à partir de 1717, quand le duc d'Orléans s'est confié à l'alliance anglaise, des critiques sur son gouvernement, les plaintes du parti de la vieille cour, et des Jacobites, des satires et des pamphlets. Le duc d'Orléans connaissait depuis l'origine cette correspondance que Torcy dépouillait au fur et à mesure par le secret des postes, et qu'il copiait tout au long dans son recueil de négociations [2]. Il l'a jugée, ce qu'elle était, inoffensive. Elle avait sans doute pris un autre caractère à la fin de mai 1718, lorsque Cellamare consentit à discuter, à l'Arsenal avec la duchesse du Maine, les moyens d'exciter les Français contre la Quadruple Alliance. Il s'entoura de mystère pour faire parvenir à Madrid le moyen adopté, un appel au peuple de France et aux Parlements du roi d'Espagne en faveur de la convocation des États généraux que le 6 juin, Alberoni et son maître approuvèrent. Le mystère ne

---

1. M. Baudrillart déclare que Lemontey, après avoir dépouillé les documents, a dit le dernier mot sur la question (*Philippe V et le duc d'Orléans*, p. 328, note 2), et cependant il conclut d'une façon diamétralement opposée à la sienne, que la conspiration fut sérieuse et dangereuse.

2. Voir par exemple Torcy, *Négociations*, III, fᵒˢ 740 et 742 ; Saint-Simon, XV, p. 210 à 212.

fut pas tel que le duc d'Orléans et ses ministres ne l'eussent aisément et aussitôt pénétré : dès le début de juin 1718, Torcy écrivait dans ses *Mémoires* : « L'ambassadeur d'Espagne était alors occupé d'animer et de fortifier les cabales secrètes qu'il entretenait depuis quelque temps en France, sous l'espérance de secours infaillibles et puissants de la part du roi d'Espagne. Il travaillait donc et connaissait parfaitement la nécessité du secret. Il aimait mieux laisser le Roi, son maître, quelque temps dans l'ignorance que de s'en expliquer autrement que par des voies bien sûres, telles que les voyages que quelques officiers espagnols ou wallons avaient occasion de faire de Paris à Madrid. Il se défiait même des courriers, en sorte que, lorsqu'il était obligé d'écrire par cette voie, il ne s'expliquait jamais clairement, mais enveloppant ses relations de voiles, il disait par exemple qu'il préparait les matériaux nécessaires, qu'il s'en servirait en cas de besoin, que les *ouvriers* contribuaient cordialement à les lui fournir[1]. »

C'est le ton même et l'esprit, et jusqu'aux expressions de cette correspondance si coupable, que le duc d'Orléans, instruit depuis le mois de juillet, l'a laissée se poursuivre quatre mois, sans y attacher d'autre importance. Il ne s'agissait, en effet, pour Cellamare que d'*amuser* ces redoutables conspirateurs et pour Alberoni de *temporiser* avec la plus fine dissimulation, jusqu'au jour favorable « sans cueillir les fruits avant leur maturité ». Le 25 octobre 1718, Dubois constatait encore que le prince de Cellamare se donnait bien du mal, mais très inutilement[2].

La dernière lettre saisie sur Porto-Carrero, le 5 décembre 1718, ne différait guère des précédentes. Et visiblement, quand les ministres du Régent organisèrent, après cette saisie, les fouilles à l'hôtel de l'ambassadeur, c'était avec l'espoir d'y trouver des preuves plus concluantes. Tout ce qu'ils trouvèrent de nature à établir leur accusation, ce fut, avec ces lettres, des projets de lettres au roi d'Espagne, écrits dans l'entourage de la duchesse du Maine, les projets de manifestes de Philippe V pour la convocation des États généraux, un mémoire sans portée

---

1. Torcy, *Négociations*, III, f° 663; Saint-Simon, *Mémoires*, XV, p. 178.
2. Lettre de Dubois à Nancré, 25 octobre 1718 (A. ÉTR., *Esp.*, t. 273, f° 270).

du comte de Laval pour soulever la Bretagne, et enfin une liste d'officiers qui se proposaient à Philippe V, avant toute guerre déclarée entre le Régent et lui, pour servir dans ses armées et lui amener des recrues. En voyant cette liste, et les suppliques qui l'éclairent d'officiers en réforme, simplement avides d'emploi, « on jugera mieux, dit Lemontey, la comédie que jouaient le Régent et son ministre[1] ». Le jugement si raisonnable et si fondé de Lemontey n'a pas empêché un historien plus récent « de parler de la précieuse capture des papiers dangereux sur lesquels l'abbé Dubois instruit par le copiste Buvat eut la bonne fortune de mettre la main[2] ».

Que la duchesse du Maine, aigrie, dépitée des succès du duc d'Orléans assurés par la volonté du Parlement, en 1715, et par le lit de justice de 1718, ait cherché dans les rancunes des princes légitimés, dans le zèle de ses courtisans et la mauvaise humeur de Philippe V, les éléments d'un complot, le fait est certain. Pauvre complot en vérité, que le duc du Maine même ignorait, servi par des hommes de lettres utiles à rédiger des manifestes, le cardinal de Polignac et Malézieu, ou des pamphlétaires de bas étage, l'abbé Brigault, et l'abbé de Veyrac, l'abbé Le Camus, des soubrettes de théâtre, telle que Mlle Delaunay ou des aventurières, la vieille comtesse de Chauvigny, la dame Dupuy, des intrigants besogneux comme le comte de Laval, le marquis de Pompadour et le Belge Walef, ou l'administrateur véreux Foucault de Magny ! Quand on les eut mis tous sous bonne garde, les grands dans leurs châteaux, les petits à la Conciergerie ou à la Bastille suivant leurs qualités, leurs interrogatoires donnèrent la mesure de leurs ressources et de leur entreprise : « Ce n'est pas à la Bastille, disait l'un deux, dans un aveu piteux, c'est aux petites maisons qu'il fallait mettre un insensé tel que moi. » L'aveu s'appliquait à tous.

Le seul tort de Cellamare, fort réservé dans ses relations et de ses propos jusqu'au mois de mai 1718, avait été d'abord de mêler sa personne, et celle de son maître à cette intrigue de cour dépourvue de portée et d'espérances. Son erreur surtout

---

1. Lemontey, I, p. 217, et Aubertin, *L'Esprit public au XVIIIe siècle*, p. 116.
2. Wiesener, *Le Régent, l'abbé Dubois*, II, p. 302 et surtout les notes.

fut de ne l'avoir pas présentée au cardinal, dès le premier jour, comme telle. Il faut penser, par l'impression que donnent les témoignages des principaux conspirateurs, que leur dépit de n'avoir pu depuis un an détourner le duc d'Orléans de la Triple Alliance prête à se conclure contre l'Espagne, leur inspira l'idée de cette fâcheuse ressource. S'ils avaient eux-mêmes formé ce complot, ils l'auraient mieux connu. La participation de Cellamare, et surtout celle d'Alberoni, ne justifiaient pas l'éclat que le duc d'Orléans en tira pour excuser la guerre bientôt déclarée par Louis XV à son oncle, par des Français à un Français, pour le service de ses ambitions.

Qu'étaient-ce donc, à côté de ces courtes intrigues sans consistance, que les manèges formés et suivis depuis deux ans par le Régent à Madrid contre Élisabeth Farnèse et Alberoni, la mission de Louville d'abord, et la diplomatie secrète de Saint-Aignan dirigée de Paris, réglée au Palais-Royal pour enrôler, soulever les Espagnols et les pousser à la ruine de la Reine et des Italiens. Pendant toute l'année 1717 et jusqu'à l'expédition de Sardaigne, flatteuse pour l'amour-propre castillan, et propice à une réconciliation générale de la noblesse espagnole et d'Alberoni, l'ambassadeur de France fut bien autrement que Cellamare, chef de parti et conspirateur agissant[1].

Ses menées reprirent en 1718, après avoir été suspendues quelques mois par les succès extérieurs d'Alberoni, par leur retentissement en Espagne et les encouragements du Régent au parti des Habsbourg et des Anglais. La maladie de Philippe V, qui se prolongea toute une année, depuis la fin d'octobre 1717, parut au duc d'Orléans un motif suffisant de renverser Élisabeth Farnèse et son ministre. On escomptait à Paris l'éventualité que la Reine et Alberoni, à chaque crise de Philippe V, à Madrid croyaient plus prochaine[2]. Il n'en coûta pas plus au duc d'Orléans de spéculer sur la santé du roi d'Espagne que sur celle du roi de France. L'abbé Dubois, pour parvenir servait ses ambitions sur l'héritage de Louis XV.

---

1. Voir plus haut, p. 225 et suivantes, le Secret du duc d'Orléans, avec Louville, Longepierre et Saint-Aignan.
2. Voir encore pour la suite p. 274 à 279.

Louville, demeurait le confident de ses desseins sur l'Espagne.

Quand le duc d'Orléans s'était décidé à conspirer avec Saint-Aignan à Madrid pour donner « L'Espagne aux Espagnols », c'était pour disputer à Élisabeth Farnèse l'héritage de son mari. Il désigna ceux des Grands qui lui paraissaient les plus capables de prendre, en cas de malheur, les mesures nécessaires et de gouverner ensuite, « les comtes d'Aguilar et de Las Torrès, le duc de Veragua qui répondront des troupes et de l'administration, le corrégidor de Madrid qui dispose du peuple. *Ils seront l'âme du Gouvernement, ils auront ma confiance entière* [1]. » Alors, quoiqu'il s'en défendît, le duc d'Orléans parlait en maître, en tuteur, en Régent autant qu'en allié. En quoi cet appel contre Élisabeth Farnèse à la noblesse d'Espagne, à une junte nationale était-il moins grave que le recours de Philippe contre lui aux États généraux ?

Mais le duc d'Orléans avait alors fait beaucoup plus que n'osèrent jamais ni le roi d'Espagne, ni son ministre contre le gouvernement de France. Après avoir envoyé sur la frontière d'Espagne des troupes françaises, il n'avait pas même craint d'autoriser son ambassadeur, le dépositaire de son secret à entrer dans la junte de Régence, soi-disant pour en exclure les étrangers, en mettant à sa disposition autant d'argent qu'il faudrait [2]. N'y avait-il pas eu dans toutes ses démarches, malgré les protestations contraires, un dessein mal dissimulé, un complot formé par le Régent pour s'établir en Espagne, après la mort de Philippe V, comme il avait fait en France à la mort de Louis XIV, par une intrigue et par violence ?

Saint-Aignan ne s'y était pas trompé. Il parlait à son maître de ses droits sur l'Espagne, d'un mariage pour une de ses filles avec l'héritier présomptif, le prince des Asturies. Connaissant les desseins nourris par cette ambition princière toujours en quête de royaumes, il les avait encouragés et servis, sans le moindre souci de ses devoirs envers le roi d'Espagne, dont il escomptait la mort et de la reine d'Espagne dont il préparait la ruine. Sa

1. Lettre du Régent à Saint-Aignan, 18 novembre 1717 (A. ÉTR., *Esp.*, Supplément, t. 144, f° 311).
2. Le même au même, 29 novembre 1717 (IBID., *ibid.*, t. 145, f° 13).

situation d'ambassadeur n'avait guère paru le gêner, ni le détourner un instant de ces trahisons, plus graves et plus préméditées que celle de Cellamare [1].

Sûr de plaire au Palais-Royal, et attentif à la récompense, Saint-Aignan pendant toute la fin de l'année 1717 et le début de l'année 1718 avait été vraiment, personnellement l'âme de ce complot formé avec les Grands espagnols.

Et ce n'étaient point des aventuriers et des comparses qu'il avait recrutés, comme Cellamare à Paris. Si au mois d'août 1717 son plus précieux auxiliaire, Tinajero mort dans la disgrâce lui avait manqué, il en avait recruté un autre, instruit des secrets du Régent, revenu de Paris au mois d'avril, Villadarias, le défenseur de Gibraltar. Ce fut lui qui proposa de marier la fille du Régent au prince des Asturies. Grâce à ce personnage qui faisait autorité, Saint-Aignan avait pu assez rapidement conquérir la confiance du duc de Veragua, ennemi déclaré de la France autrefois, et l'une des meilleures têtes de l'Espagne. Le noble duc : « *la superbe même*, avait besoin de la France, pour conclure un mariage considérable, qui devait l'aider à devenir un véritable chef de parti, et peut-être le président du Conseil de Régence institué par la France. Il était disposé à se contenter d'une fille que la figure ou les revenus rendraient de peu de défaite. » Mais il tenait à ce qu'elle fût Française, et de très haute naissance [2].

Autour de ce chef ambitieux, à l'appel de l'ambassadeur, s'étaient groupés, en 1718, l'archevêque de Tolède, le duc d'Arcos, le marquis de Villena et beaucoup d'autres. Il lui fallait l'appui du Régent auquel il écrivit en droiture, puis un mariage princier par le rang, sinon par la fortune, dans les maisons de Bouillon, Rohan ou Monaco [3].

Peu de temps après, les ducs d'Arcos, de l'Infantado, le mar-

---

1. Lettres de Saint-Aignan au duc d'Orléans, 27 décembre 1717 (A. ÉTR., *Esp.*, t. 145, f° 29) ; 4, 29 janvier, 11 février 1718 (IBID., *ibid.*, f°* 21, 82, 88, 89). — *Mémoires* de Saint-Aignan (A. ÉTR., *Esp.*, t. 306, f° 81).

2. Lettre du Régent au duc de Veragua, 2 décembre 1717 (A. ÉTR., *Esp.*, t. 145, f° 7).

3. Lettres de Saint-Aignan au Régent, 29 novembre, 27 décembre 1717 (A. ÉTR., *Esp.*, t. 145, f°* 29 et 30).

quis de Villena avaient donné leur adhésion plus ou moins formelle aux projets de Veragua et du Régent. L'archevêque de Tolède entraînait aussi dans le complot les supérieurs des communautés religieuses, appoint considérable : « dans une ville où les moines se fourrent partout ». Depuis les débuts de son entreprise secrète, jamais Saint-Aignan n'avait trouvé un concours plus ferme de bonnes volontés plus actives. « Il n'y a pas un seigneur qui ne soit dans la résolution d'entreprendre quelque chose. » La santé de Philippe V, malgré des alternatives de haut et de bas, ne s'améliorait pas : Alberoni et la Reine essayaient bien de tromper le public sur son état, mais sans succès. Saint-Aignan s'était cru, en janvier 1718, tout près de toucher au but, assuré du succès qui devait faire de lui un serviteur utile et heureux du Régent[1].

Cette seconde campagne diplomatique de l'ambassadeur français quoique vivement et d'abord heureusement conduite devait cependant échouer par la faute de Philippe V qui s'obstinait à vivre, par les rivalités des conjurés et surtout par l'adhésion chaque jour plus marquée du Régent, aux ligues formées à Londres et à Vienne contre les entreprises de l'Espagne dans la Méditerranée.

Si la maladie du roi d'Espagne avait réveillé l'ambition des grands seigneurs espagnols, elle avait aussi provoqué leurs rivalités. Lorsqu'ils avaient voulu se délivrer des Italiens, d'Alberoni, c'était pour se disputer entre eux la succession. A côté du parti que formait le duc de Veragua, la future junte de Régence, une autre s'était constituée, qui se désignait elle-même sous le nom de « petite junte[2] ». Le vieux duc de Béjar, fort honnête homme, instruit et pieux, en était le chef : il voulait chasser l'Italien, mais en se refusant à conspirer contre la Reine. C'était d'Élisabeth Farnèse même avertie par le canal de sa nourrice Laura Piscatori, et peu à peu désabusée de son ministre favori, qu'il attendait le renvoi d'Alberoni. Toute la maison de Béjar entrait dans ses vues, le plus jeune frère, lieutenant-général des armées du Roi, son oncle le comte de Lemos, ses amis intimes, Priego

---

1. Le même au même, 4 et 29 janvier 1718 (A. ÉTR., ibid., t. 145, fos 21 et 88).
2. IBID., ibid.

et Peñaranda : bref une bonne petite intrigue de famille[1]. Enfin le duc d'Aguilar travaillait de son côté, mais pour lui seul, à la ruine d'Alberoni et du Roi même. Sans scrupule, prêt à tous les coups de main, impatient et ombrageux, il voulait enlever à Philippe V le gouvernement, à sa femme la liberté, au duc de Veragua l'honneur et le profit d'une révolution, et gouverner tout seul au nom du prince des Asturies[2]. Saint-Aignan suivait les intrigues du parti Béjar, sans trop compter sur la nourrice, découvrait celles d'Aguilar, sans trop s'y engager, sans oser conspirer contre le Roi lui-même. Il essayait de les réunir et d'entretenir leurs espérances.

« Avertissez les Espagnols, lui avait alors écrit le Régent en mars 1718, que tandis qu'ils s'alarment en vain de choses qui ne devraient pas leur porter ombrage, ils ne prennent pas garde à la seule qu'ils ont à craindre, c'est la mésintelligence qui règne déjà entre eux par le motif de leur intérêt personnel. Ils ne sont pas encore libres et chacun prétend être le maître. » « Les Espagnols bien intentionnés, disait-il encore, ne sauraient, ce me semble, mêler trop de sagesse à la flamme de leur vivacité, pour ne pas faire échouer leurs desseins; le roi d'Espagne peut n'être pas libre pour s'appliquer au gouvernement, mais non pas pour s'empêcher de punir et de ranger à leurs devoirs ceux de ses sujets qui voudraient entreprendre quelque chose contre son autorité. » Enfin le duc d'Orléans essayait de mettre en garde Saint-Aignan contre les dangers de ces intrigues hâtives et par trop audacieuses. L'ambassadeur se défiait bien, mais il courait le double risque, ou de perdre la confiance des seigneurs en ne les suivant pas, ou de se perdre dans leurs intrigues compliquées et criminelles. Cet embarras avait paralysé ses efforts et retardé le succès de ces projets.

Enfin, si la conduite des Grands d'Espagne traversait sans cesse les complots de Saint-Aignan, les intrigues compliquées et contradictoires du Régent à Londres, à Vienne et à Madrid

---

1. Saint-Simon, *Mémoires*, XVIII, p. 12 et 13 : Abbé de Vayrac, *État présent de l'Espagne*, III.

2. Lettres de Saint-Aignan au Régent, 11 avril et 11 mai 1718 (A. ÉTR., *Esp.*, t. 145, Supplément, f° 183, et t. 285, f° 251).

même n'étaient point faites pour lui donner d'autre part auprès des Espagnols l'autorité nécessaire à un chef de parti.

Lorsque, au mois de mars 1718, le duc d'Orléans avait envoyé son confident Nancré à Madrid, et l'avait mis en négociations directes avec Alberoni, les honnêtetés dont le premier ministre l'accabla, les égards et jusqu'à un certain point la confiance que Nancré lui marqua semblaient indiquer un rapprochement entre la Régence, la reine d'Espagne et son ministre.

Les Espagnols ne comprenaient plus. Quand ils voyaient Nancré autorisé à se rapprocher des Italiens, ils doutaient des offres que Saint-Aignan leur faisait au nom de son maître. Pour qui le duc d'Orléans se déclarait-il, pour les Parmesans ou pour les Espagnols ? Saint-Aignan avait constaté leur défiance. Il s'efforça de les rassurer, tremblant lui-même pour son œuvre. Et d'ailleurs ses complices avaient raison de se défier, et lui-même de trembler : « Si la mort du roi d'Espagne, lui écrivait le Régent, le 17 mai 1718, se produisait pendant la négociation de Nancré, et qu'Alberoni et la Reine se montrassent accommodants, il faudrait abandonner le parti espagnol[1]. »

L'échec de cette tentative dernière du Régent, réglée par son désir secret de ne point rompre avec l'Espagne, aurait pu réconforter à Madrid les ennemis d'Alberoni, si elle n'eût été presque aussitôt suivie de la signature de la Quadruple Alliance à Londres et à Vienne. Les Grands d'Espagne n'étaient pas moins hostiles aux Habsbourg, aux Anglais serviteurs des ambitions de l'Autriche, qu'aux Italiens serviteurs et courtisans des Farnèse.

En vain, Louville et Longepierre à Paris, Saint-Aignan à Madrid, s'étaient-ils efforcés de détourner le duc d'Orléans de l'alliance anglaise, de le convaincre que sa meilleure ressource était l'amitié des Espagnols : « Je crains, disait l'un, qu'on ne trompe Son Altesse Royale au sujet de l'Angleterre. » « J'ai fort insisté sur cet article, lui répondait Louville, en lisant votre lettre à Son Altesse Royale sur l'intérêt qu'elle a de conserver les Espagnols. Ne vous lassez pas de rebattre, dans votre dépêche, les articles des vues et des artifices d'Alberoni, de la

---

1. A. ÉTR., *Esp.*, t. 270, f° 25. — Voir aussi les *Mémoires* de Noailles, p. 274.

négociation d'Angleterre et des justes frayeurs des Espagnols à
cet égard. »

Désormais le Régent devait rester sourd à ces représentations. Il allait conclure la négociation d'Angleterre, au risque
de s'aliéner les Espagnols. Les Espagnols, de leur côté, s'écar-
taient insensiblement de lui : quand la guerre reprit en Italie,
ils en souhaitèrent la continuation et se réjouirent de l'expédition de Sicile, par fierté patriotique, au risque de fortifier
par leurs applaudissements le crédit d'Alberoni auprès de
Philippe V.

Le pauvre Saint-Aignan, abandonné de tous côtés, avait vu,
au mois de juillet 1718, sa « négociation coulée à fond ». Après
deux ans d'intrigues qui lui avaient donné à de certains moments
des espérances véritables, la rupture définitive qui se préparait
entre Philippe V et son neveu, obligé par l'alliance anglaise
d'applaudir aux défaites de l'Espagne et de son Roi, allait l'éloigner de Madrid pour toujours.

N'eût-il pas mérité plus que Cellamare, et son maître plus
qu'Alberoni, le traitement infligé, en vertu du droit des gens,
à l'ambassadeur d'Espagne ? Le complot qu'il avait dirigé à
Madrid datait d'un temps où le Régent n'avait pas même l'excuse
d'entreprises analogues formées contre lui à Paris, de près de
deux ans ; les intrigues actives de Cellamare de quatre mois à
peine, et du jour seulement où s'était scellée à Vienne l'alliance du
duc d'Orléans et des Habsbourg. « Les matériaux de l'incendie,
a dit avec raison Lemontey, étaient autrement plus considérables
en Espagne, rancunes, ambitions, jalousies des premiers seigneurs de la cour [1]. »

Au lieu de s'adjoindre enfin, comme Cellamare, avec réserve,
à une conspiration qu'il n'avait pas provoquée, Saint-Aignan,
hardiment, si hardiment qu'à Paris on s'effrayait de son zèle
outré, avait de toutes pièces organisé, suivi, et refait cette
intrigue, sur un plan et des ordres reçus du Palais-Royal.

Et qui donc enfin, de Philippe V ou du Régent, avait le premier
donné le signal de cette guerre entre parents, d'une véritable

---

1. Lemontey, *Histoire de la Régence*, II, p. 137.

guerre civile à main armée ? On faisait grand bruit à Paris d'une
liste de misérables officiers en réforme, qui, selon l'usage du
temps, proposaient en 1718 leurs services à Philippe V contre
l'Angleterre. On ne parlait pas, et pour cause, de ces troupes
françaises brusquement massées, en décembre 1717, au pied des
Pyrénées et de l'appel adressé à la noblesse d'Espagne par le
duc d'Orléans : « Je suis bien aise que les Espagnols soient con-
tents de ce que j'ai fait avancer des troupes sur la frontière
comme ils l'ont désiré. J'en ferai marcher autant qu'ils en
demanderont[1]. » A la noblesse de France, Philippe V parlait seulement d'une convocation des États généraux. Le pardon que le
Régent refusait à Paris à son oncle et à Cellamare, lui eût été
plus nécessaire en Espagne.

Il n'est pas indifférent, enfin, de noter qu'Alberoni le lui
accorda. Après avoir fait saisir sur des courriers de France les
dépêches de Saint-Aignan qui, chiffrées, ne lui apprirent d'abord
rien, le cardinal peu à peu s'était renseigné sur ses manèges.
« Le duc Régent fait avec son ambassadeur tout ce qu'il peut,
écrivait-il à Parme le 10 octobre 1718, pour soulever les Grands
contre le gouvernement. Je ne m'en irai d'ici que si je veux[2]. »
Il laissa tout le loisir à Saint-Aignan de conspirer jusqu'à la fin
de son ambassade[3].

Le terme de cette ambassade parut venu lorsqu'au début
de novembre le refus définitif de Philippe V décida Nancré à
quitter Madrid. Le 27 octobre, Saint-Aignan faisait ses préparatifs[4] ; le 12 novembre, il crut remarquer alors les symptômes
d'une nouvelle crise qui menaçait le roi d'Espagne. Il suspendit
son départ, dans l'espoir et avec le dessein arrêté d'en profiter
encore contre la Reine et contre Alberoni. L'audace était grande,
mais le duc avait trente ans : il était spirituel, impétueux, avide
de remplir avec éclat la destinée que sa nomination récente au

1. Le Régent à Saint-Aignan, avril 1748 (A. ÉTR., *Esp.* Supplément t. 145).
2. Lettre d'Alberoni au duc de Parme, 10 octobre 1718 (Arch. Nap., *Farnesiana*,
fasc. 59).
3. Lettres d'Alberoni à Monti et à Nancré, 13 et 19 décembre 1718 (A. ÉTR.,
Esp., t. 275, f⁰ˢ 75 et 88). Il traite le complot alors de *carnaval funèbre*.
4. Le Régent lui avait envoyé le 5 octobre un ordre de départ (A. ÉTR., *Esp.*,
Supplément, t. 145, f⁰ 245).

Conseil de Régence, récompense de son complot, lui préparait[1].
Au grand étonnement d'Alberoni il s'attarda à Madrid : le confesseur du Roi, Daubenton, alla de sa part le prier d'en sortir.
Il refusa, comme Louville autrefois, et presque de la même
manière insolente. On ne l'expulsa de force, le 13 décembre, que
par sa faute, et en lui rendant d'ailleurs sur la route les honneurs dus à sa condition. Jusqu'à la fin la fortune servit son
audace. Il était encore en Espagne, mais assez loin déjà, près de
Pampelune, quand il apprit du courrier de France qui l'apportait à Madrid la nouvelle de l'arrestation de Cellamare. Il put,
en évitant les routes officielles, se dissimuler dans les montagnes,
en plein hiver, sans autre dommage que les fatigues imposées à
sa femme enceinte, et s'échapper jusqu'à la frontière au risque
d'être pris pour un contrebandier[2]. Tout le châtiment qu'Alberoni avait tiré de ses intrigues et de ses insolences fut une
raillerie méritée : « J'ai renvoyé ce baladin lorsque ses extravagances ont eu suffisamment amusé Madrid et servi de supplément au carnaval. »

Ce n'était pas Philippe V, encore moins Alberoni qui déclaraient la guerre aux Français. Ils n'avaient pas besoin, pour
justifier leurs mesures contre le Régent de France, d'invoquer
ses intrigues en Espagne. Il leur suffisait, comme ils le firent
dans les manifestes publiés en décembre 1718, en février 1719,
de signaler la portée de l'alliance contractée par le duc d'Orléans avec les Habsbourg, soi-disant pour le bien de la paix, en
réalité pour ses intérêts et ses ambitions, « nouveauté si mons-
trueuse pour une nation qui avait tout sacrifié afin de disputer à
l'Autriche la monarchie d'Espagne[3] ».

La déclaration de guerre, au contraire, que le duc d'Orléans fit
approuver le 8 janvier 1719, au Conseil de Régence, et le manifeste appuyé par les arguments de Torcy et de Dubois, rédigé

---

1. Lettres de Saint-Aignan au Roi, à Dubois, 24 et 25 novembre (A. ÉTR.,
Esp., t. 274, f⁰ˢ 40 à 48), à comparer aux lettres d'Alberoni citées plus haut.

2. Lettres du même, 17 et 22 décembre 1718 (Ibid., ibid., f⁰ˢ 134 et 153).

3. Le premier de ces manifestes a été cité et analysé par Baudrillart, Philippe V et le duc d'Orléans, p. 352, et l'autre également, un peu plus loin. On le
trouve comme tous les autres à la Bibliothèque Nationale (Catalogue d'Histoire
d'Espagne, n⁰ˢ 694 et suivantes).

dit-on par Fontenelle, ne reposaient que sur le prétendu complot tramé par l'ambassadeur d'Espagne et Alberoni. Dubois l'a lui-même avoué à ses amis d'Angleterre : la découverte de cette conspiration était absolument nécessaire pour vaincre l'opposition des Français à cette guerre. Elle fut le principal grief qui permit au Régent d'accuser Alberoni d'avoir voulu troubler la paix de la France et de l'Europe[1].

Dans la lutte très inégale qui allait s'ouvrir, Alberoni ne se faisait guère d'illusions. « C'est la fin du monde, écrivait-il à ses confidents, je ne suis pas sans tourments ni sans peine. » Il avait escompté, pour mettre le roi d'Angleterre, Électeur de Hanovre, à la raison, le concours des princes du Nord. Au mois de décembre 1718, Charles XII se faisait tuer au siège de Fredriks-hald : sa mort entraînait la ruine de Gœrtz et de ses desseins. Ce fut alors qu'Alberoni se décida à former dans les ports d'Espagne l'expédition jacobite qui devait d'abord être dirigée de Hollande ou de Suède sur l'Écosse. L'âme de cette nouvelle entreprise était le duc d'Ormond à qui le cardinal redisait ce qu'il avait dit en novembre 1718 de la ligue du Nord : « si elle échoue, l'Espagne sera obligée d'accepter la paix à n'importe quelles conditions ». Pour la seconde fois, c'était le langage d'un homme réduit aux expédients.

Le 8 février 1719, le chevalier de Saint-Georges s'embarquait à Nettuno, petit port de l'État romain, tandis que ses domestiques, pour tromper la surveillance des Anglais, prenaient par le Mila-nais la route de terre, en carrosse à sa livrée. Le carrosse fut arrêté à Voghera par les autorités autrichiennes : le Prétendant arriva sain et sauf à Rosas, et bientôt, le 28 mars, à Madrid où il fut reçu par Philippe V avec tous les honneurs dus à son rang et à son malheur[2]. Trois navires de guerre échappés au désastre du cap Passaro, armés à Cadix par les soins de Patino, pourvus d'un corps de débarquement de 5,000 hommes, ne l'avaient même pas attendu pour transporter ses partisans en Écosse, où

---

1. Voir le mémoire curieux de Torcy (A. ÉTR., *Esp.*, t. 275, f° 87).

2. Lettre d'Alberoni à Rocca, 28 mars 1719. — Lettres de Dubois à Craggs, 16 janvier, 15 et 26 mars 1719 (A. ÉTR., *Esp.*, t. 323, f°ˢ 38 et 40). — Mahon, *History of England*, I, p. 348.

les Jacobites avaient préparé une nouvelle révolte des loyalistes. Le 21 mars 1719, l'émoi fut grand au Parlement anglais quand on apprit le départ de cette nouvelle Armada espagnole. La tempête, qui dispersa la petite flotte en face du cap Finistère, allait, au mois d'avril, rassurer Georges Ier et ses sujets. Quand il connut le désastre, Alberoni écrivit à Parme, le 26 avril 1719 : « Le poids que je porte est bien lourd. Des projets que j'avais formés, un seul, réussissant, eût fait échouer les desseins de l'ennemi : la Providence les a tous traversés [1]. »

Désespérément, il se rattachait à l'espérance bien vague de reformer contre le Hanovre l'alliance du Nord avec le Tsar qui recevait toujours les agents des Stuart, l'Irlandais Patricio Laulès. Il dépêchait au roi de Prusse menacé par les ambitions de Georges Ier, un aventurier italien, le docteur Marini, homme de beaucoup d'esprit, secrètement vendu au duc d'Orléans; Marini avait proposé en outre au cardinal, et la dénonça au Régent, une trahison du duc de Richelieu, chargé d'un commandement aux Pyrénées. En cours de route, Marini fut arrêté à Lyon par le gouvernement français : l'agent secret d'Alberoni et l'ambassadeur du Roi, Cellamare, devenaient alors, par un singulier revirement, au printemps de 1719, les derniers porteurs des offres pacifiques du Régent à la cour d'Espagne [2].

Marini fut chargé par Dubois d'écrire au cardinal qu'il obtiendrait assurément le pardon du duc d'Orléans, et des avantages même si, convaincu de l'inutilité de la lutte, il employait son crédit à fléchir l'obstination des souverains espagnols (février 1719). A la même époque, tandis que Cellamare regagnait la frontière sous la garde de Dulybois, le Régent et son ministre Dubois s'employaient tous les deux à négocier à Saintes encore avec Philippe V et Alberoni. Enfin revenu à Paris, Nancré poursuivit, sur l'ordre du maître, sa correspondance avec le cardinal, et le 19 février encore l'assurait des vœux que l'on formait au Palais-Royal pour éviter la guerre par son intermédiaire [3].

---

1. Lettre d'Alberoni à Rocca, p. 629.
2. Torcy, *Négociations*, III, f°s 814 et 815; Saint-Simon, XV, p. 246 et 247.
3. Lettre de Nancré à Alberoni, par ordre du Régent, 19 février 1719 (A. ÉTR., *Esp.*, Mémoires et Documents, t. 142, f° 68). — Au même f° la réponse d'Alberoni, en date du 18 mars.

Etait-ce bien à l'auteur d'une conspiration dénoncée à l'indignation de tous les bons Français, à l'homme d'État coupable d'avoir mis le feu de la guerre civile en France et dans toute l'Europe que s'adressaient, à la veille du combat décisif, soi-disant et uniquement engagé contre ce ministre turbulent, ces ouvertures, ces offres de concours et de services?

Dans l'extrémité où il se trouvait, Alberoni, sans allié contre les premières puissances de l'Europe, eût cependant accepté ces offres, s'il eût été le maître. On a douté de la sincérité de ses assurances pacifiques, de ses protestations renouvelées d'impuissance. On a attribué à son orgueil inflexible, aux illusions de sa vanité, à un défaut de clairvoyance total l'engagement décisif qui fit la perte de l'Espagne et la sienne. Mensonge que sa lettre du 28 janvier à Nancré : « C'est le Roi qui croit contraire à son honneur d'accepter ce projet. Son Altesse Royale peut compter qu'il laissera mettre le feu aux quatre coins de l'Europe à moins qu'on ne trouve quelque expédient à lui proposer pour le persuader que son honneur est à couvert. C'est à Son Altesse Royale de m'en fournir quelqu'un, et elle verra comment j'agirai[1]. » Mensonges et fanfaronnades que ces projets attribués à Philippe V de vouloir défier l'Europe avec les forces de l'Espagne reconstituées !

Pourquoi alors ces aveux de découragement d'Alberoni à son ami Rocca, le 6 mars, le 26 avril? « Dans la situation où je suis, que de chagrins, que de tristesses, combien de fois je me rappelle et je regrette la condition privée où je vivais sans trouble et sans inquiétude !... Le poids que je porte est bien lourd... Il faut se résigner[2]. » Est-ce le langage d'un fanfaron de gloire, volontairement aveuglé, et follement lancé à la poursuite d'un succès impossible? Qu'en face des actes de défi et de combat exigés par Élisabeth Farnèse et Philippe V, ses protestations au Régent aient paru suspectes, cela peut encore s'expliquer. Mais le même langage tenu à la cour de Plaisance pour ses maîtres et pour les gens de Parme ne saurait inspirer les mêmes doutes ; qu'on lise

---

1. Lettre d'Alberoni à Nancré (A. ÉTR., *Esp.*, Mémoires et Documents, t. 142, f° 67).
2. Lettres d'Alberoni à Rocca, p. 626 et 629.

seulement sa lettre du 30 janvier 1719, adressée aux Farnèse empressés à conseiller désormais la paix à Philippe V pour leur salut, après avoir provoqué cette rupture pour leurs ambitions. « Je suis aussi d'avis qu'il faudrait se rapprocher du duc d'Orléans, la ligue qui s'est formée va bientôt englober toute l'Europe, la Hollande et peut-être le Portugal. Mais puisque, malgré tout, le Roi ne voudra pas accepter le projet, il faudra bien jouer nos cartes, et cette partie désespérée[1]. » Alberoni n'attendait plus rien, au mois d'avril 1719, de la guerre désormais inévitable, déclarée de l'Espagne contre toute l'Europe et la France surtout.

En s'obstinant à rejeter les conditions de l'Empereur et des Anglais, Philippe V, conseillé par sa femme, avait toujours douté que le Régent, à lui Bourbon et prince français, voulût et pût faire la guerre sans provoquer au delà des Pyrénées le sentiment national.

Après avoir enlevé à l'Empereur la Sardaigne et la Sicile, que les troupes espagnoles occupaient encore victorieusement, le roi d'Espagne songeait surtout à se venger sur l'Angleterre du concours fourni par elle aux Habsbourg. Jusqu'à la dernière heure, il ne pouvait pas croire à une rupture avec la France, avec sa patrie. Et ce fut contre Georges Ier qu'il dirigea et porta ses premiers coups, sans succès. La flotte qui devait porter en Écosse les partisans des Stuart et permettre le renouvellement d'une révolte jacobite fut désemparée par la tempête à la hauteur du cap Finistère. Trois frégates et quatre vaisseaux de transport réussirent à atteindre seulement l'Ecosse, au mois d'avril et à y débarquer 400 Espagnols qui, malgré le secours de 1,600 Highlanders furent aisément défaits à Glenshill. Désormais, l'escadre anglaise de l'amiral Berkeley restait maîtresse de l'Atlantique comme celle de Byng, après Passaro, l'était de la Méditerranée[2]. Aux colonies même, Philippe V avait cherché à atteindre les Anglais, et dès le mois de mai 1719 une escadre avait été préparée à la Havane pour ruiner leurs établissements

---

1. Lettre d'Alberoni au duc de Parme, 30 janvier 1719 (Arch. Nap , *Farnesiana*, fasc. 59 . — E. Armstrong, *Élisabeth Farnèse*, p. 118.

2. Mahon, *History of England*, I, 349-350. — Lettre de Chamorel à Dubois, 3 juillet 1719 (A. ÉTR., *Ang.*, t. 325, f⁰ˢ 8 et 9).

de la Caroline au profit de la Floride, tandis que le gouverneur de Saint-Domingue négociait avec son collègue français une convention de neutralité[1]. Des navires de course enfin sortis de Guipuzcoa ou de Barcelone donnaient la chasse aux vaisseaux marchands de l'Angleterre, respectant d'abord ceux de la France.

Les nouvelles que la cour d'Espagne reçut bientôt des Pyrénées modifia ses dispositions. Dubois disait vrai quand il promettait à Stanhope, le 16 janvier 1719, une action vigoureuse et prompte, sinon contre le roi d'Espagne, du moins contre Alberoni « en faisant bien la guerre et vivement[2] ». Le gouvernement du Régent ne voulut même pas attendre que le duc de Berwick, désigné pour conduire en Espagne l'armée française, l'eût rejointe.

Tout était étrange dans cette guerre entre Bourbons, le fait que le vainqueur d'Almanza, comblé de bienfaits par le prince qu'il avait fait Roi, eût accepté ce commandement refusé par d'autres généraux, la hâte surtout des préparatifs, qui s'emploie d'ordinaire aux mauvais coups. Le 21 avril, le second du maréchal, le marquis de Cilly, lieutenant-général depuis le jour où il avait apporté à Louis XIV l'heureuse nouvelle d'Almanza, passait la Bidassoa à la tête de 20,000 hommes. Aucune armée espagnole n'avait été mobilisée par Philippe V sur sa frontière : seule la forteresse de Fontarabie était en état de défense. Les Français purent, la laissant derrière eux d'abord, s'emparer des premières forteresses du Guipuzcoa et sans encombre se saisir du port de Passage, y détruire pour plus de deux millions de canons et de munitions dans les arsenaux, de provisions dans les magasins, de navires en construction sur les chantiers[3]. Ce nouveau coup

1. A. ÉTR., *Amérique*, Mémoires et Documents, t. VI, f⁰ˢ 230, 233 ; Charlevoix, IV, p. 244-245. — Heinrich, *La Louisiane*, Paris, 1907, p. 58.
2. Lettres de Dubois à Stanhope et à Craggs, 16 janvier (A. ÉTR., *Ang.*, t. 322, f⁰ˢ 42 et 51).
3. Saint-Simon, *Mémoires*, XVI, p. 251, 252 ; Coxe, *Bourbons d'Espagne*, II, p. 458 ; Saint-Philippe, *Mémoires*, II, p. 233. — Nul doute, d'après la lettre de Dubois à Berwick du 6 janvier 1719, citée par Lemontey, I, 268, d'après une autre surtout, adressée à Craggs, collaborateur de Stanhope, le 26 janvier (A. ÉTR., *Ang.*, t. 322, f⁰ 242) que la ruine des chantiers espagnols ait été concertée entre Paris et Londres, Stanhope, Berwick et Dubois : « Les troupes de terre suffiront pour brûler les vaisseaux espagnols au Passage dans l'état où ils sont. » Voir encore la lettre de Destouches annonçant à Dubois la joie des Anglais à la nouvelle de cette ruine (A. ÉTR., *Ang.*, t. 324, f⁰ˢ 29 à 36).

droit porté par des Français à la marine espagnole était une
preuve d'amitié donnée par la Régence aux Anglais, qui s'étaient
réjouis bruyamment du désastre de la flotte espagnole. Il parut
même davantage : une exécution commandée en vertu de
l'Alliance. Saint-Simon a traduit la douleur de toute la France.
Et les légendes créées autour de cette funeste expédition, la
présence du commissaire anglais, Stanhope qui vint, en effet,
à Fontarabie le 31 mai, l'arrivée soudaine d'une escadre anglaise
se réunissant aux généraux et à l'armée de France pour leur
imposer cette besogne, ont conservé le souvenir de l'émotion
produite à Paris, et qui embarrassa le Régent [1]. Le public, en
fait, ne se trompait qu'à moitié. Le duc de Berwick avait bien
promis à l'envoyé exigeant et furieusement anglais de Georges Ier,
lord Stair, cette exécution dont il daigna se montrer satisfait [2]. En
faisant la guerre pour l'Électeur de Hanovre, le maréchal avait
besoin d'un tel début pour mériter sa confiance et celle des
Anglais, pour leur faire oublier qu'il était le fils de Jacques II
et l'adversaire heureux des whigs en Espagne.

La douleur de Philippe V, sa colère de s'être laissé surprendre
et ruiner furent en proportion des illusions qu'il avait conservées
sur les intentions de la France. Elles le poussèrent aux résolutions extrêmes. Il se souvint des jours de lutte, qui ne semblaient
plus devoir revenir, où il s'était raidi, où il avait fait, appel au
patriotisme de ses sujets pour défendre son royaume, de nouveau
envahi, et par des Français cette fois. En vain Alberoni, décidément découragé par la ruine de la marine et l'invasion
française, lui fit-il remarquer l'inutilité et le danger de l'effort
pour sa santé même. Sans se laisser arrêter par ces conseils,
par la maladie qui, depuis un an, minait ses forces, ne consultant

---

1. Lettre de Leblanc à Berwick, 1er juin 1719 ; Lemontey, *Histoire de la
Régence*, I, 268.

2. Voir plus haut, note 3, et ce mot de Berwick cité encore par Lemontey, I,
259 : « Quand il est question de mon devoir, autant en emporte le vent. Je n'ai
plus de considération humaine. » — Quant à Dubois l'intention caractéristique
est dans cette lettre à Craggs du 31 août 1718 (A. ÉTR., *Esp.*, Mémoires et Documents, t. 140) : « Ce serait une chose à souhait de détruire toute la marine
d'Espagne. »

3. Coxe, *Bourbons d'Espagne*, II, 455 et lettres d'Alberoni à Rocca, 6 mars,
17 avril, 7 juin 1719.

avec la Reine que son courage et son indignation, il se retrouva
un instant ce qu'il n'était plus depuis six ans, un Roi. Il fit appel
à son peuple, ainsi qu'à la nation et à l'armée française. Il déclara
son intention de prendre lui-même la direction de cette guerre
impie à laquelle le duc d'Orléans l'obligeait. Le 26 avril 1720, il
s'en allait à la frontière se mettre à la tête de ses troupes, une
petite armée de 15,000 hommes que le prince Pio avait à peine
eu le temps de rassembler et de conduire auprès de Pampelune,
en Navarre.

Le cardinal l'accompagna d'étape en étape à Bonache, le
1er mai ; à Carignena, le 18 mai ; à Tudela, le 8 juin ; au camp de
Saint-Étienne, à neuf lieues de Fontarabie, le 17 juin. Comme
au Roi, « ce patron à qui il n'avait que le droit de faire des
représentations » et qui l'obligeait à reprendre la vie des camps,
ce voyage, cette campagne rappelaient à l'abbé de Parme les
guerres d'Espagne où sa fortune s'était établie, avec les victoires de Philippe V et de Vendôme. Mais alors, pour supporter
les fatigues d'un métier qui n'était point le sien, il avait la
jeunesse, la force et surtout l'espérance d'une grande œuvre,
fondée sur le concours de ces princes Bourbons qui maintenant
se combattaient, et désormais condamnée par l'échec irrémé-
diable des armées espagnoles en Italie[1]. Il n'avait plus maintenant devant les yeux que le spectacle de l'Espagne envahie, de
ses flottes ruinées par le concert de la France et de l'Angleterre,
de cette armée enfermée sur la terre de Sicile dont la résistance
courageuse aux Impériaux retardait seulement la perte certaine.
Qu'attendre enfin de ce Roi usé avant l'âge, qui défiait l'Europe
sans moyens de lui disputer son royaume, et se consolait auprès
de la nourrice de sa femme de ses déboires, en songeant à abdiquer déjà ? Quelle ressource que cette Reine qui, par caprice
d'orgueil et entêtement aveugle, se faisait de la guerre un jeu,
caracolait, paradait devant les troupes espagnoles condamnées
à la défaite, le pistolet à l'arçon, en amazone, vêtue d'une robe
bleu d'azur aux broderies d'argent qu'elle avait commandée à
Paris chez la bonne faiseuse[2].

1. Lettre d'Alberoni à Rocca, p. 629, 631 à 633.
2. Lemontey, *Histoire de la Régence*, I, p. 270, 271, note 1.

A près de soixante ans, le pauvre cardinal supportait seul le poids de ces manifestations inutiles. Cette vie de vagabond à travers les montagnes du nord de l'Espagne n'était guère faite pour un vieux prêtre accablé par le fardeau d'une administration dont les ressources s'épuisaient. « Que d'embarras et de fatigues insupportables : à chaque étape les courriers et le travail me guettent. C'est un déluge, sans compter les nouvelles que plus d'une fois ces courriers apportent pour m'échauffer la bile. Ah! quand pourrai-je sortir de ce labyrinthe ? Si Dieu me donnait le moyen de faire la paix, elle serait tôt faite. Non, cette vie-là ne peut durer [1]. » Moralement, matériellement, Alberoni se sentit alors, s'avoua vaincu par la mauvaise fortune, incapable du nouvel effort, absolument stérile, que réclamaient ses maîtres.

Entre Philippe V et son ministre une scène décisive se produisit. En apprenant à Pampelune, vers le 12 juin, l'attaque conduite par Berwick contre sa ville de Fontarabie, le roi d'Espagne eut une nouvelle crise de colère et d'héroïsme. Sans calculer l'infériorité de son armée, il voulut courir plus vite à la frontière, sauver, s'il en était temps encore, la place, ou se perdre s'il le fallait. Peut-être espérait-il aussi qu'il lui suffirait de se montrer aux troupes françaises pour arrêter leur élan, pour provoquer leur indignation contre le Régent et la défection de régiments entiers. Contre ces résolutions désespérées et ces illusions, l'indignation d'Alberoni, longtemps contenue, alors éclata. Il oublia un instant le respect qu'il avait toujours témoigné au Roi, jusqu'à lui reprocher sa docilité excessive envers la Reine, mêlant la prière aux critiques. Il supplia la Reine, il conjura le Roi de lui épargner la responsabilité de ce coup de tête qui retomberait encore sur lui. « Passer pour l'auteur de la guerre, le perturbateur du repos de toute l'Europe, me mettre à dos la haine du monde entier, c'était un sacrifice que j'avais fait jusque-là, que je ferais à l'avenir de bon cœur. Pourtant je ne pouvais pas souffrir de voir Sa Majesté, à la tête d'une poignée d'hommes, tenter le secours de Fontarabie assiégée par une grosse armée, bien postée. C'était vouloir se perdre, s'exposer à une catas-

---

1. Lettres d'Alberoni à Rocca, 18 mai et 6 juin 1719, p. 630 et 631.

trophe des plus terribles, inouïe et faire dire au monde, qui m'imputait déjà tout, que mes extravagances ne pouvaient pas finir autrement, qu'il n'y avait pas autre chose à attendre d'un furieux. » Ce discours qui, dans le récit écrit peu après par Alberoni pour sa défense, a gardé toute sa franchise et sa vigueur d'accent ne put cependant convaincre Philippe V, et encore moins sa femme[1].

Sans rien entendre, les deux souverains allèrent toujours de l'avant. Ils firent savoir aux défenseurs de Fontarabie qu'ils eussent à tenir jusqu'à leur arrivée certaine. Le 17 juin, ils étaient à San Estevan à cinq lieues de la place, malgré le soin qu'Alberoni avait pris de les égarer la nuit par de fausses marches dans les chemins mal frayés et rudes du Guipuzcoa. Le lendemain, avec une faible escorte, Philippe V s'avança jusqu'à la Sacca à deux lieues du camp français[2]. Si l'ordre exprès n'avait été donné de Paris au maréchal de Berwick d'éviter à tout prix la capture du roi d'Espagne, l'équipée aurait pu avoir des suites fâcheuses. En réalité tout le risque et tout l'ennui furent pour le cardinal entraîné jusqu'au bout dans l'aventure et guetté par l'ennemi, pour qui c'eût été une singulière aubaine de le faire prisonnier. Un officier français au service de l'Espagne et en secret à la solde de Berwick, le baron de Ferrette allait peut-être livrer Alberoni aux Français quand il fut dénoncé par un autre officier, un bon Allemand sans malice, et conduit à Ségovie. Heureusement, le jeu dangereux auquel s'obstinait le Roi prit fin le jour même, le 18 juin, par la capitulation de Fontarabie dont le gouverneur avait eu la tête emportée par un boulet. L'effort stérile tenté par Philippe V fit place à un sombre désespoir qui le ramena brusquement à Pampelune, en une sourde rancune aussi contre le ministre coupable d'avoir eu trop raison, impuissant à le venger. La défaite prédite par Alberoni se

---

1. Alberoni a raconté cette scène dans la grande lettre de justification qu'il adressa le 20 mars 1720 au cardinal Paulucci de Sestri di LeVante et que M. Wiesener a reproduite presque intégralement (t. III, p. 69), d'après le texte du BRITISH MUSEUM, *Guallerio's Papers*. Le plus important est de noter la conformité de ce récit avec celui que Landi en fit à Stair à Paris et que Stair envoya à Stanhope, le 15 août 1719 (REC. OFF., *France*, vol. 354).

2. Lettre d'Alberoni à Rocca, 17 juin 1720, p. 632.

réalisait ; la honte et le dépit disposaient les souverains d'Espagne à l'injustice envers leur serviteur.

Pendant tout le mois d'août, les nouvelles désastreuses se succédèrent à Pampelune. Maître de Fontarabie, le maréchal de Berwick s'était aussitôt porté contre Saint-Sébastien qu'il prit le 17 août sans difficultés. Accompagné cette fois du colonel Stanhope, il fit embarquer le 8 août sur des vaisseaux anglais des soldats français qui s'en allèrent brûler à San Antonio les chantiers et les navires en construction de la marine espagnole [1]. « L'œuvre de ruine, destinée (c'étaient ses propres paroles) à faire voir au parlement et aux Anglais que la France n'avait rien négligé pour diminuer la marine d'Espagne, s'accomplissait partout [2]. » Contre Philippe V, le duc d'Orléans soulevait les provinces basques toujours jalouses de leurs fueros. Et bientôt il envoyait Berwick et son armée à Perpignan pour exciter les Catalans que la France, en 1714, avait eu tant de peine à faire rentrer dans le devoir. De toutes parts, la ruine et le démembrement de l'Espagne : les Français de la Louisiane, avec le concours de la marine royale, s'emparaient de la baie de Pensacola, la meilleure rade de cette région du Mississipi, signalée à l'attention de l'Europe par le Système [3]. Après neuf assauts héroïquement repoussés, Spinola en Sicile allait rendre Messine aux Impériaux, le 18 octobre : le marquis de Lède n'était plus en état de leur disputer l'île, qui ne recevait plus de secours [4].

Contre ces conséquences prévues d'une lutte inégale, Alberoni ne pouvait plus rien. Ministre docile d'une cour que le malheur même n'instruisait pas, il employait de son mieux les dernières ressources de l'Espagne et de sa diplomatie. Ce fut alors, au camp devant Fontarabie, qu'il entra en relations avec des gentilshommes bretons, Melac Hervieux et Lambilly, représentants de la noblesse qui défendait dans cette province ses privilèges

---

1. Berwick et Saint-Philippe, *Mémoires*, et, pour les dates, les lettres du colonel Stanhope à Stanhope (REC. OFF., *Spain*, vol. 163, *France*, 354).
2. Berwick au Régent, 8 août 1719, dans Lemontey, *Histoire de la Régence*, I, p. 268.
3. Heinrich, *La Louisiane*, p. 54 à 60.
4. Coxe, *Bourbons d'Espagne*, II, p. 466 ; Lemontey, I, 276.

financiers. A la fin du mois d'août 1719, faute de pouvoir soulever l'Écosse, il chargeait le duc d'Ormond d'une entreprise analogue en France, et à Santander il armait une petite escadre destinée à soutenir la révolte de la Bretagne. Dans ce dernier effort, où il avait mis sa dernière espérance, Alberoni déploya encore toute son activité[1]. Et de même, à défaut de la Suède impuissante et vaincue, il escomptait dans le Nord l'alliance de Pierre le Grand mécontent du concours fourni par l'Angleterre à l'Électeur de Hanovre qui avait pris sa part et lui refusait la sienne. Il négociait au mois d'août 1719, par les soins de son agent Patricio Laulès avec le ministre du Tsar, Schafirof une alliance contre Georges Ier et le Régent : un mariage entre la fille de Pierre le Grand et un infant d'Espagne devait sceller l'entente. La Russie réclamait, il est vrai, des subsides pour opérer une puissante diversion en Allemagne et jeter un corps de Moscovites en Écosse. Mais la cour de Madrid était alors plus riche en infants qu'en argent comptant. Ces projets qui ne devaient pas aboutir formaient encore, de l'aveu de Dubois attentif à leur progrès, la principale ressource de Philippe V dans sa détresse et le plus grand danger qu'Alberoni pût faire courir à ses adversaires. « Ce Patricio Laulès, écrivait le ministre du Régent, n'est pas un méchant acteur. Il faudrait l'enfermer si l'on pouvait dans un château du Hanovre. » Les Jacobites étaient avec le Tsar les seuls alliés que l'Espagne ruinée, dépourvue d'armes, envahie, pût opposer en dernier recours à la coalition européenne.

Et encore si l'armée du Régent forte et victorieuse eût, au lieu de gagner par un long détour la Catalogne, poussé droit au cœur de l'Espagne, ce n'auraient pas été les quelques mille hommes campés à Assyain pour la défense du Roi et du royaume qui leur eussent disputé la route. Alberoni le sentit si bien qu'il finit par ramener Philippe V à Madrid. Et l'on eut cet étrange spectacle d'un Roi indifférent désormais à la guerre engagée par ses ordres, repris sans hésitation par ses habitudes de vie paresseuse et inutile. La chasse et la santé de la Reine pour la

---

1. Voir notre tome III, *Le Secret de Dubois* et le chapitre très complet que M. Baudrillart a consacré à la conspiration bretonne (*Philippe V et le duc d'Or-léans*, chap. VII, p. 373 et suivantes).

cinquième fois enceinte, l'occupèrent seules quand l'ennemi
détruisait ses flottes et ses armées.

Un instant, Alberoni put croire enfin, ou du moins espérer, que
cette lassitude de son maître et la leçon des événements déter-
mineraient la paix. Pour fléchir l'orgueil de sa nièce, le duc de
Parme, plus menacé que jamais par les progrès des Impériaux, lui
avait envoyé au début de juillet 1719 un conseiller extraordinaire,
porteur d'avis pacifiques, le marquis Scotti. Les deux Italiens
réunirent au mois d'août leurs efforts et firent enfin avouer aux
souverains que le point d'honneur n'exigeait pas de plus longs
sacrifices [1]. Le 31 juillet 1719, Scotti quittait Madrid, persuadé
que la Reine allait enfin s'incliner devant le fait accompli. Pour
ménager son amour-propre en flattant ses espérances, les
hommes d'État Farnèse avaient imaginé un détour ingénieux ;
Scotti s'en allait non à Paris, ni à Londres, ni au-devant des vainqueurs, mais à La Haye auprès des Hollandais, demeurés neutres
en fait pour les prier d'adoucir, par une sorte de médiation et
dans les formes d'un congrès, la capitulation de l'Espagne
vaincue [2].

Quand il arriva le 12 août à la cour de France, fidèle à ses
ordres, l'envoyé d'Élisabeth Farnèse demanda la permission de
réserver aux États généraux la primeur de son message de paix.
L'abbé Dubois, l'ambassadeur de Georges Ier et le Régent se
mirent alors d'accord résolument pour fermer au messager
l'accès de la Hollande [3]. En vain Scotti et l'envoyé de Parme à

1. Alberoni l'écrit à Rocca, le 5 septembre 1719, p. 635 ; Chamorel l'apprit à
Londres de l'agent des Farnèse, Claudio Ré, et informa Dubois, le 27 juillet 1719
(A. ÉTR., *Ang.*, t. 325, f° 59) : « il ne s'agit plus que de sauver le décorum »,
ajoutait-il.
2. Lettre d'Alberoni au duc de Parme, 29 août 1719 (ARCH. NAP., *Farnesiana*,
fasc. 64).
3. Lettre d'Alberoni à Rocca, 5 septembre 1719. — Il ressort de la correspondance entre Dubois et Stanhope, à cette époque, qu'en France le Régent et son
ministre se montraient d'abord favorables à cette paix par la médiation des
Hollandais (lettres de Dubois à Stanhope, 8 mars, 5 mai et 14 août 1719,
A. ÉTR., *Ang.*, t. 322, f° 280 ; t. 323, f° 269 ; t. 325, f° 142 à 146). — Stanhope
définitivement répondit qu'il ne fallait point de paix avec Alberoni, ministre : « il
faut le terrasser », 18 juillet 1719. « Il faut pousser Philippe V à se défaire de
lui, » 22 août 1719 (A. ÉTR., *Ang.*, t. 328, f° 25 ; t. 328, f° 31). — Coxe, *Bourbons
d'Espagne*, II, p. 471.

Paris, l'abbé Landi protestèrent-ils que leurs maîtres avaient décidé de donner toute satisfaction aux alliés, aux vainqueurs, que la paix était immanquable, si on ne leur refusait pas ce recours à la médiation de la Hollande, dernier refuge de leur amour-propre blessé. Leurs instances échouèrent contre un parti pris de soupçon, vrai ou feint : les ministres anglais et français déclarèrent qu'une capitulation, dont on prétendait leur cacher d'abord les termes, n'était point sincère et masquait une dernière manœuvre d'Alberoni.

Ce qu'ils ne disaient point, c'était leur secrète pensée, leur résolution concertée d'ajouter aux conditions de la Quadruple Alliance une clause nouvelle que leur victoire pouvait justifier, mais qui rarement a figuré dans les traités de paix, la disgrâce complète, le renvoi immédiat d'Alberoni. Il est inutile de rechercher, avec le plus récent historien de cette époque, lequel des deux alliés, du Régent ou du roi d'Angleterre, avait eu l'initiative de cette prétention qui fit le malheur du cardinal, et du moins lui fait honneur [1]. Tous deux avaient même intérêt à se délivrer d'un adversaire qui avait découvert le point faible de leurs ambitions et de leur politique. Satisfaits de la ruine de la marine espagnole, les Anglais devaient trouver plus encore leur compte à la ruine de l'administrateur dont Stanhope avait remarqué, dans son dernier voyage en Espagne, les efforts heureux et intelligents. Le Régent, pour se justifier auprès des Français de cette guerre contraire à leurs intérêts et à leurs traditions, avait avantage, après avoir chassé Cellamare, à détruire Alberoni. Entre eux, les alliés ne se faisaient point mystère de leurs intentions également hostiles au ministre d'Espagne. « La paix ne serait ni sûre, ni solide, sans l'éloignement du cardinal, » disait de Paris le 14 août lord Stair. Et Stanhope adressait à Dubois le 2 septembre un long réquisitoire contre Alberoni : « Exigeons du Roi catholique qu'il le chasse d'Espagne. Nous ne devons

---

1. C'est une vraie discussion entre Wiesener, III, p. 122 et 125, et Baudrillart, II, p. 371 et 395. — Ce que Wiesener n'a pas compris, c'est qu'il ne faut pas juger des intentions du Régent d'après une dépêche de Stair du 15 août (REC. OFF., *France*, 334), qui, avec sa fougue habituelle, n'a pas hésité à prêter ses désirs et ses sentiments au ministre français. Mieux eût valu consulter la dépêche même de Dubois à Senecterre du 14 août 1720, précisément aux A. ÈTR., *Ang.*, t. 325, f° 142.

consentir à la paix qu'en le perdant. Toute paix faite avec le cardinal ne serait proprement qu'un armistice sans terme[1]. »

Ce fut ainsi, par la volonté de ses ennemis et non par sa faute, que désormais aux yeux des contemporains et même de la postérité, la paix parut subordonnée à la disgrâce d'Alberoni, comme la guerre avait paru être une conséquence de sa fortune et de son crédit. Il fallut cependant, pour achever sa perte, comme pour armer les Français et l'Angleterre contre lui, une dernière intrigue dont la haine curieuse de Saint-Simon même ne put alors se procurer le détail. Le secret en a été gardé jusqu'à nos jours dans les archives des princes Farnèse, pour la raison qu'il ne leur faisait guère honneur.

L'histoire de cette intrigue qui précipita la paix et la ruine d'Alberoni est trop peu connue pour que nous n'en fassions pas le récit complet. Nous en connaissons déjà le principal acteur, ce singulier Peterborough qui, au début du xviiie siècle, a traversé toutes les cours et tous les partis, « le vieux Don Quichotte » suivant l'expression de Stanhope, « *le dernier des chevaliers errants*[2] ».

On se rappelle ses négociations avec la cour de Parme et le maréchal d'Huxelles en 1717, ses mésaventures en Italie, ses efforts pour rapprocher et liguer l'Espagne et le Régent contre les whigs, ses ennemis et l'Empereur, et comment, au mois de novembre 1717, il avait failli y réussir. Une maladie grave de Philippe V avait paru menacer l'autorité des Farnèse à Madrid. Et pourtant, avec une obstination peu conforme à sa mobilité ordinaire, Peterborough n'avait pas cessé de poursuivre son plan favori, la réunion de Philippe V et de la cour de France par l'intermédiaire des princes de Parme. Il s'était rattaché avec ardeur à Nancré qui conseillait à l'Espagne de se rendre, au Régent de la ménager. Il pressait le duc de Parme de donner de sages avis à Philippe V, de le détourner de toute entreprise offensive. D'une part il écrivait sans cesse dans ce sens à son ami, le ministre de Parme, Gazzola. De l'autre, il proposait au

---

1. Wiesener, III, p. 124.
2. Lettre de Peterborough à Gazzola, 13 mai 1718 (Arch. Nap., *Farnesiana*, fasc. 57).

Régent d'entrer en commerce discret avec l'Espagne sans blesser ses engagements avec l'Angleterre[1].

Lorsque la rupture devint certaine entre la France et Philippe V, Peterborough en conçut un vif regret : « Je ne vois rien qui ait l'apparence de produire du bien. » Il ne se découragea pas cependant. Il vit le tort causé en France au Régent par la guerre d'Espagne : « On y était scandalisé de ce qu'il faisait contre l'Espagne, et en faveur des Allemands. » Il prévit la nécessité où l'opinion publique le réduirait de se rapprocher de Philippe V : « un occasione favorevole per la Francia è la Spagna d'unirsi non poteva essere lontana ». En même temps, il eut le mérite de comprendre que le duc de Parme serait toujours, à un moment donné, l'agent intéressé et désigné de ce rapprochement. « Le ciel et les hommes, disait-il, sont d'accord pour ruiner l'Italie. » Dans la péninsule, le duc de Parme allié aux Bourbons était plus particulièrement exposé à la vengeance des Impériaux : « Ce n'était qu'en ralliant les deux branches de la famille qu'il pouvait se défendre[2]. Si jamais la conjoncture veut admettre une correspondance entre le Régent et l'Espagne, ce sera toujours par le canal du duc de Parme. Pensez-y bien, ne perdez point de temps, faites la paix pour vous, votre fille, votre gendre[3]. » Lui-même se tint prêt à tout événement.

Ce furent ces conseils de Peterborough qui, dès le mois de février 1719, déterminèrent l'envoi à Madrid du diplomate parmesan, Scotti. Arrivé au mois de juin 1719 en Espagne, Scotti n'avait pas réussi d'abord mieux qu'Alberoni à vaincre l'obstination de Philippe V et d'Élisabeth Farnèse Puis, au mois d'août, ce fut lui que les souverains espagnols, se décidant enfin à la paix, chargèrent d'aller la demander à la Hollande. Pour suivre les progrès de cette mission pacifique et de son programme, Peterborough, à qui les voyages d'ailleurs coûtaient peu, quitta sa résidence d'Angleterre et vint à Paris.

Depuis deux mois que la guerre avait commencé entre

---

1. Lettre de Peterborough à Gazzola, 25 juillet 1718 (Arch. Nap., *Farnesiana*, 57).
2. Même correspondance, 2 janvier et 19 juin 1719 (Ibid., *ibid.*).
3. Lettres de Peterborough au duc de Parme, 30 novembre 1718, 2 janvier et 3 avril 1719 (Ibid., *Ibid.*).

les Alliés et Philippe V, il avait le sentiment que de plus en plus la perte d'Alberoni devenait la condition de la paix. « Le cardinal embarrasse tout le monde, disait-il à Parme, dès le 3 avril, c'est une sorte de Don Quichotte[1]. » Il entendit, à Paris, attribuer à Alberoni toutes les responsabilités, en bien comme en mal. « Je suis à Paris, la scène des grandes nouvelles, mais elles sont toujours fausses. On veut toujours inventer quelque chose de grand du cardinal : mais je ne vois rien de sa façon que de fort médiocre[2]. » Le Régent s'emportait contre lui en des termes fort vifs : « Il faudrait montrer à Philippe V le fond du sac. Le cardinal, pour un ministre italien, fait trop l'homme d'honneur. Un ministre qui parle toujours d'honneur, sans le prouver, ressemble fort à une femme qui a toujours la vertu sur les lèvres, et l'amour dans les yeux[3]. »

Le refus que firent Stanhope et le Régent de laisser Scotti passer en Hollande, pour traiter de la paix au nom d'Alberoni, ne laissa plus aucun doute à Peterborough sur les intentions des Alliés. Leur défiance à l'égard du cardinal était invincible. C'était le moment où Stanhope déclarait qu'il ne pouvait y avoir avec lui « de paix solide, ni durable ». L'Angleterre ferait la paix avec l'Espagne si la guerre continuait, sans trêve, contre Alberoni. Peterborough, qui tenait beaucoup à l'une et ne s'intéressait pas à l'autre, se chargea du plan de campagne. La rancune contre ses anciens adversaires, les ministres whigs, avec qui il se concerta en septembre à Hanovre, ne semblait pas, en cette occurrence, avoir résisté au prix que lui offrirent Georges Ier et le Régent, de vingt mille livres sterling chacun, pour le récompenser de sa peine.

Il passa une fois de plus les Alpes, en octobre 1719, sous un nom d'emprunt. Le signor Antonio Gavassi allait demander aux ministres du duc de Parme de ruiner l'homme dont ils avaient fait la fortune autrefois : les Farnèse n'avaient-ils pas plus que jamais intérêt à la paix, et le seul obstacle n'était-il pas

---

1. Lettre de Peterborough à Gazzola, 3 avril 1719 (Arch. Nap., Farnesiana, fasc. 57).
2. Idem, 30 juin 1719 (Arch. Nap., Farnesiana, fasc. 57).
3. Idem, 17 juillet 1719 (Arch. Nap., Farnesiana, fasc. 57).

leur ancien sujet, leur ministre, leur créature ? Il n'était pas
malaisé de leur persuader qu'ils avaient le droit et le besoin de
le détruire. Déjà Scotti, retenu à Paris par la volonté des Alliés,
recevait d'eux les mêmes avis et les faisait passer à Parme, en
les appuyant.

Ainsi déguisé en Italien, Peterborough eut plusieurs entre-
vues dans l'Apennin, entre Novi et Gênes, avec le ministre des
Farnèse, Gazzola, son confident ordinaire et le favori du duc,
un Maure, Nicolo Olivi[1]. Il lui développa son plan de campagne
contre Alberoni : quelque service qu'eût rendu celui-ci à son
maître, la reconnaissance n'engageait pas les politiques. L'agent
du duc de Parme reconnut que, sans perdre de temps, « il
fallait mettre le cardinal à la raison ».

On convint donc que Peterborough écrirait d'Italie deux
lettres, l'une au Régent, l'autre à Dubois, pour les avertir que
Son Altesse le duc de Parme était décidé, au prix des derniers
efforts, à faire chasser le cardinal[2]. On régla que le duc de
Parme écrirait à Alberoni pour lui conseiller d'envoyer au
Régent une lettre dont il lui dicterait les termes, une sorte de
capitulation, comme un recours en grâce, destinés à l'humilier
devant l'Europe, et s'il s'y refusait à le perdre. En récompense
de ces services importants, Gazzola demanda que le Congrès
pour la paix future se tînt dans les États de son maître : « Mon
maître est un prince neutral, disait-il. Les villes de Parme et de
Plaisance sont dans une très belle situation, au milieu de la
Lombardie ; elles sont grandes et capables de loger commodé-
ment les ministres, et ont la rivière du Pô, qui, estant navigable
depuis Turin jusqu'à Venise, est très commode pour le transport des équipages[3]. » Si le duc de Parme sacrifiait Alberoni à
la vengeance des Alliés, c'était dans l'espoir d'avoir les bénéfices et les honneurs de la paix. Ce fut en cette entrevue, aux
frontières de la France et de l'Italie, que le sort d'Alberoni se

---

1. Lettre de Gazzola à Peterborough, Piacenza, 12 novembre 1719 (ARCH. NAP.,
Farnesiana, fasc. 64).

2. Les minutes de toutes ces lettres sont aux ARCH. NAP., *Farnesiana* : fasc. 59
pour le Régent ; fasc. 57 pour l'abbé Dubois.

3. Voir note 1.

décida, sur cette terre italienne qu'il avait rêvé de délivrer des étrangers.

L'auteur de ce complot avait pris le mot de Dubois à Paris, des ministres anglais à Hanovre[1]. Il ne lui restait qu'à s'assurer la collaboration du duc de Parme. Gazzola la lui promit et retourna le 18 novembre à Plaisance pour en obtenir du duc la promesse authentique. Peterborough la reçut, quatre jours après, aussi formelle que possible. Il fut autorisé à commencer auprès du Régent les plus vives attaques. Le duc de Parme se chargea de suivre toute l'affaire à Madrid.

Ce fut à la fin de novembre que Dubois et son maître reçurent à Paris les offres décisives de la cour de Parme : elles étaient de nature à les séduire, conformes aux vues de l'Angleterre et aux exigences de Stanhope. Peterborough affirmait qu'à Parme on allait attaquer le cardinal « avec une vigueur égale à son obstination ». Les Farnèse ne faisaient point difficulté, pour servir le Régent, de renverser Alberoni. Ils lui demandaient seulement une lettre pour Philippe V, capable de persuader ce prince que les cours de France et d'Angleterre étaient résolues à n'entrer en négociation qu'après le renvoi d'Alberoni : « Les intérêts du Roi catholique, le soulagement de l'Espagne. l'état déplorable de l'Italie demandent, disait Peterborough à Dubois, que l'on mette des bornes aux visions et aux folies de ce ministre. Ce serait un grand soulagement à nos ministres de pouvoir montrer la guerre d'Espagne comme finie, si on en doit appréhender une nouvelle avec les Moscovites[2]. »

Dubois n'avait qu'une assez médiocre confiance en Peterborough[3]. Mais il ne pouvait nier l'avantage certain de se débarrasser d'une double guerre par une attaque décisive contre Alberoni. Et le 9 décembre il expédiait à Parme la lettre du

---

1. Minute de la lettre du duc de Parme au Régent (ARCH. NAP., *Farnesiana*, fasc. 59). L'original est au fonds *Parme*, t. VI, des A. ÉTR.

2. Lettres de Peterborough au duc d'Orléans, à l'abbé Dubois, de Novi, 20 novembre 1719 avec une lettre de Gazzola aux mêmes (A. ÉTR., *Parme*, t. VI, fᵒˢ 96, 98).

3. Lettre de Dubois à Stanhope, 20 octobre 1719. « Il peut faire beaucoup de bien ou de mal. J'y prendrai garde, sans l'effaroucher. » (Mahon, *History of England*, I, 365, note 8.)

Régent qui devait mettre en demeure les souverains d'Espagne de renvoyer leur ministre.

Au moment où cette lettre partit de Paris, la disgrâce du cardinal était un fait accompli. Les hommes d'État de Parme avaient si bien manœuvré auprès d'Élisabeth Farnèse qu'au moment décisif, leur victoire fut plus aisée qu'eux-mêmes ne le croyaient.

Dès le mois de juillet 1719 à Madrid, Scotti avait tâté le terrain, d'abord avec beaucoup de réserve. Il avait habitué peu à peu la Reine à l'idée de se tirer d'embarras par le renvoi d'Alberoni : « Si on ne pouvait faire autrement, il faudrait bien le chasser[1] », avait dit alors la Reine. « Comment? » s'était écrié le Roi, qui craignait de s'humilier lui-même en chassant son ministre.

Le fruit pourtant n'était pas encore mûr, quand Scotti vint à Paris : « C'était un grand et gros homme fort lourd, dont l'épaisseur se montrait en tout ce qu'il faisait et disait, avec cela ambitieux et très infatué de sa personne[2]. » Dubois n'eut pas de peine à éveiller son ambition, à l'exciter contre Alberoni. S'il l'empêchait d'aller en Hollande chercher la paix, pour le compte du cardinal, il lui persuada de retourner en Espagne pour le ruiner. Il gagnait également le ministre du duc de Parme à Paris, l'abbé Landi[3]. Il dépêchait enfin aux Farnèse un envoyé extraordinaire, qui avait toute sa confiance, Chavigny. Et déjà persuadé, même avant les démarches décisives de Peterborough, le duc Farnèse engageait, le 29 septembre, Scotti à retourner à Madrid pour parler à Alberoni « d'une affaire très mportante qui ne pouvait être communiquée que de vive voix[4] ». Il fallait le déterminer à se soumettre ce qui ne dépendait pas de lui, ou à se démettre.

Autour d'Alberoni, dès le mois d'octobre 1719, le cercle des intrigues qui devaient le perdre, se resserra. S'il ne put alors

1. Lettre de Scotti au duc de Parme, juillet 1719 (ARCH. NAP., *Farnesiana*, fasc. 55).
2. Saint-Simon, *Mémoires*, XVIII, p. 211.
3. Lettre de Landi à Dubois, 20 novembre 1719 (A. ÉTR., *Parme*, t. VI, f° 100).
4. Lettre du duc de Parme à Alberoni, 23 septembre 1719 (ARCH. NAP., *Farnesiana*, fasc. 64).

lire les lettres que les diplomates de son pays, Scotti et son meilleur ami le comte Rocca, échangaient à son insu, il pressentit qu'on se préparait autour du duc à le rendre responsable de tout, de la guerre entreprise au gré des Farnèse, de la paix retardée par l'obstination du roi d'Espagne. Il ne pouvait plus désormais défendre l'Espagne menacée par la descente des Anglais à Vigo, par une attaque prochaine des Portugais, par l'invasion des Français en Catalogne et un dernier effort des Impériaux pour reprendre la Sardaigne après la Sicile. L'intervention du Tsar était trop lointaine, et la révolte de la Bretagne bien douteuse, depuis que le duc d'Orléans se trouvait averti, et que la petite escadre du duc d'Ormond se voyait bloquée à Santander par la crainte des escadres anglaises.

Alberoni fit au moins de son mieux pour se défendre luimême. Le 2 octobre, Scotti reçut l'ordre exprès de ne pas passer les Pyrénées, mais les Alpes, de s'en retourner en Italie et non à Madrid. « Il n'est pas bien à Paris, il ne serait pas mieux à Madrid[1]. » Mais Scotti s'obstina : la cour de France le pressait chaque jour davantage[2]. Il avait l'espoir, s'il éloignait le cardinal, de servir en Espagne Élisabeth Farnèse à sa place. Et déjà, sous forme d'une douceur, le Régent lui avait remis le prix de sa peine. Le marquis franchit, malgré l'avis d'Alberoni, les Pyrénées[3]. C'était un grand voyage, pénible, au mois d'octobre, dans un pays froid comme celui-là. Rien ne prouvait, en outre, qu'il réussît. Le 23 octobre, Alberoni écrivait à Plaisance : « Dieu veuille que le mal qu'il se donne ne soit pas en pure perte ! » Il entendait bien aider la Providence, pour qu'elle ne favorisât pas cette entreprise dirigée contre lui.

Quand Scotti arriva à Madrid, le 31 octobre, toute la Cour était à l'Escurial, le Roi et la Reine exclusivement occupés de chasse[4]. C'était le temps de l'année où le cardinal, chargé de

---

1. Lettre d'Alberoni au duc de Parme, 2 octobre 1719 (ARCH. NAP., *Farnesiana*, fasc. 64).

2. « Vado a una impresa che credo di quasi impossibile riuscita. » Lettre de Scotti à Rocca, dans Bersani, *Alberoni*, p. 276.

3. Dadoncourt, lieutenant du Roi, à Bayonne, signale son passage et dit combien « il est enchanté de S. A. R. et charmé de l'esprit de Dubois ». — Lettre à Dubois, 17 octobre 1719 (A. ÉTR., *Esp.*, t. 290, f° 110).

4. Lettres d'Alberoni à Rocca, 23 octobre et 6 novembre 1719, p. 639 et 640.

tout, exerçait une sorte de régence, où Leurs Majestés étaient le moins accessibles aux insinuations que Scotti prétendait leur faire. Alberoni le reçut : il le combla de prévenances et d'honneurs, mais ne le laissa quitter Madrid que par exception, en le surveillant. Scotti isolé, obligé de se loger dans un couvent, ne pouvait guère fréquenter l'Escurial sans échapper à cette surveillance, et se vit réduit à des entretiens avec Alberoni qui n'avançaient pas ses affaires. Le cardinal se déclarait favorable à la paix : « Si cela ne dépendait que de moi, répondait-il, elle se serait faite au mois d'août l'an passé. Je pardonne à tous ceux qui m'accusent de vouloir la guerre à tout prix. Mais un ministre n'a d'autre droit que celui de faire des représentations. C'est ce qui le distingue de ses patrons[1]. » Alberoni livrait sa dernière bataille : ses positions étaient solides ; ce qu'il disait de sa politique, exact. Il se défendait fièrement, incapable de s'humilier devant le duc d'Orléans, décidé à lui tenir tête jusqu'au bout : « Je vous assure, disait-il au duc de Parme, le 13 novembre encore, que sans un principe d'honneur et de reconnaissance, il n'y aurait pas besoin des efforts du duc d'Orléans pour me faire sortir d'Espagne. Sous le poids que je porte, je vois bien que ma vie succombera[2]. » Donc, il n'ignorait rien du motif qui avait décidé le second voyage de Scotti, et s'employait de son mieux à le faire échouer. « Je m'imagine, disait-il plaisamment, que notre signor marquis Scotti ne pourra faire autrement que de s'ennuyer dans ce pays[3]. » Il avait compté sur la lassitude de l'ennemi pour gagner encore cette partie décisive que pour la première fois de sa vie les Farnèse l'obligeaient à jouer contre ses maîtres.

Peut-être eût-il réussi, si les ordres pressants de la cour et l'obstination comme la servilité des ministres de Parme n'avaient soutenu les efforts du marquis Scotti. A partir du moment où Peterborough eut assuré contre lui l'entente des Anglais, du Régent et des Farnèse, Alberoni fut perdu. A Plai-

---

1. Lettres d'Alberoni à Rocca, 20 et 29 novembre 1719, p. 641.
2. Lettre d'Alberoni au duc de Parme, 13 novembre 1719 (Arch. Nap., *Farnesiana*, fasc. 64).
3. Lettre d'Alberoni à Rocca, 27 novembre 1719, p. 641.

sance tous les hommes d'État « l'assemblée de ses amis », le comte Rocca, le premier ministre Santi, le comte Gazzola, peut-être avec la joie secrète d'humilier l'homme du peuple dont la fortune les avait offusqués, se liguaient résolument. A Paris, le Régent avec Dubois suivait et encourageait l'intrigue. « Il est nécessaire, écrivait à Scotti le comte Rocca, le 2 novembre, que vous vous procuriez un entretien direct avec le Roi, avec la Reine. » « *Periculum in mora*[1] », insistait le duc d'Orléans.

Le 16 novembre 1719, Scotti put enfin annoncer à son maître qu'il avait trouvé le moyen de parler en secret à la Reine, et ensuite au Roi. « C'est chose faite, maintenant : que le cardinal le veuille ou non, je ne partirai d'Espagne que sur l'ordre de Votre Altesse. Quand je voudrai parler à Leurs Majestés, ce seront elles qui, pour tromper la surveillance du cardinal, me feront appeler. Je ne lui rapporte de mes entretiens avec le Roi que ce qui est convenu avec lui. Je vous dirai un jour comment j'ai fait : le cardinal ne parviendra jamais à le savoir[2]. »

Les positions prises par Alberoni pour défendre son crédit à Madrid étaient désormais tournées. La corruption fut certaine-ment le moyen qui fit le succès de cette intrigue, et l'argent le nerf de cette guerre engagée par les souverains d'Europe, sournoisement, contre le cardinal. Payé par les Anglais, Peter-borough avait payé, d'avance et comptant, le concours des poli-tiques parmesans. Gagné aussi au Palais-Royal par des arguments d'une singulière valeur, le marquis Scotti, pour se faire entendre de la Reine en dehors du Roi et d'Alberoni, les employa à son tour auprès de la seule personne qui eût le pouvoir de parler un quart d'heure par jour à Élisabeth, l' « azafata », une Italienne venue de Parme avec elle, Laura Piscatori. « C'est une brave femme, disait Scotti, mais qui se laisse conduire par le plus vil intérêt. » A l'heure où la Reine sortait du lit conjugal pour se chausser et

---

1. Lettre de Peterborough à Stanhope, 20 novembre 1719 ; Mahon, II, p. 378. — Lettre de Landi à Dubois, 26 novembre 1719 (A. ÉTR., *Parme*, t. VI, f° 104). — Lettres de Dubois et du Régent à Peterborough, 9 décembre 1719 ; à Landi, 11 décembre 1719 (A. ÉTR., *Parme*, t. VI, f°° 109 à 112, et *Esp.*, t. 292, f° 348).

2. Lettres de Scotti au duc de Parme (ARCH. NAP., *Farnesiana*, fasc. 55); et à Rocca, 16 novembre 1719, Bersani, *Alberoni*, p. 276.

prendre sa robe de chambre, l'unique moment où le Roi la
quittât pour procéder à sa toilette, Laura Piscatori, dûment
récompensée et payée, avait pu enfin lui remettre, à l'insu du
ministre, un billet du duc de Parme qu'un courrier extraordinaire
avait, sous un déguisement de pèlerin, porté à son adresse.
« J'écrirai un jour ce qu'il m'en a coûté de peine, de patience, et
d'écus pour obtenir ce miracle » mandait à Parme l'artisan
principal de cette intrigue [1].

Désormais, Alberoni ne pouvait plus interdire les entretiens
des souverains avec le confident de la cour de Parme. Laura
Piscatori, jalouse de la faveur que le cardinal lui avait toujours
refusée, et qu'il accordait à sa gouvernante Dona Camilla, soutint
de ses mauvais propos l'effet des reproches et des insinuations calomnieuses que le marquis Scotti, autorisé par le duc de
Parme, « ne dut pas ménager au colosse qu'il fallait abattre ». Très
fin et très rusé, sous son aspect extérieur de gros gentilhomme,
le marquis témoignait au cardinal la plus grande confiance, lui
parlait encore le 27 novembre de son prochain retour en Italie,
lui promettait de le justifier auprès des Farnèse : et le même jour
à force de répéter à Philippe V que son ministre, par ses entreprises chimériques, ses coups de tête et ses empiétements
sur l'autorité royale, l'avait exposé aux humiliations et aux
risques de la défaite, il l'avait enfin décidé à rejeter sur Alberoni la responsabilité et la honte de la capitulation. « Si les
alliés veulent l'expulsion du cardinal, les souverains l'accorderont. »

Ce fut à ce moment que l'intrigue tramée d'autre part en
Italie par Peterborough vint mettre en demeure le vieil homme
d'État qui s'était dévoué aux Farnèse de choisir entre la honte et
la disgrâce, entre l'aveu de fautes qu'ils lui avaient imposées
et la chute qu'ils lui préparaient. Il est peu probable, si l'on
en juge sur cette lettre adressée de Madrid par Scotti, le
1er décembre, que ce choix, qui l'eût déshonoré, l'eût sauvé :
« Sans la pression de Peterborough, j'avais déjà amené les souverains à accepter la paix par l'exclusion du cardinal Alberoni.

1. Lettres capitales et inédites de Scotti au duc de Parme, 9 et 16 novembre
1719 (ARCH. NAP., *Farnesiana*, fasc. 55).

Ce n'a pas été sans peine. Le cardinal ne s'en doutera pas
jusqu'à ce que nous fassions le coup [1]. »

Quand le cardinal reçut, le 28 novembre 1719, à Madrid, le
conseil expédié par les ministres de Parme en toute hâte, et concerté avec Peterborough, de s'humilier devant les Alliés, devant
le Régent, l'Empereur et Georges Ier, il crut pouvoir le rejeter
fièrement, et escompter encore l'approbation de Philippe V à son
refus : « Le marquis Scotti m'a signifié ce que Votre Altesse lui
a mandé par un courrier extraordinaire. J'ai communiqué l'avis
aussitôt à Leurs Majestés. Il leur a paru difficile d'autoriser une
pareille démarche, faite en leur nom, alors que toutes les offres
consignées dans le billet de Votre Altesse ont déjà été faites au
duc Régent et méprisées par lui. L'Anglais qui est venu faire
cette proposition à Votre Altesse est regardé ici comme un fou
très solennel et un grandissime fripon. Le nom seul de ce
personnage a suffi pour écarter Leurs Majestés de ce projet [2]. »

A ce moment encore, et pour refuser l'offre venue de France,
croyant mieux connaître les intentions de Philippe V irrité
surtout contre le duc d'Orléans, Alberoni s'efforçait de traiter
avec l'Empereur et lui demandait la main d'une archiduchesse
pour l'infant Don Carlos. Il envoyait à Stanhope un réfugié
français Seyssan pour lui offrir, au nom de son maître, le
commerce du Mexique. Quand il parlait ainsi et négociait au
nom du roi d'Espagne, avec l'autorité qu'il croyait encore tenir
de sa faveur et de sa volonté, il ne se doutait point que déjà
Philippe V, cédant aux exigences de l'Europe et des Farnèse,
lui avait retiré sa confiance. Il continuait à opposer aux intrigues
qui avaient déjà produit leur effet à Madrid et à Parme un fier
dédain. « Je m'en inquiète peu, en ce qui me regarde. Si je dois
quitter l'Espagne de la manière qu'on pense, ce serait une belle
et glorieuse sortie et de nature, si j'étais vaniteux, à me satisfaire
en plein. »

Pour le chasser cependant, Philippe V n'attendait plus qu'une

---

1. « Sento il colpo vicino. » Lettre de Scotti au duc de Parme, le 23 novembre
1719 (Arch. Nap., *Farnesiana*, fasc. 55).

2. Lettre d'Alberoni au duc de Parme, 29 novembre 1719 (Arch. Nap., *Farnesiana*, fasc. 64). — Même lettre à Rocca, p. 642.

occasion ou qu'un prétexte : s'il avait d'abord résisté à l'idée de
sacrifier aux vainqueurs, au Régent surtout qui l'humiliait, un
ministre qui l'avait bien servi, cette idée, une fois arrêtée dans son
esprit entêté et médiocre, devait décider du sort d'Alberoni. Il lui
avait paru, à l'examen, moins déplaisant de céder aux exigences
des Alliés, s'il pouvait se donner l'air de délivrer ainsi l'Espagne
d'un ministre qui la ruinait. En ce cas, le vaincu, ce ne serait
pas lui, mais le cardinal. Il se disposa à accepter cette ressource
que les Alliés et les Farnèse avaient ménagée à son orgueil. De
plus, le père Daubenton, le confesseur tout-puissant, mécontent
d'Alberoni qu'il soupçonnait d'avoir voulu donner sa place à un
jésuite italien, le père Castro, entretint chez le Roi ces dispositions et se ligua avec Scotti.

Le terrain ainsi préparé, jusqu'au début de décembre, Scotti
resta trois jours sans aller à la cour ; le Roi et la Reine le tenaient
secrètement au courant. Ils s'en furent, le 5 décembre, à la chasse
pour éviter les reproches du cardinal, et le jour même, Alberoni
recevait du secrétaire du Roi, Miguel Duran l'ordre de quitter le
ministère immédiatement, Madrid avant huit jours, l'Espagne
avant trois semaines[1]. Il demanda une audience au Roi, en vain.
On ne lui laissa le droit que d'écrire.

Alberoni savait d'où venait le coup qui le frappait : « Votre
Seigneurie apprendra du marquis Scotti ce qui se passe. »

« C'était là, écrivait-il tristement au ministre Rocca, le 6 décembre, le moindre sacrifice que l'on pouvait faire pour donner la
paix à l'Europe[2]. » Le duc de Parme l'avait formé, le duc de
Parme l'avait élevé, le duc de Parme le rappelait. Il se soumit
avec une entière résignation à ses ordres, avec l'espoir de le
servir encore. « En Italie où je vais, je serai plus à même, écrivait-
il au duc de Parme, de recevoir les ordres respectés de Votre
Altesse[3]. »

---

1. Le récit très précis, très fidèle a été fait par Scotti au duc de Parme,
dès le 6 novembre 1719, et surtout le 20 janvier 1720 (ARCH. NAP., *Farnesiana*,
fasc. 55). Cette dernière lettre trahit déjà les inquiétudes et la fureur d'Élisabeth qui craint les révélations du cardinal sacrifié.

2. Lettre d'Alberoni à Rocca, 6 décembre 1719, p. 643.

3. Lettre tout à fait curieuse écrite par le cardinal au duc de Parme (ARCH.
NAP., *Farnesiana*, fasc. 64).

En revanche il manifesta sans réserve sa colère et sa rancune contre les souverains de l'Espagne : malgré ses conseils, ils
s'étaient obstinés dans des aventures dont ils lui faisaient payer
les frais ; c'était la triste revanche d'un roi orgueilleux et faible.
Le cardinal le dit très haut, en partant, au père Daubenton qu'il
chargea d'une lettre pour Philippe V : furieux de ces justes
accusations, le Roi jeta la lettre au feu et jura de se venger.

La disgrâce et le renvoi d'Alberoni étaient en réalité l'œuvre
de la diplomatie européenne, la dernière victoire remportée sur
l'Espagne par l'Angleterre avec l'aide de l'abbé Dubois. Toute
l'Europe avait été mise en branle contre le malheureux cardinal :
le Régent l'avait combattu pour n'avoir pas l'air de combattre
directement Philippe V et de lui disputer le trône de France ;
l'Angleterre pour ruiner à jamais la marine espagnole ; le duc de
Parme pour prévenir les suites d'un incendie qu'il avait allumé ;
le roi d'Espagne pour masquer la honte de sa défaite ; Scotti pour
prendre sa place. Aussi, la nouvelle de sa chute, fit partout l'effet
d'une victoire. Le jour même, Scotti en avisa à Paris Landi,
qui secrètement avertit, le 17 décembre, le Régent et Dubois. La
nouvelle fut accueillie avec une joie très vive au Palais-Royal [1].
Dubois voulut se réserver l'honneur de faire part le premier à
Stanhope de cet événement si propre à lui faire plaisir. Il ne
cacha pas celui qu'il éprouvait : « Je ne pouvais pas apprendre à
Votre Excellence aucune nouvelle plus agréable dans les circonstances présentes, *ni plus importante à nos intérêts communs*
que celle pour laquelle j'ai ordre de vous dépêcher un courrier [2]. »

Le courrier partit pour Londres le 18 décembre 1719, avec
ordre à l'envoyé de France, Destouches, d'aller trouver Stanhope
sans délai, « où qu'il fût, chez le Roi, au Parlement ou ailleurs ».
Il arriva, le 22 décembre, à l'ambassade de France à deux heures
de l'après-midi : Stanhope était à la Chambre des lords, occupé
à défendre encore le fameux bill sur la pairie, fort attaqué, à la

---

1. Lettre de Landi à Scotti, 21 décembre 1719 (Arch. Nap., *Farnesiana*, fasc. 64),
en réponse à la lettre de Scotti à Landi qui est conservée aux A. ÉTR., *Esp.*,
Mémoires et Documents, t. 142, f° 140.

2. Lettre de Dubois à Stanhope, 18 décembre 1719 ; Baudrillart, II, p. 399.
Lettres du même à Stair, 19 décembre 1719 (Rec. Off., *France*, vol. 354), et à
Destouches (A. ÉTR., *Ang.*, t. 327, f° 130).

veille d'une défaite qui pouvait être grave. Destouches lui porta
la grande nouvelle. L'accueil que lui firent Sunderland et
Stanhope aurait suffi à prouver la part qu'ils y avaient prise.
Ils n'auraient pas agi autrement pour la plus signalée victoire :
Ils se levèrent, et, tout transportés, embrassèrent le messager.
Le chancelier se leva à son tour. La nouvelle éclata dans toute
la Chambre, et fut reçue avec de grands applaudissements.
Stanhope la communiqua au secrétaire d'État Craggs qui en fit
part aux Communes. Les amis du ministère firent éclater leur
joie. L'opposition fut consternée.

C'était donc un bien grand succès pour la politique de Stanhope. Seul, il avait conçu d'abord, proposé et poursuivi jusqu'à
la fin cette guerre contre le restaurateur de la marine espagnole.
La chute d'Alberoni parut en Angleterre une victoire nationale[1].
Quelque temps après, on put voir d'où partait le coup qui
avait frappé le cardinal en pleine puissance. Quand Dubois et le
Régent eurent disparu, et, avec eux, la diplomatie de la maison
d'Orléans, les ministres de France, les cardinaux Polignac et
Fleury songèrent à réconcilier l'Espagne et Alberoni ; l'Angleterre s'y opposa : « Aucune précaution ne doit être oubliée,
disait alors un ministre anglais, pour éloigner de toute intervention un homme aussi dangereux[2]. »

L'Angleterre avait eu cependant l'art de dissimuler ses
exigences, et, si elle avait, pour achever la ruine de l'Espagne
par la perte d'Alberoni, mis en mouvement Peterborough et les
Farnèse, elle avait laissé au Régent et à Dubois le soin de
remporter les victoires qui lui importaient le plus. Dubois, de
son côté, par un même procédé, avait recouru à la diplomatie la
plus secrète, aux offices de la cour de Plaisance. Et les politiques
de Parme, enfin, le marquis Scotti lui-même n'avaient pas laissé
voir l'action décisive qu'ils avaient exercée à Madrid sur Élisabeth
Farnèse et son mari. Rien ne transpira dans le public de toutes
ces menées : Alberoni, qui avait besoin du duc de Parme et de
la France, pour reconstruire à Rome sa fortune ruinée en Espagne

---

1. Lettre de Destouches à Dubois, 21 décembre 1719 (A. ÉTR., *Ang.*, t. 327,
f° 169). — Coxe, *Bourbons d'Espagne*, II, p. 501.
2. Coxe, *Bourbons d'Espagne*, II, p. 503.

se garda bien de les accuser. Saint-Simon, grand fureteur de sa nature, fut obligé de reconnaître son impuissance « à découvrir ce curieux détail [1]. » On attribua la perte d'Alberoni à une colère imprévue, à un ordre subit de Philippe V.

Il est certain qu'après l'événement, la conduite du Roi et d'Alberoni justifièrent cette opinion. Comme il arrive toujours, les courtisans excitèrent le Roi contre le ministre déchu. Ils accusèrent Alberoni d'avoir pillé le trésor royal et trafiqué des impôts publics, au point de se constituer une fortune de deux millions mise en lieu sûr par son secrétaire et son complice, Don Carlo Rosellini [2]. A peine le cardinal avait-il quitté Madrid, le 12 décembre 1719, date inscrite par lui-même sur son exemplaire de l'*Imitation* [3], que la cour le fit poursuivre par un officier des gardes. Le lieutenant du Roi à Barcelone s'embusqua à trois milles de cette ville, arrêta le ministre et sa suite, fouilla ses hardes, sa personne et jusqu'à sa chemise. Il s'agissait de lui enlever tous les papiers qu'il pouvait avoir gardés pour établir la responsabilité de Philippe V et des Farnèse dans les actes que l'Europe lui reprochait. Alberoni n'avait pas encore atteint la frontière d'Espagne, qu'il fut de nouveau maltraité, près de San Saloni en Catalogne. Il avait demandé à prendre la route de Biscaye, plus sûre que celle de Catalogne. On lui refusa. Et, en plein hiver, par de mauvais chemins, deux cent cinquante miquelets se ruèrent sur son escorte. Quatre soldats et valets furent tués auprès de lui. Alberoni saisit son sabre, sauta sur son cheval, et força le passage à la tête de ses hommes. L'Espagne le réduisait à combattre pour sa propre sûreté [4].

Ce fut le dernier épisode de la guerre qu'on lui avait déclarée. Le ministre du duc de Parme à Madrid disait confidentiellement à son maître : « Je voudrais pour son bien qu'il fût déjà hors de tous les domaines de l'Espagne, car je crains que Sa Majesté

1. Saint-Simon, *Mémoires*, éd. Chéruel, XVI, p. 407.

2. Lettre de Scotti au duc de Parme, 20 janvier 1720 (ARCH. NAP., *Farnesiana*, fasc. 55).

3. Conservé au collège San Lazaro Alberoni, à Plaisance, et recueilli par l'abbé Bersani, le biographe pieux et consciencieux du cardinal, p. 280, 281.

4. Vincenzo Papa, *L'Alberoni et la Sua dipartitura di Spagna*, p. 95, ainsi que Bersani, *Giulio Alberoni;* ou encore Lemontey, *Histoire de la Régence*. I, p. 279, 281.

ne nous pousse à des résolutions violentes sur la personne de son Éminence[1]. » La vérité fut que les Farnèse s'inquiétaient encore, un mois plus tard, à la pensée que le cardinal, malgré la saisie effectuée à Barcelone, pouvait se croire en droit d'abuser des secrets qu'on lui avait confiés. Nous savons par le marquis Scotti qui procéda en présence des souverains espagnols au dépouillement de ces papiers rentrés aux archives de l'État par ce coup de force, combien Philippe V et le duc de Parme désiraient également les reprendre.

C'étaient les lettres écrites de Plaisance au cardinal, sous condition qu'il les brûlerait, « des choses du dernier secret », les pièces essentielles d'une correspondance qui, heureusement pour la justification d'Alberoni, n'ont point disparu des archives de Naples. C'étaient aussi le testament écrit par Philippe V, dans sa grave maladie, en faveur de la Reine et de son ministre, et plus encore, les pleins pouvoirs accordés à ce moment au cardinal, droit absolu d'administrer les finances, de faire la paix et la guerre confirmé de la main du Roi qui prétendait maintenant ne plus même se rappeler le fait, s'indignait du larcin, et déchira le tout, au préjudice même de la Reine appelée autant qu'Alberoni à bénéficier des dispositions royales[2].

Fallait-il qu'en frappant leur ministre, leur homme de confiance, les souverains de Parme et d'Espagne se sentissent exposés à ses reproches légitimes. Ce fut par la suite le seul motif de leur acharnement contre lui. Quant au cardinal, par système il continua à ne s'en prendre qu'au roi d'Espagne, répondant à ses poursuites par des écrits et des paroles de la même violence. Dès qu'il eut passé les Pyrénées, Dubois et le Régent se chargèrent de provoquer sa colère, avec le dessein secret d'utiliser ce qui lui échapperait. Il leur importait, au moment où la disgrâce du ministre allait rendre la paix possible, de connaître à fond la cour d'Espagne. Les Anglais étaient satisfaits, le Régent ne l'était pas encore. Il lui fallait l'assu-

---

1. Lettre de Scotti au duc de Parme, janvier 1720 (Arch. Nap., *Farnesiana*, fasc. 55).

2. Lettre de Scotti au duc de Parme, 20 janvier 1720 (Arch. Nap., *Farnesiana*, fasc. 55 et 64).

rance que la Reine, le roi d'Espagne et leurs enfants ne penseraient plus à revenir en France, au cas où la succession de Louix XV serait ouverte. Comment, mieux que par leur confident disgracié, obtenir cette assurance ? Pour déterminer Alberoni à parler, Dubois lui envoya à Perpignan un de ses anciens compagnons de l'armée d'Italie, le chevalier de Marcieu, « fort poli, fort dans sa main ». La cour d'Espagne avait demandé pour le cardinal un passeport à travers la France : Le Régent fit plus qu'on ne lui demandait, il lui accorda une escorte pour le protéger, sinon pour lui rendre honneur [1].

De Perpignan à Narbonne, à Montpellier, Nîmes, Arles, Aix, Marseille, Toulon, Fréjus et Antibes où le cardinal, au bout de dix-huit jours, s'embarqua pour la rivière de Gênes, son voyage fut pour les populations du midi un événement : la foule entoura son carrosse, son hôtel, jusqu'à le suffoquer parfois. Les conversations d'Alberoni avec son guide, aussi boutonné qu'il était lui avide de parler, nous ont été conservées. Il « était hors des gonds contre l'Espagne ; piqué au vif de la noirceur des injustices dont il était victime, de l'ingratitude de la Reine ». Il dépeignit au naturel le couple royal, « ce Roi opiniâtre et d'un instinct tout animal à qui il ne fallait qu'un prie-Dieu et les cuisses d'une femme», cette Reine, astucieuse, violente, capable de tout employer pour en venir à ses fins. Il leur donna même « des épithètes trop fortes pour des têtes couronnées ». C'était leur faute, si malgré ses avis, la guerre avait été entreprise et poussée à outrance.

En échange de ces confidences et de l'offre qu'il fit à Dubois de le servir à la cour de Rome, Alberoni le priait de l'aider à s'y refaire une vie nouvelle, à s'y constituer un parti, à y devenir Pape, « malgré son âge trop peu avancé et la réputation qu'il a de n'être pas un sot ». De tout ce qu'il avait conquis depuis plus de dix ans en Espagne, des faveurs que son dévouement aux Farnèse lui avaient procurées, la pourpre cardinalice était, dans

---

1. J'abrégerai le récit de ce voyage qui a été déjà fait par V. Papa, *L'Alberoni et la Sua dipartitura di Spagna*, Turin, 1876, p. 103, d'après le *Journal* de de Marcieu, dont cet auteur a publié les lettres, en partie produites déjà par Lemontey, I, p. 234.

sa disgrâce présente, la grande ressource de cette volonté qu'aucun coup du sort, même le plus rude, ne pouvait abattre [1]. Sa rancune contre Élisabeth Farnèse et Philippe V qui lui devaient la royauté et la couronne, ses souffrances d'une blessure encore vive et cuisante ne l'empêchaient pas de penser, malgré tout, à l'avenir et de le préparer.

Ce n'était pas sans doute avec le dessein, ni l'envie d'encourager ces espérances que le duc d'Orléans lui avait donné une escorte d'honneur et un guide aimable, mais il se réjouissait de le savoir aussi animé contre les souverains espagnols, et préoccupé par vengeance de rejeter entièrement sur eux toutes les responsabilités de sa disgrâce. Il avait ainsi la certitude que leur brouille était définitive, que, furieux, le cardinal ne servirait plus en Italie la politique de l'Espagne et ne serait plus un obstacle à la paix. Battu, humilié, privé pour jamais de son ministre, Philippe V se verrait forcé de sacrifier son orgueil et ses ambitions. Dubois n'eut plus à se préoccuper d'Alberoni que pour l'empêcher de mettre son activité au service de l'Empereur.

« Il faut faire pont d'or à ses ennemis » disait l'abbé en réponse au vœu du cardinal qu'il allait bientôt, par une même fortune, retrouver dans le Sacré Collège [2]. La guerre qu'on avait menée contre Alberoni à Paris et à Londres était finie, bien finie, du jour où le roi d'Espagne eut consenti, sur les instances de la cour de Parme, à se priver, à priver son royaume de l'administrateur qui leur avait fourni les moyens de restaurer la puissance espagnole.

Après avoir si longtemps soutenu et défendu Alberoni, Philippe V fut le seul parmi les souverains d'Europe à le poursuivre de sa rancune, par crainte surtout des vengeances qu'il le savait en droit et à même d'exercer après tant d'injustices. Le cardinal n'avait pas quitté la terre de France, qu'il ne dissimulait pas son dessein de publier une lettre au roi d'Espagne

---

1. Pour tous ces détails, voir l'édition du *Journal* de de Marcieu.
·2· Voir notamment la correspondance échangée entre Boissimène et l'abbé Dubois de janvier à octobre 1720 (A. ÉTR., *Esp.*, Supplément, t. 50). — Lettre de Dubois à Stair, 19 décembre 1719, et enfin Lemontey, *Histoire de la Régence*, I, p. 234.

sur l'entreprise et la poursuite de la guerre, qui devait contenir toutes les preuves utiles à condamner le souverain, à justifier le ministre. Au chevalier de Marcieu, il montrait sa correspondance avec le duc de Popoli depuis le début des hostilités, qu'il avait emportée. Il n'avait pas de peine à le convaincre que lui du moins n'avait pas voulu la guerre et n'aurait pas dû être la victime de la paix. L'effort obstiné des souverains espagnols contre la simple menace de ces révélations achevait de justifier Alberoni. Eux seuls et les Farnèse avaient intérêt à ce qu'il fût et demeurât une victime.

Parti d'Antibes, à la fin de janvier 1720, sur une galère que la République de Gênes lui offrait avec sa protection, le cardinal en disgrâce trouva au port, à Sestri di Levante, des ordres menaçants du Pape : on lui interdisait, malgré les bulles d'investiture de l'évêché de Malaga, de se faire consacrer évêque. Sentant l'orage prochain, il écrivit au ministre de Parme, à son ami Rocca, pour demander asile et protection aux Farnèse. La réponse ne fut guère rassurante : tout ce que le duc de Parme lui laissait espérer, c'était un sauf-conduit pour traverser, et le plus vite possible, ses États[1]. A cette heure critique, la seule faveur du prince, à qui il s'était dévoué depuis vingt ans au prix de mille fatigues et jusqu'à compromettre sa fortune, fut de ne le point faire arrêter sur le champ, à la demande de Philippe V.

Le 24 février 1720, un envoyé du Pape apportait au doge de Gênes un bref pontifical et une lettre de son compatriote, le cardinal génois Imperiali, qui réclamaient avec instance l'arrestation d'Alberoni et son internement au Castel Sant'Angelo. L'exigence parut d'abord un peu forte à la République qui, pour procéder à cette injustice, demanda des raisons à son tour, se contentant d'abord de mettre en surveillance l'ancien ministre

---

1. Lettres d'Alberoni à Rocca, 2 et 17 mars 1720, de Sestri di Levante, envoyées par un ami sûr, p. 644 (ARCH. NAP., *Farnesiana*, fasc. 64). — Voir aussi les documents manuscrits du chanoine Bertamini, ami d'Alberoni, conservés à la Casa Lucca, à Fiorenzuola, à moi communiqués par l'abbé Bersani, en 1890, à Plaisance, par exemple une lettre d'Alberoni du 29 décembre 1719 à Bertamini, pour lui annoncer son intention de s'établir à Sestri di Levante sous la protection des Génois, puis une lettre de Monti, de Bologne, à Bertamini, le 29 juillet 1720.

d'Espagne. Les raisons arrivèrent, le 2 mars, par le père Manuri qui avait fait diligence pour s'en pourvoir à Rome : le Doge et le Conseil les jugèrent insuffisantes. Ils le déclarèrent formellement, par une lettre du 11 mars, au Saint-Siège et à l'envoyé d'Espagne, le marquis de Saint-Philippe chargé d'appuyer vivement la requête du Pape.

Le cardinal avait eu la bonne fortune de compter de nombreux amis dans le Sénat génois. Grâce à eux, il échappa au procès que lui préparait, à la demande de l'Espagne et par les intrigues du cardinal del Giudice disgracié autrefois sur son ordre, la cour de Rome. Décidément, le roi d'Espagne et Clément XI perdaient l'occasion d'établir par preuves fournies aux tribunaux qu'Alberoni avait trahi la Religion catholique et la chrétienté en détournant pour la guerre italienne les fonds et la flotte de la croisade, en négociant avec le Turc, en diminuant les revenus espagnols de la Papauté. Philippe V se voyait surtout impuissant à ressaisir les papiers d'État précieux, bien vite expédiés par le cardinal à son ami le chanoine Bertamini, et refusés par la République à ses instances.

A ce moment, comme pour défier ses ennemis, et toujours prêt à prendre contre eux ses mesures, Alberoni se mit à rédiger et répandre dans le public, sous la forme d'un mémoire justificatif au cardinal Paulucci, son réquisitoire contre Élisabeth Farnèse et Philippe V. Après cette vengeance, il allait disparaître, pour se mettre en sûreté. Par quel moyen avait-il obtenu de l'Empereur et de son lieutenant, à Milan, le comte Colloredo, un sauf-conduit qui lui permit de se cacher au mois d'avril en Lombardie, à Orero, à Cassano, et près de Staffora jusqu'au 13 octobre 1720? Quelle fut alors sa vie, dont le secret échappa plus d'un an à la haine de ses persécuteurs, pendant cette course de cachette en cachette, avec la police de tous les souverains à ses trousses? On peut assurer qu'il n'y eut pas, dans toute son existence traversée par tant d'orages, de période plus mouvementée et plus critique. Le marquis de Saint-Philippe, l'envoyé d'Espagne le fit poursuivre sans relâche. L'agent de l'Angleterre à Gênes, Davenant, mit tous ses espions à sa recherche. Le Régent envoya de France le fameux Boissimène, qu'Alberoni avait employé en Turquie et qui le découvrit un moment, mais plutôt, à ce qu'il semble, pour le sauver. Car, à sa demande peut-être, la Régence de Coire fit enlever le cardinal de Lugano où il se réfugiait, et l'installa dans un château fortifié des Alpes[1].

Tandis qu'il se dérobait, les cours d'Espagne et de Parme, le Saint-Siège s'unissaient pour reprendre avec acharnement son procès en cour de Rome par lequel ils espéraient l'abattre et se venger à leur tour. L'évêque de Barcelone, Don Diègue d'Astorga devint inquisiteur général pour grouper en Espagne les éléments d'une enquête écrasante. Un collège de cinq cardinaux assisté d'un fiscal fut institué pour instruire l'affaire à Rome : Alberoni se vit sommé sous peine de déposition de comparaître devant eux. Averti dans sa retraite, il protesta publiquement contre l'illégalité de cette procédure, offrit de constituer des avocats, et se défendit pied à pied sur le terrain du droit ecclésiastique. Dans cette lutte inégale, et devant cette justice où il était condamné d'avance, le cardinal semblait perdu. « Sa position est bien mauvaise, écrivait alors le cardinal Gualterio au comte Rocca, d'autant plus qu'il ne paraît pas vouloir renoncer à ses allures de défi. » Il ne voulut pas en effet un seul instant s'avouer vaincu, ni surtout coupable, quand il se sentait innocent. Ses ressources lui permettaient encore de se choisir et de payer un défenseur à Rome, l'un des meilleurs juristes de la ville, Antonio Ferrari[2]. Sa police, toujours en éveil et bien renseignée, l'informait des crimes et des sacrilèges qu'on lui reprochait pour réussir à le dépouiller de la pourpre et le réduire au silence du cloître.

Le silence, voilà ce qu'à tout prix ses anciens maîtres, le sachant plutôt emporté et loquace, voulaient alors obtenir de lui.

---

1. Bersani, *Storia del Cardinal Alberoni,* ainsi que les documents manuscrits du ministre Rocca recueillis et conservés au collège San Lazaro Alberoni : lettres du 20 mars 1720 du cardinal Gualterio à Rocca, du 4 avril, de Rocca au ministre Aldovrandi, du 20 mars du Doge et du secrétaire de la République, Ventura, à la cour de Parme. — J'ai déjà eu occasion de citer la justification écrite le 28 mars par Alberoni avant son procès, et retrouvée par Wiesener dans les papiers de Gualterio, BRITISH MUSEUM, n° 20425.

2. Voir la lettre de Monti, 29 juillet 1720, qui s'entendait avec le chanoine Bertamini pour se procurer les fonds nécessaires et les placer utilement (Papiers de Bertamini à Fiorenzuola).

Et la procédure canonique dont on le menaçait n'était en réalité qu'un procès politique, même moins encore, une entreprise de la raison d'État. Pour plaire à Élisabeth Farnèse, pour dissimuler aussi au public la très grande responsabilité, l'action impérative qu'il avait eue dans la guerre récente, le duc de Parme s'acharnait. surtout contre Alberoni, en donnant comme motif que le châtiment, après l'exil, du cardinal serait l'entreprise la plus glorieuse à la maison Farnèse.

Dans la nuit du 5 mai 1720, le gouverneur de Plaisance fit arrêter dans le palais des Landi, mis depuis vingt ans par le duc à la disposition de son ministre, la gouvernante de l'abbé, Donna Camilla Bergamaschi et son fils, un prêtre, qui l'avaient suivi en Espagne. Un notaire, un fiscal s'en allèrent aussi avec la garde ducale, la même nuit, perquisitionner chez le chanoine Bertamini, le confident le plus intime d'Alberoni qui, prévenu à temps, avait pris le soin de s'enfuir avec ses documents secrets. On fit même une descente à la campagne où vivaient tous les parents d'Alberoni, sa sœur la dame Faroldi, ses neveux et nièces dont il avait fait la fortune à Fiorenzuola. Le but de ces poursuites était toujours de se procurer les papiers et la correspondance du cardinal et de découvrir le lieu de sa retraite. Après les premières saisies, on relâcha d'abord les inculpés. Dans tout le duché, toute l'année ces fonctionnaires serviles, parmi lesquels Alberoni n'avait compté que des amis, protecteurs ou obligés, furent mobilisés contre ce grand ennemi de l'État et de l'Église[1]. Le duc rompit les relations, comme la cour d'Espagne, avec la République de Gênes qui l'avait protégé des foudres pontificales, et ne voulut point entendre la justification du Doge et des Conseils apportée à Plaisance par un ambassadeur extraordinaire. L'envoyé de Parme à Rome, le marquis Landi, gendre de Scotti, continuait l'ouvrage commencé à Madrid par son beau-père, en demandant au Saint-Siège la condamnation du cardinal. L'évêque de Plaisance, qui avait tant contribué à la fortune de l'abbé autrefois et l'avait toujours trouvé reconnaissant et fidèle, n'hésita pas dès le début à instruire son procès avec rigueur. Tous les

---

1. Poggiali, *Memorie Storiche*, XII, p. 334, et ARCH. NAP., *Farnesiana,* fasc. 64, où se trouvent les pièces du procès.

ministres, en juillet et en août 1720, lançaient leurs espions à
sa recherche. En septembre, le fils de sa gouvernante Bergamaschi, accusé d'être son fils naturel, fut de nouveau arrêté à
Plaisance, interrogé et fouillé. Et lorsqu'au mois de décembre
l'espion du Régent, Boissimène fut signalé à Gênes, la cour de
Parme ne perdit pas un moment pour l'arrêter, pour le livrer à
Philippe V, sous le prétexte de ses anciennes relations avec
Alberoni et toujours « avec le désir de prendre les papiers secrets
qui intéressaient le roi d'Espagne et les Farnèse ».

Fallait-il vraiment que pour ces souverains la capture et la
dégradation d'Alberoni, la saisie de ses papiers d'État présen-
tassent un intérêt capital? Parfois, lassés de ces poursuites qui
n'aboutissaient ni assez, ni assez vite, ils se demandaient si le
meilleur moyen d'obtenir le silence de leur ancien ministre,
n'eût pas été une entente amiable. Ils recoururent ainsi aux bons
offices d'un banquier gènois Bielato, qui se crut un instant
capable d'amener le cardinal à une réconciliation [1]. Et puis, de
nouveau la chasse à l'homme, à ses secrets, à ses papiers recom-
mençait avec plus d'âpreté et de rigueur. Si bien qu'au printemps
de l'année 1721, la perte d'Alberoni ne parut plus qu'une question
de jours.

Jamais cependant il n'avait désespéré; jamais même il n'avait
répliqué à l'injustice des Farnèse par la divulgation de leurs
ordres, que son seul tort fut toute sa vie de suivre avec trop de
déférence. Et en somme, l'événement prouva qu'il avait raison.

La mort du pape Clément XI mit fin à son exil brusquement,
le 19 mars 1721. Son procès n'ayant pas encore été jugé, l'élection du nouveau Pape n'eût pas été légale s'il n'y avait participé [2].
Il fallut qu'on l'appelât à Rome, et avec les sûretés nécessaires
pour le garantir, pendant l'élection, des risques d'un procès toujours pendant. L'invitation et les sauf-conduits lui furent transmis
par son avoué dans l'endroit inconnu où il se cachait, au début

---

1. Lettre de Bielato, adressée de Gênes à Rocca, février 1721, dans les archives
des Rocca recueillies et conservées par Bersani au collège San Lazaro.
2. Lettre de Bielato au même, avril 1721, et réponse de Rocca du 8 mai, *ibid.*,
et particulièrement toute la correspondance en 1721, depuis la lettre de Bologne
du 1er avril, jusqu'à la fin de l'année, publiées dans mon édition, p. 645 à 652.

d'avril. Déjà rassuré par la mort de Clément XI, Alberoni s'était mis en route. Il avait gagné en secret, par crainte encore des Farnèse, la ville de Bologne où son vieil ami Monti lui pouvait offrir un asile sûr. Il y reçut l'appel et les passeports des cardinaux.

Ce fut un événement à Rome que le retour de l'homme contre qui toute l'Europe, les princes d'Italie et le Saint-Siège même s'étaient ligués sans réussir à l'abattre. La curiosité, la sympathie peut-être réunirent ce jour-là une telle foule autour de son carrosse qu'au premier moment il s'effraya et crut encore à un guet-apens. Dans le Sacré Collège où il prit sa place aussitôt, la rencontre avec les cardinaux, ceux surtout qui, depuis un an, avaient collaboré aux mesures de rigueur de Clément XI, fut naturellement fort différente. Trop heureux cependant d'avoir recouvré sa liberté et gardé une dignité qui assurait en ce jour, après quinze mois d'épreuves, sa situation et son autorité dans l'Église, Alberoni ne manifesta ni colère ni rancunes. Et bientôt le nouveau Pape qu'il avait élu, Innocent XIII, lui accordait, en don de joyeux avènement, la permission de rester à Rome, d'y vivre librement et en sûreté, jusqu'à la fin de son procès. S'il était résolu en effet à mettre fin à cette persécution qui n'avait rien de canonique, Innocent XIII voulut du moins, en respectant les formes, dégager la responsabilité du Saint-Siège.

Pendant plus d'un an la procédure suivit son cours régulier : modestement installé dans une maison de la porta Pia, le cardinal vint s'asseoir au banc des accusés, fut interrogé longuement, put produire sa défense et ses témoins, fournir ses preuves et discuter sa vie. Le 20 décembre 1723 un Consistoire solennel proclama son innocence, et au début de l'année 1724, Innocent XIII le confirma dans toutes les dignités de l'Église dont il était revêtu[1], à l'exception de l'évêché de Malaga qu'il résigna contre une pension de dix mille écus garantie par la couronne d'Espagne.

Alberoni dès lors s'installait à Rome, au milieu de sa famille, près de sa nièce largement dotée et mariée à un gentilhomme

---

1. Bersani, *Storia del Cardinal Alberoni*, p. 382 à 385. — Lemontey, *Histoire de la Régence*, II, p. 119.

romain, de son neveu, devenu Monsignor par le bienfait de l'éducation dont il avait fait tous les frais. Désabusé en apparence de la politique, plus heureux du moins qu'au milieu des affaires bruyantes d'un grand ministère, il cultivait « sa petite vigne, son jardin comme un sage ».

Dans cette retraite honorée et encore active, ce que le cardinal ne put d'ailleurs jamais obtenir, ce fut un règlement de comptes avec le souverain de Parme. Il avait grandi au service des Farnèse, de leurs ambitions secrètes, de leur nièce dont il avait fait une reine d'Espagne et qui recueillit, après l'avoir chassé, le profit de ses entreprises définitivement consacrées par le progrès des Bourbons et de la Maison de Parme en Italie. En proportion de la fortune qu'il avait trouvée à la cour de Plaisance, à celle de Madrid, il avait prodigué à ses maîtres les ressources de son adresse, de son énergie et même parfois, aux heures de détresse, de son épargne laborieusement acquise : « Votre Eminence sait, lui écrivait le cardinal Fleury, que les souverains oublient volontiers les bienfaits, surtout quand ils ne peuvent plus les récompenser. Moi je sais, ajoutait le principal ministre de Louis XV, que vous n'avez jamais eu d'autres vues que d'établir une union parfaite entre les deux couronnes. Mais il est venu des obstacles qui l'ont traversée, et surtout un autre ministre dont Votre Éminence connaît bien le caractère[1] ».

Ce témoignage d'un des hommes d'État et d'Église les mieux éclairés sur les intrigues des cabinets et des cours, après l'absolution donnée par les tribunaux romains au cardinal, valait un acquittement pour le ministre que l'Europe et les Français égarés par la politique du Régent avaient un instant chargé de tous les crimes contre le droit et la paix publique. Il apparut alors que le secret de sa chute était, autant que celui de sa grandeur, dans les ordres et la politique des princes Farnèse.

Quand Alberoni tomba victime de l'entreprise prématurément imposée en 1718 à l'Espagne par les ambitions italiennes de la maison de Parme, sa disgrâce fut le prix d'une réconciliation

---

1. Lettre du cardinal Fleury au cardinal Alberoni, de Compiègne, le 23 février 1732.

inattendue entre les Bourbons d'Espagne et de France ménagée
par la diplomatie secrète qui de Plaisance les avait brouillés.
Cette réconciliation eut à ce même moment un autre effet non
moins inattendu, le progrès décisif de la fortune de son rival,
l'abbé Dubois, par l'aide discrète de la diplomatie Farnèse. Le
Secret des Farnèse allait, en s'y associant, assurer le succès de
l'intrigue adroitement formée par le précepteur du Régent pour
se procurer, après 1719 et grâce à la perte d'Alberoni, le
chapeau de cardinal à Rome, en France le premier ministère.

TABLE DES MATIÈRES

LIVRE II

LIVRE III

PARIS. — IMPRIMERIES CERF, 12, RUE SAINTE-ANNE.

Histoire de la Langue et de la Littérature française,

des Origines à 1900, ornée de 156 *planches hors texte,* dont 21 *en couleur,* publié sous la direction de L. PETIT DE JULLEVILLE, professeur à l'Université de Paris (Ouvrage complet en **8 volumes.**) — Chaque volume in-8° raisin, broché...   **20 fr**

Relié demi-chagrin, tête dorée...   **25 fr.**

HISTOIRES DES LITTÉRATURES

Littérature Allemande, par ARTHUR CHUQUET, membre de l'Institut professeur au Collège de France.

Littérature Anglaise, par EDMUND GOSSE (Trad. Henry-D. Davray).

Littérature Espagnole, par J. FITZMAURICE-KELLY (Trad. H.-D. Davray).

Littérature Italienne, par HENRI HAUVETTE, maître de conférences à l'Université de Paris.

Littérature Russe, par K WALISZEWSKI.

Littérature Japonaise, pa W. G. ASTON (Trad. H.-D. Davray).

Littérature Arabe, par CLÉ MENT HUART, professeur à l'École de Langues Orientales.

Chaque volume in-8° écu, 400 à 500 pages, relié toile, 6 fr. 50 ; — broché.....   **5 fr**

Histoire générale, du IVᵉ siècle à nos jours,

publiée sous l direction de ERNEST LAVISSE, de l'Académie française, professeur à l'Universit de Paris, et ALFRED RAMBAUD, de l'Institut, professeur à l'Université de Pari (Ouvrage complet en **12 volumes.**) — Chaque volume in-8° raisin, broché..   **16 f**

Relié demi-chagrin, tête dorée...   **20 fr.**

Histoire politique de la Révolution française, *Origin*

et Développement de la Démocratie et de la République (**1789-1804**), par A. AULAR professeur à l'Université de Paris. Un vol. in-8° raisin, 816 pages, broché...   **12 f**

Relié demi-chagrin, tête dorée...   **16 fr.**

Histoire politique de l'Europe contemporaine, *Évolutio*

des partis et des formes politiques (**1814-1896**), par CH. SEIGNOBOS, professeu à l'Université de Paris. Un volume in-8° carré de 800 pages, broché....   **12 f**

Relié demi-chagrin, tête dorée...   **16 fr.**

(Ouvrage couronné par l'Académie française.)

Manuel d'Histoire des Religions, par P.-D. CHANTEPIE D

LA SAUSSAYE, professeur à l'Université de Leyde, traduit sur la seconde éditio allemande sous la direction de Henri Hubert, maître de conférences à l'École de Hautes Études, et Isidore Lévy, agrégé d'histoire et de géographie. Un volum in-8° raisin de LVI-712 pages, broché..............................   **16 f**

Relié demi-chagrin, tête dorée...   **20 fr.**

Lightning Source UK Ltd.
Milton Keynes UK
UKHW021112130319
339060UK00006B/727/P